ACHIM E. ROTTNAUER

Die Mobiliarkreditsicherheiten unter besonderer Berücksichtigung der besitzlosen Pfandrechte im deutschen und englischen Recht

Tübinger Schriften
zum internationalen und europäischen Recht

Herausgegeben von
Thomas Oppermann
in Gemeinschaft mit
Heinz-Dieter Assmann, Hans v. Mangoldt
Wernhard Möschel, Wolfgang Graf Vitzthum
sämtlich in Tübingen

Band 26

Die Mobiliarkreditsicherheiten unter besonderer Berücksichtigung der besitzlosen Pfandrechte im deutschen und englischen Recht

Eine rechtsvergleichende Untersuchung vor dem Hintergrund der geplanten Insolvenzrechtsreform

Von

Dr. Achim E. Rottnauer

Duncker & Humblot · Berlin

Die Deutsche Bibliothek – CIP-Einheitsaufnahme

Rottnauer, Achim E.:
Die Mobiliarkreditsicherheiten unter besonderer
Berücksichtigung der besitzlosen Pfandrechte im deutschen und
englischen Recht : eine rechtsvergleichende Untersuchung vor
dem Hintergrund der geplanten Insolvenzrechtsreform / von
Achim E. Rottnauer. – Berlin: Duncker und Humblot, 1992
(Tübinger Schriften zum internationalen und europäischen Recht ;
Bd. 26)
Zugl.: Tübingen, Univ., Diss., 1991
ISBN 3-428-07366-5
NE: GT

D 21

Fotoprint: Werner Hildebrand, Berlin 65
Printed in Germany

ISSN 0720-7654
ISBN 3-428-07366-5

Meinen Eltern

Vorwort

Der maßgebliche Impuls für die vorliegende rechtsvergleichende Untersuchung resultiert aus der anhaltenden, aktuellen Insolvenzreformdiskussion, die durch eine dramatische Konkursentwicklung im Anschluß an die erste Ölkrise ausgelöst wurde und seitdem nicht mehr verebbte. Im Mittelpunkt der Kritik rangieren dabei in erster Linie die besitzlosen Pfandrechte, die danach aus Gründen des Drittgläubigerschutzes angesichts ihrer mangelnden Publizität künftig eine Einschränkung ihrer Konkursfestigkeit erfahren sollen. Diesen Ansatz greift die Arbeit auf und geht der Frage nach, inwieweit eine differenzierte Behandlung solcher Sicherungsrechte gegenüber publizitären Sicherheiten in der Insolvenz tatsächlich geboten ist.

Eine Antwort darauf sucht sie im Wege einer rechtsvergleichenden Betrachtung zu gewinnen, indem sie detailliert erörtert, unter welchen rechtlichen Rahmenbedinungen die Mobiliarkreditsicherheiten im englischen Recht was für eine rechtliche Ausgestaltung etabliert haben, um dort das gleiche konkrete Bedürfnis nach einer effektiven Kreditbesicherung sachgerecht zu befriedigen. Im englischen Recht lagert auch das Schwergewicht der Arbeit, denn ihr besonderes Anliegen ist es, durch eine anschauliche Darstellung der verschiedenen Rechtsinstitute einer immer mehr international orientierten Wirtschaft eine bessere Einschätzung zu ermöglichen, was es zu beachten gilt, damit eine Sicherungsvereinbarung bei Anwendung englischen Rechts Wirksamkeit beansprucht. Obwohl im Außenhandel vielfach die Zahlungsabwicklung über Dokumentakkreditiv oder durch Dokumenteninkasso erfolgt, bleibt die hier behandelte Thematik nicht ohne praktische Relevanz, wie der Umstand zeigt, daß das House of Lords erst kürzlich über die Wirksamkeit einer von der Thyssen Edelstahlwerke AG verwandten Eigentumsvorbehaltsabrede befinden mußte.

Die Beschäftigung mit diesem Thema basiert auf einer Anregung meines Doktorvaters, Herrn Prof. Dr. Dietrich Rothoeft, M.P.A. (Harvard), der die Arbeit in ihrer Entstehung begleitet und gefördert hat, wofür ich ihm an dieser Stelle aufrichtig danken möchte. Dank sagen möchte ich darüber hinaus auch den Herren Prof. Dr. Martin Heckel, Prof. Dr. Günter Püttner und Prof. Dr. Wolfgang Münzberg, die mir den notwendigen Freiraum sowie die erforderliche Unterstützung gewährten, damit ich die Arbeit während meiner Tätigkeit als Assistent an der Juristischen Fakultät der Universität Tübingen fertigstellen konnte.

Ferner gilt mein Dank Herrn Prof. Dr. Dr. Thomas Oppermann für die Aufnahme der Arbeit in die von ihm betreute Reihe "Tübinger Schriften zum Internationalen und Europäischen Recht".

Außerdem danke ich Frau Birgit Nagel, in deren bewährten Händen die schreibtechnische Betreuung lag. Besonderen Dank schulde ich schließlich auch meiner Frau Christine für wertvolle Korrekturanregungen.

Die Arbeit wurde im Wintersemester 1988/89 abgeschlossen und lag anschließend der Juristischen Fakultät als Dissertation vor. Die nunmehr veröffentlichte Abhandlung wurde gegenüber der ursprünglichen Fassung noch geringfügig aktualisiert.

Achim E. Rottnauer

Inhaltsverzeichnis

Abkürzungsverzeichnis

a.A.	anderer Ansicht
ABGB	Österreichisches Allgemeines Bürgerliches Gesetzbuch
ABl.L	Amtsblatt der Europäischen Gemeinschaften, Abteilung L: Gesetzgebung
A.C.	The Law Reports, Appeal Cases
AcP	Archiv für civilistische Praxis
a.E.	am Ende
AGB	Allgemeine Geschäftsbedingungen
AgrarR	Agrarrecht
AktG	Aktiengesetz
All E.R.	All England Law Reports (seit 1936)
All E.R. Rep.	All England Law Reports Reprint (1558–1935)
ALR	Allgemeines Landrecht für die Preußischen Staaten
AnfG	Anfechtungsgesetz
ArchBürgR	Archiv für Bürgerliches Recht
ASB	Allgemeine Sicherungsübereignungs-Bedingungen
BA	Bankruptcy Act
BAG	Bundesarbeitsgericht
BayOblG	Bayerisches Oberstes Landesgericht
BB	Betriebs-Berater
Beav.	Beavan's Rolls Court Reports (1838–1866)
Beschl.	Beschluß
BFH	Bundesfinanzhof
BGB	Bürgerliches Gesetzbuch
BGBl.	Bundesgesetzblatt
BGH	Bundesgerichtshof
BGHSt	Entscheidungen des Bundesgerichtshofs in Strafsachen

BGHZ	Entscheidungen des Bundesgerichtshofs in Zivilsachen
BSA	Bills of Sale Act
BStBl.	Bundessteuerblatt
BVerfG	Bundesverfassungsgericht
C.A.	Court of Appeal
Cam.L.J.	Cambridge Law Journal
C.C.	Code civil
CCA	Consumer Credit Act
Ch.	Law Reports, Chancery
Ch.App.	Chancery Appeal Cases
Ch.D.	The Law Reports Chancery Division (1876–1890)
Cod.	Codex
D	Digesten
DB	Der Betrieb
DepG	Depotgesetz
DJT	Deutscher Juristentag
ed.	edition
Einl.	Einleitung
FA	Factors Act
FamRZ	Zeitschrift für das gesamte Familienrecht
FPG	Früchtepfandgesetz
Fußn.	Fußnote
german.	germanisch
GrSen	Großer Senat
Gruchot	(Gruchot's) Beiträge zur Erläuterung des Deutschen Rechts
HGB	Handelsgesetzbuch
h.L.	herrschende Lehre
Hlb.	Halbband
h.M.	herrschende Meinung
IA	Insolvency Act
I.C.L.Q.	International and Comparative Law Quarterly

idS	in diesem Sinn
i.e.	id est
i.E.	im Einzelnen
iSe	Im Sinne eines
IT	Implied Terms
JA	Juristische Arbeitsblätter
J.B.L.	Journal of Business Law
Jher.Jb	Jherings Jahrbücher der Dogmatik des bürgerlichen Rechts
JR	Juristische Rundschau
JuS	Juristische Schulung
JW	Juristische Wochenschrift
JZ	Juristenzeitung
K.B.	Law Reports King's Bench
KO	Konkursordnung
KTS	Konkurs-, Treuhand- und Schiedsgerichtswesen
KWG	Gesetz über das Kreditwesen
Ld.Raym.	Lord Raymond's Reports, King's Bench and Common Pleas (1694–1732)
L.J.	Lord Justice
LM	Nachschlagewerk des Bundesgerichtshofs Lindenmaier-Möhring
L.Q.R.	Law Quarterly Review
L.R.Eq.	Law Reports, Equity Cases
LuftfzRG	Gesetz über Rechte an Luftfahrzeugen
Mal.L.R.	Malaya Law Review
MDR	Monatsschrift für Deutsches Recht
M.L.R.	Modern Law Review
M.R.	Master of the Rolls
m.w.N.	mit weiteren Nachweisen
NJW	Neue Juristische Wochenschrift
No/Nr	Nummer
NWB	Neue Wirtschaftsbriefe
OLG	Oberlandesgericht

OLGE	Rechtsprechung der Oberlandesgerichte
Para	Paragraph
PkrG	Pachtkreditgesetz
Prot.	Protokolle
r.	rule
RabelsZ	Rabels Zeitschrift für ausländisches und internationales Privatrecht
RFH	Reichsfinanzhof
RG	Reichsgericht
RGBl	Reichsgesetzblatt
RGZ	Entscheidungen des Reichsgerichts in Zivilsachen
röm.	römisch
s.	section, siehe
Sch	Schedule
SchiffsG	Schiffspfandgesetz
SGA	Sale of Goods Act
StAnpG	Steueranpassungsgesetz
st.Rspr.	ständige Rechtsprechung
subs.	subsection
Urt.	Urteil
UStR	Umsatzsteuerrecht
VerglO	Vergleichsordnung
Vol.	Volume
Vorbem.	Vorbemerkung
Warn.Rspr.	Rechtsprechung des RG, hrsg. v. Warneyer
WiGBl	Gesetzblatt der Verwaltung des Vereinigten Wirtschaftsgebiets
WM	Wertpapiermitteilungen
Y.L.J.	Yale Law Journal
ZGB	schweizerisches Zivilgesetzbuch
ZGR	Zeitschrift für Unternehmens- und Gesellschaftsrecht
ZHR	Zeitschrift für das gesamte Handels- und Konkursrecht

ZiP	Zeitschrift für Wirtschaftsrecht und Insolvenzpraxis
ZPO	Zivilprozeßordnung
ZRP	Zeitschrift für Rechtspolitik
ZZP	Zeitschrift für Zivilprozeßrecht

A. Einführung in die Problematik aus konkursrechtlicher Sicht

I. Historische Entwicklung

Die Mobiliarsicherheiten waren in unserem Jahrhundert mehrfach Gegenstand verschiedener Reformbestrebungen. So unterschiedlich die Motive der hierbei beteiligten Fachkreise auch gewesen sein mögen, Anlaß der Kritik und Diskussion bildeten stets die mangels klarer gesetzlicher Normierung lediglich auf höchstrichterlicher Rechtsprechung beruhenden – daher wohl das oftmals vorhandene Unbehagen! – besitzlosen Sicherungsrechte, nämlich der Eigentumsvorbehalt sowie die Sicherungsübereignung.

Beginnend mit dem Jahr 1908, als besagte Thematik zum ersten Mal auf der Tagesordnung stand, beschäftigte sich der DJT seitdem häufiger mit dieser Materie[1]. Hatte noch zuvor das junge, aufkommende Unternehmertum des ausgehenden 19. Jahrhunderts geradezu nach einer leichteren Besicherung von Umlaufvermögen und Warenbestand gedrängt, wurden nun im Zuge sich anbahnender, größerer wirtschaftspolitischer Veränderungen von den betreffenden Wirtschaftskreisen Zweifel laut. Die Warenlieferanten fühlten sich allmählich durch das Überhandnehmen von Sicherungsübereignungen ihrer Sicherheiten beraubt, wie umgekehrt bald darauf die Kreditinstitute infolge des üblich gewordenen Eigentumsvorbehalts eine Entwertung der von ihnen beanspruchten Sicherungsgegenstände fürchteten.

Jede Seite machte mit juristischer Unterstützung Einfluß beim Gesetzgeber geltend, um letztendlich ihre Interessen zu wahren. Währenddessen

---

[1] *Meyer-Cording*, Umdenken nötig bei den Mobiliarsicherheiten?, NJW 1979, 2126ff.; *Weber*, Reform der Mobiliarsicherheiten, NJW 1976, 1601ff.; *Drobnig*, Gutachten zum 51. DJT 1976, S. F 11ff.; so behandelt der 31. DJT (1912) die Frage: "Empfehlen sich gesetzliche Maßnahmen in bezug auf die Sicherungsübertragung?", und der 32. DJT (1921) erörterte das Thema: "Empfiehlt sich die Einführung der Mobiliarhypothek?" – siehe *Salinger*, Gutachten zum 31. DJT I, S. 409ff.; *Geiler*, Bericht zum 32. DJT II, S. 185ff., vgl. im einzelnen hierzu *Melsheimer*, Sicherungsübereignung oder Registerpfandrecht, S. 19ff.

hatte aber die Rechtsprechung damit begonnen, solche Kollisionssituationen zu entschärfen und einen Ausgleich der widerstreitenden Interessen herbeizuführen. Das hatte zur Folge, daß im Laufe der Zeit einerseits beim Eigentumsvorbehalt Erweiterungs- und Verlängerungsformen rechtliche Billigung fanden, andererseits die Erfordernisse an die Bestimmtheit sicherheitsübereigneter Gegenstände aufgelockert wurden.

Ebenso konnte der Restaurationsprozeß der Nachkriegszeit, der einen hohen Kapitalbedarf auslöste, nachdem Deutschland durch die weitgehende Zerstörung seiner Infrastruktur und Produktionsmittel in zwei aufeinanderfolgenden Weltkriegen wirtschaftlich erheblich geschwächt worden war, nicht auf ein funktionierendes Mobiliarsicherungssystem verzichten. Immobiliarvermögen fehlte oftmals im ausreichenden Maße, besonders wenn es sich um junge Unternehmen handelte, die so gut wie keine stillen Reserven besaßen. Somit waren besitzlose Mobiliarsicherheiten, die es einem Kreditnehmer erlauben, im Besitz seiner Produktionsmittel zu bleiben, unerläßlich. Eigentumsvorbehalt und Sicherungsübereignung hatten im deutschen Wirtschaftsleben der Wiederaufbauphase unangefochten einen dominierenden Stellenwert und übten sicherlich damals auch einen wohltuenden Einfluß aus. Kritik war verstummt, allerdings nicht gänzlich – sie spielte sich jedoch vorwiegend auf der akademischen Ebene ab[2].

II. Gegenwärtige Konkurssituation

In Bewegung geriet die Diskussion erst wieder im Laufe der 70er Jahre, als sich im Anschluß an den Ölschock von 1973/74 eine weltweite Rezession abzuzeichnen begann. Die wirtschaftliche Expansion der Nachkriegsjahre war gestoppt und schlug in eine Stagnation um, verbunden mit einer galoppierenden Inflation und dem zunehmenden finanziellen Zusammenbruch zahlreicher Unternehmen verschiedener Branchen. Die Insolvenzstatistik ist ernüchternd wie erschreckend zugleich. Bis 1970 zählte man kaum mehr als 4000 Konkurse jährlich, die Quote mangels Masse abgelehnter Verfahren lag noch unter 50 %[3]. Diese Situation hat sich jedoch

---

[2] Der 41. DJT (1955) befaßte sich mit dem Problem "Gesetzliche Regelung der Sicherungsübereignung und des Eigentumsvorbehalts?" – *Westermann*, Referat zum 41. DJT II, S. F 3ff.; die radikale Forderung von *Münzel*, Eigentumsvorbehalt und Sicherungsübereignung, MDR 1951, 129, 134 die atypischen Sicherungsrechte gänzlich zu verbieten.

seitdem besorgniserregend geändert. Mitte der 70er Jahre registrierte man erstmals über 9000 Konkurse[4]. Von 11560 im Jahre 1981 stieg die Gesamtzahl der Insolvenzen 1983 auf 16114[5] und erreichte schließlich 1986 eine Zahl von 18842[6]. Dabei ist aber zu berücksichtigen, daß die tatsächlichen Zahlen wohl noch um etwa 20 % höher anzusetzen sind, da mitunter Konkursanträge erst gar nicht gestellt werden[7].

Sofern heutzutage überhaupt noch ein Insolvenzverfahren eröffnet wird, können die Gläubiger kaum auf eine zufriedenstellende Quotenbeteiligung hoffen[8]. Diese starke Quotenreduzierung resultiert augenscheinlich aus der gebräuchlichen Vorwegverteilung schuldnerischen Vermögens[9], wobei natürlich sonstige privilegierte Gläubigergruppen nicht außer acht gelassen werden dürfen. Der Ausverkauf der Konkursmasse findet gegenwärtig mehr denn je im Vorfeld einer Insolvenz statt. Wem es bis zum Eröffnungsbeschluß nicht gelungen ist, sich Sicherungsrechte vorzubehalten oder in eine bevorrechtigte Gläubigerposition zu rücken, muß derzeit seine Forderung oft auf Null berichtigen[10]. Wurde auch schon früher ein solcher zu

---

[3] *Bessau*, Zur Anerkennung heimlicher Sicherheiten, S. 2; *Uhlenbruck*, Zur Krise des Insolvenzrechts, NJW 1975, 897, 899; *Doehring*, Insolvenzsituation im Blickfeld der Statistik, KTS 1980, 229, 230f. – 1950: 5453 Insolvenzen; 1955: 4708 Insolvenzen; 1960: 2958 Insolvenzen; 1965: 3615 Insolvenzen; 1970: 4201 Insolvenzen; beschränkt man sich in dem Vergleich lediglich auf gewerbliche Konkurse, so liegen die Zahlen um ca. 30 % niedriger.

[4] *Serick*, Profilierung der Mobiliarsicherheiten (Festschrift 100 Jahre KO), S. 272.

[5] *Bessau*, Zur Anerkennung heimlicher Sicherheiten, S. 2; *Drukarczyk/Duttle*, Zur geplanten Behandlung von Mobiliarsicherheiten im Konkurs, ZiP 1984, 280ff.

[6] Statistisches Jahrbuch 1987 für die Bundesrepublik Deutschland, S. 137.

[7] *Doehring*, Insolvenzsituation im Blickfeld der Statistik, KTS 1980, 229; *Uhlenbruck*, Besprechung zu R. Schmidt – Ökonomische Krise, ZiP 1981, 334, 335; *Erkel*, Insolvenzrechtliche Ergebnisse der aktuellen Rechtstatsachenforschung (Festschrift 100 Jahre KO), S. 295, 296 spricht sogar von 28 %.

[8] Die Deckungsquoten von bevorrechtigten Gläubigern sind von einstmals 54,2 % (im Jahre 1960) auf nunmehr 25–30 % gefallen (1985: 28,1 %) – im gleichen Zeitraum sanken die Quoten von nichtbevorrechtigten Gläubigern von 9,0 % (im Jahre 1960) auf 3–6 % (1985: 6,2 %); Quellen: Statistisches Jahrbuch 1987 für die Bundesrepublik Deutschland, S. 137.

[9] *Adams*, Ökonomische Analyse der Sicherungsrechte, S. 10; *Gessner/Rhode/Strate/-Ziegert*, Praxis der Konkursabwicklung, S. 172f. – nahezu 90 % aller Aktiva des in Konkurs geratenen Schuldners sind zum Zeitpunkt der Konkurseröffnung mit Aus- und Absonderungsrechten belegt.

[10] Eine Malaise, die man nicht nur in Deutschland diagnostiziert, sondern der man auch andernorts begegnet, so ist z.B. in Frankreich, wo man dem Prinzip "de l'égalité entre les créanciers" seit jeher einen überragenden Stellenwert beimißt, diese Regel durch die Unmenge der "privilèges" ebenfalls längst sinnentleert – *Cabrillac*, Les Créanciers munis de sûretés

Massearmut führender Sicherungswettlauf gelegentlich konstatiert[11], so gipfelt erst die jüngste Entwicklung in einem dermaßen desolaten Zustand, daß das Schlagwort vom "Konkurs des Konkurses"[12] die Runde macht.

Die einstmals als "beste der Reichsjustizgesetze" apostrophierte Konkursordnung wird dem ursprünglichen Anliegen, in einem geregelten Verfahren weitgehend eine gleichmäßige Verteilung der Konkursmasse zu bewirken, immer weniger gerecht[13]. Es wäre allerdings verfehlt, die beklagte Auszehrung der Masse allein den Sicherungsrechten, insbesondere den besitzlosen Mobiliarsicherheiten anzulasten, denn die Probleme liegen viel tiefer und sind keineswegs monokausal.

III. Kritik am geltenden Konkursrecht

Gerade im Insolvenzrecht stoßen nahezu alle Rechtsgebiete – Arbeits- und Sozialrecht ebenso wie das Steuerrecht, das Handels- und das Zivilrecht – aufeinander. Mithin sind eine Vielzahl divergierender Interessen beteiligt, die sorgfältig beachtet und abgewogen werden wollen.

Zunächst einmal hat sich die vom Gesetzgeber gewählte Zweispurigkeit der Abwicklungsmethoden – einerseits Konkursverfahren, andererseits konkursabwendendes Vergleichsverfahren – als recht unglücklich erwiesen, denn auf die allzu frühe Weichenstellung zwischen den beiden Verfahren sind manche wertvernichtenden Auswirkungen zurückzuführen[14].

---

dans les procédures de faillite en droit français, RabelsZ 44 (1980), 737ff.; *Hanisch*, Zur Reformbedürftigkeit des Konkurs- und Vergleichsrechts, ZZP 90 (1977), 1, 13f.

[11] *Melsheimer*, Sicherungsübereignung oder Registerpfandrecht, S. 119 mwN. Nicht bevorrechtigte Gläubiger erhielten aber in der Weimarer Zeit noch eine Quote von ca. 20 %: siehe *Uhlenbruck*, Einhundert Jahre Konkursordnung (Festschrift 100 Jahre KO), S. 3, 22 Fußn. 53.

[12] nach dem Ausspruch von *Kilger* (Konkurs des Konkurses, KTS 1975, 142ff.) auf dem 38. Deutschen Anwaltstag in Berlin.

[13] *Kilger*, Konkurs des Konkurses, KTS 1975, 142, 146ff.; *Hanisch*, Zur Reformbedürftigkeit des Konkurs- und Vergleichsrechts, ZZP 90 (1977), 1, 30f.; *Weber*, Ziele und Wege der Insolvenzreform (Festschrift 100 Jahre KO), S. 321, 334.

[14] *Hanisch*, Zur Reformbedürftigkeit des Konkurs- und Vergleichsrechts, ZZP 90 (1977), 1, 30f. – insoweit ist z.B. das auf einem einheitlichen Verfahren aufbauende franz. System vorteilhafter, da die endgültige Festlegung der Abwicklung erst viel später erfolgen muß, "Si l'entreprise est viable, alle pourra survivre, sinon elle devra disparaître"; *Weber*, Ziele und Wege der Insolvenzreform (Festschrift 100 Jahre KO), S. 321f., 338 plädiert für die Beseitigung dieser ungerechtfertigten Zweispurigkeit.

Des weiteren zeigt die Rechtswirklichkeit, daß die Bestimmungen der §§ 107 und 204 KO, so sinnvoll sie auch sein mögen, letztendlich ein Danaergeschenk für die Allgemeinheit bedeuten. Es hat sicherlich seine Berechtigung, zur Vermeidung unnötiger Kosten ein Konkursverfahren mangels ausreichender Masse einzustellen oder erst gar nicht durchzuführen[15]. Diese Möglichkeit hat aber gleichzeitig auch in gewisser Weise eine Konkursverschleppung mitbegünstigt. Nicht selten geschieht es, daß manche Großgläubiger, ausreichend dinglich abgesichert, einen bankrotten Schuldner noch bis zur allerletzten Minute stützen, um ihre Forderungen abzubauen und anfechtungsfest zu machen[16].

Manchmal können derartige Verzögerungen zugegebenermaßen auf ernstgemeinten Sanierungsversuchen beruhen, andererseits gerät sehr oft der Schuldner anschließend noch tiefer in die roten Zahlen und verstrickt durch seine geschäftlichen Aktivitäten eine Reihe neuer, vor allem ungesicherte Gläubiger in seinen wirtschaftlichen Ruin. Bislang fehlt es an einem Ansporn, den Konkurs rechtzeitig einzuleiten; bei den vorliegenden Verbesserungsvorschlägen bleibt fraglich, ob sie den erwünschten Erfolg überhaupt bewirken können[17]. Dagegen erhofft man sich von dem momentan noch in Planung befindlichen Verfahren zur Reorganisation insolventer Unternehmen insgesamt eine wohltuende Wirkung, die sich u.a. in einer beschleunigten Einleitung aller notwendigen Maßnahmen niederschlagen könnte[18].

Der tragende Zentralbegriff des Insolvenzrechts, der Gedanke der "par conditio creditorum" – gegenwärtig vielfach als oberster Grundsatz jedweder Konkursgerechtigkeit erachtet[19] – hat in der Formulierung des § 3 KO seinen Ausdruck gefunden. So sehr allerdings dieser Ausgangspunkt einer

---

[15] *Kilger*, Konkurs des Konkurses, KTS 1975, 142ff.

[16] *Henckel*, Referat zum 51. DJT 1976 II, S. O 18.

[17] 51. DJT 1976 II, S. O 183 (Beschluß 25 d): pauschalierte Bearbeitungsgebühr von 10 % des Wertes des Sicherungsgutes; *Henckel*, Wert und Unwert juristischer Konstruktionen (Festschrift für Friedrich *Weber*), S. 237, 250: Änderung der Prioritätenfolge im Konkurs, sog. "Henckel-Modell"; kritisch zum ganzen: *Bessau*, Zur Anerkennung heimlicher Sicherheiten, S. 13; *Drukarczyk/Duttle*, Zur geplanten Behandlung von Mobiliarsicherheiten im Konkurs, ZiP 1984, 280ff.

[18] Ausführlich dazu *Karsten Schmidt* (Gutachten D zum 54. DJT 1982) und *Peter Hanau* (Gutachten E zum 54. DJT 1982); vgl. auch die Empfehlung des 54. DJT, abgedruckt in DB 1982.

[19] Der häufige Ausfall einfacher Konkursgläubiger wird als schreiende Ungerechtigkeit empfunden; die betonte Gleichheit und die erstrebte Gerechtigkeit werden dabei zugleich auf formale Gleichheit i.S. einer möglichst einheitlichen Befriedigungsquote reduziert, vgl. *Stürner*, Aktuelle Probleme des Konkursrechts, ZZP 94, (1981), 263, 269.

möglichst gleichmäßigen Befriedigung aller Gläubiger auch idealisiert werden mag, letztendlich muß man erkennen, daß sich in der Praxis eine echte Gleichbehandlung nicht realisieren läßt. Die Interessen aller stoßen in der "*par conditio creditorum*" aufeinander und drängen zugleich auch auf ein nötiges Maß an Differenzierung bei der Masseverteilung.

Eine privatwirtschaftlich orientierte Industriegesellschaft wird zum einen von der Initiative Einzelner sowie zum anderen durch arbeitsteilige Herstellungsprozesse geprägt. Nicht immer stehen aber ausreichend Eigenmittel zur Verfügung, um Produkte über alle Fertigungsphasen bis zum Verkauf selbst vorzufinanzieren, daher sind zahlreiche Kreditbeziehungen wesensmäßig bedingt. Kreditgeber werden jedoch nur dann bereitwillig für den erforderlichen Kapitalfluß sorgen, wenn das einzugehende Risiko überschaubar und kalkulierbar ist. Jede Rechtsordnung, die der Finanzierung von Arbeitsvorgängen Rechnung tragen will, muß damit eine Reihe konkursfester Sicherheiten ebenso wie sonstige Konkursvorrechte einräumen. Einem Gläubiger erspart man außerdem zeit- und kostenaufwendige Bonitätsprüfungen.

Daneben gibt es aber auch Personengruppen, die keine Entscheidungsfreiheit hinsichtlich einer Kreditgewährung besitzen, vielmehr aus rechtlichen Gründen (so z.B. Ärzte) oder zur Erhaltung der eigenen Existenz (so z.B. die Masse der Arbeitnehmer) auf Kredit arbeiten müssen. Ihre Vorleistung in Gestalt von bestimmten Diensten haben sie vorwiegend ungesichert zu erbringen – eine Ausnahme bildet das Werkunternehmerpfand gem. §§ 647, 648 BGB. Somit wären gerade Unselbständige, die einerseits mit ihrer Tätigkeit wesentlich zum Aufbau eines Wirtschaftsunternehmens beitragen, andererseits in der Insolvenz den Verlust ihres Beschäftigungsverhältnisses riskieren müssen, völlig ungeschützt. Ein unerträgliches Ergebnis, dem durch eine zutreffende rechtspolitische Wertung der besonderen Interessenlage der Betroffenen zu begegnen ist[20]. Dessen war sich der historische Gesetzgeber durchaus bewußt, als er vor knapp 100 Jahren die Konkursordnung erließ, denn er konzipierte ein System, in dem nach drei großen Gläubigergruppen unterschieden wird – dinglich bevorrechtigte Gläubiger, Massegläubiger sowie eigentliche Konkursgläubiger, die untereinander selbst in einer abgestuften Rangfolge stehen. Obwohl das natürlich eine Abkehr von dem Postulat einer "par conditio creditorum" bedeutet, erscheint aufgrund der zu berücksichtigenden Einzelinteressen eine unter-

---

[20] *Henckel*, Wert und Unwert juristischer Konstruktionen (Festschrift für Friedrich Weber), S. 237, 248 Fußn. 39.

schiedliche Behandlung dennoch berechtigt. Privilegierungen dieser Art sind auch kein deutsches Charakteristikum, sondern wohl Bestandteil der Konkursordnungen aller Länder[21].

Allerdings hat man sich inzwischen von dieser Grundidee – die Gleichbehandlungsmaxime lediglich zugunsten solcher Gläubiger zu durchbrechen, die im Interesse der Schicksals- und Gefahrengemeinschaft der Insolvenzgläubiger ein besonderes Opfer erbracht haben – weit entfernt. Die Ausnahme ist allmählich zur Regel geworden.

Allein schon die in § 61 KO festgelegte Privilegierungsordnung hat in gewisser Weise die derzeit so vielbeklagte Masseminderung mitbegünstigt und beeinflußt, selbst wenn der ausgekehrte Anteil dieser Forderungen, gemessen am Gesamtvolumen aller Vorrechte, verhältnismäßig gering sein mag. Herauszustellen ist hierbei jedoch, daß diese Ansprüche trotz bevorzugter Befriedigung immer noch als Konkursforderung behandelt werden, weshalb also lediglich eine quotenmäßige Abfindung stattfindet.

Bedenklicher zeichnet sich die gegenwärtige Situation im Bereich der Masseverbindlichkeiten, der durch die neuere Rechtsentwicklung erhebliche Ausweitung erfahren hat[22]. Nach der ursprünglichen Intention des Gesetzgebers sollte die Entstehung von Masseschulden stets von einer entsprechenden Willensentschließung des Konkursverwalters abhängen. Darunter fielen einerseits Verbindlichkeiten aus Geschäften in Zusammenhang mit der Konkursabwicklung, andererseits Ansprüche aus Verträgen, deren Erfüllung zur Masse begehrt wurde. So lag es theoretisch in der Hand des Konkursverwalters, mit vernünftigen Entscheidungen diese, die Masse belastenden Kosten zu begrenzen. Eine solche Einflußnahmemöglichkeit ist heutzutage nicht mehr ausreichend gewahrt, da bestimmte Verbindlichkeiten a priori als Masseschulden qualifiziert werden.

Im Zuge steigender Konkurszahlen verbunden mit wachsender Massearmut sah sich Anfang der 70er Jahre die Legislative veranlaßt, den Arbeitnehmern eine möglichst schnelle Auszahlung bestehender Lohnrückstände zu sichern. Dieses Ziel versuchte sie mit zwei flankierenden Maßnahmen zu erreichen, nämlich durch die Schaffung eines Konkursausfallgeldes für die zurückliegenden drei Monate sowie durch die teilweise Umwandlung der bisher über § 61 Abs. 1 Nr. 1 KO privilegierten Lohnforderungen zu Mas-

---

21 *Goode*, A Credit Law for Europe?, I.C.L.Q. 23 (1974), 227, 266 Fußn. 84.

22 *Kilger*, Konkurs des Konkurses, KTS 1975, 142, 152.

seschulden[23]. Danach sind die Lohnrückstände für die letzten sechs Monate vor Konkurseröffnung Masseverbindlichkeiten gem. § 59 Abs. 1 Nr. 3 KO, soweit sie nicht auf die Bundesanstalt für Arbeit übergegangen sind (§ 59 Abs. 2 KO) – das ist höchstens für drei Monatsgehälter der Fall. Die Tatsache, daß nunmehr ein Großteil der Lohnforderungen vorab aus der Masse voll beglichen werden muß, belastet die Vermögenssubstanz des Gemeinschuldners nicht unerheblich. Zudem stellt sich die vorgenommene Umwandlung als systemwidrig dar, denn diese Ansprüche gelten der Definition des § 3 KO nach weiterhin als Konkursforderungen[24].

Gleichzeitig, etwa parallel zur Konzeption des Konkursausfallgeldes, konnte eine ähnlich arbeitnehmerfreundliche Tendenz bei der Rechtsprechung verzeichnet werden – durch richterliche Rechtsfortbildung versuchte man, die konkursrechtliche Position von Betriebsangehörigen des Gemeinschuldners zu stärken. Das BAG hat in dem Urteil vom Herbst 1974 die Vorschriften der §§ 111–113 BetrVfG auch auf Betriebsänderungen oder -stillegungen, die vom Konkursverwalter nach Verfahrenseröffnung durchgeführt werden, für anwendbar erklärt und die Ansprüche aus dem dabei aufzustellenden Sozialplan als Masseschulden nach § 59 Abs. 1 KO eingestuft[25].

Ist schon überhaupt fraglich, ob die Aufstellung eines Sozialplans in der Insolvenz zulässig ist, so bleibt die bevorzugte Abfindung derartiger Forderungen um so zweifelhafter. Werden doch damit die drei klassischen Gläubigergruppierungen in ihren Grenzen aufgeweicht. Diese Ordnung, in die man aus politischen Erwägungen – weniger aus rechtlichen! – eingegriffen hatte, wurde auch nicht wiederhergestellt, als der GrSen des BAG mit Beschluß vom 13.12.1978 sich dahingehend korrigerte, daß Ansprüche aus Sozialplänen nicht unter die Masseverbindlichkeiten einzureihen sind, sondern lediglich Konkursforderungen – allerdings mit Vorrang vor der Rangklasse des § 61 Abs. 1 Nr. 1 KO – bilden[26]. Inzwischen hat nunmehr das BVerfG zu dieser arbeitsgerichtlichen Rechtsprechung Stellung genom-

---

[23] § 59 Abs. 1 Nr. 3 KO in der Fassung des Gesetzes über das Konkursausfallgeld vom 17.07.1974, BGBl I, S. 1421, 1484f.; *Hanisch*, Zur Reformbedürftigkeit des Konkurs- und Vergleichsrechts, ZZP 90 (1977) 1, 17; *Kilger*, Kommentar zur KO, § 59 Anm. 5.

[24] *Kilger*, Kommentar zur KO, § 3 Anm. 1b; *Weber*, Ziele und Wege der Insolvenzreform (Festschrift 100 Jahre KO), S. 321, 357f.

[25] BAG DB 1974, 2207ff.; *Hanisch*, Zur Reformbedürftigkeit des Konkurs- und Vergleichsrechts, ZZP 90 (1977) 1, 15; *Kilger*, Konkurs des Konkurses, KTS 1975, 142, 153; *Weber*, Ziele und Wege der Insolvenzreform (Festschrift 100 Jahre KO), S. 321, 358.

[26] BAG NJW 1979, 774 m. Anm. v. *Heilmann* = KTS 1979, 150ff. m. Anm. v. *Henckel*.

men. Durch Beschluß vom 19.10.1983 hat es die bisherige richterliche Rechtsfortbildung "*praeter legem*" des BAG zum Sozialplan für verfassungswidrig erklärt[27].

Kritik ist in diesem Zusammenhang auch dem Fiskusprivileg zu zollen. Jenes Vorrecht, mit dem Odium behaftet, ex post betrachtet als gewichtiger Sündenfall der Reichskonkursordnung zu gelten, stellt eine primär historisch bedingte Privilegierung dar, die einer zureichenden Wertungsgrundlage entbehrt[28]. Sein Ausmaß wurde erst in neuere Zeit bei einem stetig wachsenden Steuerumfang deutlich und richtig spürbar; wesentlich dazu beigetragen hat, wie verschiedentlich bemängelt wird, eine mitunter wirtschaftlich unverständliche Stundungspraxis der Finanzbehörden[29]. Da die Höhe der Steuerforderungen für Dritte nicht ersichtlich, geschweige denn kalkulierbar ist, kann dies zur Verschleierung einer gewissen latenten Illiquidität führen. Zudem hat das Fiskusvorrecht die viel beklagte Hypertrophie der Sicherungsrechte mitgefördert, denn regelmäßig galt es, mit dinglichen Sicherheiten dem Fiskus zuvorzukommen. Die Last tragen letztendlich die einfachen Konkursgläubiger, die notgedrungen aufgelaufene Steuerrückstände des Gemeinschuldners von ihrem Anteil bezahlen müssen – der Anteil des Privilegs nach § 61 Abs. 1 Nr. 2 KO macht zuweilen nahezu 2/3 der Konkursforderungen aus[30]. Eine umfassende Insolvenzreform wird somit auch vor dem Fiskusprivileg nicht haltmachen können[31]. Aufmerk-

---

[27] BVerfG NJW 1984, 475f.; *Bauer/Moench*, Sozialabfindung im Konkurs, NJW 1984, 468; das BAG hat unmittelbar darauf seine Rspr. mit Urteil vom 30.04.1984 aufgegeben (NJW 1984, 2456) – Sozialabfindungsansprüche werden seither als einfache Konkursforderung nach § 61 Abs. 1 Nr. 6 KO behandelt. Diese Rspr. hat den Gesetzgeber auf den Plan gerufen, dem es durchaus angemessen erscheint, Sozialabfindungen wie rückständige Löhne und Gehälter zu behandeln, vgl. BGBl 1985 I, S. 369.

[28] *Henckel*, Wert und Unwert juristischer Konstruktionen (Festschrift für Friedrich *Weber*) S. 237, 248 Fußn. 39.

[29] *Weber*, Ziele und Wege der Insolvenzreform (Festschrift 100 Jahre KO), S. 321, 357; *Hanisch*, Zur Reformbedürftigkeit des Konkurs- und Vergleichsrechts, ZZP 90 (1977), 1, 19 – Gestundet werden sollen nach § 222 AO Ansprüche aus einem Steuerschuldverhältnis nur dann, wenn ihre Einbeziehung bei Eintritt der Fälligkeit für den Steuerpflichtigen mit einer erheblichen Härte verbunden ist und der Anspruch durch die Stundung nicht gefährdet erscheint. Dagegen ist ein Vollstreckungsaufschub (§ 258 AO) nicht an diese strengen Voraussetzungen gebunden.

[30] *Stürner*, Aktuelle Probleme des Konkursrechts, ZZP 94 (1981), 263, 268.

[31] So hat der 51. DJT die Beseitigung der Fiskalvorrechte beschlossen, 51. DJT 1976 II, S. 0 183 (Beschluß 26); *Hanisch*, Zur Reformbedürftigkeit des Konkurs- und Vergleichsrechts, ZZP 90 (1977), 1, 20 hebt hervor, daß im Ausland längst mit dem Abbau fiskalischer Rechte begonnen worden ist (so z.B. in den USA) – die Eidgenossen haben sogar bewußt auf die Aufnahme einer solchen "privilegia principis" in ihrer Konkursordnung verzichtet.

samkeit verdient außerdem die Besteuerung von Verwertungsvorgängen im Konkurs. Für sicherungsübereignete Gegenstände muß nämlich der Konkursverwalter nach der finanzgerichtlichen Rechtsprechung, bevor er dem Absonderungsberechtigten den Verwertungserlös auskehrt, Umsatzsteuer entrichten. Auf diese Weise wird die Konkursmasse mit Massekosten nach § 58 Nr. 2 KO belastet, ohne daß ein Anspruch auf Rückvergütung gegen irgendeinen Beteiligten bestehen würde[32].

Nicht genug also der Sicherungsrechte, hinzu kommt die Minderung der Masse durch zusätzliche Steueransprüche; und 14 % können, selbst bei einem nur geringen Anteil an Sicherungsübereignungen, durchaus einen immensen Kostenfaktor in der Insolvenzenabwicklung bedeuten. Dies ist ein unbefriedigendes, oft kritisiertes Ergebnis, das nach einer geänderten Handhabung in der Praxis begehrt[33].

---

[32] *Kilger*, Konkurs des Konkurses, KTS 1975, 142, 150f.; *Knobbe-Keuk*, Umsatzsteuer und Konkurs (Festschrift 100 Jahre KO), S. 219, 234ff.; der BFH BStBl 1972 II, S. 809 = NJW 1972, 1967 m. Anm. v. *Mathiak* (bestätigt durch BFH BStBl 1978 II, S. 684 = DB 1978, 2460) hat die Umsatzsteuer für ein Sicherungsgut als Massekosten eingestuft (ablehnend hierzu *Henckel* ZiP 1980, 524); diese Rspr. des BFH ist schließlich nunmehr auch vom BVerfG (Beschl. v. 02.02.1979 1 BvR 1445/78, UStR 1979, S. 64) gebilligt worden, vgl. *List*, Umsatzsteuer und Konkurs, NWB 1984, 3477. Durch die Urteile (BGH NJW 1972, 874; BayObLG BB 1970, 942) ist dem Konkursverwalter die Möglichkeit versperrt, die Umsatzsteuer vom Verwertungserlös abzuziehen (aA allein AG Hamburg KTS 1958, 159), – Umsatzsteuer ist ihrer Definition nach stets bei Lieferung zu erheben. Die steuerrechtliche Systematik setzt aber für eine Lieferung die Verschaffung der Verfügungsmacht voraus, wobei zugleich das wirtschaftliche Eigentum auf den Erwerber übergehen muß. Erst in der Verwertung von Sicherungsgut sieht die Rspr. umsatzsteuerbare Lieferungen – eine Lieferung des Sicherungsgebers an den Sicherungsnehmer und zugleich eine weitere Lieferung des Sicherungsnehmers an den Erwerber. Das gilt unabhängig davon, ob inzwischen ein Konkursverfahren eröffnet worden ist. Als Lieferung des Konkursverwalters betrachtet man die Freigabe des Sicherungsgutes zur Verwertung. Damit verschafft er aufgrund der ihm nach § 6 Abs. 2 KO zustehenden Verfügungsbefugnis dem Sicherungsnehmer die volle Verfügungsmacht über das Sicherungsgut. Die Folge davon ist, daß die durch die Lieferung des Konkursverwalters entstandene Umsatzsteuer die Konkursmasse gem. § 58 Nr. 2 KO als Massekosten belastet.

[33] *Knobbe-Keuk*, Umsatzsteuer und Konkurs (Festschrift 100 Jahre KO), S. 219, 234ff. plädiert dafür, die Umsatzsteuer letztendlich auf den Sicherungsnehmer abzuwälen; der BFH (Beschl. v. 28.07,1983 VS 8/81 BStBl 1983 II, S. 694) hat neuerdings ernstlich angezweifelt, ob die aus der Verwertung von Sicherungsgut durch den Sicherungsnehmer nach Konkurseröffnung resultierende Umsatzsteuer zu den Massekosten zu rechnen ist; vgl. auch *List*, Umsatzsteuer und Konkurs, NWB 1984, 3477: Zu dieser Auffassung hat den BFH die Überlegung veranlaßt, daß die Umsatzsteuer aus der Lieferung des Konkursverwalters bereits vor Konkurseröffnung i.S.d. § 3 Abs. 1 KO begründet sein könnte. Der BFH hat dies jedenfalls für möglich angesehen im Hinblick darauf, daß der Steueranspruch durch die Übereignungshandlung und die Einräumung der Verwertungsbefugnis bereits vor Konkurseröffnung im wesentlichen begründet worden ist.

Der Vielfalt konkursrechtlicher Problemaspekte, von denen nur einige kursorisch skizziert werden konnten, muß man sich stets bewußt sein. Jede beabsichtigte fundamentale Reform der Sicherungsrechte, von der man sich den Gewinn an mehr Masse verspricht, kommt nicht umhin, gleichzeitig ebenfalls die massezehrenden Privilegien in ihrem Umfang zu beschneiden[34]. Sonst droht die Gefahr, daß die eigentlich gewollte Besserstellung von Konkursgläubigern im Endeffekt an dem Ausmaß gesetzlicher Vorrechte scheitert.

IV. Reformvorschläge de lege ferenda

Von Änderungen im bisherigen Kreditsicherungssystem erhofft sich die Reformliteratur eine grundlegende Verbesserung der derzeitigen konkursrechtlichen Situation. Der Immobiliarsicherung wird infolge grundbuchmäßiger Offenlegung kein ersichtlicher Mangel nachgesagt,[35] demzufolge finden sich lediglich Erwägungen zu Korrektureingriffen im Bereich der Mobiliarsicherheiten, genauer: der besitzlosen Sicherheiten[36]. Dies beruht auf folgenden, hier nur schlagwortartig wiedergegebenen Ursachen, die stets als Mißstände den sog. atypischen Sicherungsrechten zum Vorwurf gemacht werden – mangelnde Erkennbarkeit der Vermögensverschiebung für Dritte, undurchsichtige Konkurrenzverhältnisse bei mehrfacher Bestellung von Sicherheiten, zusätzliche Kostenbelastung der Masse durch Ermittlung über Aus- und Absonderungsgut, mögliche Übersicherung durch routinemäßige

---

[34] *Uhlenbruck*, Zur Krise des Insolvenzrechts, NJW 1975, 897, 902; *Henckel*, Referat zum 51. DJT 1976 II, S. 0 25f.; *Uhlenbruck*, Einhundert Jahre Konkursordnung (Festschrift 100 Jahre KO), S. 3, 22; *Bessau*, Zur Anerkennung heimlicher Sicherheiten, S. 7; *Berges*, Sanierung des Konkurses, BB 1976, 387, 388 (spricht sich dafür aus, den Vorrechten lediglich einen Anteil von 25 % am Konkurserlös einzuräumen).

[35] Einschränkend *Stürner*, Aktuelle Probleme des Konkursrechts, ZZP 94 (1981), 263, 270: Das Argument durch Vorwegverteilung die Auszehrung der Masse zu bewirken, richtet sich in gleicher Weise gegen alle Sicherheiten, mögen sie publik oder nicht publik sein. Die Konsequenz wäre, um zumindest einer relativen par conditio creditorum willen, alle gesicherten Gläubiger, auch die Grundpfandgläubiger, nur als bevorrechtigte Konkursgläubiger einzustufen.

[36] *Weber*, Reform der Mobiliarsicherheiten, NJW 1976, 1601ff.; *Reich*, Reform der Kreditsicherung, JZ 1976, 43ff. *Berges*, Sanierung des Konkurses, BB 1976, 387, 388; *Meyer-Cording*, Umdenken nötig bei den Mobiliarsicherheiten?, NJW 1979, 2126f. (kritisch hierzu: *Komo*, Kein Umdenken nötig bei den Mobiliarsicherheiten, NJW 1980, 817ff.); *Drobnig*, Sicherungsrechte im Deutschen Konkursverfahren, RabelsZ 44 (1980), 784ff.

Formularvereinbarungen, Verschleierung latenter Illiquidität, Konkursverschleppung[37].

Eine strikte, sicher auch konsequente Maßnahme zur Beseitigung der beklagten Mängel wäre jedenfalls die Abschaffung besitzloser Mobiliarsicherheiten, doch hätte dies auf die Kreditwirtschaft unzumutbare Auswirkungen. Umlaufgüter jeglicher Art könnten dann nicht mehr als Kreditunterlage verwandt werden, worunter vor allem kleinere Gewerbetreibende mit unzureichendem Immobiliarvermögen leiden würden[38]. Worauf es schließlich ankommt, und das sollte man sich vergegenwärtigen, ist die Wahrung eines leichten Kapitalflusses sowie die Erhaltung eines funktionstüchtigen Kreditsicherungssystems anstatt der minimalen Besserstellung einfacher Konkursgläubiger in der Insolvenz.

Der 51. DJT trug dazu bei, daß seither einige Reformvorschläge diskutiert werden und Untersuchungen über die Rechtstatsachen durchgeführt worden sind. So hat sich Henckel dafür ausgesprochen, den Inhaber besitzloser Sicherheiten das Absonderungsrecht zu versagen und sie unter die bevorrechtigten Konkursgläubiger hinter dem Privileg des § 61 Abs. 1 Nr. 5 KO einzuordnen, wobei ihnen außerdem das Risiko einer anteilmäßigen Forderungsabwertung zugemutet wird[39]. Die Intention des sog. "Henckel-Modells" ist, mehr freie Masse zu gewinnen und für eine frühere Verfahrenseinleitung zu sorgen. Ob jedoch diese angestrebten Ziele auch tatsächlich realisierbar sind, erscheint fraglich – insbesondere dürfte wohl die Umverteilung einer nach wie vor unzulänglichen Masse lediglich zu einer geänderten Verteilung unter den privilegierten Gläubigern führen, eine wesentliche Quotenerhöhung zugunsten ungesicherter Gläubiger kann dagegen

---

[37] *Bessau*, Zur Anerkennung heimlicher Sicherheiten, S. 8ff.; *Kilger*, Konkurs des Konkurses, KTS 1975, 142, 148ff.; *Hanisch*, Zur Reformbedürftigkeit des Konkurs- und Vergleichsrechts, ZZP 90 (1977), 1, 8ff.; *Kilger*, Referat zum 51. DJT 1976 I!, S. 0 36ff.; *Henckel*, Referat zum 51. DJT 1976 II, S. 0 11, 19.

[38] Bedenken äußert auch *Stürner*, Aktuelle Probleme des Konkursrechts, ZZP 94 (1981), 263, 268ff.: Selbst wenn es gelingen sollte, die derzeitige Quote für einfach Konkursgläubiger von 2 % auf 10–20 % anzuheben – mehr ist nicht drin – wäre der Nutzen gering, verglichen mit den Schäden, die dem gegenwärtig gut funktionierenden Kreditsicherungssystem drohen würden. Zudem werden hohe Forderungen in weit größerem Maße gesichert als niedrige. 80 % der ungesicherten Forderungen belaufen sich auf weniger als 20.000,-- DM, weswegen die meisten Gläubiger kaum Ausfälle und nur geringe Schwierigkeiten haben.

[39] *Henckel*, Referat zum 51. DJT 1976 II, S. 0 23ff.; *Henckel*, Wert und Unwert juristischer Konstruktionen (Festschrift für Friedrich Weber), S. 237, 249f.

kaum erwartet werden[40]. Zu einer baldigen Ingangsetzung notwendiger Insolvenzverfahren wird auch das sog. "Kostenbeteiligungsmodell" von Heinsius nicht führen, aber es beseitigt eine als unerträglich empfundene Auswirkung des bestehenden Konkurssystems[41]: Mobiliargesicherte Gläubiger sollen bei Beibehaltung ihres Absonderungsrechts einen bestimmten Beitrag zur Deckung der mit Verwertung entstehenden Kosten leisten.

Unbefriedigend erweisen sich Vorschläge zur bloßen Beschränkung von Sicherungsrechten[42]. Läßt man z.B. Verlängerungs- oder Verarbeitungsklauseln nicht mehr zu, so stellt man die Lieferanten von Waren, die zum sofortigen Weiterverkauf bestimmt sind oder die Bestandteil eines neuen Produkts werden sollen, gegenüber denjenigen, die hauptsächlich Güter zur vorübergehenden Lagerung liefern, grundlos schlechter und beeinträchtigt den Warenverkehr. Zudem ist der daraus resultierende Nutzeffekt unbedeutend, denn die übrigen Kreditgeber werden versucht sein, sich sogleich dieser freiwerdenden Vermögensobjekte zu bemächtigen[43]. Die Folge wäre also lediglich eine Verschiebung von Sicherungsmasse auf andere privilegierte Gläubiger; für die ungesicherten Gläubiger wäre hierdurch nichts Entscheidendes gewonnen. Deswegen hat sich der 51. DJT in seiner Mehrheit auch gegen eine derart drastische Beschneidung der Mobiliarsicherheiten ausgesprochen und stattdessen dafür plädiert, die Höhe des Verwertungserlöses auf den Wert des primären Sicherungsobjektes zu begrenzen sowie außerdem von diesem Erlös eine pauschalierte Bearbeitungsgebühr von 10 % abzuziehen[44]. Fer-

---

[40] *Komo*, Kein Umdenken nötig bei den Mobiliarsicherheiten, NJW 1980, 817, 818; kritisch hierzu vor allem *Druckarczyk/Duttle*, Zur geplanten Behandlung von Mobiliarsicherheiten im Konkurs, ZiP 1984, 280, 283ff., 292 – im Rahmen der Untersuchung vertritt man zudem die Auffassung, daß ein sinnvolles Ergebnis sich nur mit einem "modifizierten" Henckel-Modell erreichen läßt. Eine rechtzeitige Verfahrensauflösung könnte höchstens dann bewirkt werden, wenn die Ansprüche mobiliargesicherter Gläubiger den Rang vor den Massekosten i.S.v. § 58 Nr. 1, 2 KO einnehmen.

[41] *Druckarczyk/Duttle*, Zur geplanten Behandlung von Mobiliarsicherheiten im Konkurs, ZiP 1984, 280, 291ff.

[42] *Drobnig*, Gutachten zum 51. DJT 1976 I, S. F 71ff.; 98; ähnlich *Meyer-Cording*, Umdenken nötig bei den Mobiliarsicherheiten?, NJW 1979, 2126, 2128ff.; *Berges*, Sanierung des Konkurses, BB 1976, 387, 388 Fußn. 8 empfiehlt die Ersetzung der einzelgegenständlichen konkurszehrenden Sicherungsrechte durch eine umfassende Kreditversicherung – kritisch zum Ganzen: *Henckel*, Referat zum 51. DJT 1976, II, S. 0 21f.

[43] *Henckel*, Referat zum 51. DJT 1976 II, S. 0 21ff.; *Kilger*, Referat zum 51. DJT 1976 II, S. 0 43.

[44] 51. DJT 1976 II, S. 0 181, 183 (Beschlüsse); *Kilger*, Referat zum 51. DJT 1976, II, S. 0 41f.; vgl. auch *Serick*, Profilierung der Mobiliarsicherheiten (Festschrift 100 Jahre KO), S. 271, 291; *Drobnig*, Sicherungsrechte im Deutschen Konkursverfahren, RabelsZ 44 (1980), 784, 805f.

ner soll dem Insolvenzverwalter das Recht zugebilligt werden, im Interesse der Konkursmasse die Herausgabe des Sicherungsgutes zu verweigern und die Verwertung selbst durchzuführen[45]. Schließlich könnte man erwägen, die Anfechtungsfrist des § 41 Abs. 1 S. 1 KO auf zwei Jahre zu verlängern[46].

Seit man durch die steigenden Insolvenzzahlen vergangenen Jahre auf bestehende konkursrechtliche Mängel aufmerksam gemacht wurde, meint man oftmals, ohne einen gesetzgeberischen Eingriff sei eine spürbare Änderung der gegenwärtigen, beklagenswerten Konkurssituation nicht zu erwarten. Wichtig ist aber dabei, die gesetzgeberischen Möglichkeiten von vornherein richtig einzuschätzen, denn gerade in unserer schnellebigen Zeit entsteht allzu leicht ein ungereimtes, kodifikatorisches Flickwerk, das ums Jahr schon novelliert werden muß. Bedächtigkeit ist damit geboten, man darf nicht vorschnell juristisch Tradiertes über Bord werfen, stattdessen gilt es am Bestehenden weiterzuarbeiten, und dazu ist besonders die Rechtsprechung berufen[47].

Indem im Rahmen dieser Arbeit unter rechtsvergleichenden Gesichtspunkten der Frage nachgegangen werden soll, in welcher Weise eine Reform des bestehenden Mobiliarsicherungsrechts unumgänglich ist – ob insbesondere ein Umgestaltung der besitzlosen Pfandrechte wesentliche Verbesserungen für den Rechtsverkehr mit sich bringen würde, wird einem methodischen Postulat des 41. DJT 1955 Rechnung getragen[48]. Das Kreditsicherungsrecht zählt zu den Rechtsgebieten, denen zentrale Bedeutung in einer privatwirtschaftlich orientierten Industriegesellschaft zukommt.

---

[45] 51. DJT 1976, II, S. 0 183 (Beschlüsse); *Drobnig*, Sicherungsrechte im Deutschen Konkursverfahren, RabelsZ 44 (1980), 784, 806.

[46] 51. DJT 1976, II, S. 0 182 (Beschluß 20); *Drobnig*, Sicherungsrechte im Deutschen Konkursverfahren, RabelsZ 44 (1980), 784ff.; *Hanisch*, Zur Reformbedürftigkeit des Konkurs- und Vergleichsrechts, ZZP 90 (1977), 1, 11f. – zu denken wäre in diesem Zusammenhang ebenfalls an die Einführung einer dem franz. Recht entlehnten "période suspecte".

[47] *Hammelbeck*, Zur Krise des Insolvenzrechts, NJW 1975, 1497ff.; *Kilger*, Konkurs des Konkurses, KTS 1975, 142, 157ff.; *Serick*, Profilierung der Mobiliarsicherheiten (Festschrift 100 Jahre KO), S. 271, 274, 291f. – eine Neugestaltung der Mobiliarsicherheiten mit ihren besonderen insolvenzrechtlichen Aspekten läßt sich möglicherweise nur um den Preis der Unzufriedenheit vieler bisher Zufriedener durchführen.

[48] Verhandlungen des 41. DJT 1955, II, S. F 81.

B. Methode, Gegenstand, Gliederung

I. Methodik der Rechtsvergleichung

Verhaftet in der Denkgesetzlichkeit der eigenen Rechtsordnung und vertraut mit deren spezifischen Besonderheiten ist man zwangsläufig durch die vorgegebene etatistische Begriffslogik beeinflußt, was die Erwartung bedingen mag, in einer fremden Rechtsordnung lediglich gewohnte Rechtsfiguren wiederzuentdecken, die sich in einer direkten Gegenüberstellung auch noch als "ähnliche" Lösung erweisen[1]. Eine solche Rechtsvergleichung wäre aber oberflächlich.

Wer den Rechtsstoff durchdringen will, um zu tieferen Einsichten zu gelangen, muß monistische wie dualistische Betrachtungskategorien überwinden[2]. Ebenso wie sich im internationalen Privatrecht die erstrebte international-privatrechtliche Harmonie einzelstaatlicher Fallösungen erst dadurch erreichen läßt, daß unter Abstandnahme von geläufigen Strukturbindungen Fragen der Qualifikation und Angleichung in autonomer jurisprudentieller Kasuistik "überstrukturell" angegangen werden[3], so ist hier gleichfalls die Notwendigkeit gegeben, sich aus der heimischen juristisch-dogmatischen Systemverwobenheit zu befreien, um auf einer unabhängigen, dritten Ebene außer-etatistischer Elemente universale Gemeinsamkeiten diverser rechtlicher Grundvorstellungen zu enthüllen[4].

---

[1] vgl. *Esser*, Grundsatz und Norm, S. 349.

[2] *Esser*, Grundsatz und Norm, S. 297f., 337; *Rothoeft*, System der Irrtumslehre, S. 1 – mit einer monistischen Vorgehensweise verstellt man sich durch Systembegriffe des heimischen Rechts den Blick auf die elementaren materialen Prinzipien einer anderen Rechtsordnung, und die dualistische Methode, bei der man die Lösungstypen jeder Rechtsordnung primär in ihrer Systemverflechtung darstellt, kann nur die Vorstufe zu einer logischen Gesamtschau sein.

[3] *Esser*, Grundsatz und Norm, S. 299.

[4] *Esser*, Grundsatz und Norm, S. 337; *Zweigert/Kötz*, Einführung in die Rechtsvergleichung, S. 34ff., 56 – bereits Bacon hatte in seiner Schrift "De dignitate et augmentis scientiarum" (1623) die Ansicht vertreten, erst nachdem die "vincula" des eigenen nationalen Rechts abgestreift worden seien, könne man den wahren Wert des heimischen Rechts bemessen.

Eine derartige, "universalistisch" orientierte, autonomistische Methode verlangt für die vergleichende Betrachtung eine "offene" Systembildung, die es ermöglicht, durch Emanzipation der hinter den nationalen Grundbegriffen verborgenen Funktionsprinzipien die eigentlichen allgemeingültigen Rechtsstrukturen bloßzulegen. Dieses Verfahren dient nicht nur als Denkmodell, sondern beschreibt auch die Arbeitsmethode, deren Charakteristikum darin besteht, weder an existierende axiomatische Syllogismen anzuknüpfen noch sonstige Implikationen – selbst wenn diese aufgrund vorgegebener Begriffe schlüssig erscheinen sollten – aufzugreifen. Somit verlieren die Lehr- und Dogmengebäude der einzelnen Rechtskulturen an Relevanz, werden zu Nebensächlichem; worauf es allein ankommt, ist das behandlungsbedürftige Lebensproblem, das nach seiner "Funktionalität" analysiert werden muß[5]. Im Wege systemneutraler Anknüpfung erschließt man sich die "*tertia comparationis*" dadurch, daß etatistische Sonderlösungen auf die "Natur der Sache" zurückgeführt werden, indem man sie befreit von doktrinären Strukturen auf ihre natürliche, immanente Ordnungsaufgabe reduziert[6]. Nachdem im Reduktionsprozeß die typischen, sachbedingten Konfliktslagen deutlich umrissen worden sind, heißt es, bei einer heuristischen Wertung nach *topoi* zu ergründen, welche der dabei zum Vorschein tretenden, konkurrierenden Interessen überhaupt für schutzwürdig und insbesondere welche von ihnen

---

[5] Diese Erkenntnis der begrifflichen Abstrahierung ist erst allmählich in die Rechtswissenschaft eingedrungen. Sie verändert die Techne. Man hinterfragt vorhandene nationale Begriffsgebäude, forscht nach dem innewohnenden Zweck, schichtet sie bis auf das tragende Wesenselement ab. Zur Bewußtseinswerdung dieses analytischen Denkansatzes hat Scholastik wie kritische Methodenlehre des ausgehenden 19. Jh. einen guten Teil beigetragen. Die Jurisprudenz wird als eine von Aporien geprägte Disziplin verstanden, die ihrer Gesamtstruktur nach nur vom Problem her bestimmt werden kann und insoweit einer permanenten Problemerörterung bedarf. Existente Rechtskonstruktionen gelten in ihrer Dogmatik nicht mehr als axiomatisch; von vorgegebenen nationalen Denkstrukturen hat man sich zu lösen. Man muß offen sein für die Einsicht, daß ein Lebenssachverhalt durchaus unterschiedlich, wenn auch ähnlich und mit vergleichbarem Ergebnis gelöst werden kann. Das bedeutet aber, sich von der Sachlogik leiten zu lassen, was die Frage im Sinne *Hecks* nach der eigentlichen Ordnungsaufgabe bedingt, die letztendlich den Dingen im Kern zugrundeliegt. Vgl. *Zweigert/Kötz*, Einführung in die Rechtsvergleichung, S. 34ff., 50; *Viehweg*, Topik und Jurisprudenz, S. 64ff. Anstoß zu dieser Methodik gab *Max Salomon* (Grundlegung zur Rechtsphilosophie, S. 26ff.), der ein bestimmtes Rechtsproblem von der Rechtsidee her zu betrachten versuchte – dagegen bestreitet *Sandrock* (Sinn und Methode zivilistischer Rechtsvergleichung, S. 50, 58, 65, 66ff.) überhaupt die Existenz universaler Rechtsprinzipien, von denen sowieso nur ein beschränkter Erkenntniswert erwartet werden könne.

[6] *Esser*, Grundsatz und Norm, S. 102 (ein Gedanke, der schon bei *Puchta* auftaucht), S. 298; *Zweigert/Kötz*, Einführung in die Rechtsvergleichung, S. 34ff., 48; *Rothoeft*, System der Irrtumslehre, S. 2 – die Phänotypen werden auf ihre Genotypen zurückgeführt, auf deren Basis eine Fallgruppenbildung möglich ist.

darüber hinaus unter was für materialen Prinzipien für vorrangig schutzbedürftig erachtet werden müssen[7].

Erklärtes Ziel der gewählten Methode ist letztlich, über eine bloße semantische Vergleichung hinauszugehen und zur Verfeinerung der Institutsvergleichung beizutragen, wobei sich entweder die Hypothese von der "funktionalen Äquivalenz" etatistischer Lösungen – die sog. *praesumtio similitudinis* – verifizieren mag oder die eigentlichen Gründe ihrer strukturellen Andersartigkeit zum Vorschein treten sollen[8].

II. Gegenstand der Untersuchung

Im Rahmen dieser Arbeit soll rechtsvergleichend geklärt werden, welchen strukturellen Mindestanforderungen ein Mobiliarsicherungsrecht genügen muß, das bei Berücksichtigung widerstreitender Interessen dem Gläubiger das größtmögliche Maß an Sicherheit bieten kann, ohne die wirtschaftliche Bewegungsfreiheit des Schuldners unnötig zu beeinträchtigen.

Hierzu gilt es, das Dickicht gegebener Kreditbeziehungen gedanklich zu durchdringen, um deren institutionelle Grundstrukturen herauszuschälen. Logisch vorrangig muß man sich als erstes der Frage nach dem "Warum" einer Sicherung zuwenden.

1. Rechtliche Strukturen einer Kreditbeziehung

Die Antwort liegt in dem Wesen des Kreditverhältnisses begründet, ganz gleich, ob es Geld oder Waren zu kreditieren[9] gilt. Kreditgewährung stellt

---

[7] *Rothoeft*, System der Irrtumslehre, S. 2.

[8] Es gilt die Vermutung, daß in gleichen Sozial- und Kulturverhältnissen in denselben Lebensfragen trotz mancher Unterschiedlichkeit oft bis in Einzelheiten hineingehende, vergleichbare oder doch frappant ähnliche Lösungen anzutreffen sind, vgl. *Esser*, Grundsatz und Norm, S. 327, 348f.; *Zweigert/Kötz,* Einführung in die Rechtsvergleichung, S. 34ff., 40f.; *Rothoeft*, System der Irrtumslehre, S. 3.

[9] Der Ausdruck "Kredit" (von lat.: credere = glauben, vertrauen) hat im Alltagswortschatz eine zweifache Bedeutung: zum einen ist damit das Vertrauen in die Fähigkeit und Bereitschaft einer Person oder Unternehmung, ihre Verbindlichkeiten ordnungsgemäß und rechtzeitig zu begleichen, gemeint, zum anderen die der Person oder Unternehmung zur Verfügung gestellten fremden Geldmittel oder Sachgüter selbst. Sowohl der Bankier als auch der Lieferant können Kreditgeber sein. Unwesentlich ist, was der Schuldner letzlich erhält (Geld oder Ware) und wie das Vertragsverhältnis zwischen den Parteien im einzelnen konzipiert ist (Dar-

immer eine Vertrauenssache dar, jedoch allein das Vertrauen auf vertragsgemäße Erfüllung schuldnerischer Pflichten kann kaum eine Kreditvergabe rechtfertigen, wenn das Geschäft innerhalb einer ordentlichen Wirtschaftsführung vertretbar sein soll[10]. Das mag noch anders in archaischen Rechtsgemeinschaften gewesen sein, in denen bei überschaubaren wirtschaftlichen Gegebenheiten nur ein sehr geringfügiger Austauschhandel betrieben wurde und aufgrund engen, sozialen Kontakts die individuelle Kenntnis persönlicher Umstände ungleich geläufiger war, so daß sich ein echtes Vertrauensverhältnis herausbilden konnte[11]. In einer modernen, komplexen Industriegesellschaft mit ihren vielfältigen, zeitbedingten Unsicherheitsfaktoren – z.B. Vermögensverfall des Schuldners, Geldentwertung – überwiegt dagegen das Mißtrauen, zumal infolge von vielfältigen Arbeitsteilungsprozessen wie unternehmerischen Verflechtungen die Vermögensverhältnisse des Einzelnen immer undurchsichtiger werden.

Normalerweise wird das auf ein vertragliches Austauschverhältnis gerichtete Zweckbestreben der Parteien von dem Prinzip des "*do-ut-des*" geleitet, hier ist jedoch das funktionelle Synallagma zugunsten des Schuldners durchbrochen. Der Gläubiger ist aufgrund der Vertragsgestaltung zwangsläufig vorleistungspflichtig. Da künftige Entwicklungen in ihren Unwägbarkeiten kaum kalkulierbar bleiben, wird sich ein Gläubiger selbst bei einem vertrauenswürdigen Schuldner nur selten darauf einlassen, ihm allein auf das bloße Erfüllungsversprechen hin Kredit zu gewähren[12].

---

lehen, Kauf, Miete o.ä,). Charakteristisch bleibt stets, daß der Schuldner aufgrund einer willentlichen Vermögensverschiebung des Gläubigers für bestimmte Zeit bereichert wird. Im einen Fall überläßt man ihm auf Zeit zu eigenen Dispositionszwecken einen vereinbarten Geldbetrag, im anderen wird ihm die Nutzung an konkret bezeichneten Gütern unter momentaner Ersparnis wertmäßiger Aufwendungen eingeräumt.

[10] *Scholz/Lwowski*, Das Recht der Kreditsicherung, S. 29.

[11] Dieser Idealzustand war aber auch schon nicht mehr im römischen und germanischen Recht anzutreffen, denn trotz mancher juristischer Schlichtheit etablierte sich ein gebräuchliches Kreditsicherungssystem, vgl. *Hromadka*, Die Entwicklung des Faustpfandprinzips im 18. u. 19. Jahrhundert, S. 12ff. 25ff.; *Altorfer*, Die Mobiliarhypothek, S. 4ff., 10ff.; *Liebs*, Römisches Recht, S. 36, 100; *Kaser*, Römisches Privatrecht, S. 123ff.; *Sohm*, Institutionen des Römischen Privatrechts, S. 340ff., 405ff.

[12] Ausnahmecharakter besitzen insoweit die unvollkommenen Verbindlichkeiten, die durchgängig von einem aleatorischen Moment geprägt sind. Da die Rechtsprechung in solchen Fällen dem Rechtsgeschäft jeglichen rechtlichen Schutz verweigert, fehlt es an einem durchsetzbaren Anspruch. Der Gläubiger einer derartigen Forderung hat unter diesen Voraussetzungen gar nicht die Möglichkeit, sein eingegangenes Risiko zu begrenzen – eine Entscheidungswahl hat er nur darüber, ob er trotz unberechenbarem Wagnis überhaupt einen solchen Vertrag eingehen soll. Die Realisierung des Anspruchs hängt letzlich (vom Willen) des Schuldners ab; dem Gläubiger bleibt daher nichts anderes übrig, als auf dessen absolute Vertragstreue zu vertrauen. Deswegen sind Verbindlichkeiten dieser Art auch im wesentlichen

Mißtrauen überlagert die vertraglichen Beziehungen der Parteien; Bedenken bestehen, ob nicht die Investition letztlich zu einem Verlustgeschäft werden wird. Des Menschen Antrieb basiert nun einmal, spätestens seit er den Schritt vom geselligen, ungeordneten Nebeneinander zum rechtlichen Mit- und Füreinander vollzogen hat, nicht auf einem unkontrollierten Altruismus, sondern auf handfestem Egoismus[13], der sich darin äußert, daß jedermann nur dann einen anderen bei der angestrebten Zweckrealisierung unterstützen wird, wenn er dafür einen angemessenen Preis erwarten kann. Die gegenseitigen Begehrensvorstellungen der Parteien, die jeweils auf eine ihnen günstige Rechtsfolge gerichtet sind, vereinigen sich normalerweise in einem – vom "*do-ut-des*" Prinzip geforderten – ausgewogenen Äquivalenzverhältnis, das während der gesamten Vertragsdauer erhalten bleiben soll[14]. Ein solches Äquivalenzverhältnis wird zwar auch stets innerhalb einer Kreditbeziehung erstrebt, jedoch lassen sich bestimmte, latent vorhandene Risikofaktoren, die das Gleichgewicht zwischen Leistung und Gegenleistung empfindlich stören oder gar zunichte machen können, nie ganz ausschalten. Dem Gläubiger ist es deshalb unmöglich, bei Vertragsschluß mit Gewißheit vorauszusagen, inwieweit der Schuldner selbst bei Leistungswilligkeit überhaupt noch imstande sein wird, am Fälligkeitszeitpunkt vertragsgerecht zu leisten[15].

Infolgedessen wird er das Risiko zu minimieren suchen, indem er entweder die Hinzuziehung einer zahlungskräftigen anderen Person verlangt, die

---

dem Bereich normaler Alltagsgeschäfte entrückt und auf eine sittlich-moralische Ebene verbannt, auf der allein das gegebene Wort verpflichtend und bindend wirkt – das Verhalten wird hier noch von einem sog. "Ehrenkodex" bestimmt. Die Rechtsfigur der "obligatio naturalia" soll jedoch bei dieser Strukturanalyse außer acht gelassen werden.

13 *Rothoeft*, System der Irrtumslehre, S. 5.

14 *Rothoeft*, System und Irrtumslehre, S. 5f.

15 Derartige Unsicherheitsmomente spielen immer eine Rolle, allerdings können sie in besonders gelagerten Fällen (Schuldner mit gesunder Vermögenssubstanz und solider Reputation) an Bedeutung und Gewicht verlieren. Optimal wäre es natürlich, wenn man bereits in den persönlichen Eigenschaften des Kreditnehmers eine ausreichende Sicherung erblicken könnte, so daß hierdurch die Erfüllung der Kreditverpflichtung unter allen Umständen gewährleistet erscheinen würde. Dann hätte man auch keine Bedenken gegen eine ungedeckte Kreditvergabe. Aber trotz aller Vorsicht sind Irrtümer in der Beurteilung der Kreditwürdigkeit nicht vermeidbar; selbst die Wirtschafts- und Ertragslage solider Unternehmer kann sich durch marktpolitische Einflüsse unversehends verschlechtern. Hinzu kommt das Risiko wirtschaftspolitischer Veränderungen (z.B.: Inflation), die das vertragliche Gefüge längerfristiger Kreditlaufzeiten völlig durcheinanderbringen können. Dagegen müssen Vorkehrungen getroffen werden, Ausfallrisiken sind hinreichend abzusichern – darauf haben gerade Kreditanstalten zum Schutze ihrer Einleger laut Kreditwesengesetz besonders zu achten. Vor jeder Kreditvergabe sollen sie sich eingehend über die Vermögensverhältnisse des Kreditnehmers informieren und vergewissern.

für den vom Schuldner zu erbringenden Leistungserfolg mit dem eigenen Vermögen einsteht, oder sich das Zugriffsrecht auf eine gleichwertige Sache einräumen lassen.

2. Rechtliche Strukturen einer Mobiliarsicherheit

Eine dingliche Sicherheit entspricht den Interessen eines Gläubigers nur dann, wenn auch gewährleistet ist, daß er bei Eintritt des Sicherungsfalles uneingeschränkt auf den ihm haftenden Sachgegenstand zurückgreifen kann. Das macht eine Änderung des rechtlichen Zuweisungsgehaltes an einer bestimmten Sache notwendig, was keineswegs unausbleiblich eine Vollrechtsübertragung erfordert, ebensogut kommt eine Abtretung von einzelnen (abtrennbaren) Teilbefugnissen der allumfassenden Herrschaftsmacht in Betracht. Die so vermittelte dingliche Rechtsposition muß den Gläubiger vor beeinträchtigenden Maßnahmen des Schuldners wie auch Dritter schützen und ihm außerdem im Bewährungsfall bei schuldnerischer Leistungsunfähigkeit ein absolutes Zugriffsrecht auf die Sache unter Ausschluß konkurrierender Drittgläubiger geben – wobei unerheblich ist, ob ihm das Eigentum an der Sache zufallen oder er lediglich ein Verwertungsrecht[16] an ihr erhalten soll.

Weiterhin ist zu bedenken, daß das Sicherungsgut durchaus aus verschiedenen Vermögensmassen stammen kann. Daher eröffnen sich alternative Möglichkeiten der Bestellung von Realsicherheiten.

Sofern die Leistung des Gläubigers in der Lieferung eines Sachgegenstandes besteht, könnte er daran denken, sich bei Übergabe bestimmte Rechte an der Sache zurückzubehalten oder sich nach uneingeschränkter Übergabe die Rückübertragung beschränkter dinglicher Rechtsmacht auszubedingen oder die Übereignung der Sache unter eine auflösende Bedingung zu stellen. Stets soll jedenfalls ein aus dem Gläubigervermögen ausscheidender Gegenstand das Sicherungsobjekt bilden. Eine Änderung der tatsächlichen Herrschaftsverhältnisse weist nunmehr dem Schuldner den unmittel-

---

[16] *Scholz/Lwowski*, Das Recht der Kreditsicherung, S. 30 – eine solche Verwertbarkeit ist z.B. bei einer schlichten Ermächtigung oder Vollmacht zur Verfügung über einen schuldnerischen Vermögensgegenstand nicht gegeben – selbst wenn die Befugnis unwiderruflich und zu Sicherungszwecken erteilt wird; deshalb sind diese Fälle herauszuhalten. Hier wird jeweils lediglich eine schuldrechtliche "Berechtigung über die Sache" eingeräumt, hingegen fehlt es an einem dinglichen "Recht an der Sache". Das ist der wesentlichste Unterschied, denn für eine Realsicherheit ist die Änderung des rechtlichen Zuweisungsgehalts entscheidend – mithin müssen sachenrechtliche Teilbefugnisse vom Eigentumsrecht abgetrennt und einem anderen Rechtssubjekt zugeordnet werden.

baren Sachbesitz zu; jener mag aufgrund der erkennbar engen Sachbeziehung Dritten allzu leicht als unumschränkter Inhaber der absoluten Sachherrschaft erscheinen, obwohl er in seinen Machtbefugnissen rechtlichen Bindungen gemäß der Vereinbarung mit dem Gläubiger unterworfen ist.

Die dinglichen Rechtsbefugnisse an der Sache spalten sich regelmäßig unter den Kreditparteien auf. Der Schuldner beansprucht beschränkt dingliche Rechte in dem Umfang, wie es die Verfolgung seiner Zwecke erfordert – das sind vor allem die mit dem Besitz verknüpften Nutzungs- und Gebrauchsrechte sowie ausreichende Schutz- und Abwehrrechte gegenüber Fremdeinwirkungen, u. U. sogar die Verfügungsmacht. Das Eigentumsrecht könnte dagegen für den Gläubiger unentbehrlich sein. Dies würde zwangsläufig zu einem Auseinanderklaffen von "Eigentum" und "Besitz" führen. Ob eine solche Divergenz grundsätzlich unvermeidlich ist, bleibt noch zu untersuchen.

Soll andererseits der Gläubiger eine Geldleistung erbringen, so kommt nur ein Sicherungsrecht an Gegenständen des schuldnerischen Vermögens in Betracht. Der Schuldner wird dabei stets bestrebt sein, den Sachbesitz sowie sonstige Rechtsbefugnisse zu behalten, damit das Sicherungsobjekt weiterhin im bisherigen Umfang einer Nutzung für seine Zwecke zur Verfügung steht. Der Gläubiger dagegen möchte seine Risiken hinreichend mit dem Sachgegenstand abgesichert wissen. Das bedingt einen Übergang an dinglicher Rechtsmacht, der im wesentlichen Schutz- und Abwehrrechte gegen Sachbeeinträchtigungen als auch Kontroll- und Überwachungsrechte sowie das Verwertungsrecht umfassen muß. Fraglich ist jedoch, ob das dem Schutz des Gläubigers genügen mag, wenn sich die Sache unverändert im räumlichen Machtbereich des Schuldners befindet, oder ob es stattdessen einer Eigentumsübertragung bedarf. Dies würde aber wiederum ein Auseinanderfallen von "Eigentum" und "Besitz" bedeuten. Damit wäre eine harmonische Kongruenz beider Funktionsbegriffe nicht mehr gewährleistet[17];

---

[17] Das mag auf einer früheren Entwicklungsstufe des Rechts noch jeweils äußerlich vollkommen der Fall gewesen sein. Diese Erscheinung beruhte aber nicht auf einer bewußten Entscheidung der betreffenden Rechtsgemeinschaft, erzielt in vorbildlicher dogmatischer Durchdringung der Rechtsmaterie, sondern war die Folge "juristischer Armut". Auch nachdem sich allmählich der Unterschied zwischen rein tatsächlichem und rechtlich anerkanntem wie geschütztem Haben im Rechtsbewußtsein verfestigt hatte, dürfte zunächst einmal das Eigentum einziges und ausschließliches Sachenrecht gewesen sein. Daß es sich bei dem Eigentum um ein komplexes Gebilde handelt – ein Vollrecht mit globaler Herrschaftsgewalt, das eine Reihe von einzelnen, abtrennbaren dinglichen Rechtsbefugnissen umschließt, ist eine Erkenntnis, die frühen Rechtsepochen noch fremd war. Daher mußte das Eigentum, solange dieser Differenzierungsgrad gedanklich nicht erreicht war, die Funktion der eben erwähnten be-

eine derartige Übereinstimmung von "*dominium*" und "*possessio*" gelingt nur, sofern die Konstruktion eines beschränkten dinglichen Rechts ohne Sachbesitz auskommt.

3. Interessen der Parteien

Nachdem nun das Funktionsschema deutlich wurde, muß man sich der rechtlichen Ausgestaltung einer Mobiliarsicherheit näher zuwenden.

Die Beschaffenheit hat grundsätzlich der Interessenlage der Beteiligten Rechnung zu tragen. Durch eine Sicherheitenbestellung können die Belange verschiedener Personengruppen berührt werden, demzufolge gilt es, deren jeweilige Begehrensvorstellungen[18] zu eruieren.

Die analytische Betrachtung typischer Interessenlagen und -kollisionen soll sich zunächst auf das Zweipersonenverhältnis konzentrieren, in dem das Sicherungsrecht aufgrund Parteiwillens zur Entstehung gelangt. Die Unterscheidung nach Gläubiger und Schuldner lokalisiert bereits Erwartungen gegensätzlicher Art. Der Gläubiger möchte etwaige Verlustrisiken des Geschäfts ausschalten, der Schuldner will andererseits dennoch im täglichen Geschäftsleben seinen gewöhnlichen Handlungsspielraum behalten und nicht irgendwelchen wirtschaftlichen oder rechtlichen Beschränkungen unterworfen werden. Dieser Interessenwiderstreit muß jedoch kein notwendiger Gegensatz sein, denn, solange der Schuldner liquide und kreditwürdig bleibt, mündet er in eine Einheit der Interessen[19]. Schließlich ist dem Gläubiger die Erfüllung der schuldnerischen Geldleistungspflicht lieber als irgendein wertvoller Sachgegenstand, der erst noch "versilbert" werden muß. Die Interessen beider Parteien tendieren damit in die gleiche Rich-

---

schränkten dinglichen Rechte wahrnehmen. Im Blickwinkel der Betrachtung standen vordergründig die rein tatsächlichen Beziehungen zur Sache, so wie sie sich äußerlich darstellten, deshalb lag vorerst das rechtliche Verhältnis an der Sache unter dem Schleier des Faktischen verborgen. Trotzdem ließen sich die Konturen der Realsicherheiten bereits vage ausmachen: Mit fortschreitender juristischer Perfektion drang man aber im Laufe der Zeit in den jeweiligen Rechtskulturen zu den rechtlichen Verknüpfungen vor, löste Eigentum und Besitz aus ihrer Symbiose und formte Schritt für Schritt die institutionellen Grundzüge dinglicher Rechte – eine Entwicklung, die sich im römischen wie im germanischen Recht mehr oder minder deutlich abzeichnete, vgl. *Hromadka*, Die Entwicklung des Faustpfandprinzips im 18. u. 19. Jahrhundert, S. 12ff., 25ff.

[18] *Westermann*, Interessenkollisionen und ihre richterliche Wertung bei den Sicherungsrechten, S. 4.

[19] *Westermann*, Interessenkollisionen und ihre richterliche Wertung bei den Sicherungsrechten, S. 9.

tung. Der Schuldner möchte mit dem kreditweise Erworbenen gewinnbringend arbeiten, ohne gleichzeitig notwendige, eigene Vermögenssubstanz einzubüßen, und dem Gläubiger ist daran gelegen, so wenig wie möglich Sachwalteraufgaben zu übernehmen. Es erscheint ihm gleichgültig, bei wem das Sicherungsgut lagert, Hauptsache ist, daß er ausreichend Rechtsmacht zur Wahrung seiner Interessen besitzt.

Das Widerspiel konkurrierender Begehrensvorstellungen wird erst spürbar, sobald das Vertrauen des Gläubigers in die wirtschaftliche Leistungsfähigkeit des Schuldners schwindet; er also die Erfüllung seines schuldrechtlichen Anspruchs gegen den Schuldner in Gefahr sieht und sich deshalb aus dem Sicherungsgut befriedigen will[20]. Solange aber alles in geordneten Bahnen verläuft und der Sicherungsfall noch hypothetisch ist, scheint ein Besitzübergang auf den Gläubiger aus der Sicht der Vertragsparteien keinesfalls notwendig.

Erst wenn sich die Vermögensverhältnisse des Schuldners zunehmend verschlechtern, treten die Interessen offen widerstreitend gegenüber – das Sicherungs- und Verwertungsinteresse des Gläubigers steht in Konkurrenz zu dem Abwehrinteresse des Schuldners, der bis zuletzt seine Habe nicht aus der Hand geben möchte. Das ist die Bewährungsprobe eines jeden Sicherungsrechts, denn die Befugnisse des Gläubigers müssen sich jetzt gegenüber dem Schuldner wie auch Dritten durchsetzen. Das kann praktisch einmal auf die Art geschehen, daß dem Gläubiger vom Eintritt des gefährdenden Ereignisses an – Sicherungsfall –, aufgrund seiner dinglichen Rechtsposition, ein Zugriffs- und Verwertungsrecht hinsichtlich des Sachgegenstands zusteht.

Andererseits läßt sich eine Vorzugsstellung des Kreditgläubigers auch dadurch erreichen, daß im Sicherungsfall eine dem Schuldner eingeräumte, beschränkte dingliche Rechtsmacht wieder entfällt, wodurch gleichzeitig das dem Gläubiger verbliebene oder übertragene Eigentumsrecht zum Vollrecht erstarkt. In keinem Fall bedingt dies aber unerläßlich eine Sachinnehabung des Sicherungsberechtigten, im Gegenteil, es scheint den Vertragsparteien sogar eher unerwünscht zu sein. Aufgrund der parteiinternen Interessenwertung könnte somit ein Sachbesitz des Gläubigers als entbehrlich erachtet werden. Auf diese Weise hätte man, da dann der Schuldner als Eigentümer

---

[20] *Westermann*, Interessenkollisionen und ihre richterliche Wertung bei den Sicherungsrechten, S. 9.

auch die tatsächliche Sachherrschaft ausüben würde, eine Kongruenz von "*dominium*" und "*possessio*" gewahrt.

4. Schutz der Interessen Dritter

Würde man lediglich auf der Ebene des Zweipersonenverhältnisses verharren, so könnte man nach dem eben Gesagten erwägen, es in das Belieben der Parteien zu stellen, ob sie eine besitzlose Mobilarsicherheit vereinbaren wollen. Doch dieser Schluß wäre vorschnell, zumal dabei die Absolutheit dinglicher Rechtsbewegungen völlig außer acht gelassen würde[21]. Der reinen Privatautonomie steht insoweit das Gebot eines vernünftigen Verkehrsschutzes gegenüber[22]; Dritte wollen nicht durch sachenrechtliche Gestaltungen in ihren Interessen beeinträchtigt werden.

Die Belange Außenstehender werden durch solche Sicherungsgeschäfte generell allein schon deshalb tangiert, weil sie das allgemeine System der Einzelvollstreckung – nämlich die prinzipielle Präferenz nach der Priorität des Zugriffs – und die Grundmaxime der "*par conditio creditorum*" im Konkurs offen durchbrechen[23]. Die Bedürfnisse eines jeden Geschäftspartners finden regelmäßig ihren Ausdruck in einem verstärkten Informationsstreben; man will sich in der sicheren Lage wissen, ungehindert jederzeit einen hinreichenden, vor allem aber verläßlichen Überblick über die schuldnerischen Vermögensverhältnisse erhalten zu können. Das Erhaltungs- und Erwerbsinteresse unbeteiligter Dritter streitet somit gegen die parteiinternen Belange von Sicherungsgläubiger und -schuldner. Der Schuldner einerseits möchte gerade vermeiden, daß seine Vermögenslage sowie laufende Kreditgeschäfte für Dritte allzu transparent werden, dem Gläubiger andererseits geht es darum, in seinem Sicherungsrecht vor zeitlich späteren, ihn benachteiligenden Verfügungen über die Sache geschützt zu sein. Auf Seiten des Schuldners dominiert also das Gebrauchs- und Geheimhaltungsinteresse, beim Gläubiger wiederum überwiegt das Sicherungs- und Beharrungsinteresse.

Weil sich Dritte, die mit dem Schuldner in Geschäftsbeziehung treten, im nachhinein nicht über dessen Vermögensverhältnisse getäuscht sehen möch-

---

[21] *Baur*, Sachenrecht, S. 27; *Westermann*, Sachenrecht, S. 13.

[22] *Rothoeft*, System der Irrtumslehre, S. 7.

[23] *Westermann*, Interessenkollisionen und ihre richterliche Wertung bei den Sicherungsrechten, S. 24.

ten, fordern sie eine Offenlegung von Vermögensverschiebungen. Das ist dem Schuldner verständlicherweise unangenehm und dem Gläubiger lästig, sofern damit für ihn zusätzliche Aufgaben sowie Pflichten verbunden sind. Ein vernünftiger Verkehrsschutz ist zwar unbestritten notwendig, die Frage lautet aber, wie weit er zu gehen hat bzw. wo ihm noch so berechtigte Individualinteressen letztlich bei Abwägung der schützenswerten Belange weichen müssen. Solange ein Geschäft weder sittlich anstößig ist, noch in Benachteiligungs- oder Schädigungsabsicht abgeschlossen wird, kann keinem verwehrt werden, nach eigenen Vorteilen zu streben, selbst wenn daraus für andere Nachteile resultieren sollten[24]. Dritte können deshalb von den Parteien nicht ihnen geltende Fürsorgemaßnahmen erwarten; sie müssen vielmehr selbst dafür Sorge tragen, daß sich die wirtschaftlichen Verhältnisse des Schuldners nicht zu ihren Ungunsten verschieben[25]. Jeder hat grundsätzlich erst einmal selbst gegen die Gefahr vorzubeugen, daß sich bei Fälligkeit seine Forderung gegen den Schuldner als uneinbringlich erweist, weil der Schuldner mittlerweile durch gewagte Geschäftspraktiken die gesamte Haftungsmasse aufgebraucht hat[26].

Ein unbeteiligter Dritter kann kaum auf eine umfassende Aufklärung über die wahren Vermögensverhältnisse hoffen. Der Schuldner wird nicht ohne weiteres und uneingeschränkt bereit sein, ihm ungünstige Umstände besonders zu erwähnen – er ist dazu auch nicht verpflichtet, solange er nicht selbst durch positives Handeln bei dem Dritten einen Irrtum erregt hat[27] – andererseits kann man dem Dritten aber auch nicht eine zeitraubende, detektivische Nachforschungspflicht auferlegen. Abverlangen kann man ihm höchstens, daß er die Umstände ins Kalkül zieht, die für ihn als Außenstehenden ohne große Mühe erkennbar sind. Demnach müßten sich dingliche Rechtsbewegungen im Rechtsverkehr irgendwie sichtbar doku-

---

[24] *Westermann*, Interessenkollisionen und ihre richterliche Wertung bei den Sicherungsrechten, S. 32f., 36f. – Anlaß zu rechtlichen Sanktionen besteht nur, sofern das Erwerbsstreben im Einzelfall das Maß des Erträglichen überschreitet, vgl. hierzu auch RGZ 128, 97: "Im Wirtschaftskampf kann es niemandem verwehrt werden, seine eigenen Belange auch dann zu verfolgen, wenn dadurch ein anderer geschädigt wird" – (es ging hier um Absprachen unter Theaterunternehmen über Gagenforderungen) – nicht eine potentielle Schädigung ist somit entscheidend, sondern der darin liegende Unrechtsgehalt.

[25] *Westermann*, Interessenkollisionen und ihre richterliche Wertung bei den Sicherungsrechten, S. 37.

[26] *Westermann*, Interessenkollisionen und ihre richterliche Wertung bei den Sicherungsrechten, S. 32.

[27] In diesem Fall hätte er aufgrund der begangenen Täuschungshandlung eine Pflicht zum Tätigwerden (Garantenstellung), *Westermann*, Interessenkollisionen und ihre richterliche Wertung bei den Sicherungsrechten, S. 34f.

mentieren. Es wäre jedoch gleichfalls möglich, keine Offenlegung solcher Vorgänge vorzuschreiben und einfach im Interessenwiderstreit die Belange eines redlichen Dritten, der von der sachenrechtlichen Rechtsänderung keine Kenntnis hat, als vorrangig schutzwürdig einzustufen.

Die Funktion der Kundbarmachung wird im Bereich des Mobiliarsachenrechts vom Sachbesitz und dessen Surrogaten wahrgenommen[28]. Das Faktum der Besitzinnehabung erweist sich aber als trügerisch, weil es nichts über die dingliche Berechtigung – über den Rechtstitel – aussagt. Man weiß aufgrund der äußerlich wahrnehmbaren Umstände nicht, ob der Betreffende als Eigentümer besitzt oder ob er lediglich ein dingliches Recht ausübt oder nur schuldrechtlich an der Sache berechtigt ist oder gar unberechtigt den Besitz erlangt hat. Der Besitz fungiert nur als bloßes "Rechtszeichen", das den "Rechtsschein" einer Rechtsinhaberschaft begründet;[29] ein Rückschluß von den Besitzverhältnissen auf die rechtlichen Verflechtungen an der Sache ist kaum möglich. Die irrtumserzeugende Verbrämung der rechtlichen Beziehungen an der Sache steht als Ergebnis am Ende einer Rechtsentwicklung, von der wohl im Laufe der Zeit jede Rechtsordnung erfaßt wird, wenn sie den Schritt vom Konkreten zum Abstrakten vollzieht[30]. Den Bedürfnissen der Praxis folgend wurde es gebräuchlich, dingliche Teilrechte abzuspalten und sie getrennt vom Eigentum auf verschiedene Rechtssubjekte zu übertragen.

Da der unmittelbare Sachbesitz aber immer nur von einer Person ausgeübt werden konnte, forderte es eine Entscheidung, welchem von mehreren Rechtssubjekten das Besitzrecht gebühren sollte. Die Verknüpfung von Sachbesitz und Eigentum lockerte sich; nunmehr verblieb der Besitz nicht mehr unabänderlich beim Eigentümer, mit Bestellung eines beschränkten dinglichen Rechts endete vielmehr diese Kongruenz, denn der dinglich Berechtigte übte von nun an die tatsächliche Herrschaftsmacht aus. Dadurch hatte der Besitz in seiner Faktizität an Eindeutigkeit eingebüßt.

---

[28] *Rothoeft*, Bedeutung und Tragweite des Prinzips der Publizität, S. 8.

[29] *Süss*, Das Traditionsprinzip – ein Atavismus des Sachenrechts (Festschrift für Martin Wolff), S. 145.

[30] Die Charakteristik dieses Denkverfahrens besteht darin, daß man eine sinnlich gegenständliche Lebenserscheinung in deren einzelne Komponenten auflöst und auf eine verallgemeinernde Größe zurückführt, vgl. *Larenz*, Methodenlehre, S. 422ff.; *Süss*, Das Traditionsprinzip – ein Atavismus des Sachenrechts (Festschrift für Martin Wolff), S. 143ff., 149 – "jedes Recht ist in seinen Anfängen sakral, ritual, formal, symbolisch – und damit konkret".

Mit Hilfe der Vergeistigung des Besitzes, die eine Folge der nunmehr erlangten Abstraktionsfähigkeit war[31], gelang es zudem, in einer verfeinerten Differenzierung des Besitzbegriffes auch demjenigen ein Besitzrecht zuzuerkennen, der selbst zu der Sache in gar keiner sichtbaren Beziehung stand. Dritte werden aufgrund dessen in zweierlei Hinsicht von dem äußeren Erscheinungsbild im Unklaren gelassen: Zum einen offenbart sich ihnen nicht, welche dingliche Berechtigung jemand wirklich an der Sache hat, und darüber hinaus können sie nicht erkennen, ob derjenige, der über die Sache scheinbar die tatsächlichen Herrschaftsbefugnisse ausübt, lediglich im eigenen Interesse das Besitzrecht beansprucht.

Eine Offenlegung von Rechtsbewegungen ist auch dadurch denkbar, daß man in Anlehnung an das Grundbuchsystem des Liegenschaftsrechts dingliche Rechtsveränderungen im Fahrnisrecht ebenfalls an einen Skripturakt knüpft. Jeder sachenrechtliche Vorgang wird in einem öffentlichen Register niedergelegt und erlangt erst mit der Eintragung Wirksamkeit – wobei das nicht registrierte Rechtsgeschäft jedoch keineswegs unbedingt von Anfang an ungültig sein muß, ihm kann durchaus eine "inter partes" Wirkung zuerkannt werden. Dritten gereicht somit der Registereintrag zur Information über jede Änderung des rechtlichen Zuweisungsgehalts an einer Sache. Fraglich dürfte allerdings sein, inwieweit ein solches Register bei der Dynamik von Mobilien einen dem Grundbuch vergleichbaren Aussagewert beanspruchen kann.

5. Auffinden des Publizitätsprinzips als "tertium comparationis"

Aufgrund der durchgeführten Strukturanalyse hat sich im Kern nunmehr als "*tertium comparationis*" das "Prinzip der Publizität"[32] herausgeschält,

[31] *Süss*, Das Traditionsprinzip – ein Atavismus des Sachenrechts (Festschrift für Martin Wolff), S. 149.

[32] Ein Prinzip ist ein allgemeiner Rechtsgedanke, der aus der Natur der Sache fließt und ein funktionsnotwendiges Stück jeder Einzellösung bildet, die zu dem gemeinsamen Problemkreis gehört, vgl. *Rothoeft*, Bedeutung und Tragweite des Prinzips der Publizität, S. 7; *Esser*, Grundsatz und Norm, S. 4f.; *Larenz*, Methodenlehre, S. 129f. Ein Prinzip erhebt aber aus sich heraus keinen immanenten Absolutheitsanspruch, sondern kann vielmehr in Inhalt und Tragweite gewissen in der jeweiligen Rechtsordnung angelegten Grenzen unterliegen. Sein sich aus dem Ordnungszusammenhang ergebender Wesensgehalt hat nur soweit Geltungskraft, als das Recht institutionalisierte Erscheinungsformen des gesellschaftlichen Lebens gleich behandelt wissen will, vgl. *Rothoeft*, Bedeutung und Tragweite des Prinzips der Publizität, S. 7; *Raiser*, Rechtsschutz und Institutionenschutz (Summum ius, summa iniuria), S. 145ff.

das jeder Rechtsordnung im Bereich des Sachenrechts als systemneutrale Größe inhärent ist. Unter dem Publizitätsprinzip soll in einer ersten Annäherung eine Gesamtheit von gedanklich zu einer Institution verdichteten publizitären Faktoren verstanden werden, von deren Vorhandensein eine Rechtsordnung unter bestimmten Voraussetzungen gewisse Folgen abhängig macht[33]. Es umfaßt als Erscheinungsform zudem verschiedene Wirkungsweisen – nämlich die Übertragungs-, Vermutungs- und Gutglaubenswirkung[34]. Von dieser Trias verdient im Rahmen der vorliegenden Abhandlung vor allem die Änderung der rechtlichen Zuständigkeit an einem Gegenstand – wonach sich rechtsbegründende und rechtsübertragende Akte regelmäßig nur bei Beachtung bestimmter Publizitätsfaktoren aktualisieren – Aufmerksamkeit[35].

Es schließt sich die Frage an, ob das gesamte Sachenrecht von einem allgemeinen überpositiven Rechtsgrundsatz beherrscht wird, der bedingt, daß nach dem Ordnungsgedanken tradierter Lebensgewohnheiten jegliche Veränderung der rechtlichen Zuständigkeit notwendig publizitär ausgestaltet sein muß[36]. Das wäre der Fall, wenn man im geltenden Recht das "Prinzip der Publizität" durchgängig in streng axiomatisch-scholastischer Manier verwirklicht sehen würde[37]. Eine solche Auffassung ist dem Rechtsdenken unserer Zeit jedoch zunehmend fremd geworden[38].

Die "*principia*" zivilsatorischer Rechtsgemeinschaften dürfen nicht als feststehende, systemverankerte Wertungsgebilde verstanden werden; sie sind als tragende Elemente des aktuellen Rechtslebens in ihren Funktionssche-

---

[33] *Rothoeft*, Bedeutung und Tragweite des Prinzips der Publizität, S. 7.

[34] *Baur*, Sachenrecht, S. 29ff. – die Übertragungswirkung bedeutet, daß rechtsgeschäftliche Rechtsvorgänge im Sachenrecht an einen Publizitätsakt geknüpft sind. Die Vermutungswirkung indiziert mit einer gewissen Wahrscheinlichkeit die Übereinstimmung von Rechtsschein und Wirklichkeit. Und die Gutglaubenswirkung besagt schließlich, daß jemand darauf vertrauen darf, ein Recht so zu erwerben, wie es sich ihm aufgrund der tatsächlichen Rechtssituation darstellt. Diese letzte Wirkungsweise ist jedoch nicht allen Rechten gemeinsam (vgl. *Zweigert*, Gutgläubiger Mobiliarerwerb, RabelsZ 23 (1958), 1); allerdings kommen die uns benachbarten Rechtsordnungen im Endeffekt faktisch infolge zahlreicher Ausnahmebestimmungen zu einem gleichen Ergebnis, auch wenn sie von der Prämisse "nemo plus iuris ad alium transfere potest quam ipse habet" ausgehen.

[35] *Rothoeft*, Bedeutung und Tragweite des Prinzips der Publizität, S. 7f.

[36] *Rothoeft*, Bedeutung und Tragweite des Prinzips der Publizität, S. 7, 8.

[37] *Rothoeft*, Bedeutung und Tragweite des Prinzips der Publizität, S. 15.

[38] Dazu beigetragen haben zweifelsohne das Gedankengut *Jherings* – er brachte das Interesse als topoi ins Spiel – sowie die Erkenntnisse *Hecks* (Begriffsbildung und Interessenjurisprudenz), S. 116ff.

mata von subtiler Differenziertheit, weil es dem jeweiligen Ordnungsproblem gerecht zu werden gilt[39]. Man hat es insoweit mit einem *heuristischen topos* zu tun, einem denklogischen Ansatz zur Bewältigung anstehender Ordnungsaufgaben, der zunächst bloßen Modellcharakter besitzt und erst noch anhand von Einzelfallösungen auf seine Schlüssigkeit zu überprüfen ist. Die Problemdiskussion kann dann in der konkreten Situation andere *topoi* zutage fördern, die gleichwertig oder sogar vorrangig erscheinen mögen[40].

Auf diese Weise relativiert sich das Prinzip der Publizität in seiner Tragweite auf die Schutzfunktion, die es in dem jeweiligen Ordnungszusammenhang zu erfüllen hat[41]. Indem man sich die topische Denkmethodik zu eigen macht, vermag man in Erhellung der betreffenden jurisprudentiellen Systemstrukturen zu verifizieren, wie Rechtssetzung und Rechtsanwendung in ihrem Streben nach publizitärer Ausgestaltung dinglicher Rechtsbewegung diese ideenmäßige Grundkonzeption realiter jeweils den Bedürfnissen entsprechend zu modifizieren verstehen[42]. So hat das Offenkundigkeitspostulat bei der Vollrechtsübertragung nirgendwo mit durchgängiger Stringenz seinen konsequenten Niederschlag gefunden; der Eigentumswechsel vollzieht sich ja gerade in der Praxis häufig unbemerkt für Dritte.

Soweit die notwendige Kundbarmachung durch den Publizitätsfaktor "Besitz" vermittelt werden soll, hat die Rechtswirklichkeit infolge der Zulassung von Surrogatsformen in concreto für eine faktische Denaturierung des Traditionsprinzips gesorgt[43]. Eine Vollrechtsübertragung kann nämlich allein durch Parteivereinbarung geschehen. Ausreichend für den Eigentumsübergang ist ein schlichter zweifacher Willenskonsens der Parteien, beste-

---

[39] *Canaris*, Systemdenken und Systembegriff, S. 46ff.; *Viehweg*, Topik und Jurisprudenz, S. 75ff.; *Larenz*, Methodenlehre, S. 141ff.; – laut *Esser*, Grundsatz und Norm, S. 7, können nämlich Grundsätze – selbst wenn sie sich als Axiome gebärden – nur dann funktionieren, wenn man sie sachgerecht durchbrechen darf.

[40] *Rothoeft*, Bedeutung und Tragweite des Prinzips der Publizität, S. 11.

[41] *Rothoeft*, Bedeutung und Tragweite des Prinzips der Publizität, S. 9f.

[42] *Rothoeft*, Bedeutung und Tragweite des Prinzips der Publizität, S. 15.

[43] Das Traditionsprinzip ist Ausdruck der dualistischen Regel, die besagt, daß jede Veränderung im Sachenrecht anders als z.B. im Schuldrecht, wo der Rechtswechsel lediglich durch eine Willensübereinstimmung der Vertragsparteien herbeigeführt wird, zur Wirksamkeit der Beachtung zweier heterogener Tatbestandselemente – Willensmoment und Realakt – bedarf, vgl. *Süss*, Das Traditionsprinzip – ein Atavismus des Sachenrechts (Festschrift für Martin Wolff), S. 141ff.

hend aus "Einigung" und "Besitzsurrogat"[44]. Diese Spiritualisierung eines konkreten Realakts bedeutet natürlich einen Bruch mit dem propagierten Publizitätspostulat.

Noch deutlicher tritt die Absage an die Offenkundigkeitsmaxime in Ländern, die dem Konsensprinzip folgen, in Erscheinung, denn dort vollzieht sich der Eigentumserwerb grundsätzlich mit Abschluß des obligatorischen Vertrages – eine Offenlegung solcher Rechtsbewegungen ist mithin überhaupt nicht vorgesehen[45].

---

[44] Ein Meisterstück juristischer Konstruktionsakrobatik! Man hat rein formell mit den Surrogatformen weiterhin an der Duplizität der Tatbestandsmerkmale festgehalten, ohne sich allerdings dabei einzugestehen, daß man damit das Traditionsprinzip per se paralysierte und seiner ursprünglichen Funktion entkleidete. Das Prinzip wurde in genialer Manier unter dem Schein der Prinzipienwahrung durchbrochen, was praktisch die Aufgabe des Traditionssystems bedeutete. Die Form blieb als Hülle erhalten, doch der Inhalt wurde ein anderer.
Der dualistische Mechanismus des Systems erschöpft sich keineswegs in der schlichten Duplizität der Tatbestandsmerkmale, sondern basiert auf der Heterogenität zweier Begriffselemente. Der abstrakten Einigung steht ein sichtbarer, publizistischer Realakt gegenüber – das "abstractum" wird durch ein "concretum" ergänzt –, beides zusammen ergibt erst das einheitliche, dingliche Rechtsgeschäft. Die Rechtsveränderung im Sachenrecht beruht darauf, daß zu dem unsichtbaren Willensmoment ein konkreter, wahrnehmbarer Akt tritt. Dieser heterogene Dualismus läßt sich in seinem Gepräge durch das Begriffspaar "animus" und "factum" verdeutlichen. Die Heterogenität des Prinzips ging jedoch mit Einführung von Besitzsurrogaten im großen und ganzen verloren. Indem man nämlich anstatt der Besitzübergabe auch in bestimmten Fallkonstellationen eine Vereinbarung unter den Kontrahenten genügen ließ, tauschte man den Realakt durch ein invisibles Willensmoment aus und verwandelte damit die beiden gegensätzlichen Tatbestandselemente "animus" und "factum" kunstvoll in zwei homogene Faktoren. Nunmehr lautet die Formel "animus" + "animus" – die Verschiedenheit der dualistischen Akte wurde bedenkenlos beseitigt. Durch das doppelte Willensmoment im Tatbestand – Einigung über den Eigentumsübergang und Einigung über das Besitzkonstitut bzw. die Zession – korrespondieren somit zwei "abstracta" die nicht geeignet sind, der Außenwelt einen dinglichen Rechtsvorgang kundzutun. Den Publizitätsgrundsatz hat man damit relativierend aufgelockert und ihn gleichsam durch die Wahl der Übereignungsart abdingbar gemacht.
Selbst wenn man es nicht bekennt, so hat man doch in dem Augenblick, als man mit der Spiritualisierung des Realakts ein weiteres mentales Moment einführte, dem eigentlichen Traditionsprinzip die Absage erteilt und sich de facto dem Konsensprinzip angenähert. Treffend bezeichnete insoweit *Kohler* (ArchBürgR 18, 7) die geniale Erfindung des Besitzkonstituts durch *Juventius Celsus* "als eine Überwindung des Traditionsprinzips durch sich selbst", vgl. insgesamt zum Ganzen, *Süss*, Das Traditionsprinzip – ein Atavismus des Sachenrechts (Festschrift für Martin Wolff), S. 141ff.

[45] Das Konsensprinzip, ein Produkt der naturrechtlichen Entwicklung, die frei von Historismus und doktrinärem Ballast geltende Rechtsgebilde zu hinterfragen begann, hat die bedeutendste kodifikatorische Ausprägung im Code Civil gefunden. Rechtsordnungen, die sich im Gewande des Vertragsprinzips präsentieren, vermeiden zudem den Dualismus von Einigung und Übergabe von vornherein, denn sie spalten ein Rechtsgeschäft nicht in juristischer Abstraktionslogik schematisch nach "causa" und "dingliches Vollziehungsgeschäft" auf. Die Obligation bewirkt zugleich die Rechtsänderung.

Das Faktum der Nichterkennbarkeit dinglicher Rechtsverhältnisse tangiert die Interessen Dritter, trotzdem werden sie nicht in ihren Belangen beeinträchtigt. Dafür sorgt ein aus Gründen der Rechtssicherheit gebotener, sinnvoller Verkehrsschutz. Da an die tatsächliche Besitzinnehabung die Vermutung einer umfänglichen dinglichen Berechtigung knüpft, erzeugt die Faktizität des Vorhandenen den Anschein realer Rechtsmacht, auf den ein unbeteiligter Dritter sich verlassen können muß, wenn nicht eine Lähmung des Rechtsverkehrs in Kauf genommen werden soll. In jeder Rechtsordnung rangiert aufgrund dessen unter bestimmten Voraussetzungen die Schutzwürdigkeit des redlichen Dritten vor dem Schutzbedürfnis des eigentlichen Rechtsinhabers[46].

Einer anderen Handhabung des Publizitätsgedankens begegnet man dagegen im Bereich der Mobiliarbelastung, denn dort herrscht im Unterschied dazu ein orthodoxer prinzipiengläubiger Schematismus dergestalt, daß jede Rechtsveränderung nach außen hin erkennbar gestaltet sein muß. Zur Begründung eines dinglichen Rechts an Fahrnis genügen daher nicht nur unsichtbare, der Wahrnehmung durch die Außenwelt entzogene Willensmomente, zusätzlich ist noch in den einzelnen Rechtsordnungen, gleichgültig ob das Traditions- oder Konsensprinzip vorherrscht, als weiteres Wirksamkeitserfordernis ein Akt der Kundbarmachung notwendig.

Es zeigt sich somit, daß die ideenmäßige Grundvorstellung einer sichtbaren Kennzeichnung sachenrechtlicher Vorgänge durchaus modifizierend ihren Niederschlag im Rechtsleben gefunden hat. So wird ihr bei der Bestellung von dinglichen Rechten an Fahrnis allgemein ein höherer Stellenwert beigemessen als bei der Eigentumsübertragung – man hat insoweit die publizitären Anforderungen an die Rechtsbewegungen eines Teilrechts im Vergleich zum Vollrechtsübergang verschärft. Demnach ist das sog. "Prinzip der Publizität" nicht in streng axiomatischer Art, sondern eher nach heuristischer Manier verwirklicht worden[47]. Diese dadurch bewirkte Erkenntnis der "Relativität eines (Rechts)grundsatzes" läßt die unterschiedlichen Ausprägungen der Publizität in verschiedenen Bereichen des Fahrnisrechts ins Bewußtsein rücken. In sublimer Differenziertheit könnte man die

---

[46] Dabei kommt es nicht darauf an, ob das einzelne Rechtssystem grundsätzlich einen Gutglaubensschutz gewährt. Ganz gleich nämlich, was einst der dogmatische Ausgangspunkt war – die germanisch-rechtliche Maxime des "Hand wahre Hand" oder das römisch-rechtliche Prinzip des "nemo plus iuris ad alium transfere potest quod ipse habet" –, die auf einem Verkehrsschutz drängende Rechtsentwicklung hat die Extrempositionen angeglichen und zu einem Schutz des redlichen Dritten geführt.

[47] *Rothoeft*, Bedeutung und Tragweite des Prinzips der Publizität, S. 16.

beiden konstatierten Erscheinungsformen als "positive" und "negative" Publizität bezeichnen[48].

Nachdem sich nun bei näherer Betrachtung gezeigt hat, wie aufgelockert das Prinzip der Publizität im Sachenrecht jeweils mit Blick auf die betreffende Ordnungsaufgabe gehandhabt wird, erscheint es durchaus gedanklich vorstellbar, daß in einem bestimmten Rahmen Änderungen des rechtlichen Zuweisungsgehalts im Fahrnisrecht auch unter bewußter Außerachtlassung des Publizitätserfordernisses möglich sein müßten. Für die Vollrechtsübertragung ist diese erleichterte Gestaltungsform in den verschiedenen Rechtssystemen allseits anerkannt. Bei der Bestellung dinglicher Rechte waltet dagegen eine schematische Publizitätsstrenge, was darin liegen mag, daß durch sie eine größere Gefährdung des Rechtsverkehrs befürchtet wird. Die Interessenlage bedingt jedoch keineswegs einen derart rigiden Publizitätsformalismus, im Gegenteil, sie würde eher einer großzügigen Auflockerung der Stringenz das Wort reden. Da es heutzutage hauptsächlich der Redlichkeitserwerb übernommen hat, unbeteiligte Dritte vor ihnen nachteiligen Verfügungen zu schützen, sind es im wesentlichen "allein" die Interessen des Gläubigers, die durch das Publizitätserfordernis geschützt werden sollen[49].

Wenn aber der Gläubiger Alleinbegünstigter publizitärer Maßnahmen ist, dann dürfte eigentlich nichts gegen die Auffassung i.S.e. modernistischen Rechtsschutzverständnisses sprechen, daß es ihm gestattet sein müßte, auf seinen Schutz gegebenenfalls im Interesse einer erleichterten Kreditbesicherung zu verzichten. Vom Standpunkt einer auf das Höchstmaß an "realisierungsfähiger Individualgerechtigkeit" zentrierten Einzelfallösung wäre ein

[48] Positive Publizität soll in dem Sinn verstanden werden, daß eine Rechtsordnung die Existenz aller Sachenrechte von irgendeinem Kundgabeakt abhängig macht. Wenn grundsätzlich eine Besitzeinräumung verlangt ist, so indiziert die Tatsache des Besitzes ein Recht des Besitzers an der Sache. Meint man das Prinzip der positiven Publizität, so spricht man meistens von dem Offenkundigkeitspostulat. Negative Publizität ist dagegen Ausdruck der Tatsache, daß nur bestimmte, einzelne Sachenrechte zur Wirksamkeit einer besonderen Publizierung bedürfen. Ein spezieller Akt verlautbart regelmäßig nach außen hin dingliche Rechtsbewegung; sein Kundgabecharakter ist allerdings lediglich eingeschränkter Natur – allein negativer Art. Aus seinem Vorhandensein kann man nämlich nicht unzweifelhaft auf eine dingliche Rechtsbegründung schließen, jedoch vermag umgekehrt das Fehlen eines solchen Publizitätsakts als eindeutiges Indiz für den Nichtbestand eines bestimmten dinglichen Rechts zu dienen. Das Prinzip der negativen Publizität wird stets dann betont, wenn vom Grundsatz der Erkennbarkeit die Rede ist. Vgl. hierzu *Hromadka*, Die Entwicklung des Faustpfandprinzipgs im 18. u. 19. Jahrhundert, S. 10f.

[49] *Rothoeft*, Bedeutung und Tragweite des Prinzips der Publizität, S. 19.

zur Disposition stehender Rechtsschutz das gebotene Mittel, um dem spürbaren Bedürfnis des Kreditverkehrs nach einer praxisorientierten, mit verhältnismäßig wenig Aufwand verbundenen Sicherheitenbestellung in vollendeter Weise Rechnung zu tragen. Die Idee einer konzedierten Abdingbarkeit kann nicht mit dem Argument der Erhaltung einer Prinzipienreinheit verworfen werden, denn bei einer heuristischen Wertung nach *topoi* hat sich bereits durch eine Dynamisierung überkommener statischer Systemstrukturen das Publizitätsprinzip selbst in seinem beweglichen Modellcharakter als brüchig demaskiert. Trotzdem darf natürlich ein rechtlicher Grundsatz nicht im Dienste einer "übersteigerten Individualgerechtigkeit" völlig denaturiert werden; jedwede zulässige, innovatorische Rechtsfortbildung findet daher ihre Grenze in den grundlegenden, tradierten Ordnungszusammenhängen eines Rechtssystems, über deren Akzeptanz ein breiter, gesellschaftlicher Konsens herrscht. Das bedeutet, daß man zwar in einer klassifikatorischen Abwägung kollidierender Interessen dem individuellen Entfaltungsstreben größtmöglichen Raum geben sollte, andererseits sich aber davor hüten muß, auf diese Weise die tragenden, tabuisierten "Institutionen" des geltenden Rechts auszuhöhlen[50].

Die Entbehrlichkeit bestimmter rechtlicher Erscheinungsformen läßt sich somit im Rechtsleben nur dann bejahen, wenn hierdurch nicht die "institutionellen Mindestanforderungen" des betreffenden Prinzips unterschritten werden, denn diese unterliegen zum Zwecke der Systemwahrung gleichsam einer "Institutsgarantie"[51]. Etwas anderes gilt dagegen für die darüber hinausgehenden, erhöhten Anforderungen an rechtlich relevante Gestaltungen. Diese sind kraft Natur der Sache keineswegs ihrem Wesen nach als unantastbar anzusehen.

Aus dem nunmehr Entwickelten folgt, daß demnach auf dem Kreditsicherungssektor im Dienste eines ausgewogenen Interessenschutzes die gegen-

---

[50] *Raiser*, Rechtsschutz und Institutionenschutz (Summum ius, summa iniuria), S. 145, 151ff.; *Esser*, Billigkeit und Billigkeitsrechtsprechung (Summum ius, summa iniuria), S. 22ff.; *Esser*, Dogmatik zwischen Theorie und Praxis (Festschrift für Ludwig Raiser), S. 517, 522ff.; *Rothoeft*, Bedeutung und Tragweite des Prinzips der Publizität, S. 10, 13f., 19; *Larenz*, Methodenlehre, S. 353, 398ff.

[51] *Rothoeft*, Bedeutung und Tragweite des Prinzips der Publizität, S. 10; Raiser, Rechtsschutz und Institutionenschutz (Summum ius, summa iniuria), S. 145, 151ff.; Larenz, Methodenlehre, S. 351, 353, 398ff. – eine Rechtsfortbildung "extra legem" erscheint nicht "per se" systemwidrig, vielmehr nur dann, wenn sie sich nicht mehr "intra ius", innerhalb des Rahmens der Gesamtrechtsordnung und der ihr zu Grunde liegenden Rechtsprinzipien hält.

über den Mindestanforderungen "gesteigerten Publizitätserfordernisse" an einen dinglichen Rechtsvorgang abdingbar sein dürften[52].

III. Gliederung

Den Gegenstand der rechtsvergleichenden Untersuchung bilden die Mobiliarsicherheiten in Deutschland und England. Bevor aber die erwähnten, nationalen Rechte unter diesem Aspekt näher betrachtet werden sollen, erscheint es angebracht, zunächst einmal den verwendeten Begriff "Mobiliarsicherheit" zu konkretisieren.

Terminologisch auf die römisch-rechtliche Einteilung in "res immobilia" und "res mobilia" zurückgehend, läßt sich eine Mobiliarsicherheit definitorisch als Gegensatz zur Immobiliarsicherheit umschreiben. Danach sind Mobilien all diejenigen Dinge, die nicht unbeweglich sind, d.h. also kein Grundvermögen darstellen[53]. Der Begriffsinhalt selbst kann nun unterschiedlich weit gefaßt werden. So könnte man ihn einerseits lediglich auf körperliche Gegenstände i.S.v. § 90 BGB beschränken und würde insoweit eine Mobiliarsicherheit als ein Recht an einer beweglichen, sinnlich wahrnehmbaren Sache verstehen[54]. Andererseits sind aber nicht allein Rechte

---

52 *Rothoeft*, Bedeutung und Tragweite des Prinzips der Publizität, S. 10, 13, 16f.; *Hromadka*, Die Entwicklung des Faustpfandprinzips im 18. u. 19. Jahrhundert, S. 189; in etwas kritischer Zurückhaltung, aber dennoch den denklogischen Ansatz für richtungsweisend erachtend *Stehle*, Bespr. des Habilitationsvortrags von Rothoeft, JZ 1967, 135f. An dieser Stelle ist als durchaus erkenntnisfördernd ein kleiner Exkurs auf die international-privatrechtliche Ebene angebracht. Man begegnet nämlich dort im Rahmen der Formbestimmung eines Rechtsgeschäfts dem Problem der "stellvertretenden Beurkundung", wobei sich wiederum die Frage nach der Abdingbarkeit gewisser statuierter Erfordernisse stellt. Die einzelnen Rechtsordnungen gehen im allgemeinen davon aus, daß sich die Form eines Rechtsgeschäfts nach dem Wirkungsstatut (= lex causae) richten soll, andererseits hält man aber zumeist alternativ die Möglichkeit parat, unter Beachtung des Rechts am Abschlußort (= locus regit actum) einem solchen Geschäft Gültigkeit zu verleihen. Diffizil ist die Rechtslage stets dann, wenn die Anforderungen des Ortsrechts hinter denen des Wirkungsstatus eindeutig zurückbleiben. Kann man trotzdem in bewußter Außerachtlassung bestimmter, von der lex causae geforderten, Formelementen unter erleichterten Bedingungen wirksam nach Ortsrecht kontrahieren? Die moderne Rechtsentwicklung tendiert dazu, die Wahrung örtlicher Formerfordernisse zur Wirksamkeit genügen zu lassen, sofern zwischen der bereitgestellten und der von der lex causae geforderten Form eine gewisse Gleichwertigkeit besteht, und die immanenten Mindestanforderungen an die Form nicht unterschritten werden, vgl. hierzu *Rothoeft*, Von der Ortsform zur Geschäftsform (Josef Esser zum 65. Geburtstag), S. 133ff.; BGH, Beschl. v. 26.02.1981, NJW 1981, 1160.

53 RGRK-*Kregel* § 90, Rdn. 20.

54 *Baur*, Sachenrecht, S. 435f.; RGRK-Kregel § 90, Rdn. 8.

an körperlichen Gegenständen imstande, einem spürbaren Sicherungsbedürfnis Rechnung zu tragen, sondern auch unkörperliche Gegenstände können diese Funktion erfüllen. Daher ist den verschiedenen Rechtsordnungen ebenfalls die Begründung von Rechten an Rechten geläufig. Aufgrund dessen muß man, um in definitorischer Vollständigkeit diese Art von Sicherheitenbestellung miterfassen zu können, einen weiten Bedeutungsinhalt zugrunde legen, so daß sich der Begriff Mobiliarsicherheit auch auf Forderungen[55] und sonstige Rechte[56] erstreckt[57].

Für die Zwecke dieser Arbeit erscheint es jedoch nicht sinnvoll, von dem weiten Begriff einer Mobiliarsicherheit auszugehen, da sonst ob der ohnehin schon komplexen Rechtsmaterie die Stoffülle interessante Einzelprobleme und wesentliche Grundstrukturen zu überdecken droht. Die Arbeit konzentriert sich daher auf die Sicherheiten an beweglichen Sachen. Diese Beschränkung kann man aber letztlich nicht stringent durchhalten, denn immer wieder sind einzelne Überschneidungen mit Sicherheiten an Rechten unvermeidbar. Des weiteren sollen hauptsächlich die gewerblichen Sicherungsrechte einer strukturellen Betrachtung unterzogen werden, so daß deshalb Aspekte des Konsumentenkredits allenfalls nur am Rande zu erwähnen sind. Den Gegenstand der Arbeit bilden schließlich vor allem rechtsgeschäftlich vereinbarte Sicherungsrechte.

Die Darstellung innerhalb der zu behandelnden, nationalen Rechte orientiert sich jeweils an der funktionellen Zweiteilung der Mobiliarsicherheiten in "Geldkredit-" und "Warenkreditsicherheiten".

Im Anschluß an die Gegenüberstellung der einzelstaatlichen Lösungskonzepte der regelungsbedürftigen Situationen hat man unter Hervorhebung von Gemeinsamkeiten und Unterschieden resümeehaft festzustellen, ob sich die Vermutung einer "funktionalen Äquivalenz" etatistischer Lösungsstrukturen bestätigen läßt. Es bleibt zu bewerten, wie das Prinzip der Publizität von den nationalen Rechten gehandhabt wird, insbesondere zu entscheiden, ob die anfänglich entwickelte Hypothese von der Entbehrlichkeit gewisser Publizitätserfordernisse aufrechterhalten werden kann.

---

55 *Drobnig* (Gutachten zum 51. DJT 1975), F 14.

56 *Serick*, Eigentumsvorbehalt und Sicherungsübertragung. Bd. V, S. 46.

57 Eine entsprechende Begriffsbestimmung läßt sich im englischen Rechtssystem nachvollziehen. So begegnet man in England der Unterscheidung zwischen "real property" und "personal property" (= "chattels"), das sich aus den "choses in possession" und "choses in action" zusammensetzt, vgl. *Grill*, Die Sicherung von Bankkrediten. S. 24; *Lawson/Rudden*, The Law of Property, S. 19f.

C. Mobiliarsicherheiten in Deutschland

I. Begriffliches

In wirtschaftlicher Hinsicht beruht das Charakteristikum des Kreditgeschäfts in der "zeitweiligen Überlassung von Kaufkraft"[1], ohne daß allerdings mit dieser Funktionsbeschreibung gleichzeitig das Wesen und die Rechtsnatur eines Kreditgeschäfts definitorisch erfaßt wäre[2].

Da bei jeder vorübergehenden Kapitalüberlassung an einen Kreditbedürftigen in mehr oder minder großem Umfang Unsicherheitsfaktoren zu berücksichtigen sind, die es fraglich erscheinen lassen, ob der Schuldner bei Fälligkeit seine bis dato hinausgeschobenen Leistungsverpflichtungen wird erfüllen können, muß ein Geldkreditgeber – vornehmlich eine Bank – schon im Interesse eines soliden Geschäftsganges darauf bedacht sein, vorhandene Risiken durch geeignete Sicherungsmaßnahmen auf ein vertretbares Maß zu reduzieren. Um die Rechtsmaterie unter diesem Ordnungsgesichtspunkt aufgliedern zu können, bedarf es eines Konsenses über die Frage, was überhaupt unter Sicherungsrechten zu verstehen ist.

Als konsensfähig hat sich folgende Auffassung erwiesen: *Danach hat man es hierbei mit selbständigen subjektiven Rechten zu tun, die kraft des Akzessorietätsgrundsatzes oder kraft einer Sicherungsabrede auf eine*

---

[1] *Canaris*, HGB Großkommentar – Bankvertragsrecht, S. 619. – Dabei müssen dem Kreditnehmer nicht ausschließlich Barmittel zufließen, vielmehr kann es sich um jedes geldwerte Wirtschaftsgut handeln. Die Überlassung braucht keineswegs in einer unmittelbaren Vermögensbewegung zwischen den Beteiligten ihren Ausdruck finden, sie kann ebensogut darin bestehen, daß der Kreditgeber geraume Zeit eine an sich ihm bereits gebührende Leistung nicht einfordert.

[2] *Brink/Petereit/Reinecker/Scheerer*, Recht der Kreditsicherheiten, Teil I: Deutschland – S. 3; *Canaris*, HGB Großkommentar – Bankvertragsrecht, S. 619. – Es existiert qua lege kein einheitlicher Begriff des Kreditgeschäfts, man vermag lediglich in Anbetracht typischer Vertragsgestaltungen die Rechtscharaktere verschiedener Kreditbeziehungen exemplarisch aufzuführen. Auch der Wortlaut des § 1 Abs. 1 Ziff. 2 KWG, der ein Kreditgeschäft als "die Gewährung von Gelddarlehen und Akzeptkrediten" umschreibt, bleibt letztendlich hinter dem vielfältigen Bedeutungsinhalt des Begriffs zurück und muß allein als unvollkommener Definitionsversuch gewertet werden.

Forderung bezogen sind und deren Erfüllung sichern sollen[3]. Demzufolge scheiden von vornherein bloße Zurückbehaltungsrechte aus, weil sie im dinglichen Sinn dem Anspruchsinhaber kein Befriedigungsrecht gewähren, sondern nur eine "Druckmittelfunktion" verkörpern. Subtilere Beschaffenheit zeigt allerdings das "kaufmännische Zurückbehaltungsrecht" nach § 371 HGB, denn es geht in seiner Erscheinungsform über ein reines Zurückbehaltungsrecht hinaus und weist Ähnlichkeit mit einem Sicherungsrecht auf, indem es dem Gläubiger gestattet, für seine Forderung gegebenenfalls Befriedigung an der zurückbehaltenen Sache zu suchen (§ 371 Abs. 2 HGB). Das Befriedigungsrecht verleiht ihm pfandrechtsähnlichen Charakter, ohne es zugleich dinglich zu machen[4].

Der klassische Geldkreditgeber, die Bank, muß sich jedoch aufgrund der Vorleistungsverpflichtung wesensmäßig eines Zurückbehaltungsrechts begeben; genausowenig greifen üblicherweise gesetzliche Sicherungsrechte ein, die deshalb keine weitere Vertiefung erfahren sollen. Einem Kreditinstitut bleibt insofern nichts anderes übrig, als vertraglich ausreichende Sicherungsvorkehrungen gegen eventuelle Ausfallrisiken zu treffen[5].

II. Geldkreditsicherheiten

1. Fahrnispfand

a) Art der Bestellung

Geldkreditgebern offeriert das Bürgerliche Gesetzbuch einzig das rechtsgeschäftlich zu vereinbarende Faustpfand (§§ 1204ff. BGB) zur Mobiliarsi-

---

[3] Vgl. hierzu *Tilch*, Münchener Rechts-Lexikon, Bd. 3, S. 355; zum englischen Recht vgl. *Smith/Keenan*, English Law, S. 266: "A security is some right or interest in property given to a creditor so that, if the debt is not paid, the creditor can obtain the amount of the debt by exercising certain remedies against the property, rather than by suing the debtor by means of personal action on his promise to pay".

[4] *Baumbach/Duden/Hopt*, HGB-Kommentar, §§ 371, 372, Anm. 1.

[5] Die im Bankverkehr durchaus gebräuchliche Form der Besicherung von Forderungen – die Hingabe von Depotwechsel (Kautions- oder Deckungswechsel) – kann nicht als Erörterungspunkt in die Untersuchung einfließen, da mit Kreation des Wechsels, insbesondere durch die Erteilung des Akzepts, kein dingliches Recht zur Entstehung gelangt, sondern eine abstrakte Verbindlichkeit des Bezogenen begründet wird. Obzwar der Anspruch aus einem Wechsel grundsätzlich den Regeln des Sachenrechts unterstellt ist, bleibt er dennoch eine rein schuldrechtliche Forderung, vgl. *Canaris*, Die Verdinglichung obligatorischer Rechte (Festschrift für Werner Flume), S. 371, 375.

cherung, dessen Entstehung getreu dem dualistischen Konzept des geltenden Traditionsprinzips sowohl auf einer mentalen Komponente (formlose Willenseinigung) wie auch auf einem wahrnehmbaren Realakt (Besitzübertragung) basiert. Aber nicht allein die Wirksamkeit der Bestellung erfordert eine Veränderung der tatsächlichen Besitzverhältnisse am Pfandobjekt, ebenso hängt der Bestand des dinglichen Rechts von der Aufrechterhaltung der vollzogenen Besitzänderung ab.

Prinzipiell soll zwar der Pfandgläubiger durch Übergabe der Pfandsache unmittelbaren Besitz erlangen (§ 1205 BGB)[6], letztlich kommt es jedoch, wie sich aus der Zulassung gewisser Surrogatformen ergibt, nicht entscheidend darauf an, in was für eine tatsächliche Beziehung zur Sache er konkret einrückt. Die reale Sachinnehabung muß nicht unbedingt auf ihn übergehen, sondern diese Begründungsart war lediglich das gesetzgeberische Grundmodell, das im weiteren modifizierend aufgelockert wurde.

Maßgebliche Bedeutung beansprucht das tatsächliche Verhältnis des Pfandgebers zum Pfandobjekt. Im Mittelpunkt der Betrachtung steht gleichsam die negative Seite des Verfügungsgeschäfts, daher lastet der Akzent auf dem für die Dauer der Verpfändung notwendigen Verlust der ursprünglichen Besitzposition des Verpfänders. Legislatorisch hat also in der Konzeption des Faustpfandrechts eine rechtliche Grundidee des Inhalts, daß die dingliche Belastung eines Gegenstandes stets dessen Ausscheiden aus der schuldnerischen Vermögenssphäre bedingt, ihren konsequenten Niederschlag gefunden.

Auf der positiven Seite des Verfügungsgeschäfts genügt statt der unmittelbaren Besitzerlangung bei mittelbarem Besitz des Verpfänders auch eine Abtretung des Herausgabeanspruchs unter gleichzeitiger Anzeige des Vorgangs an den Besitzmittler (§ 1205 Abs. 2 BGB) oder, sofern der Verpfänder seine besitzrechtliche Stellung nicht gänzlich einbüßen will, die Einräumung von qualifiziertem Mitbesitz (§ 1206 BGB), oder, falls der Pfandnehmer schon Sachbesitz[7] ausübt, allein die bloße Einigung (§ 1205 Abs. 1 Satz 2 BGB – "brevi manu traditio")[8]. Eine gewisse Parallelität der

---

[6] *Baur*, Sachenrecht, S. 542; *Schwab*, Sachenrecht, S. 305; *Heck*, Sachenrecht, S. 418; *Westermann*, Sachenrecht, S. 636f.; *Eichler*, Institutionen des Sachenrechts, S. 541; *Weber*, Sicherungsgeschäfte, S. 71; *Staudinger-Wiegand*, BGB-Kommentar, § 1205 Rdn. 9ff.

[7] Gleichgültig ist die Art des Besitzes – mittelbarer wie unmittelbarer –, solange der Verpfänder nicht selbst Besitzmittler ist, vgl. *Baur*, Sachenrecht, S. 543.

[8] *Baur*, Sachenrecht, S. 543; *Schwab*, Sachenrecht, S. 3; *Heck*, Sachenrecht, S. 48; *Westermann*, Sachenrecht, S. 637ff.; *Schmidt*, Bürgerliches Recht, S. 40f.; *Eichler*, Institutionen des

Surrogatformen zu denen der Vollrechtsübertragung (§§ 929ff. BGB) bleibt unverkennbar; von einer weitgehenden Entsprechung kann zwar gesprochen werden, doch fehlt es an deren Vollständigkeit, da von einer Verpfändung durch Besitzkonstitut (vgl. § 930 BGB) gerade bewußt abgesehen wurde[9].

Ferner ordnet das Gesetz, um Umgehungsversuche zu vereiteln, zwingend das Erlöschen des Pfandrechts an, sobald die Pfandsache in den Besitz des Verpfänders zurückgelangt (§ 1253 Abs. 1 BGB)[10]. Dessen bedurfte es, denn sonst hätte man genau das rechtlich ermöglicht, was mit dem Ausschluß des "*constitutum possessorium*" bei der Verpfändung verhindert werden sollte – die Entstehung eines besitzlosen, unerkennbaren Fahrnispfandes. Trotzdem kann es vorkommen, daß ein wirksam begründetes Faustpfand als besitzloses weiterbesteht, und zwar bei unfreiwilligem Besitzverlust, weil bei Abhandenkommen der Pfandsache der Verkehrsschutz hinter dem Erhaltungsinteresse des Pfandgläubigers rangiert (§§ 1208, 935, 936 BGB)[11]. Eine freiwillige Besitzaufgabe hat aber immer den Untergang des Pfandrechts zur Folge, selbst wenn das Pfandgut unter Vorbehalt nur zu einem vorübergehenden Zweck an den Verpfänder zurückgegeben wird[12].

Sachenrechts, S. 541; *Weber*, Sicherungsgeschäfte, S. 71; *Staudinger-Wiegand*, BGB-Kommentar, § 1205 Rdn. 19ff., § 1206 Rdn. 4ff.

[9] *Weber*, Sicherungsgeschäfte, S. 73; *Schwab*, Sachenrecht, S. 306; *Heck*, Sachenrecht, S. 418; *Schmidt*, Bürgerliches Recht, S. 409; *Schmidt*, Der Pfandbesitz, AcP 134 (1931), 1,6f.; *Staudinger-Wiegand*, BGB-Kommentar, § 1205 Rdn. 9ff.; *Hromadka*, Die Entwicklung des Faustpfandprinzips im 18. u. 19. Jahrhundert, S. 167ff.; vgl. auch die kritischen Bemerkungen von *Leonhard*, Konventionalpfand an Mobilien, Gruchot 25 (1881), S. 177, 183ff.; *Mugdan*, Gesammte Materialien, Bd. III – Sachenrecht (Motive), S. 447 – so bereits § 1147 III 2 des 1. Entwurfs, der damit gerechtfertigt wird, daß er im wesentlichen Ausdruck geltenden Recht sei.

[10] *Staudinger-Wiegand*, BGB-Kommentar, § 1253 Rdn. 2ff.; *Baur*, Sachenrecht, S. 551; *Schwab*, Sachenrecht, S. 315f.; *Wolff/Raiser*, Sachenrecht, S. 708; *Westermann*, Sachenrecht, S. 660; *Schmidt*, Der Pfandbesitz, AcP 134 (1931), 1, 59ff.; *Hromadka*, Die Entwicklung des Faustpfandprinzips im 18. u. 19. Jahrhundert, S. 166ff.: – so bereits § 1191 d. 1. Entwurfs.

[11] Das einmal entstandene Pfandrecht kann nur mit Willen des Gläubigers wieder erlöschen. Hierin liegt ein entscheidender Unterschied zur Pfandrechtsbestellung, denn für die Entstehung eines Pfandrechts genügt der Wille des Gläubigers allein, die Sache der Einwirkung des Schuldners zu entziehen nicht, vielmehr muß der Pfandgegenstand tatsächlich aus seinem Machtbereich ausscheiden. Erst später gewinnen die Interessen des Gläubigers mehr an Bedeutung; man ist bestrebt, ihm möglichst das erworbene Recht zu erhalten, und beschränkt deshalb den Pfandrechtsuntergang auf die Fälle, in denen der Gläubiger das Pfandgut bewußt aus seinen Händen gibt (Rücknahme als willentliche Rechtshandlung) – vgl. *Schmidt*, Der Pfandbesitz, AcP 134 (1931), 1, 2, 25f., 59ff.; *Westermann*, Sachenrecht, S. 660; *Baur*, Sachenrecht, S. 551; *Staudinger-Wiegand*, BGB-Kommentar, § 1235 Rdn. 2ff.; *Schwab*, Sachenrecht, S. 315f.; *Wolff/Raiser*, Sachenrecht, S. 708; *Heck*, Sachenrecht, S. 425.

Angesichts empfundener Unerträglichkeiten, die Folge einer strikten Wortlautinterpretation der Pfandrechtsvorschriften gewesen wären, suchte die Rechtsprechung die Rechtsanwendung einer gelockerten Handhabung zuzuführen, indem sie statt der realen Übergabe auch einen symbolischen Verpfändungsakt genügen ließ. Danach kann die Pfandsache im Einflußbereich des Schuldners verbleiben, falls der Gläubiger dort eine eigene Gewahrsamssphäre errichtet, die ihn vor schuldnerischen Zugriffen und Maßnahmen Dritter schützt. Während das Anbringen von Pfandzeichen[13] wegen der potentiellen Gefahr seiner leichten Entfernbarkeit nicht ausreicht, erfüllt eine Schlüsselübergabe, die den alleinigen Zugang zu den Lagerräumlichkeiten eröffnet, wie auch die Einschaltung eines schuldnerischen Angestellten, der ausschließlich im Interesse des Gläubigers das Pfandgut verwahrt[14], die Voraussetzungen.

b) Verpfändung durch Nichtberechtigte und Dritterwerberschutz

Die Rechtsposition des kreditierenden Pfandgläubigers erfährt einen umfassenden Schutz. Seine Belange setzen sich sowohl gegenüber den Interessen des wahren Berechtigten durch, solange diesem die verpfändete Sache nicht abhanden gekommen ist (§ 935 BGB), als auch gegenüber denen Dritter, die das Pfandgut käuflich erwerben. Selbst wenn jemand als Nichtberechtigter eine fremde Sache verpfändet, entsteht ein wirksames Pfandrecht, es sei denn, der Pfandgläubiger weiß oder hätte infolge grober Fahrlässigkeit wissen müssen, daß die Sache dem anderen nicht gehört (§§ 1207, 932 BGB). Der bei Pfandbestellung eingreifende redliche Rechtserwerb wird anschließend während der Pfandzeit von einem durchgängigen Bestandsschutz ergänzt, da aufgrund der unmittelbaren oder mittelbaren

---

[12] Anders z.B. das österreichische Recht, das in Übernahme der Regelung aus dem ALR I, 20 § 253 eine bloße vorübergehende Rückgabe unter Vorbehalt durchaus als pfandrechterhaltend ansieht (§ 467 ABGB); vgl. *Schmidt*, Der Pfandbesitz, AcP 134 (1931), 1,5; *Frotz*, Aktuelle Probleme des Kreditsicherungsrechts, S. 28, 37.

[13] *Westermann*, Sachenrecht, S. 638; *Schmidt*, Der Pfandbesitz, AcP 134 (1931), 1, 5ff.; *RGRK-Kregel* § 1205 Rdn. 6; *Staudinger-Wiegand*, BGB-Kommentar, § 1205 Rdn. 12ff.; *Baur*, Sachenrecht, S. 543; RGZ 74, 146 – insoweit sind die Anforderungen strenger als beim Pfändungspfandrecht (§ 808 Abs. 2 Satz 2 ZPO) – anders auch wiederum das österreichische Recht, vgl. *Frotz*, Aktuelle Probleme des Kreditsicherungsrechts, S. 24ff.

[14] *Schmidt*, Der Pfandbesitz, AcP 134 (1931), 1, 16ff., 44ff.; *Baur*, Sachenrecht, S. 543; *RGRK-Kregel*, § 1205 Rdn. 6; *Westermann*, Sachenrecht, S. 638; *Wolff/Raiser*, Sachenrecht, S. 681; *Staudinger-Wiegand*, BGB-Kommentar, § 1205 Rdn. 15f.; RGZ 66, 258f.; RGZ 67, 421; 103, 100; 118, 250.

Besitzinnehabung des Pfandnehmers ein gutgläubiger lastenfreier Eigentumserwerb Dritter ausscheidet (§ 936 BGB).

c) Inhaltliche Ausgestaltung, Akzessorietätsprinzip

Das Fahrnispfandrecht definiert sich als dingliche Belastung einer beweglichen Sache, die wesensmäßig um einer Forderung willen inhaltlich in einem dinglichen Verwertungsrecht ihren Ausdruck findet[15].

In dieser Beschreibung pfandrechtlicher Wesenszüge klingt bereits der institutsimmanente Grundsatz einer Zweckverbindung von "persönlichem Anspruch" und "beschränkt dinglichem Recht" an. Ein Pfandrecht dient gemeinrechtlicher Doktrin zufolge stets "der Sicherung einer Forderung". Es richtet sich in seinem Umfang nach ihr (§ 1210 BGB) und hängt in Entstehung sowie Bestand und Erlöschen von der Existenz eben dieser Forderung ab ("Akzessorietätsprinzip")[16].

Die enge akzessorische Verknüpfung zeigt sich vor allem darin, daß ohne zu sichernde Forderung kein Pfandrecht existiert. Bei Fehlen oder Wegfall des schuldrechtlichen Anspruchs entfällt auch regelmäßig das Pfandrecht[17], da anders als im Liegenschaftsrecht das Institut eines Eigentümerpfandrechts unbekannt ist[18] – die Akzessorietät hat also im Bereich der Mobiliarbelastung eine konsequente Verwirklichung erfahren (vgl. § 1252, 1256 Abs. 1 Satz 1 BGB). Ausfluß dieser Maxime ist auch der Durchgriff persönlicher Einreden; soweit sie der gesicherten Forderung entgegenstehen,

---

[15] Die heute vorherrschende Auffassung, die das Pfandrecht als dingliches Verwertungsrecht begreift, geht auf *Rudolf Sohm* zurück – vgl. i. E. zur Rechtsnatur: *Staudinger-Wiegand*, BGB-Kommentar, Vorbem. zu §§ 1204ff., Rdn. 12ff., 16ff.; *Wolff/Raiser*, Sachenrecht, S. 526ff.; *Westermann*, Sachenrecht, S. 631; *Heck*, Sachenrecht, S. 313ff.; *Schmidt*, Bürgerliches Recht, S. 381.

[16] *Weber*, Sicherungsgeschäfte, S. 76; *Schmidt*, Bürgerliches Recht, S. 411; *RGRK-Kregel*, § 1204 Rdn. 8; *Staudinger-Wiegand*, BGB-Kommentar, Vorbem. zu §§ 1204ff. Rdn. 19, § 1204 Rdn. 10; *Westermann*, Sachenrecht, S. 640; RGZ 153, 347f.; ausführlich hierzu *Heck*, Sachenrecht, S. 323ff., der den Begriff "Anlehnungsdogma" verwendet; vgl. auch *Medicus*, Die Akzessorietät im Zivilrecht, JuS 1971, 497ff.

[17] Strittig ist allerdings, ob in einem solchen Fall das Pfandrecht stattdessen einen vorhandenen Bereichungs- oder Schadensersatzanspruch absichern kann – vgl. *Staudinger-Wiegand*, BGB-Kommentar, § 1204 Rdn. 21; *RGRK-Kregel*, § 1204 Rdn. 8; *Baur*, Sachenrecht, S. 541; *Westermann*, Sachenrecht, S. 640; BGH NJW 1968, 1134.

[18] Siehe z.B. *Baur*, Sachenrecht, S. 541; *Weber*, Sicherungsgeschäfte, S. 77; *Heck*, Sachenrecht, S. 426 – er vertritt die Meinung, daß die qua Gesetz ausgesprochene Verneinung eines Eigentümerpfandes durch Parteienvereinbarung abdingbar sein müßte, zumal keine schutzwürdigen Gegeninteressen ersichtlich seien.

hindern sie eine Realisierung des Pfandrechts, unabhängig davon, ob zwischen persönlichem Schuldner und Verpfänder Personenidentität vorliegt oder nicht (vgl. § 1211 BGB).

Ebenso können Forderungen und Pfandrecht nur gemeinsam übertragen werden, eine Auflösung dieser Symbiose hätte unweigerlich den Untergang des Pfandrechts zur Folge (§ 1250 Abs. 2 BGB). Wird die Forderung auf einen neuen Gläubiger zediert, so geht das Pfandrecht automatisch von Gesetzes wegen mit über (§ 1250 Abs. 1 BGB), ohne daß eine Übergabe des Pfandgutes notwendig wäre[19]. Auf diese Weise kann das Fahrnispfand zeitweise in Gestalt eines besitzlosen Pfandrechts im Rechtsverkehr fortbestehen. Obgleich der Akzessorietätsgrundsatz stringent verwirklicht erscheint, gilt er aber nicht ausnahmslos, wie einige Durchbrechungen belegen[20].

Sicherungsfähig durch Pfandrechte sind nur Ansprüche vermögensrechtlicher Art, d.h. es muß sich mithin jeweils um eine Forderung handeln, "deren Gegenstand Geld ist oder in Geld übergehen kann" (vgl. § 1228 Abs. 2 Satz 2 BGB)[21]. Das allein genügt allerdings nicht, zusätzlich verlangt das Kriterium der Durchsetzbarkeit Beachtung. Dadurch scheiden solche Forderungen als nicht sicherungsfähig aus, denen von der Rechtsordnung die Schutzwürdigkeit aberkannt oder aus anderen Gründen die Durchsetzbarkeit versagt wird – hierzu zählen vor allem aleatorische Verbindlichkeiten sowie sittenwidrige Verpflichtungen, allerdings nicht verjährte Ansprüche (vgl. §§ 222, 223 BGB)[22].

---

[19] *RGRK-Kregel*, § 1250 Rdn. 1; *Staudinger-Wiegand*, BGB-Kommentar, § 1250 Rdn. 2; *Wolff/Raiser*, Sachenrecht, S. 705.

[20] So z.B. a) Verjährung (§ 223 Abs. 1 BGB) b) Zwangsvergleich (§ 293 Satz KO) c) Vergleich (§ 82 Abs. 2 VerglO) d) Nachlaß (§§ 1211 Abs. 1 Satz 2, 1971 BGB) – weshalb *Heck*, Sachenrecht, S. 323ff., die Verbindlichkeit des "Anlehnungsdogmas" kritisch hinterfragt.

[21] *Mugdan*, Gesammte Materialien, Bd. III – Sachenrecht (Motive), S. 445; *Staudinger-Wiegand*, BGB-Kommentar, § 1205 Rdn. 12; *RGRK-Kregel*, § 1204 Rdn. 8; *Wolff/Raiser*, Sachenrecht, S. 675; *Palandt-Bassenge*, BGB-Kommentar, § 1228 Anm. 2; *Westermann*, Sachenrecht, S. 633.

[22] *RGRK-Kregel*, § 1204 Rdn. 8; *Staudinger-Wiegand*, BGB-Kommentar, § 1204 Rdn. 14ff.; *Palandt-Bassenge*, BGB-Kommentar, § 1204 Anm. 3; *Wolff/Raiser*, Sachenrecht, S. 676; – eine feine Differenzierung ist hierbei im Börsengesetz vorgenommen worden: Während die Sicherung von Forderungen aus verbotenen Börsentermingeschäften gem. §§ 64 Abs. 1 Satz 2, 66 Abs. 1 Satz 2 ausdrücklich untersagt ist, wird nach § 54 die Sicherung einer Forderung aus einem nicht verbotenen, aber unwirksamen Börsentermingeschäft für zulässig erachtet (vgl. RG JW 1921, 464).

Eine wesentliche Auflockerung erfährt das Akzessorietätsprinzip durch die Zulassung einer Pfandrechtsbestellung für künftige und bedingte Forderungen (§ 1204 Abs. 2 BGB)[23]. Sofern hierbei der noch inexistente Anspruch bereits dem Grunde nach bestimmbar ist[24], entsteht das Pfandrecht mit Erfüllung des dualistischen Tatbestandes eines dinglichen Rechtsgeschäfts (Einigung und Übergabe der Sache)[25]. Auf den späteren Entstehungszeitpunkt der Forderung kommt es hingegen nicht an. Das kann letztlich entscheidend sein, besonders wenn ein Gegenstand zugunsten mehrerer Gläubiger mit einem Pfandrecht belastet wurde (vgl. § 1209 BGB).

d) Pfandgegenstand

Pfandgegenstand kann grundsätzlich jede bewegliche Sache i.S.d. § 90 BGB sowie das Miteigentum an ihr (§ 1258 BGB) sein, solange sie selbst nicht wesentlicher Bestandteil einer anderen beweglichen Sache oder eines Grundstücks ist (vgl. § 93 BGB). Eigenständig verpfändbar sind zudem unwesentliche Bestandteile[26], Scheinbestandteile sowie das Zubehör[27]. So-

---

[23] *RGRK-Kregel*, § 1204 Rdn. 10; *Staudinger-Wiegand*, BGB-Kommentar, § 1204 Rdn. 29ff.; *Palandt-Bassenge*, BGB-Kommentar, § 1204 Anm. 3; *Baur*, Sachenrecht, S. 542; *Westermann*, Sachenrecht, S. 640f.; *Heck*, Sachenrecht, S. 418; *Mugdan*, Gesammte Materialien, Bd. III – Sachenrecht (Motive), S. 445: die gesetzgeberische Entscheidung beruht hauptsächlich auf einem eruierten Bedürfnis der Praxis, außerdem ist hierin eine Entsprechung zu den Regelungen in § 765 Abs. 2 BGB (Bürgschaft) und § 1113 Abs. 2 BGB (Hypothek) erstrebt worden.

[24] *RGRK-Kregel*, § 1204 Rdn. 10; *Staudinger-Wiegand*, BGB-Kommentar, § 1204 Rdn. 24f.; *Palandt-Bassenge*, BGB-Kommentar, § 1204 Anm. 3; *Westermann*, Sachenrecht, S. 641; *Heck*, Sachenrecht, S. 418; *Weber*, Sicherungsgeschäfte, S. 77, – dem Bestimmtheitserfordernis ist bereits durch eine sprachliche Wendung dergestalt, daß das Pfandrecht sich auf "alle bestehenden und künftigen Ansprüche" eines bestimmten Gläubigers an einen bestimmten Schuldner erstrecken soll, Genüge getan, so Nr. 19 Abs. 2 AGB d. Banken = Nr. 21 Abs. 1 AGB d. Sparkassen.

[25] *Staudinger-Wiegand*, BGB-Kommentar, § 1204 Rdn. 23, 26f.; *RGRK-Kregel*, § 1204 Rdn. 10; *Weber*, Sicherungsgeschäfte, S. 77; *Heck*, Sachenrecht, S. 418; *Baur*, Sachenrecht, S. 542.

[26] *Staudinger-Wiegand*, BGB-Kommentar, § 1204 Rdn. 33; *Weber*, Sicherungsgeschäfte, S. 75; BayObLG OLGE 62, 437; *Erman-Westermann*, BGB-Kommentar, § 93 Rdn. 16, – a.A. *RGRK-Kregel*, § 1204 Rdn. 3; *Erman-Ronke*, BGB-Kommentar, § 1204 Rdn. 2

[27] *Staudinger-Wiegand*, BGB-Kommentar, § 1204 Rdn. 34; *RGRK-Kregel*, § 1204 Rdn. 2; *Heck*, Sachenrecht, S. 416; *Baur*, Sachenrecht, S. 540 – unverständlich mutet etwas die fehlende Angleichung von Faustpfand- und Pfändungspfandrecht an, denn ein Pfändungspfandrecht kann gerade nicht an Zubehör (§ 865 Abs. 2 ZPO), wohl aber an wesentlichen Bestandteilen – Früchte auf dem Halm – begründet werden (§ 810 ZPO, der insoweit eine Regelwidrigkeit normiert).

gar der Umstand der Unpfändbarkeit (vgl. § 811 ZPO) hindert eine Pfandbestellung nicht[28], allerdings kann ein Pfandrecht weder an den dem Pfandgläubiger selbst gehörenden[29], noch an künftig erst entstehenden Sachen begründet werden[30]. Ebensowenig ist es in Anbetracht des im Sachenrecht geltenden "Spezialitätsprinzips" möglich, Sachgesamtheiten, das Vermögen als solches oder gar ein Unternehmen in seiner Komplexität zu verpfänden[31].

Trotzdem toleriert die Rechtspraxis die Verpfändung einer Vielzahl von Einzelgegenständen unter Verwendung eines Sammelbegriffs, wenn die Verpfändungsvoraussetzungen der §§ 1205, 1206 BGB in bezug auf jeden einzelnen Gegenstand vorliegen - so kann ein komplettes Warenlager in seinem wechselnden Bestand als Pfand dienen[32]. Ferner können schließlich auch Wertpapiere pfandbelastet werden. Das Fahrnispfand selbst erstreckt sich überdies auf die wesentlichen Bestandteile der Sache (allerdings nicht auf ihr Zubehör)[33].

e) Rechtsbeziehungen der Beteiligten

Mit Pfandbestellung treten Verpfänder und Pfandgläubiger in eine schuldrechtliche Beziehung, die verwahrungsähnliche Elemente aufweist

---

[28] *Staudinger-Wiegand*, BGB-Kommentar, § 1204 Rdn. 47; *RGRK-Kregel*, § 1204 Rdn. 2; *Palandt-Bassenge*, BGB-Kommentar, § 1204 Anm. 2; *Heck*, Sachenrecht, S. 417.

[29] § 1256 BGB ist seinem Grundgedanken nach als bloße Ausnahmevorschrift nicht verallgemeinerungsfähig und steht insofern hierzu nicht in Widerspruch, vgl. *Staudinger-Wiegand*, BGB-Kommentar, § 1204 Rdn. 47; anders wiederum die Ausgestaltung beim Pfändungspfandrecht - eigene Sachen können durchaus gepfändet werden, vgl. *Baumbach/Lauterbach/Albers/Hartmann*, ZPO-Kommentar, § 804 Anm. 2 B.

[30] *RGRK-Kregel*, § 1204 Rdn. 7; *Staudinger-Wiegand*, BGB-Kommentar, § 1204 Rdn. 43; *Palandt-Bassenge*, BGB-Kommentar, § 1204 Anm. 2.

[31] *RGRK-Kregel*, § 1204 Rdn. 5; *Staudinger-Wiegand*, BGB-Kommentar, § 1204 Rdn. 35; *Palandt-Bassenge*, BGB-Kommentar, § 1204 Anm. 2; *Weber*, Sicherungsgeschäfte, S. 76; *Baur*, Sachenrecht, S. 541; *Wolff/Raiser*, Sachenrecht, S. 674; - besonders dieser Ausschluß wirtschaftlicher Unternehmen als Pfandobjekt gibt gegenwärtig Anlaß zu der Diskussion, ob man nicht in Anlehnung an ausländische Vorbilder de lege ferenda eine Unternehmensverpfändung, eventuell durch Schaffung spezieller Registrierungsvorschriften, zulassen soll.

[32] *Staudinger-Wiegand*, BGB-Kommentar, § 1204 Rdn. 35ff.; *RGRK-Kregel*, § 1204 Rdn. 5, 74; *Baur*, Sachenrecht, S. 541; *Weber*, Sicherungsgeschäfte, S. 76; RGZ 53, 220, 68, 49, 74, 146; vgl. hierzu auch Schmidt, Der Pfandbesitz, AcP 134 (1931), 1, 9ff.

[33] Vgl. *Staudinger-Wiegand*, BGB-Kommentar, § 1212 Rdn. 2; *RGRK-Kregel*, § 1204 Rdn. 3; *Baur*, Sachenrecht, S. 540.

(vgl. §§ 1215ff. BGB)[34]. Im Unterschied zur typischen Verwahrung wird hier die Sachverwahrung nach der gesetzgeberischen Intention aber auch im Interesse des Pfandgläubigers – um seine Sicherung geht es primär – angeordnet[35]. Dem Pfandgläubiger obliegt im wesentlichen die Pflicht, Verschlechterungen und Beeinträchtigungen der Sache zu verhindern, mitunter kann ihm darüber hinaus die Berechtigung eingeräumt werden, anfallende Nutzungen zu ziehen. Aus seinem Besitzrecht fließen als Derivate dingliche Abwehransprüche gegen Störungen jeglicher Art, die ihm einen umfänglichen eigentumsähnlichen Schutz gewähren (vgl. § 1227 i.V.m. §§ 859ff., 1007, 227ff., 823, 985 BGB), mit deren Hilfe er seine Rechte sogar gegenüber dem Eigentümer behaupten kann. Schon vor Pfandreife ist es dem Verpfänder, Schuldner, Eigentümer oder jedem anderen, der durch die Pfandverwertung Rechte verlieren würde, gestattet, das Pfand abzulösen (vgl. §§ 1223, 1249 BGB).

f) Rechte des Pfandgläubigers bei Fälligkeit

Vom Eintritt der Pfandreife an steht dem Pfandgläubiger das Recht zu, die Pfandsache zu verwerten und sich aus dem Erlös für seine Forderung zu befriedigen (§§ 1228, 1247 BGB). Die bestechend einfachste Lösung wäre natürlich, dem Pfandgläubiger bei Fälligkeit einfach das Eigentum an der Sache zuzusprechen. Einer solchen Vereinbarung bleibt jedoch, sofern vor Pfandreife getroffen, aus Gründen des Schuldnerschutzes jegliche Wirksamkeit vorenthalten (*lex commissoria*, § 1229 BGB)[36]. Das Gesetz verlangt eine Verwertung der Pfandsache, die auf unterschiedliche Art erfolgen kann – will also dem Pfandgläubiger lediglich den Wert der Sache zuwenden. Ihm steht es frei, den Pfandgegenstand im Wege des Privatverkaufs zu veräußern (§ 1233 Abs. 1 BGB) oder die Verwertung nach Vollstreckungs-

---

[34] *Weber*, Sicherungsgeschäfte, S. 78; *Baur*, Sachenrecht, S. 545; *RGRK-Kregel*, § 1215 Rdn. 1ff.; *Westermann*, Sachenrecht, S. 645ff.; *Wolff/Raiser*, Sachenrecht, S. 686; *Schwab*, Sachenrecht, S. 309.

[35] *Westermann*, Sachenrecht, S. 645; *Staudinger-Wiegand*, BGB-Kommentar, § 1215 Rdn. 6; *Weber*, Sicherungsgeschäfte, S. 78.

[36] Der Gesetzgeber hat hier eine Regelung übernommen, die sich im Laufe der Zeit sowohl im römischen wie auch im germanischen Recht herausgebildet hatte – *Staudinger-Wiegand*, BGB-Kommentar, § 1229 Rdn. 1; *Mugdan*, Gesammte Materialien, Bd. III – Sachenrecht (Motive), S. 458; *Heck*, Sachenrecht, S. 230 (weist darauf hin, daß das Verfallpfand ursprünglich in der römischen und germanischen Rechtsordnung ein verbreitetes Institut gewesen sei); *Baur*, Sachenrecht, S. 546; *Gaul*, Lex commissoria und Sicherungsübereignung, AcP 168 (1968), 351ff.

recht zu betreiben (§ 1245 BGB), oder es einer Entscheidung des Gerichts zu überlassen (§ 1246 BGB). Der vom Erwerber der Pfandsache bezahlte Erlös fällt sodann in das Vermögen des Pfandgläubigers, was zugleich das Erlöschen der gesicherten Pfandforderung bedeutet[37]. Das gilt allerdings nur, solange der Gläubiger allein Anspruch auf den erzielten Gesamtbetrag hat. Ansonsten greift der Gedanke des § 1247 BGB ein.

Übersteigt also der Erlös die Höhe der gesicherten Forderung oder war der verwertete Gegenstand auch noch mit anderen dinglichen Rechten (vor- bzw. nachrangig) belastet, so setzt sich nach dem Willen des Gesetzgebers die bestehende dingliche Rechtslage am Gelderlös fort (Surrogation) – der Pfandgläubiger kann damit eine Auskehrung des Erlangten lediglich entsprechend dem ihm gebührenden Anteil fordern[38].

g) *Zwangsvollstreckung und Konkurs*

Dank uneingeschränkter Drittwirksamkeit vermag der Pfandgläubiger seine Rechtsstellung in Zwangsvollstreckung und Konkurs zu behaupten.

Betreibt ein Drittgläubiger die Zwangsvollstreckung, so kann er diese Vollstreckungsmaßnahme mit Hilfe der Drittwiderspruchsklage gem. § 771 ZPO unterbinden, da ihm in Gestalt des Besitzes "ein die Veräußerung hinderndes Recht" zusteht[39]. Genausogut kann er aber die Durchführung der Zwangsvollstreckung hinnehmen und sich darauf beschränken, gem. § 805 ZPO auf vorzugsweise Befriedigung zu klagen. Damit erreicht er seine Teilnahme an dem einleiten Vollstreckungsverfahren, das die Zwangsversteigerung der Pfandsache zum Gegenstand hat, was bewirkt, daß er vorrangig in Höhe der gesicherten Forderung Anspruch auf den erzielten Reinerlös erheben darf[40].

---

[37] Die Folge des Erlöschens tritt nur bei Personenidentität von Pfandeigentümer und persönlichem Schuldner ein, ansonsten geht die Forderung gegen den Schuldner als Ausgleich für den Sachverlust auf ihn über – Gedanke des § 1225 BGB.

[38] *RGRK-Kregel*, § 1247 Rdn. 1ff.; *Baur*, Sachenrecht, S. 548; *Weber*, Sicherungsgeschäfte, S. 83; *Staudinger-Wiegand*, BGB-Kommentar, § 1247 Rdn. 7ff.; *Palandt-Bassenge*, BGB-Kommentar, § 1247 Anm. 1, 2; *Heck*, Sachenrecht, S. 422; *Wolff/Raiser*, Sachenrecht, S. 698f.; *Westermann*, Sachenrecht, S. 652.

[39] *Baumbach/Lauterbach/Albers/Hartmann*, ZPO-Kommentar, § 771 Anm. 6, § 805 Anm. 15 A; *Weber*, Sicherungsgeschäfte, S. 86; *Zöller-Scherübl*, ZPO-Kommentar, § 771 Anm. 4a; – in Ablehnung der h.M. den Besitz als Recht i.S.d. Vorschrift anzusehen, aber *Thomas-Putzo*, ZPO-Kommentar, § 771 Anm. 6 g.

Auch im Konkurs des Verpfänders wird er nach § 48 KO vor den allgemeinen Konkursgläubigern privilegiert. Das Absonderungsrecht berechtigt ihn zwar nicht, das Pfandgut der Konkursmasse zu entziehen, es verleiht ihm jedoch die Befugnis, sich unter separater Verwertung der Sache aus dem Erlös - "zunächst wegen der Kosten, dann wegen der Zinsen, zuletzt wegen des Kapitals" zu befriedigen[41].

2. Registerpfandrechte

Bei Inkrafttreten des BGB war dem Faustpfandrecht sein künftiges "Schattendasein" bereits vorgegeben, denn seine Konzeption entsprach nicht den zeitbedingten Bedürfnissen eines modernen Wirtschaftsverkehrs. Die Interessen der Kreditsuchenden ohne ausreichendes Grundvermögen tendieren, sofern sie sich nicht in den kostenintensiven Personalkredit abdrängen lassen, nach besitzlosen Sicherungsformen, um nicht durch Hingabe der von ihnen gerade benötigten Fahrnis ihre Existenzgrundlage zu gefährden. Der historische Gesetzgeber hat mit dem doktrinären Festhalten an einem rechtlichen Prinzip letztlich bewirkt, daß das Pfandrecht allein im Pfandleihgewerbe[42] und Bankverkehr, vornehmlich bei Lombardgeschäften[43], Anwendung gefunden hat.

Dem Drängen verschiedener Wirtschaftszweige nach besitzlosen Sicherheiten versuchte schließlich die Legislative, durch Einführung einzelner Registerpfandrechte nachzukommen.

---

[40] *Weber*, Sicherungsgeschäfte, S. 87; *Baumbach/Lauterbach/Albers/Hartmann*, ZPO-Kommentar, § 805 Anm. 1; *Zöller-Scherübl*, ZPO-Kommentar, § 805 Anm. I, § 819 Anm. II.

[41] *Kilger*, KO-Kommentar, § 48 Anm. 1, 6, § 4 Anm. 1; *Weber*, Sicherungsgeschäfte, S. 87; *Scholz/Lwowski*, Recht der Kreditsicherung, S. 628ff.; *Brink/Petereit/Reinecker/Scheerer*, Recht der Kreditsicherheiten, Teil 1: Deutschland - S. 110.

[42] Vgl. hierzu die Sondervorschriften der PfandleihVO vom 01.02.1961 BGBl. I, 58 i.d.F. 01.06.1976 BGBl. I, 1335.

[43] Vgl. auch Ziff. 19 Abs. 2 AGB der Banken, Ziff. 21 Abs. 1 AGB der Sparkassen.

a) *Pächterpfandrecht nach dem Pachtkreditgesetz*

In Anbetracht der Wirtschaftskrise im Anschluß an den 1. Weltkrieg wurde den Pächtern landwirtschaftlicher Grundstücke durch das Pachtkreditgesetz ein besonderes Sicherungsmittel zur Verfügung gestellt, das es ermöglicht, das gesamte Inventar ohne Besitzübergabe zu verpfänden[44]. Sicherungsnehmer können nur bestimmte, staatlich konzessionierte Kreditinstitute sein (§ 1 PKrG)[45]. Die Bestellung des Pfandrechts erfolgt durch schriftliche Einigung und durch Niederlegung der Vertragsurkunde beim zuständigen Amtsgericht (§ 2 PKrG), zusätzlich soll das Pachtkreditinstitut den Verpächter im voraus über die bevorstehende Verpfändung unterrichten (eine Nichtbeachtung dieser Soll-Vorschrift hat aber auf die Wirksamkeit keinen Einfluß)[46]. Einer Eintragung in ein Register bedarf es nicht. Das Besitzübergabeerfordernis des § 1205 BGB wird durch den Akt der Urkundendeposition ersetzt, die die notwendige Publizität gewährleisten soll.

Das Pfandrecht erstreckt sich auf alle Inventargegenstände ohne Rücksicht auf die Eigentumsverhältnisse, es sei denn, der Pfandgläubiger ist zum Zeitpunkt der Niederlegung des Verpfändungsvertrages nicht in gutem Glauben (§§ 3, 4 PKrG)[47]. Auf dieser Durchbrechung des "Spezialitätsprinzips" sowie der Möglichkeit einer Pfandrechtsbelastung von schuldnerfremden Sachen und dem zugunsten des Sicherungsnehmers besonders angeordneten Ausschluß eines lastenfreien Erwerbs für den Fall, daß die Veräußerung von Inventarstücken nicht im Rahmen einer ordnungsgemäßen

---

[44] Das ursprünglich nur interimistisch gedachte Gesetz von 1926 wurde mehrfach verlängert und schließlich 1951 auf unbestimmte Zeit erneuert (PKRG v. 05.08.1951, BGBl. I, 494) – die Notwendigkeit zur Konzeption eines besonderen Pächterpfandrechts erwuchs daraus, daß die pächtereigenen Einrichtungsgegenstände regelmäßig mit Einbringung latent mit dem Verpächterpfandrecht nach §§ 581, 559 BGB belastet waren und sodann als Kreditunterlage ausschieden, vgl. *Sauveplanne-Drobnig*, Security over Corporeal Movables, S. 187.

[45] Derzeit 24: *Sauveplanne-Drobnig*, Security over Corporeal Movables, S. 188; *Gravenhorst*, Mobiliarsicherheiten in den sechs Ländern der EG, S. 7; *Staudinger-Wiegand*, BGB-Kommentar, Anh. zu § 1257 Rdn. 34; *Flume*, Besitzloses Fahrnispfand, in Deutsche Länderreferate zum IV. Int. Kongreß f. Rechtsvergleichung, S. 69.

[46] *Sauveplanne-Drobnig*, Security over Corporeal Movables, S. 188; *Gravenhorst*, Mobiliarsicherheiten in den sechs Ländern der EG, S. 72; *Staudinger-Wiegand*, BGB-Kommentar, Anh. zu § 1257 Rdn. 34; *Flume*, Besitzloses Fahrnispfand, in Deutsche Länderreferate zum IV. Int. Kongreß f. Rechtsvergleichung, S. 69.

[47] *Sauveplanne-Drobnig*, Security over Corporeal Movables, S. 188; *Staudinger-Wiegand*, BGB-Kommentar, Anh. zu § 1257 Rdn. 35; *RGRK-Kregel*, § 1207 Rdn. 5; *Flume*, Besitzloses Fahrnispfand, in Deutsche Länderreferate zum IV. Int. Kongreß f. Rechtsvergleichung, S. 69; *Schilling*, Besitzlose Mobiliarsicherheiten, S. 117; *Gravenhorst*, Mobiliarsicherheiten in den sechs Ländern der EG, S. 72.

Wirtschaftsführung erfolgt (§ 5 PKrG)[48], beruht primär die eigenständige Bedeutung des Pfandrechts nach dem Pachtkreditgesetz gegenüber der ansonsten gebräuchlichen Sicherungsübereignung. Werden später neue Gegenstände vom Pächter hinzuerworben, so treten sie mit Einbringung auf dem Grundstück in den sicherungsrechtlichen Haftungsverband ein (§ 3 Abs. 2 PKrG).

Hinsichtlich des Rangverhältnisses zu dem ex lege Pfandrecht des Verpächters (§§ 581, 559 BGB) enthält § 1 PKrG eine vom "Prioritätsgrundsatz" abweichende Sonderregelung, wonach eine Gleichrangigkeit beider Rechte statuiert wird. Die Art und Weise der Verwertung lehnt sich im einzelnen an die betreffenden Bestimmungen des Faustpfandes an (§ 10 PKrG); das besitzlose Sicherungsrecht bewahrt des weiteren in der Zwangsvollstreckung anderer Gläubiger und im Konkurs des Pächters seine Wirksamkeit.

b) Schiffshypothek, Flugzeughypothek und Pfandrecht an Hochseekabeln

Diese absolute Drittwirksamkeit weisen gleichermaßen die nachfolgend zu erwähnenden Registerpfandrechte auf, aber im Unterschied zum Pfandrecht nach dem Pachtkreditgesetz liegt ihnen als Modell die Hypothek zugrunde. Sie werden infolgedessen wie Immobiliarbelastungen behandelt, was zur Folge hat, daß die Verwertung entsprechend den Grundsätzen der Liegenschaftsvollstreckung durchzuführen ist (§§ 864ff. ZPO)[49].

Die Schiffshypothek, das älteste und in der Praxis am häufigsten verwendete Registerpfandrecht[50], hängt in ihrer Entstehung ebenfalls von der Einhaltung einer publizitären Maßnahme ab. Außer der Einigung ist näm-

---

[48] *Gravenhorst*, Mobiliarsicherheiten in den sechs Ländern der EG, S. 72; *Staudinger-Wiegand*, BGB-Kommentar, Anh. zu § 1257 Rdn. 36; *Sauveplanne-Drobnig*, Security over Corporeal Movables, S. 188; *Brink/Petereit/Reinecker/Scheerer*, Recht der Kreditsicherheiten, Teil I: Deutschland – S. 102f.

[49] *Sauveplanne-Drobnig*, Security over Corporeal Movables, S. 187; *Gravenhorst*, Mobiliarsicherheiten in den sechs Ländern der EG, S. 71; *Palandt-Bassenge*, BGB-Kommentar, Einl. v. § 1204 Anm. 4, 5, 6; *Scholz/Lwowski*, Recht der Kreditsicherung, S. 390; *Soergel-Abraham*, BGB-Kommentar, Einl. SchiffsG Rdn. 2, § 47 SchiffsG Rdn. 1.

[50] Gesetz über Rechte an eingetragenen Schiffen und Schiffsbauwerken v. 15.11.1940, RGBl I, 1499; *Sauveplanne-Drobnig*, Security over Corporeal Movables, S. 191; *von Gierke*, Sachenrecht, S. 224ff.; bereits das BGB enthielt bei Inkrafttreten entsprechende Regelungen über ein Registerpfandrecht an Schiffen (§§ 1259 – 1272 BGB), die erst bei Erlaß des neuen Gesetzes im Jahre 1940 aufgehoben wurden.

lich noch die Eintragung der dinglichen Rechtsänderung im Schiffsregister notwendig. Als Pfandobjekt dienen entweder eingetragene, fertige oder noch im Bau befindliche Schiffe (§§ 8, 76 SchiffsG). Das Schiffsregister, geführt beim Amtsgericht des jeweiligen Heimathafens bzw. Bauortes des Schiffes, ist dem Grundbuchsystem nachgebildet und genießt demzufolge auch öffentlichen Glauben (vgl. § 16 SchiffsG)[51]. Das Rangverhältnis mehrerer Schiffshypotheken untereinander, die regelmäßig als Sicherungshypothek zu bestellen sind (§ 8 Abs. 1 Satz 3 SchiffsG), bestimmt sich nach der Reihenfolge der Eintragungen (§ 25 SchiffsG). Des weiteren ist außerdem als Sonderfall einer Verpfändung von Schiff, Fracht und Ladung die Bodmerei gem. §§ 679ff. HGB zu erwähnen.

Die Flugzeughypothek hat im wesentlichen entsprechend den Regelungen über die Schiffshypothek ihre Ausgestaltung erfahren[52]. Sie bedarf wie diese zur Wirksamkeit der Registrierung – Eintragung in der Luftfahrzeugrolle in Braunschweig –, weist aber darüber hinaus die Besonderheit auf, daß das Belastungsobjekt nicht ausschließlich nur das Flugzeug bildet, sondern auch auf das Ersatzteillager in seinem wechselnden Bestand erstreckt werden kann (§ 68 LuftfzRG).

Entstehungsvoraussetzung für das Registerpfandrecht an Hochseekabeln, dem in der Praxis kaum Bedeutung zukommt, ist neben Einigung und Eintragung die Genehmigung des Bundespostministers[53].

3. Sicherungsübereignung

a) Entstehungsgeschichte

Die Registerpfandrechte erfassen lediglich Sonderfälle und stehen überdies nur einem kleinen Personenkreis zur Verfügung. Ansonsten verzichtete der historische Gesetzgeber bewußt auf die Schaffung eines besitzlosen

[51] *Soergel-Abraham*, BGB-Kommentar, § 16 SchiffsG Rdn. 1; *Sauveplanne-Drobnig*, Security over Corporeal Movables, S. 191; *Scholz/Lwowski*, Recht der Kreditsicherung, S. 380.

[52] Gesetz über Rechte an Luftfahrzeugen v. 26.02.1959 (BGBl I, 57, 223) unter Übernahme der Genfer Konvention von 1948; *Sauveplanne-Drobnig*, Security over Corporeal Movables, S. 192; *Scholz/Lwowski*, Recht der Kreditsicherung, S. 381f.

[53] Kabelpfandgesetz v. 31.03.1925; *Gravenhorst*, Mobiliarsicherheiten in den sechs Ländern der EG, S. 71; *Sauveplanne-Drobnig*, Security over Corporeal Movables, S. 192.

Pfandrechts, teils aus Gründen einer soliden und sicheren Kreditwirtschaft[54], teils weil er insbesondere eine leichtfertige Überschuldung gerade unbegüteter Bevölkerungskreise durch unbesonnene Verpfändung verhindern wollte[55]. Außerdem sah er die Belange Dritter, denen sich aufgrund der unveränderten Besitzverhältnisse die wahre Vermögenssituation des Schuldners nicht offenbart, gefährdet[56]. Die Untätigkeit des Gesetzgebers zwang die betroffenen Gruppen, zur Wahrung ihrer Bedürfnisse Zuflucht auf andere Rechtskonstruktionen zu nehmen.

Wer juristische Findigkeit besaß, konnte über den etwas ungewöhnlichen Weg eines Pfändungspfandrechts ein besitzloses Pfandrecht für seine Forderungen erwerben[57]. Bedeutungsvoller sollte jedoch die Figur des Kaufs auf Wiederkauf für Sicherungszwecke werden. Der Käufer (Darlehensgeber) von Fahrnis überläßt diese teilweise weiterhin dem Verkäufer (Darlehensnehmer) zum Gebrauch und räumt ihm außerdem die Befugnis ein, sich durch Rückzahlung des Kaufpreises innerhalb vorgegebener Zeit wieder das Eigentum an den Sachen zu verschaffen[58]. Schon bald veraltete der umständliche Formalismus einer kunstvollen Aufspaltung in mehrere mitein-

---

[54] *Mugdan*, Gesammte Materialien, Bd. III – Sachenrecht (Motive), S. 447.

[55] *Leonhard*, Konventionalpfand an Mobilien, Gruchot 25 (1881), 197; *Brunner*, Verhandlungen des 15. DJT II, S. 108: "es ist kein wünschenswerter Zustand, wenn jemand sein Arbeitszeug verpfändet"; *Reuling*, Verhandlungen des 15. DJT II, S. 111ff.: "Wer kein Kapital habe, könne eben nicht Unternehmer sein".

[56] *Hromadka*, Die Entwicklung des Faustpfandprinzips im 18. u. 19. Jahrhundert, S. 180; *Leonhard*, Konventionalpfand an Mobilien, Gruchot 25 (1881), 177, 204ff. – diesen immer wieder betonten Drittgläubigerschutz, den die Übergabe des Besitzes gewährleisten soll, versucht man durch Heranziehung und Interpretation historischer Quellen zu begründen. Die zeitgenössische Betrachtungsperspektive verbaut jedoch den erkennenden Zugang zu den wahren Funktionen früherer Rechtsgestaltungen; so vermeinte man auch, in dem "traditio"-Erfordernis des röm. Rechts einen Drittgläubigerschutz entdecken zu können, während es in Wahrheit einem solchen niemals zu dienen bestimmt war. Der Besitz bezweckte allein den Schutz des Pfandgläubigers und war auf der Basis des damaligen aktionsrechtlichen Denkens Mittel, um bei Zahlungsunwilligkeit des Schuldners seinen Anspruch vollstreckungsrechtlich durchsetzen zu können.

[57] Diese Möglichkeiten sahen die BGB-Redaktoren sehr wohl, lehnten aber ein Verbot entschieden ab – vgl. *Mugdan*, Gesammte Materialien, Bd. III – Sachenrecht (Prot.), S. 939: "... Die Pfändung werde erfahrungsgemäß häufig dazu benutzt, dem Gläubiger für seine Forderung, die er zunächst nicht beizutreiben beabsichtige, ein Pfandrecht an beweglichen Sachen des Schuldners zu verschaffen, ohne daß dieser den Gewahrsam und die Benutzung aufgebe. Die Vorschrift des § 712 ZPO beruhe auf Gründen der Humanität. Der Schuldner brauche häufig die gepfändeten Sachen notwendig ...".

[58] Vgl. die rechtliche Gestaltung in RGZ (1880), 2, 168ff. mit Hinweis auf einen mecklenburgischen Fall mit ähnlich gelagerten Sachverhalt; *Hromadka*, Die Entwicklung des Faustpfandprinzips im 18. u. 19. Jahrhundert, S. 142.

ander verbundene Rechtsgeschäfte[59]; fortan sprechen die Beteiligten unverblümt von einer Darlehensforderung, die während der gesamten Vertragsdauer Bestand haben und durch eine Eigentumstradition gesichert sein soll[60]. Nachdem auf diese Weise schließlich aus dem bloßen Rückkaufsrecht des Schuldners eine Rückübertragungspflicht des Gläubigers geworden war, hatte die gewählte Rechtskonstruktion des Sicherungsgeschäfts unmerklich die Gestalt der "abstrakten Sicherungsübereignung" angenommen.

Rechtsprechung und Rechtswissenschaft begegneten der anbahnenden Entwicklung mit Skepsis und Zurückhaltung. Während die Rechtsprechung zunächst keine Stellung bezog, ging die Rechtswissenschaft allmählich in den 80er Jahren des vergangenen Jahrhunderts dazu über, derartige Rechtsgeschäfte unter dogmatischen Erwägungen als unwirksam zu verwerfen[61]. Dabei kreiste die Kritik vornehmlich um die Argumente der "Simulation" und des "Scheingeschäfts". Die Bewertung des Rechtsvorgangs selbst erfolgte stets entsprechend der betonten Privatautonomie aus der Warte der Willenstheorie, da die Rechtsfigur des Funktionsmißbrauchs durch Gesetzesumgehung ("in fraudem legis agere") noch rechtlicher Durchdringung harrte – ein Schritt, der durch die Differenzierung *Kohlers* in "simuliertes" und "verdecktes" Geschäft geebnet wurde[62]. Er löste die Zentrierung auf den jeweiligen Parteiwillen[63], indem er in erster Linie für klärungsbedürftig erachtete, ob nach dem legislatorischen Willen ein solches Zweckstreben der

---

[59] *Hromadka*, Die Entwicklung des Faustpfandprinzips im 18. u. 19. Jahrhundert, S. 142, ebenso S. 13, 27 – es ist frappant, wie bei unterschiedlichen Bedingungen in verschiedenen Kulturepochen, dennoch rechtliche Erscheinungsformen wiederkehren, wenn es das gleiche wirtschaftliche Bedürfnis zu befriedigen gilt. So wiederholt sich hier gleichsam im Zeitraffer jene entstehungsgeschichtliche Entwicklung, die das röm. wie das german. Recht in kleinen Metamorphoseschritten durchlebte – am Anfang dieser zeitumspannenden Periode, die schließlich mit der Ausbildung eines Pfandrechts moderner Prägung ihren Abschluß findet, steht ebenfalls der Kauf auf Wiederkauf; vgl. zudem *Kaser*, Röm. Privatrecht, 1. Abschnitt, S. 144; *Heck*, Sachenrecht, S. 319f., 432 – die Eigentumsübertragung war der rechtsgeschichtliche Ausgangspunkt des Pfandrechts, das sich schließlich als differenzierte Spezialform etablierte. "Wenn nun eine differenzierte Form legislativ belastet wird, so muß das Leben zur primitiveren zurückkehren".

[60] Vgl. RGZ (1880) 2, 173; *Hromadka*, Die Entwicklung des Faustpfandprinzips im 18. u. 19. Jahrhundert, S. 143.

[61] *Hromadka*, Die Entwicklung des Faustpfandprinzips im 18. u. 19. Jahrhundert, S. 146.

[62] *Kohler*, Mentalreservation und Simulation, Jher Jb 16 (1878), 91, 140ff.; *Hromadka*, Die Entwicklung des Faustpfandprinzips im 18. u. 19. Jahrhundert, S. 155ff.

[63] "Überall sind hier die rechtlichen Folgen des Geschäfts, die rechtlichen Wirkungen des entsprechenden Rechtsverhältnisses gewollt", *Kohler*, Mentalreservation und Simulation, Jher Jb 16 (1878), 91, 142.

Parteien überhaupt generell Billigung erfahren kann[64]. Wenig später vermittelten die daran anknüpfenden Ausführungen *Regelsbergers* neue begriffliche Erkenntnisse[65], doch die eigentliche denklogische Aufarbeitung dieser rechtssystematischen Strukturierung bewältigte erst *Hellwig* – ausgehend von der Unterscheidung in "Scheingeschäft" und "verdecktes Geschäft" verdeutlichte er in Vollziehung des noch fehlenden Gedankenschrittes, daß man zunächst einmal anhand des Parteiwillens überprüfen muß, inwieweit das abgeschlossene Rechtsgeschäft überhaupt ernsthaft gewollt sei, um dann bei Verneinung einer Simulation die Frage nach der Gesetzumgehung zu stellen[66]. Wenn nunmehr das Schrifttum auch eindeutig gegen Sicherungskäufe Front zu machen begann, so war die Zeit dafür bereits zu spät, denn die Sicherungsübereignung hatte sich mittlerweile im Wirtschaftsleben fest etabliert, und es währte lediglich geraume Zeit, bis sie die Rechtsprechung letzlich vollends anerkannte[67].

Trotz allgemeiner Billigung verstummte die Kritik gegen die Sicherungsübereignung nie gänzlich. Das Unbehagen ob einer fehlenden positivrechtlichen Regelung eskalierte gelegentlich zu dem Vorwurf einer Rechtsfortbildung "contra legem"[68]. Dennoch kommt man angesichts einer jahrzehntelangen tatsächlichen Übung im tagtäglichen Rechtsverkehr nicht umhin, sie

---

[64] *Hromadka*, Die Entwicklung des Faustpfandprinzips im 18. u. 19. Jahrhundert, S. 155ff.; *Kohler*, Mentalreservation und Simulation, Jher Jb 16 (1878), 143f. – "Es gibt nun aber Gesetze, die sich nicht auf die gewählte Rechtsform beschränken, sondern das ökonomische Resultat zum Gegenstand ihrer Norm erheben, die Erreichung eines bestimmten ökonomischen Resultats selbst verbieten oder nur unter bestimmten Voraussetzungen gestatten".

[65] Er führt in die rechtliche Diskussion den Begriff des fiduziarischen Geschäfts ein, welches es von den rechtsgeschäftlichen Schleichwegen abzugrenzen gilt, *Regelsberger*, Zwei Beiträge zur Lehre von der Cession, AcP 63 (1880), 157, 173; *Hromadka*, Die Entwicklung des Faustpfandprinzips im 18. u. 19. Jahrhundert, S. 158f.

[66] *Hellwig*, Ueber die Zulässigkeit der Eigentumsübertragung zur Sicherung einer Forderung, AcP 63 (1881), 369, 374, 387ff.; *Hromadka*, Die Entwicklung des Faustpfandprinzips im 18. u. 19. Jahrhundert, S. 160.

[67] Vgl. RGZ (1885) 13, 200ff.; (1890) 26, 180ff.; RG JW 1892, 243; JW 1893, 208; JW 1896, 645; JW 1900, 670; *Leist*, Sicherung von Forderungen durch Übereignung von Mobilien, S. 10f.

[68] *Milger*, Mobiliarsicherheiten im dt. und US-amerik. Recht, S. 6; *Flume*, (41. DJT, 1955,f. 42) bezeichnete sie als "scheußlich"; *Salinger*, (Gutachten zum 31. DJT, I., S. 409) nannte sie ein "illegitimes Kind des Verkehrs"; *Ackermann*, Sicherungsübereignung von Warenlagern, S. 166 brandmarkte sie als "zivilrechtliche Sumpfpflanze"; *Gaul*, Lex commissoria und Sicherungsübereignung, AcP 168 (1968), 351, 357ff.; *Hromadka*, Sicherungsübereignung und Publizität, JuS 1980, 89.

zumindest als gewohnheitsrechtlich zulässiges Rechtsinstitut zu akzeptieren[69].

Unrichtig ist zudem die Behauptung mangelnder positivrechtlicher Verankerung, denn § 223 Abs. 2 BGB enthält einen gewichtigen Hinweis dafür, daß der Gesetzgeber den Fall einer "Rechtsübertragung zur Sicherung eines Anspruchs" durchaus gesehen hat und gerade nicht verbieten wollte[70].

Diese Auffassung bestätigt sich in einer Fahndung nach den gesetzgeberischen Motiven zur Eigentumstradition[71]. Eigenartig mutet an, wie der Gesetzgeber – die Funktionsgleichheit von Mobiliarhypothek und Sicherungsübereignung scheinbar völlig ignorierend – einerseits die Notwendigkeit und Nützlichkeit der bedingten Eigentumsübertragung zu Sicherungszwecken hervorhebt, da gerade sie oftmals dem Kreditbedürfnis des kleinen Mannes Rechnung trägt, der auf seine bewegliche Habe nicht verzichten kann[72], während er andererseits eine Verpfändung durch *constitutum possessorium* aus nahezu den gleichen Erwägungen ablehnt. Wird beim Faustpfand dem Drittgläubigerschutz besondere Bedeutung beigemessen[73], so vernachlässigt man ihn bei der Sicherungsübereignung, "weil die Weggabe der Sache sowieso keinem nütze"[74]. Mit der bewußten Tolerierung der Sicherungsübereignung hat der Gesetzgeber insoweit ein Rechtsprinzip selbst wieder desavouiert, das er doch akribisch zu perfektionieren bemüht war. Die scheinbare Inkonsequenz seines Verhaltens wird verständlich, wenn man sich vergegenwärtigt, daß er dem Faustpfandprinzip weniger in

---

[69] *Heck*, Sachenrecht, S. 432; *RGRK-Pikart*, § 930 Rdn. 47; *Westermann*, Interessenkollisionen und ihre richterliche Wertung bei den Sicherungsrechten, S. 36; *Serick*, Eigentumsvorbehalt und Sicherungsübertragung, Bd. I, S. 2 – spricht von einem durch richterliche Rechtsfortbildung geschaffenen Gewohnheitsrecht, das sich mit derogatorischer Kraft gegenüber dem positiven Recht durchgesetzt hat.

[70] *Gaul*, Lex commissoria und Sicherungsübereignung, AcP 168 (1968), 351, 357f.; des weiteren hat der Gesetzgeber später durch die Aufnahme betreffender Regelungen in einzelnen Gesetzen (vgl. z.B. § 11 Nr. 1 StAnpG, §§ 6 Abs. 1 Satz 3, 27 Abs. 2 VerglO) jedenfalls mittelbar gezeigt, daß er von der Gültigkeit der Sicherungsübereignung ausgeht.

[71] *Gaul*, Lex commissoria und Sicherungsübereignung, AcP 168 (1968), 351, 358f.; *Schubert*, Die Entstehung der Vorschriften des BGB über Besitz und Eigentum, S. 163; man hat gerade bewußt keine Regelung i.S.d. Art. 717 Schweizer ZGB, nach der eine Umgehung der Faustpfandbestimmungen durch Verwendung des constitutum possessorium unwirksam sein soll, ins BGB eingefügt.

[72] *Mugdan*, Gesammte Materialien, Bd. III – Sachenrecht (Prot.), S. 626f. bzw. (Motive), S. 187; *Hromadka*, Die Entwicklung des Faustpfandprinzips im 18. u. 19. Jahrhundert, S. 175ff.

[73] *Mugdan*, Gesammte Materialien, Bd. III – Sachenrecht (Motive), S. 446f.

[74] *Mugdan*, Gesammte Materialien, Bd. III – Sachenrecht (Prot.), S. 626f.

der Überzeugung praktischer Bewährtheit anhing, sondern weil er die römisch-rechtliche Mobiliarhypothek, mit der lange Zeit Mißbrauch getrieben worden war, perhorreszieren wollte.

b) Art der Bestellung

Die Sicherungsübereignung stellt eine vorübergehende Eigentumsübertragung zu Sicherungszwecken dar. Obgleich auf diese Weise der Funktion nach lediglich ein pfandrechtsähnliches Sicherungsrecht begründet werden soll[75], wird tatsächlich mehr an Rechtsmacht auf den Sicherungsnehmer übertragen als einem beschränkten dinglichen Recht entspricht, er erwirbt nämlich das Vollrecht nach den Vorschriften der §§ 929ff. BGB mit der Maßgabe, daß nach Wegfall der gesicherten Verbindlichkeit der Sicherungsgeber wieder in die Eigentümerposition einrücken soll[76]. Der entscheidende Grund für die bevorzugte Anwendung dieser Rechtsgestaltung liegt in den im Unterschied zur Fahrnisverpfändung erleichterten Formalien der Eigentumstradition.

Abgesehen von der Entbehrlichkeit einer Anzeige an den unmittelbaren Besitzer bei einer Übereignung gemäß § 931 BGB[77] ist es vor allem die Zulassung des *constitutum possessorium*[78], die das Institut für die Kreditbeteiligten als Sicherungsinstrument tauglich erscheinen läßt[79]. Die Surro-

---

[75] *Reich*, Dogmatik der Sicherungsübereignung AcP 169 (1969), 247, 257; *Heck*, Sachenrecht, S. 433; *Wolff/Raiser*, Sachenrecht, S. 731ff.; *Soergel-Mühl*, BGB-Kommentar, § 930 Rdn. 33; *Hromadka*, Sicherungsübereignung und Publizität, JuS 1980, 89; *Scholz/Lwowski*, Recht der Kreditsicherung, S. 399; *Altorfer*, Die Mobiliarhypothek, S. 186; *Serick*, Eigentumsvorbehalt und Sicherungsübertragung, Bd. II – S. 95 spricht von einer "Schwankungsbreite zwischen Eigentum und pfandrechtsartiger Berechtigung"; *Bülow*, Recht der Kreditsicherheiten, S. 152; *Zahn*, Grenzen der Kreditsicherung durch Sicherungsübereignung, S. 25; vgl. auch RGZ 91, 279, 145, 193; BGH WM 1959, 372; WM 1970, 817.

[76] *Wolff/Raiser*, Sachenrecht, S. 735; *RGRK-Pikart* § 930 Rdn. 47f.; *Bülow*, Recht der Kreditsicherheiten, S. 152; *Münchener Kommentar-Quack*, Anh. §§ 939 – 936, Rdn. 6; *Palandt-Bassenge*, BGB-Kommentar § 930 Anm. 4; *Reich*, Dogmatik der Sicherungsübereignung AcP 169 (1969), 247f.; *Flume*, Besitzloses Fahrnispfand, in Deutsche Länderreferate zum IV. Int. Kongreß f. Rechtsvergleichung, S. 70.

[77] Insoweit anders § 1205 Abs. 2 BGB.

[78] Vgl. dagegen § 1206 BGB.

[79] Freilich mag man hin und wieder auch eine Sicherungsübereignung nach § 929 bzw. § 931 BGB vorkommen, aber dies ist im alltäglichen Rechtsverkehr nicht der Regelfall, weil damit gewöhnlich für den Sicherungsgeber der Nachteil des Besitzverlustes verbunden ist. Sinn und Zweck der gewählten Rechtsform bestehen dann zumeist allein darin, die strengen Vorschriften über den Pfandverkauf (§§ 1228ff. BGB) auszuschalten; vgl. *RGRK-Pikart*,

gatform des § 930 BGB ebnet einem Schuldner die Möglichkeit, mit einer Eigentumsübertragung wirtschaftlich genau das zu erreichen, was ihm rechtlich die Pfandrechtsregeln verwehren – trotz Übergang der dinglichen Berechtigung bleibt er weiterhin im Besitz der Sache und behält die Nutzungsbefugnis. Daneben kommen, wenn auch praktisch seltener, gelegentlich Sicherungstraditionen nach § 931 BGB[80] und § 929 BGB[81] vor. Die Wirksamkeit der Rechtsbegründung hängt nicht von der Wahrung einer bestimmten Form ab[82]; überdies fehlt jegliche Publizität[83].

Genau wie sonstige Eigentumstraditionen durch Besitzkonstitut muß eine Sicherungsübertragung den allgemeinen Voraussetzungen genügen[84], d.h. zur Übereignung bedarf es neben der gültigen Einigung eines "konkreten Besitzmittlungsverhältnisses" (§ 868 BGB)[85]. Das Erfordernis der Konkretheit soll jedoch nicht besagen, daß die Vertragsparteien ihre tatsächlichen Beziehungen nach einem der in § 868 BGB exemplarisch genannten Rechtsverhältnisse ausgestalten müßten. Vielmehr geht es im wesentlichen

§ 930 Rdn. 50; *Münchener Kommentar-Quack*, Anh. §§ 929–936, Rdn. 18; *Westermann*, Sachenrecht, S. 208.

80 Falls die Sache sich bei einem Lagerhalter oder auf dem Transport befindet, kann z.B. diese Bestellungsform durchaus den Interessen der Parteien entsprechen, denn anders als bei einer Verpfändung ist zur Wirksamkeit keine Anzeige an den unmittelbaren Besitzer notwendig, vgl. im weiteren *Tiedtke*, Erwerb und Verlust des Sicherungseigentums bei eingelagerten Waren, WM 1978, 446ff.

81 Das erscheint z.B. geboten, wenn die kreditierende Bank die Sache in Händen eines ihr vertrauten Verwahrers wissen will, sowie bei einem finanzierten Neuwagenkauf –: Das Herstellungswerk übergibt weisungsgemäß den Kfz-Brief dem Geldkreditgeber als Sicherungsnehmer und überträgt dem Käufer als Sicherungsgeber den unmittelbaren Besitz am Fahrzeug; BGH WM 1969, 831; WM 1970, 1518; *RGRK-Pikart*, § 930 Rdn. 50; *Soergel-Mühl*, BGB-Kommentar, § 930 Rdn. 28; *Schaarschmidt*, Sparkassenkredite, S. 530.

82 *Serick*, Eigentumsvorbehalt und Sicherungsübertragung, Bd. II – S. 139; *RGRK-Pikart*, § 930 Rdn. 52; *Soergel-Mühl*, BGB-Kommentar, § 930 Rdn. 26.

83 *Gravenhorst*, Mobiliarsicherheiten in den sechs Ländern der EG, S. 74; *Sauveplanne-Drobnig*, Security over Corporeal Movables, S. 198; *Zahn*, Grenzen der Kreditsicherung durch Sicherungsübereignung, S. 5; *Serick*, Eigentumsvorbehalt und Sicherungsübertragung, Bd. II – S. 131; *Baur*, Sachenrecht, S. 548; *Wolff/Raiser*, Sachenrecht, S. 732.

84 Zur terminologischen Abgrenzung zwischen Voll- und Sicherungseigentum, vgl. BGHZ 47, 241; BGHSt 24, 222.

85 *Baur*, Sachenrecht, S. 570; *RGRK-Pikart*, § 930 Rdn. 53; *Zahn*, Grenzen der Kreditsicherung durch Sicherungsübereignung, S. 2; *Wolff/Raiser*, Sachenrecht, S. 243, 741; *Serick*, Eigentumsvorbehalt und Sicherungsübertragung, Bd. II – S. 118; *Flume*, Besitzloses Fahrnispfand, in Deutsche Länderreferate zum IV. Int. Kongreß f. Rechtvergleichung, S. 70; *Weber*, Sicherungsgeschäfte, S. 92; *Münchener Kommentar-Quack*, Anh. §§ 929–936, Rdn. 40; *Altorfer*, Die Mobiliarhypothek, S. 189; *Westermann*, Sachenrecht, S. 208; *Bülow*, Recht der Kreditsicherheiten, S. 171f.

darum, ungeachtet vereinzelt anzutreffender Gegenstimmen[86], der Verwendung eines abstrakten Konstituts entgegenzuwirken[87], da sich in einem sog. "abstrakten Besitzvorbehalt" der notwendigen Fremdbesitzerwille des Schuldners nicht hinreichend zu manifestieren vermag.

Allerdings wich im Laufe der Zeit die strenge Anschauung des Reichsgerichts, das noch in enger Anlehnung an die in § 868 BGB erwähnten Fälle eine ausdrückliche Festlegung von Rechten und Pflichten durch die Sicherungsparteien verlangte[88], einer großzügigen Handhabung durch den Bundesgerichtshof. Danach reicht es, wenn die konkreten Tatumstände typischerweise das Vorliegen eines Besitzkonstituts indizieren[89]. Das macht eine gesonderte Abmachung entbehrlich – sofern der zugrundeliegende Sicherungsvertrag selbst die essentielle Ausgestaltung der Rechtsbegebung bereits vorgibt, wird dem Erfordernis eines konkreten Besitzkonstituts gebührend Rechnung getragen[90].

---

[86] So *Lange*, Lage und Zukunft der Sicherungsübertragung, NJW 1950, 565, 567.

[87] *RGRK-Pikart*, § 930, Rdn. 22ff., 53; *Baur*, Sachenrecht, S. 570; *Weber*, Sicherungsgeschäfte, S. 92; *Serick*, Eigentumsvorbehalt und Sicherungsübertragung, Bd. II – S. 118; *Soergel-Mühl*, BGB-Kommentar, § 930 Rdn. 19; *Scholz/Lwowski*, Recht der Kreditsicherung, S. 136; *Palandt-Bassenge*, BGB-Kommentar, § 930 Anm. 2 b; *Brink/Petereit/Reinecker/Scheerer*, Recht der Kreditsicherheiten, Teil I: Deutschland – S. 114; *Wolff/Raiser*, Sachenrecht, S. 242f.; *Flume*, Besitzloses Fahrnispfand, in Deutsche Länderreferate zum IV. Int. Kongreß f. Rechtsvergleichung, S. 70f.; RG JW 1927, 670; BGHZ 58, 302; BGH WM 1962, 1115; OLG Hamm NJW 1970, 2067.

[88] *RGRK-Pikart*, § 930, Rdn. 53; *Münchener Kommentar-Quack*, Anh. §§ 929–936 Rdn. 40; RG Warn. Rspr. 1929 Nr. 150, S. 272, 277; RG Warn. Rspr. 1913 Nr. 201, S. 254f.; RG JW 1927, 669f.; RGZ 118, 361, 364; diese Tendenz klingt auch wider in der Entscheidung BGH NJW 1979, 2038f., doch trotz der darin zutagetretenden, vorsichtigen Zurückhaltung des Gerichts dürfte noch fern einer Hinwendung zu ehemals reichsgerichtlicher Anschauung sein.

[89] *Scholz/Lwowski*, Recht der Kreditsicherung, S. 136; *RGRK-Pikart*, § 930 Rdn. 53; *Soergel-Mühl*, BGB-Kommentar, § 930 Rdn. 28 – Dabei ist aber keinesfalls den Parteien ein Denken in juristischen Kategorien zu unterstellen. Ausschlaggebend bleibt immer die objektive Sachlage. Sogar ein Irrtum dahingehend, der Eigentumsübergang vollziehe sich nach § 929 BGB, spricht nicht unbedingt dagegen, dennoch eine Eigentumsübertragung durch Besitzkonstitut zu bejahen (i.d.S. auch BGH BB 1971, 241f.; RGZ 118, 361, 364); *Bülow*, Recht der Kreditsicherheiten, S. 271; *Schaarschmidt*, Sparkassenkredite, S. 533.

[90] Das beinhaltet natürlich die logische Folge, daß bei Unwirksamkeit des Sicherungsvertrages dieser Mangel auf das dingliche Geschäft durchschlägt, vgl. *Schaarschmidt*, Sparkassenkredite, S. 533; *Bülow*, Recht der Kreditsicherheiten, S. 172; *Scholz/Lwowski*, Recht der Kreditsicherung, S. 42; *RGRK-Pikart*, § 930 Rdn. 53; *Wolff/Raiser*, Sachenrecht, S. 741; *Münchener Kommentar-Quack*, Anh. §§ 929–936, Rdn. 40; *Altorfer*, Die Mobiliarhypothek, S. 188; i.d.S. auch RGZ 132, 183; BGH NJW 1970, 2067 u. OLG Stuttgart NJW 1971, 50, NJW 1971, 757.

c) *Sicherungsbestellung durch Nichtberechtigte und Dritterwerberschutz*

Da bei einer Sicherungsübereignung typischerweise die bestehenden Besitzverhältnisse unberührt bleiben, läuft der Sicherungsnehmer Gefahr, daß, falls die Sachen gar nicht dem Sicherungsgeber gehören, der beabsichtigte Eigentumserwerb fehlschlägt, denn ein Redlichkeitsschutz (§ 933 BGB) wird ihm in dieser Konstellation versagt.

Solange im weiteren nicht eine Besitzübergabe auf den Sicherungsnehmer oder eine von ihm zu bezeichnende Geheißperson nachfolgt, rangiert nach dem gesetzgeberischen Willen das Erwerbsinteresse des gutgläubigen Erwerbers stets hinter dem Beharrungsinteresse des tatsächlichen Rechtsinhabers[91]. Erst wenn sich der Sicherungsgeber seiner bisherigen besitzrechtlichen Stellung begibt, also insoweit ein publizitärer Akt in Erscheinung tritt, gebietet es der Verkehrsschutz, die Belange des Sicherungsnehmers gegenüber denen des früheren Rechtsinhabers als schutzwürdig einzustufen[92].

Der Versuch, über eine pro forma Besitzübertragung unter anschließender Rückgabe der Sachgegenstände sich in den Genuß eines Redlichkeitsschutzes zu bringen, scheitert regelmäßig an der fehlenden Dauerhaftigkeit der Besitzänderung[93]. Zudem wird überdies im kaufmännischen Rechtsverkehr an die Gutgläubigkeit des Sicherungsnehmers ein erhöhter Sorgfaltsmaßstab angelegt[94].

---

[91] *Bülow*, Recht der Kreditsicherheiten, S. 183; *Schaarschmidt*, Sparkassenkredite, S. 535ff.; *Brink/Petereit/Reinecker/Scheerer*, Recht der Kreditsicherheiten, Teil I: Deutschland – S. 114; *Scholz/Lwowski*, Recht der Kreditsicherung, S. 409; *Westermann*, Sachenrecht, S. 233; *RGRK-Pikart*, § 933 Rdn. 4ff.; *Serick*, Eigentumsvorbehalt und Sicherungsübertragung, Bd. II – S. 226ff.; BGH JR 1978, 154.

[92] *Schaarschmidt*, Sparkassenkredite, S. 538; *RGRK-Pikart*, § 933 Rdn. 12; *Serick*, Eigentumsvorbehalt und Sicherungsübertragung, Bd. II – S. 227; *Soergel-Mühl*, BGB-Kommentar, § 933 Rdn. 2; BGH WM 1963, 1186; WM 1956, 527, 531.

[93] *Bülow*, Recht der Kreditsicherheiten, S. 183; *Schaarschmidt*, Sparkassenkredite, S. 538f.; *RGRK-Pikart*, § 933 Rdn. 5; *Soergel-Mühl*, BGB-Kommentar, § 933 Rdn. 4; *Serick*, Eigentumsvorbehalt und Sicherungsübertragung, Bd. II – S. 228; OLG München NJW 1970, 667; BGH WM 1970, 251; – das gleiche gilt, wenn die erforderliche Übergabe durch die Anbringung eines Kennzeichens am Sicherungsgut lediglich symbolisiert wird, vgl. OLG Frankfurt BB 1976, 573.

[94] *Serick*, Eigentumsvorbehalt und Sicherungsübertragung, Bd. II – S. 229ff.; *Bülow*, Recht der Kreditsicherheiten, S. 181; *Soergel-Mühl*, BGB-Kommentar, § 932 Rdn. 15; *Schaarschmidt*, Sparkassenkredite, S. 539ff.

Letztlich findet ein Sicherungsnehmer aber, was die Situation etwas entschärft, in dem Anwartschaftsrecht[95] eine leidliche Kompensation. Sofern die Übereignung unter einer aufschiebenden Bedingung erfolgt, kann unter Umständen die fehlgeschlagene Eigentumsübertragung als Sicherungsübereignung des bestehenden Anwartschaftsrechts aufrechterhalten werden[96]. Ebensowenig wie dem Sicherungsnehmer bei Sicherungsbestellung ein Redlichkeitsschutz zuteil wird, genießt er für die Dauer der Sicherungsbegebung irgendeinen Bestandsschutz, denn er verliert sein Eigentum, sobald der besitzende Sicherungsgeber die Sachen an Dritte übereignet und übergibt (§ 932 BGB).

d) Sicherungsgegenstand

Einer Sicherungsübereignung nach § 930 BGB zugänglich sind bewegliche Sachen aller Art[97], sofern sie Gegenstand besonderer Rechte sein können – danach kommt eine Sicherungstradition von unwesentlichen Bestandteilen und Scheinbestandteilen in Betracht, das gleiche gilt für Zubehörstücke wie auch für Miteigentumsanteile[98]. Außerdem kann antizipiert eine Vereinbarung getroffen werden, wonach die Eigentumsübertragung gerade künftig noch zu erwerbende Sachen erfassen soll. Dagegen stößt die Sicherungsübereignung unpfändbarer Sachen (§ 811 ZPO) zum Teil auf Ablehnung, wenngleich die überwiegende Meinung von deren

---

[95] Vgl. dazu *Raiser*, Dingliche Anwartschaften, Tübinger Rechtswissenschaftliche Abhandlungen, Bd. 1 (1961); vgl. zur Kritik am Anwartschaftsrecht: *Kupisch*, Durchgangserwerb oder Direkterwerb?, JZ 1976, 417, 423; *Marotzke*, Anwartschaftsrecht – ein Beispiel sinnvoller Rechtsfortbildung, S. 18ff., 26, 54 – die Berechtigung dieser Rechtsfigur wird angezweifelt und stattdessen eine Lösung über eine analoge Anwendung des § 185 Abs. 2 Satz 2 BGB gesucht, der als Ausdruck eines umfassend geltenden Prioritätsprinzips interpretiert wird.

[96] *Schaarschmidt*, Sparkassenkredite, S. 536; *Scholz/Lwowski*, Recht der Kreditsicherung, S. 410f.; *Baur*, Sachenrecht, S. 572; *Weber*, Sicherungsgeschäfte, S. 25; *Serick*, Eigentumsvorbehalt und Sicherungsübertragung, Bd. I – S. 255ff.; BGH WM 1968, 604; WM 1966, 94; WM 1965, 701.

[97] Theoretisch bleibt aber genauso die Sicherungsübertragung von Liegenschaften, nur hat dies praktisch wegen der Sicherungsgrundschuld, die eine ähnliche Funktion erfüllt, keine Relevanz, so *Münchener Kommentar-Quack*, Anh. §§ 929–936 Rdn. 9; *Serick*, Eigentumsvorbehalt und Sicherungsübertragung, Bd. II – S. 18ff.; *Schaarschmidt*, Sparkassenkredite, S. 501.

[98] *RGRK-Pikart*, § 930 Rdn. 59; *Schaarschmidt*, Sparkassenkredite, S. 505ff.; *Soergel-Mühl*, BGB-Kommentar, § 930 Rdn. 34; *Serick*, Eigentumsvorbehalt und Sicherungsübertragung, Bd. II – S. 8ff.

Zulässigkeit ausgeht[99]. Bedenken werden allerdings geäußert, ob ein Sicherungsnehmer auch berechtigt ist, in eine solche Sache die Pfändung zu betreiben[100].

Als Sicherungsobjekt scheidet von vornherein ein Unternehmen in seiner Gesamtheit aus, denn dieses selbst stellt weder eine Sache noch ein Recht, vielmehr einen Inbegriff verschiedener Vermögenswerte dar; außerdem wäre eine derartige Tradition mit dem sachenrechtlichen Spezialitätsprinzip nur schwer zu vereinbaren. Durch einen gelockerten Anforderungsmaßstab an das Bestimmtheitsgebot ermöglicht die Rechtsprechung aber dennoch Sicherungsübereignungen von größeren Sachansammlungen, insbesondere Warenlagern.

Genaugenommen muß hier ebenfalls der Parteiwille auf eine Übertragung jedes einzelnen Gegenstandes gerichtet sein, die Erleichterung besteht allein darin, daß an einer individuell abgegrenzten Gruppe von Sachgegenständen unter Verwendung einer verkehrsüblichen Sammelbezeichnung die Rechtszuständigkeit durch einen einzigen dinglichen Übertragungsvorgang geändert werden kann[101]. So ist ausreichende Bestimmtheit gewahrt, wenn die Vereinbarung der Parteien alle in einem Raum befindlichen Gegenstände umfaßt (Raumsicherungsvertrag) – nicht dagegen, wenn sie sich nur auf einen quantitativen Teil bezieht[102]. Wirksamkeit genießt ebenso ein Sicherungsgeschäft des Inhaltes, ausschließlich sämtliche, vorhandene Waren einer bestimmten Gattung zu übereignen, oder eine Abmachung, wonach die verschiedenen Sicherungsobjekte jeweils zur Identifizierung

---

[99] So hat das OLG Stuttgart Unwirksamkeit angenommen, NJW 1971, 50 = BB 1971, 14 m. abl. Anm. Trinkner und Reich in NJW 1971, 757; ausf. dazu *Gerhardt*, Sicherungsübereignung und Pfändungsschutz, JuS 1972, 696ff.; – für die Wirksamkeit: *RGRK-Pikart*, § 930 Rdn. 60; *Scholz/Lwowski*, Recht der Kreditsicherung, S. 400; *Schaarschmidt*, Sparkassenkredite, S. 513; *Soergel-Mühl*, BGB-Kommentar, § 930 Rdn. 35; *Serick*, Eigentumsvorbehalt und Sicherungsübertragung, Bd. I – S. 324, Bd. II – S. 15; OLG Frankfurt BB 1973, 215; BGH BB 1961, 463.

[100] *RGRK-Pikart*, § 930 Rdn. 60; *Schaarschmidt*, Sparkassenkredite, S. 513; *Gerhardt*, Sicherungsübereignung und Pfändungsschutz, JuS 1972, 696ff.; *Soergel-Mühl*, BGB-Kommentar, § 930 Rdn. 35.

[101] Vgl. *Soergel-Mühl*, BGB-Kommentar, § 930 Rdn. 39; *Serick*, Eigentumsvorbehalt und Sicherungsübertragung, Bd. II – S. 148ff.; *Schaarschmidt*, Sparkassenkredite, S. 52ff.; *Scholz/Lwowski*, Recht der Kreditsicherung, S. 401ff.

[102] *Bülow*, Recht der Kreditsicherheiten, S. 166; *Soergel-Mühl*, BGB-Kommentar, § 930 Rdn. 41; *Schaarschmidt*, Sparkassenkredite, S. 521ff.; *Baur*, Sachenrecht, S. 572f.; *Serick*, Eigentumsvorbehalt und Sicherungsübertragung, Bd. II – S. 155ff.; *Scholz/Lwowski*, Recht der Kreditsicherung, S. 401ff.

sichtbar gekennzeichnet werden (Markierungsvertrag)[103]. Stets muß bei alldem für Außenstehende aus der Vertragsurkunde selbst erkennbar sein, auf welche konkreten Sachgüter sich die Sicherungsmaßnahme im einzelnen erstreckt – bloße Bestimmbarkeit wie bei der Zession genügt insoweit nicht[104]. Maßgebend für die Beurteilung der notwendigen Bestimmtheit ist der Zeitpunkt des Vertragsschlusses; ein späterer Verlust der Bestimmtheit bleibt deshalb ohne Relevanz[105].

Vorteile bietet einem Sicherungsnehmer insbesondere die Übertragung eines kompletten Warenlagers, weil dadurch ein bestimmter abgegrenzter Raum vollständig seiner Herrschafts- und Machtsspäre zugeordnet wird. Das bedeutet, daß bei Vertragsschluß insgesamt alle Gegenstände, gleichgültig, ob Eigentum des Sicherungsgebers oder nicht, pauschal als sicherungsübereignet gelten. Enthält der Warenbestand nun einzelne Sachen, die dem Sicherungsgeber noch nicht gehören, so erwirbt er das daran bestehende Anwartschaftsrecht, das "im Vergleich zum Eigentum nicht als aliud, sondern als wesensgleiches minus"[106] aufzufassen ist. Dieses Anwartschaftsrecht erstarkt mit Bedingungseintritt in seiner Person automatisch ohne Durchgangserwerb zum Vollrecht[107].

---

[103] *Schaarschmidt*, Sparkassenkredite, S. 522f.; *Bülow*, Recht der Kreditsicherheiten, S. 167; *Soergel-Mühl*, BGB-Kommentar, § 930 Rdn. 41; *Serick*, Eigentumsvorbehalt und Sicherungsübertragung, Bd. II – S. 155f.; 166ff.; *Scholz/Lwowski*, Recht der Kreditsicherung, S. 401ff.; *Brink/Petereit/Reinecker/Scheerer*, Recht der Kreditsicherheiten, Teil I: Deutschland – S. 115f.

[104] *Schaarschmidt*, Sparkassenkredite, S. 521f.; *Scholz/Lwowski*, Recht der Kreditsicherung, S. 401f.; *Soergel-Mühl*, BGB-Kommentar, § 930 Rdn. 38f.; *Serick*, Eigentumsvorbehalt und Sicherungsübertragung, Bd. II – S. 152ff.; *Milger*, Mobiliarsicherheiten im dt. und US-amerik. Recht, S. 7; *Wolff/Raiser*, Sachenrecht, S. 740; RGZ 132, 183, 187; RGZ 113, 57, 62; BGH WM 1965, 1248; BGHZ 28, 16, 19; BGH NJW 1984, 803; – *Baur*, Sachenrecht, S. 572 plädiert dagegen wie bei der Zession bloße Bestimmbarkeit genügen zu lassen, da sowieso eine irgendwie geartete Publizität des Sicherungsvorganges nicht erreicht werde.

[105] *Soergel-Mühl*, BGB-Kommentar, § 930 Rdn. 40; *Scholz/Lwowski*, Recht der Kreditsicherung, S. 406ff.; *Schaarschmidt*, Sparkassenkredite, S. 526; *Palandt-Bassenge*, BGB-Kommentar, § 930 Anm. 2 c; *Westermann*, Sachenrecht, S. 209; RGZ 132, 183, 188; NJW 1958, 945; WM 1960, 1223; MDR 1963, 648; NJW 1979, 976.

[106] Diese Parömie geht auf eine Formulierung von *Schwister* (JW 1933, 1762, 1764) zurück; BGHZ 35, 85, 89; 34, 122, 125; 30, 374, 376; 50, 43, 49; *Serick*, Eigentumsvorbehalt und Sicherungsübertragung, Bd. I – S. 244; *Raiser*, Dingliche Anwartschaften, S. 64.

[107] *Serick*, Eigentumsvorbehalt und Sicherungsübertragung, Bd. I – S. 258; *Bülow*, Recht der Kreditsicherheiten, S. 91; *Soergel-Mühl*, BGB-Kommentar, § 930 Rdn. 47; *Derleder*, Sicherungsübereignung und Wertausschöpfung, BB 1969, 725, 727; *Schaarschmidt*, Sparkassenkredite, S. 516; *RGRK-Pikart*, § 929 Rdn. 74; BGHZ 20, 88, 97; 28, 16, 21; 30, 374, 377; anders früher RGZ 101, 185, 190; 140, 223, 226.

Die Wirksamkeit der Sicherungsübereignung erfordert dabei keine Distinktion nach der rechtlichen Qualifizierung – Eigentum, Anwartschaft –, es reicht vielmehr ein dahingehender Konsens, daß, soweit die Sachen dem Sicherungsgeber bereits gehören, Eigentum und im übrigen das Anwartschaftsrecht übergehen soll[108].

Mit der Zulassung einer Sicherungsübereignung von Warenlagern in ihrem wechselnden Bestand[109] hat die Rechtsprechung es ermöglicht, dem Sicherungsgeber weiterhin die Dispositionsbefugnis über die einzelnen Waren im Rahmen des üblichen Geschäftsbetriebes zu belassen, sofern er jeweils wieder für alsbaldigen Ersatz sorgt.

e) Gesicherte Forderung und Akzessorietätsgedanke

Sicherungszweck ist wie beim Pfandrecht die Sicherung einer bestimmten oder zumindest bestimmbaren, gegenwärtigen bzw. künftigen Geldforderung. Aber anders als dort hängt hier der Bestand des dinglichen Rechts (Sicherungseigentum) nicht von der Existenz der zu sichernden Forderung ab, denn es fehlt eine ausdrückliche Akzessorietätsanordnung, und eine entsprechende Anwendung der Pfandrechtsnormen stößt auf äußerste Zurückhaltung[110]. Eine weitgehende Angleichung an das Faustpfand wird zumeist deshalb abgelehnt, weil die Auffassung vorherrscht, die Parteien hätten gerade durch die Wahl der Vollrechtstradition zu Sicherungszwecken bekundet, daß sie sich außerhalb dieses streng-schematisierten Regelungskomplexes stellen wollen.

All das, was beim Fahrnispfand qua lege gilt, bedarf bei der Sicherungsübereignung einer gesonderten Vereinbarung, die überdies nur schuldrechtliche Wirkung zeitigt.

---

[108] *Baur*, Sachenrecht, S. 572; *Milger*, Mobiliarsicherheiten im dt. und US-amerik. Recht, S. 7; *Serick*, Eigentumsvorbehalt und Sicherungsübertragung, Bd. II – S. 178; *Schaarschmidt*, Sparkassenkredite, S. 525; *Gravenhorst*, Mobiliarsicherheiten in den sechs Ländern der EG, S. 76; BGHZ 28, 16; 54, 319, 330; BGH WM 1959, 52, 53.

[109] *Weber*, Sicherungsgeschäfte, S. 95; *Soergel-Mühl*, BGB-Kommentar, § 930 Rdn. 42; *Milger*, Mobiliarsicherheiten im dt. und US-amerik. Recht, S. 7; *Baur*, Sachenrecht, S. 572; *RGRK-Pikart*, § 929 Rdn. 75; *Schaarschmidt*, Sparkassenkredite, S. 521ff.; st. Rspr. BGHZ 21, 52, 56; 28, 16, 19; BGH WM 1974, 1219.

[110] *Serick*, Eigentumsvorbehalt und Sicherungsübertragung, Bd. II – S. 99; *Wolff/Raiser*, Sachenrecht, S. 736f.; *Heck*, Sachenrecht, S. 434f.

Tritt der Sicherungsgläubiger die gesicherte Geldforderung ab, so erwirbt der Zessionar dann das Eigentum am Sicherungsgut, wenn nach dem Zessionsvertrag entweder ausdrücklich oder zumindest schlüssig ein entsprechender Willenskonsens besteht[111]. Andernfalls scheint der Zedent Sicherungseigentümer zu bleiben, da die Sicherungsübereignung kein Nebenrecht i.S.d. § 401 BGB darstellt[112]. Die Rechtsprechung hat jedoch aufgrund der pfandrechtsähnlichen Natur dieses Sicherungsgeschäft in der Regel eine analoge Anwendung der §§ 401, 412 BGB befürwortet[113], so daß der Zessionar auf jeden Fall einen Anspruch gegen den Zedenten auf Übereignung der einzelnen Gegenstände besitzt.

Ebenso müssen Gläubiger und Schuldner eigens vertraglich regeln, ob das Eigentum am Sicherungsgut im Fall des Nichtzustandekommens oder bei Erlöschen der Forderung automatisch wieder an letzteren zurückfallen soll[114]. Der Sicherungsgeber verfügt insoweit auflösend bedingt (§ 158 Abs. 2 BGB). Er verliert zwar sein Eigentum an der Sache, behält aber den Besitz und außerdem das Anwartschaftsrecht auf den künftigen Rückerwerb. Auf diese Weise wird seine Rechtsstellung verdinglicht, denn in Gestalt der Anwartschaft verbleibt ihm ein eigener Vermögensgegenstand, der ihm weiterhin für eigene Zwecke als Kreditunterlage zur Verfügung steht[115]. Ferner schützt ihn seine dinglich-verfestigte Rechtsposition vor beeinträchtigenden Verfügungen des Sicherungsnehmers zugunsten Dritter

---

[111] *Weber*, Sicherungsgeschäfte, S. 75; *Soergel-Mühl*, BGB-Kommentar, § 930 Rdn. 75; *Baur*, Sachenrecht, S. 558f.; *Bülow*, Recht der Kreditsicherheiten, S. 157; *Serick*, Eigentumsvorbehalt und Sicherungsübertragung, Bd. II – S. 369ff. sowie Bd. III – S. 426.

[112] So h.M. vgl. *Palandt-Heinrichs*, BGB-Kommentar, § 401 Anm. 1 c; *RGRK-Weber*, § 401 Rdn. 26.

[113] *Soergel-Mühl*, BGB-Kommentar, § 930 Rdn. 75; *Serick*, Eigentumsvorbehalt und Sicherungsübertragung, Bd. II – S. 370; *Bülow*, Recht der Kreditsicherheiten, S. 157; RGZ 89, 193, 196; RGZ 91, 277, 279f.; RG JW 1926, 799; BGH DB 1967, 548; LG Darmstadt NJW 1977, 251.

[114] *Bülow*, Recht der Kreditsicherheiten, S. 157; *Baur*, Sachenrecht, S. 558; *Weber*, Sicherungsgeschäfte, S. 74; *RGRK-Pikart*, § 930 Rdn. 66; *Bülow*, Recht der Kreditsicherheiten, S. 930 Rdn. 78; *Serick*, Eigentumsvorbehalt und Sicherungsübertragung, Bd. III – S. 328f.; *Gravenhorst*, Mobiliarsicherheiten in den sechs Ländern der EG, S. 74; *Westermann*, Sachenrecht, S. 211; *Wolff/Raiser*, Sachenrecht, S. 740.

[115] Sog. "Anschlußsicherung" – der Schuldner überträgt einem Kreditgeber zu Sicherungszwecken das bestehende Anwartschaftsrecht, vgl. *Serick*, Eigentumsvorbehalt und Sicherungsübertragung, Bd. III – S. 318ff.; *Derleder*, Sicherungsübereignung und Wertausschöpfung, BB 1969, 725ff.; *Bülow*, Recht der Kreditsicherheiten, S. 157; *Picot*, Anschlußsicherung nach vorangegangener Sicherungsübereignung, BB 1979, 1264.

(vgl. § 161 BGB)[116]. Schließlich ist der Konstellation noch eine quasi-akzessorische Wirkung eigen, die sich darin zeigt, daß jenes Anwartschaftsrecht sich mit jeder Teilzahlung auf die Forderung im gleichen Maße verdichtet wie die Eigentumsposition des Sicherungsnehmers dahinschwindet – bis es letztlich zum Vollrecht erstarkt.

Obgleich im Schrifttum ein nicht unbeträchtlicher Teil dafür plädiert, daß in Anbetracht des von den Parteien verfolgten Zweckstrebens im Zweifel stets eine auflösende Bedingung zugrundegelegt werden sollte[117], dominiert bislang in der Praxis die auch von der Rechtsprechung vertretene Auffassung, die systembewahrend eine Auflockerung des Abstraktionsprinzips zu verhindern trachtet[118]. Danach gilt bis zum Beweis des Gegenteils (Darlegung einer entsprechenden Vereinbarung!) die Vermutung einer unbedingten Übereignung. Der Sicherungsgeber bleibt mithin auf einen obligatorischen Rückübertragungsanspruch aus dem Sicherungsvertrag verwiesen. Und wenn gar die Forderung nicht entsteht, muß er das Geleistete nach Bereicherungsrecht kondizieren. Trotzdem gipfelt die Argumentation letztlich nicht in einer Vorleistungspflicht des Sicherungsgebers, da insoweit eine interessengerechte Korrektur über den Rechtsgedanken des § 1223 Abs. 2 BGB erfolgt[119].

---

[116] Treuwidrige Zwischenverfügungen vermögen nicht den Rückerwerb des Sicherungsgutes zu verhindern. Selbst bei Gutgläubigkeit des Dritterwerbers geht er seiner ihm gebührenden Erwerbsaussicht nicht verlustig, solange er sich den unmittelbaren Besitz an der Sache erhält (§ 161 Abs. 3 BGB); *Bülow*, Recht der Kreditsicherheiten, S. 157; *Soergel-Mühl*, BGB-Kommentar, § 930 Rdn. 79; *Raiser*, Dingliche Anwartschaften, S. 34; *Wolff/Raiser*, Sachenrecht, S. 260 Fußn. 5.

[117] *Serick*, Eigentumsvorbehalt und Sicherungsübertragung, Bd. III – S. 393, 398f.; *Weber*, Sicherungsgeschäfte, S. 97; *Raiser*, Dingliche Anwartschaften, S. 18; *Heck*, Sachenrecht, S. 433; *Wolff/Raiser*, Sachenrecht, S. 735, 740; *Soergel-Mühl*, BGB-Kommentar, § 930 Rdn. 78; *Derleder*, Sicherungsübereignung und Wertausschöpfung, BB 1969, 725ff.; *Lange*, Lage und Zukunft der Sicherungsübertragung, NJW 1950, 565, 569; *Schilling*, Besitzlose Mobiliarsicherheiten, S. 115; *Picot*, Anschlußsicherung nach vorangegangener Sicherungsübereignung, BB 1979, 1264; *Palandt-Bassenge*, BGB-Kommentar, § 930 Anm. 4 c.

[118] *Serick*, Eigentumsvorbehalt und Sicherungsübertragung, Bd. III – S. 391, 393f.; *Bülow*, Recht der Kreditsicherheiten, S. 175 Fußn. 18; *Schaarschmidt*, Sparkassenkredite, S. 593; *Soergel-Mühl*, BGB-Kommentar, § 930 Rdn. 78; *Westermann*, Sachenrecht, S. 211; *Reich*, Dogmatik der Sicherungsübereignung AcP 1959 (1969), 247, 256; *Flume*, Besitzloses Fahrnispfand, in Deutsche Länderreferate zum IV. Int. Kongreß f. Rechtsvergleichung, S. 67, 82; *von Tuhr*, Allg. Teil d. Deutschen Bürgerlichen Rechts, Bd. II 2 – S. 198 Fußn. 71; *Schütz*, Auflösende Bedingungen in Sicherungsverträgen, NJW 1957, 1541, 1543; RG JW 1929, 182f.; RGZ 102, 383; OLG München WM 1972, 760; OLG Saarbrücken FamRZ 1964, 633; OLG Celle WM 1956, 707.

In unmittelbarer Gegenwart vermeinte man, durch eine jüngere BGH-Entscheidung[120], trotz ablehnender Kritik in der Literatur[121], eine Abkehr von der bisherigen Rechtsprechungstendenz zu verspüren und eine Neuorientierung in Richtung auf eine engere institutionelle Verknüpfung von Sicherungseigentum und Forderung zu erkennen. Doch davon ist der BGH wenig später unter Bekräftigung seiner alten Rechtsprechung wieder abgerückt[122]. Dabei wäre es aber durchaus ein systemgerechtes Anliegen, in bedachten Einzelschritten eine stärkere Einbindung der Sicherungsübertragung in die Legalordnung vorzunehmen, zumal dies den Interessen beider Parteien entsprechen würde.

f) Rechtsbeziehungen der Sicherungsparteien nach Treuhandrecht

Die auf die reichsgerichtliche Rechtsprechung zurückgehende Aufspaltung eines einheitlichen Eigentumsbegriffes in "formelles" und "wirtschaftliches" Eigentum[123] wirkt künstlich, postuliert systemfremde Inkonsequenzen, liefert als Lösungsansatz juristisch untaugliche Erkenntnisse und hat vor allem durch ihre Einflußnahme auf das Steuerrecht zu einer mittlerweile unsinnig empfundenen Besteuerungspraxis geführt[124].

---

119 *Serick*, Eigentumsvorbehalt und Sicherungsübertragung, Bd. III – S. 389; *RGRK-Kregel*, § 1223 Rdn. 6; *Soergel-Augustin*, BGB-Kommentar, § 1223 Rdn. 13; *Flume*, Besitzloses Fahrnispfand, in Deutsche Länderreferate zum IV. Int. Kongreß f. Rechtsvergleichung, S. 67, 75 – der Sicherungsgeber, der sich zur Befriedigung bereit erklärt, braucht nur Zug um Zug gegen Herausgabe des Sicherungsgutes Zahlung leisten.

120 BGH NJW 1982, 275f.

121 *Serick*, Eigentumsvorbehalt und Sicherungsübereignung, Bd. V – S. 11f. Fußn. 25; *Jauernig*, Akzessorietät bei der Sicherungsübertragung, NJW 1982, 268ff.; *Tiedtke*, Sicherungsabtretung beim Fehlen des zu sichernden Anspruchs DB 1982, 1709ff.; a.A. (das Urteil begrüßend) *Bähr*, Akzessorietätsersatz bei der Sicherungszession, NJW 1983, 1473f.; *Thoma*, Akzessorietät bei der Sicherungsübertragung, NJW 1984, 1162f.

122 Vgl. BGH NJW 1984, 1184 = WM 1984, 357f. – "so ist eine Auslegungsregel dahin, daß die Vertragsparteien im Zweifel nur eine auflösend bedingte Sicherungsübereignung gewollt haben, nicht anzuerkennen".

123 Vgl. RGZ 24, 48f.; 91, 14; 133, 87; 145, 194; *Reich*, Dogmatik der Sicherungsübereignung AcP 169 (1969), 247, 251f.; *Zahn*, Grenzen der Kreditsicherung durch Sicherungsübereignung, S. 3f.

124 Vgl. (grundlegende Entscheidung) RFH 19, 125ff.; § 11 Nr. 1 Steueranpassungsgesetz.

Allgemein wird nun im Anschluß an *Schultze*[125] auf die Theorie vom Treuhandgeschäft abgehoben[126]. Danach ist die Sicherungsübereignung ihrem Wesen nach ein "fiduziarisches Rechtsgeschäft"[127], – genauer gesagt, handelt es sich hier um den typischen Fall einer "eigennützigen Treuhand". Der Gläubiger (Sicherungsnehmer) hat somit zwar, juristisch gesehen, die unbeschränkte Stellung eines Eigentümers und kann nach außen hin Dritten gegenüber wirksam über die ihm anvertrauten Sachen verfügen, bleibt aber inter partes dem Schuldner (Sicherungsgeber) gegenüber ob des beschränkten Sicherungszwecks treuhänderisch gebunden.

Belange Dritter gefährdet eine solche Vereinbarung nicht, denn sie erwerben ja vom Berechtigten; eine Benachteiligung erfährt dagegen der Schuldner, weil er den Gläubiger allein schuldrechtlich auf Schadensersatz in Anspruch nehmen kann. Nur bis zum Ablauf der vorgesehenen Vertragszeit hilft ihm eine Berufung auf § 986 Abs. 2 BGB, um sich weiterhin Besitz und Nutzung am Sicherungsgut zu erhalten.

Konsequent wäre es gewesen, der fiduziarischen Sicherungsabrede ausnahmslos eine schuldrechtliche inter partes Wirkung beizumessen[128] und keiner Verdinglichung der schuldnerischen Rechtsstellung in Zwangsvollstreckung wie Konkurs das Wort zu reden.

Auf der gleichen Linie liegt es, wenn eine analoge Anwendung der Pfandrechtsvorschriften bei Verwertungsfragen diskutiert wird. War auch lange Zeit umstritten, inwieweit die Pfandrechtsnormen zwingende Regelungen für die Sicherungsübereignung statuieren[129], so ist inzwischen der Meinungsstand dergestalt, daß gerade wegen der stets akzentuierten Anders-

---

[125] *Schultze*, Treuhänder im geltenden bürgerlichen Recht, Jher. Jb. 43 (1901), 1, 33ff.

[126] *von Tuhr*, Allg. Teil d. Deutschen Bürgerlichen Rechts, Bd. II 2 – S. 186; *Coing*, Treuhand kraft privaten Rechtsgeschäfts, S. 51; *Serick*, Eigentumsvorbehalt und Sicherungsübertragung, Bd. II – S. 71ff.; *Reich*, Dogmatik der Sicherungsübereignung AcP 169 (1969), 247, 251ff., 254ff. (Darstellung der verschiedenen Theorien); *Flume*, Besitzloses Fahrnispfand, in Deutsche Länderreferate zum IV. Int. Kongreß f. Rechtsvergleichung, S. 67, 70.

[127] Der Begriff stammt von *Regelsberger*, Zwei Beiträge zur Lehre von der Cession, AcP 63 (1880), 157,173.

[128] Insoweit folgerichtig, *von Tuhr*, Allg. Teil d. Deutschen Bürgerlichen Rechts, Bd. II 2 – S. 200; in diesem Sinne auch *Flume*, Bespr. Westermann, "Interessenkollisionen und ihre richterliche Wertung bei den Sicherungsrechten", AcP 154 (1955), 560ff.

[129] Für eine entsprechende Heranziehung, da die Interessenlage sich gleicht – *Heck*, Sachenrecht, S. 434; *von Tuhr*, Allg. Teil d. Deutschen Bürgerlichen Rechts, Bd. II 2 – S. 193.

artigkeit und freien Gestaltungsmöglichkeit der Sicherungsübereignung primär die Privatautonomie der Parteien darüber zu befinden habe[130].

Damit bleibt die Frage, was bei Fehlen eines solchen konkreten Parteiwillens gelten soll. Da gerade im Bankgewerbe üblicherweise bei solchen Kreditgeschäften entsprechende AGB's zugrundegelegt werden, die dank einer bedachten Kautelarjurisprudenz die Abwicklung des Sicherungsverhältnisses detailliert regeln[131], mag so etwas tatsächlich nicht allzuoft vorkommen.

Dennoch sind Fälle lückenhafter Vertragsgestaltung denkbar. Eine weitverbreitete Ansicht lehnt es in jedem Fall kategorisch ab, auf entsprechende Pfandrechtsbestimmungen hilfsweise zu rekurrieren, vielmehr vermeint man, schon aus dem wesensimmanten Sicherungszweck den spezifischen Abwicklungsmodus derivieren zu können[132]. Danach beinhaltet der institutionelle Grundbestand auch das Recht des Sicherungsnehmers zum freihändigen Verkauf des Sicherungsguts. Gravierende Verstöße gegen essentielle Treuepflichten, wie z.B. eine vorzeitige Veräußerung, machen die Handlungsweise nicht unwirksam, sondern lösen allenfalls vertragliche Ersatzansprüche aus. *Serick* hebt hierbei in subtiler Differenziertheit noch gesondert hervor, daß aus Verkehrsschutzgründen selbst bei Bejahung einer vorsichtigen Analogie die Pfandrechtskonzeption nie zum Nachteil eines Dritterwerbers auf das Außenverhältnis durchschlagen dürfe[133]. Andererseits gibt es in der Literatur ebenso seit langem Stimmen, die vor allem im Innenverhältnis für eine mehr oder weniger starke Angleichung an die

---

130 *Soergel-Mühl*, BGB-Kommentar, § 930 Rdn. 59; *Bülow*, Recht der Kreditsicherheiten, S. 256ff.; *Serick*, Eigentumsvorbehalt und Sicherungsübertragung, Bd. II – S. 97ff.; Bd. III – S. 451ff., 460; *Schaarschmidt*, Sparkassenkredite, S. 600; *RGRK-Pikart*, § 930 Rdn. 67ff., 71; *Scholz/Lwowski*, Recht der Kreditsicherung, S. 430; *Westermann*, Sachenrecht, S. 212; *Reich*, Dogmatik der Sicherungsübereignung AcP 169 (1969), 247, 269; *Wolff/Raiser*, Sachenrecht, S. 735; *Altorfer*, Die Mobiliarhypothek, S. 192, 198; vgl. RGZ 83, 50, 53; 143, 113, 117; BGH WM 1961, 243; NJW 1980, 226.

131 Vgl. allgemeine Sicherungsübereignungs-Bedingungen (ASB), zur Verwertung insb. Nr. 10 ASB (freihändiger Verkauf).

132 *Soergel-Mühl*, BGB-Kommentar, § 930 Rdn. 59; *Schaarschmidt*, Sparkassenkredite, S. 600ff.; *Serick*, Verwertung von Sicherungseigentum, BB 1970, 541ff.; *Bülow*, Recht der Kreditsicherheiten, S. 257; *Serick*, Eigentumsvorbehalt und Sicherungsübertragung, Bd. II – S. 97f.; Bd. III – S. 458f. (im allgemeinen spricht die Interessenlage eher gegen eine Analogie).

133 *Serick*, Eigentumsvorbehalt und Sicherungsübertragung, Bd. II – S. 98f.; Bd. III – S. 454ff.; dgl. *Wolff/Raiser*, Sachenrecht, S. 736; *Palandt-Bassenge*, BGB-Kommentar, § 930 Anm. 4 e.

Faustpfandregeln plädieren[134]. Diese Problematik ist bei der Unterschiedlichkeit der Standpunkte nach wie vor zweifelhaft und kann nicht als abschließend geklärt bezeichnet werden.

Völlig streitig bleibt ferner, ob das Verbot der Verfallklausel (§ 1229 BGB, *lex commissioria*) einen allgemeinen Rechtsgedanken ausdrückt und insoweit auch auf die Sicherungsübereignung zu erstrecken ist[135].

Der Treuhandgedanke vermag trotz befriedigender Ansätze das Wesen der Sicherungsübereignung nicht allseits zufriedenstellend zu erklären. Die Rechtsfigur des Treuhandgeschäfts fügt sich nicht nahtlos in unser Rechtssystem ein, da sie anders als der angloamerikanische *trust* im geltenden Zivilrecht keine feste Ausgestaltung und Verankerung gefunden hat. Sie ist eine systemfremde Größe, der eine merkwürdige Doppelfunktion zuerkannt wird. Einerseits als schuldrechtliche Abrede mit einer hohen Pflichtenanspannung verstanden, soll sie zum anderen in Durchbrechung des Abstraktionsprinzips in bestimmten Situationen – Zwangsvollstreckung, Konkurs – quasi-dingliche Wirkung entfalten und den nur schuldrechtlich Berechtigten vor Zugriffsmaßnahmen Dritter schützen.

Besser als die Flucht in einen solchen dogmatisch bedenklichen Lösungsversuch wäre die konsequente Einräumung einer verdinglichten Rechtsposition für den Sicherungsgeber gewesen. Aber das hätte natürlich eine Veränderung der Betrachtungsperspektive vorausgesetzt. Essentiell ist nämlich nicht die künftige Rückabwicklung des Sicherungsverhältnisses, sondern die Abgrenzung der jeweiligen Herrschaftsbefugnisse der Sicherungsparteien gegeneinander.

In diesem Sinn wäre deshalb zumindest die Zubilligung einer gewissen Quasi-Akzessorietät dadurch, daß man die Sicherungsübereignung stets für

---

[134] Vgl. *von Tuhr*, Allg. Teil d. Deutschen Bürgerlichen Rechts, Bd. II 2 – S. 192; *Heck*, Sachenrecht, S. 434; *Wolff/Raiser*, Sachenrecht, S. 737; *RGRK-Pikart*, § 930 Rdn. 75; *Scholz/Lwowski*, Recht der Kreditsicherung, S. 430; *Westermann*, Sachenrecht, S. 212; *Palandt-Bassenge*, BGB-Kommentar, § 930 Anm. 4 e; *Münchener Kommentar-Quack*, Anh. §§ 929–936, Rdn. 101.

[135] So *Flume*, Besitzloses Fahrnispfand, in Deutsche Länderreferate zum IV. Int. Kongreß f. Rechtsvergleichung, S. 67, 74; *Gaul*, Lex commissoria und Sicherungsübereignung, AcP 168 (1968), 351ff., 382; *Soergel-Mühl*, BGB-Kommentar, § 930 Rdn. 60; *von Tuhr*, Allg. Teil d. Deutschen Bürgerlichen Rechts, Bd. II 2 – S. 194; a.A. *Westermann*, Sachenrecht, S. 212; *Bülow*, Recht der Kreditsicherheiten, S. 258; *Serick*, Eigentumsvorbehalt und Sicherungsübertragung, Bd. III – S. 481f., 493; *Schaarschmidt*, Sparkassenkredite, S. 601; *Reich*, Dogmatik der Sicherungsübereignung AcP 169 (1969), 247, 268f.; *RGRK-Pikart*, § 930 Rdn. 67, 72.

auflösend bedingt erachtet, angebracht[136] gewesen, zumal der Sicherungsnehmer entgegen der gängigen Vertragspraxis[137] kein berechtigtes Sicherungsinteresse auf Behalt des Sicherungsguts über das Erlöschen der Forderung hinaus haben kann. Ihm geht es lediglich darum, in Höhe der jeweils ausstehenden Darlehensschuld hinreichend gesichert zu sein.

g) Grenzen der Privatautonomie bei Vertragsgestaltung

Die Rechtsstellung des Sicherungseigentümers ist in Bestand und Umfang einer latenten Gefährdung ausgesetzt, da die Sicherungsbegebung selbst wie auch dessen Verhalten stets einer richterlichen Überprüfung anhand der §§ 138, 826 BGB standhalten muß. Der Grund dieser rechtlichen Kontrolle beruht letztlich gerade in der weitgehenden Gestaltungsfreiheit der Sicherungsübereignung, die die Befürchtung erweckt, ein übermächtiger Kreditgeber könnte sich allzu leicht unter Mißbrauch seiner wirtschaftlichen Macht unangemessene Sicherungsvorteile auf Kosten von Schuldner und Drittgläubigern verschaffen.

Um einer solchen mißbilligten Handlungsweise entgegenzuwirken, greift die Rechtsprechung dabei auf den völlig konturlosen Begriff der "guten Sitten"[138] zurück, der den Maßstab für rechtlich nicht zu beanstandende Verhaltensmuster liefern soll. Auch die von der Rechtsprechung gebräuchliche, plastische Umschreibung der Sittenwidrigkeitsklausel als "Verstoß

---

136 Auf besagtes Ergebnis hin tendierend, vgl. BGH WM 1961, 25; *Bähr*, Akzessorietätsersatz bei der Sicherungszession, NJW 1983, 1473ff.

137 Vgl. insoweit Nr. 11 ASB, der lediglich einen schuldrechtlichen Rückübertragungsanspruch normiert.

138 Der verwendete Ausdruck "gute Sitten" geht auf eine röm.-rechtliche Formulierung zurück, vgl. "omnia, quae contra bonos mores vel in pacto vel in stipulatione deducuntur, nullius momenti sunt" (Cod. 8, 38, 4); § 138 BGB war in seiner ursprünglichen Fassung, angelehnt an Art. 1133 c.c., dadurch etwas mehr Präzision und Aussagekraft beigelegt worden, daß zusätzlich der Begriff "öffentliche Ordnung" – (vgl. l'ordre public, public policy) – eingefügt war. Diese Umschreibung klingt noch in Art. 6 EGBGB an, dagegen hat man aufgrund bestehender Einwände in der II. Kommission im BGB selbst allein die "guten Sitten" für einen ausreichenden Bewertungsmaßstab erachtet. Die einschränkende Korrekturmaßnahme führte allerdings zu einer gewissen Begriffsunschärfe, die der Judikative einen weiten Auslegungsspielraum läßt. Letztlich ist aber mit der Bezeichnung "gute Sitten" nichts anderes gemeint, als das, was im anglo-amerikanischen Recht unter "public policy" verstanden wird. Besser und verständlicher wäre es daher gewesen, wenn man im deutschen Recht angesichts dessen vielmehr auf einen Verstoß gegen "das geltende Recht oder die allgemein anerkannten Grundsätze öffentlicher Ordnung" abgestellt hätte.

gegen das Anstandsgefühl aller billig und gerecht Denkenden"[139], vermag nur eine vage Interpretationshilfe zu liefern. Auf der Grundlage dieser definitorischen Ansätze hat das RG versucht, in richterlicher Wertung typische Tatbestände einer sittenwidrigen Handlungsweise fallgruppenartig herauszubilden – so z.B. Konkursverschleppung, Kreditbetrug, Schuldnerknebelung, Gläubigergefährdung[140]. Der BGH modifizierte den Ansatzpunkt, indem er aus dem Vorliegen bestimmter, typischer Merkmale allein noch kein Unwerturteil folgert, sie vielmehr als bloßes Indiz nimmt; nur sofern die konkreten, individuellen Tatumstände eine Verwerflichkeit bestätigen, bejaht er eine Sittenwidrigkeit des jeweiligen Rechtsgeschäfts[141]. Von diesem Fallgruppenkatalog kommt in der judikativen Praxis vor allem den Modalitäten "Schuldnerknebelung bzw. Gläubigergefährdung" Bedeutung zu.

Eine Knebelung kann nicht schon bei einer großzügigen Übersicherung angenommen werden, selbst die Übertragung des gesamten Umlaufvermögens ist für sich noch kein hinreichendes Indiz, solange der Schuldner weiterhin mit Hilfe des Kredits ungehindert über seine persönlichen und wirtschaftlichen Verhältnisse bestimmen kann und ihm keine einschneidenden Beschränkungen aufoktroyiert werden[142].

Umfangreiche Kreditvergaben gegen weitgehende Sicherungsbelastung des schuldnerischen Gesamtvermögens können aber auf der anderen Seite unter dem Gesichtspunkt der Gläubigergefährdung Anstoß erregen, insbesondere wenn gerade sanierungsbedürftige Unternehmen finanziell ge-

---

[139] Vgl. RGZ 48, 114; 80, 221, 120, 144; BGHZ 17, 327.

[140] *Westermann*, Interessenkollisionen und ihre richterliche Wertung bei den Sicherungsrechten, S. 30; *Soergel-Mühl*, BGB-Kommentar, § 930 Rdn. 86; *Bülow*, Recht der Kreditsicherheiten, S. 184ff.; *Zahn*, Grenzen der Kreditsicherung durch Sicherungsübereignung, S. 10ff.; *RGRK-Pikart*, § 930 Rdn. 85; *Scholz/Lwowski*, Recht der Kreditsicherung, S. 156f.; *Serick*, Eigentumsvorbehalt und Sicherungsübertragung, Bd. III – S. 20, 39ff.; RGZ 136, 247, 253; 143, 48.

[141] *RGRK-Pikart*, § 930 Rdn. 85ff.; *Westermann*, Interessenkollisionen und ihre richterliche Wertung bei den Sicherungsrechten, S. 81ff.; *Soergel-Mühl*, BGB-Kommentar, § 930 Rdn. 87ff.; *Schaarschmidt*, Sparkassenkredite, S. 550ff.; *Münchener Kommentar-Quack*, Anh. §§ 929–936, Rdn. 119; *Serick*, Eigentumsvorbehalt und Sicherungsübertragung, Bd. III – S. 20ff.; BGH NJW 1955, 1272; WM 1965, 84; WM 1958, 249; WM 1963, 1093; NJW 1970, 657.

[142] *Bülow*, Recht der Kreditsicherheiten, S. 185; *Soergel-Mühl*, BGB-Kommentar, § 930 Rdn. 88; *RGRK-Pikart*, § 930 Rdn. 86; *Scholz/Lwowski*, Recht der Kreditsicherung, S. 158; *Schaarschmidt*, Sparkassenkredite, S. 550; *Serick*, Eigentumsvorbehalt und Sicherungsübertragung, Bd. III – s. 73ff., 72ff.; BGB WM 1965, 1248; BGHZ 19, 12; 20, 43, 51; BGH WM 1958, 1082.

stützt werden sollen[143]. Der Makel der Sittenwidrigkeit ist hierbei sichtlich Ausfluß der fehlenden Publizität einer Sicherungsübereignung, obwohl ihre Bestellung Außenstehenden vielfach tatsächlich nicht verborgen bleiben dürfte. Größeren geschäftlichen Transaktionen pflegen häufig genaue Erkundigungen über Reputation und Kreditwürdigkeit des Schuldners vorauszugehen, zumal in bestimmten Wirtschaftszweigen Sicherungsbegebungen geradezu als branchenüblich gelten müssen. Eine solche Informationsbeschaffung ist besonders bei Kapitalgesellschaften dadurch erleichtert, daß ihnen die Pflicht obliegt, bestellte Sicherheiten im Anhang zur Bilanz auszuweisen (§ 285 Nr. 1 lit.b HGB). Es mutet insoweit etwas sonderbar an, einem Sicherungsnehmer aufgrund allgemeiner Billigkeitserwägungen gesteigerte Rücksichtnahmepflichten zugunsten anderer Gläubigergruppen aufzubürden. Solange nicht unlautere Methoden angewandt oder unerlaubte Zwecke verfolgt werden, sollte man einem Sicherungsnehmer auch nicht besondere Fürsorgemaßnahmen für die Belange anderer abverlangen.

Überhaupt ist die Figur der "Gläubigergefährdung" als Kriterium für ein sittenwidriges, Rechtsgeschäft fragwürdig[144]. Löst man sich von der angestammten Betrachtungsperspektive und richtet sein Augenmerk anstatt auf die Handlungsweise der Sicherungsparteien auf den möglichen Schaden für Drittgläubiger, so entpuppt sich die Vanität dieses Modells[145]. Eine echte Schädigung Dritter ist regelmäßig zu verneinen. Dem Schuldner fließen ja durch die Kreditvergabe zunächst einmal Geldmittel zu. Altgläubiger werden infolgedessen durch die damit verbundene Sicherungstradition nicht geschädigt, denn sie haben weder einen Anspruch auf Zementierung gegebener schuldnerischer Vermögenssubstanz, noch sind sie davor geschützt, daß der Schuldner aufgrund von Fehlkalkulationen sein Vermögen dezimiert. Und Neugläubiger dürfen prinzipiell nicht auf eine Übereinstimmung von Schein und Wirklichkeit vertrauen, sondern haben sich zu vergewissern, wie es tatsächlich um die Liquidität des Schuldners steht. Eine Ausnahme kann höchstens dort angebracht sein, wo die Kredithingabe des Sicherungsnehmers nur noch den Zusammenbruch eines morbiden Unter-

---

[143] *RGRK-Pikart*, § 930 Rdn. 89; *Bülow*, Recht der Kreditsicherheiten, S. 185; *Soergel-Mühl*, BGB-Kommentar, § 930 Rdn. 90; *Schaarschmidt*, Sparkassenkredite, S. 550f.; *Scholz/Lwowski*, Recht der Kreditsicherung, S. 159; *Serick*, Eigentumsvorbehalt und Sicherungsübertragung, S. 63ff.; BGHZ 10, 228; BGH WM 59, 406; NJW 1970, 657.

[144] *Westermann*, Interessenkollisionen und ihre richterliche Wertung bei den Sicherungsrechten, S. 32ff., 38; *Serick*, Eigentumsvorbehalt und Sicherungsübertragung, Bd. III – S. 63 mwN.

[145] *Westermann*, Interessenkollisionen und ihre richterliche Wertung bei den Sicherungsrechten, S. 32, 38.

nehmens hinauszögern soll[146]. Wenn trotzdem erhöhte Fürsorgepflichten an einen Sicherungsgeber gestellt werden, so ist nicht einzusehen, weshalb dann dieser erhöhte Pflichtmaßstab isoliert für das Institut der Sicherungsübereignung Geltung haben soll.

Trotz Gemeinsamkeit hinsichtlich der objektiven Voraussetzungen differieren die beiden Vorschriften § 138 und § 826 BGB in ihrem subjektiven Moment, vor allem in den Rechtsfolgen. Während § 826 BGB das in Frage stehende Vertragsverhältnis unberührt läßt und lediglich einem individuell bestimmten Personenkreis gegenüber Ersatzansprüche begründet, statuiert § 138 BGB die Nichtigkeit des betreffenden Rechtsverhältnisses, wodurch mittelbar alle Gläubiger des Schuldners begünstigt werden[147]. Die Nichtigkeit nach § 138 Abs. 1 BGB beschränkt sich dabei nicht auf die schuldrechtliche Abrede, vielmehr ergreift sie unter Durchbrechung des Abstraktionsprinzips auch die Sicherungstradition selbst[148].

Weiterhin hält das Gesetz unter bestimmten Voraussetzungen, so wenn der Schuldner in der Absicht der Gläubigerbenachteiligung Vermögensver-

---

[146] Ähnlich in seiner Kritik – *Westermann*, Sachenrecht, S. 215.

[147] Gerade wegen der verschiedenen Rechtsfolgen erscheint die Abgrenzung beider Tatbestände bedeutsam. Da § 826 BGB für den Sicherungsnehmer die mildere Konsequenz beinhaltet, spricht die Interessenlage dafür, eher die objektiven Anforderungen für einen Ersatzanspruch im Einzelfall zu bejahen, als die Gesamtnichtigkeit anzuordnen. Dennoch ist das Verhältnis beider Normen zueinander nach wie vor umstritten, vgl. *Soergel-Mühl*, BGB-Kommentar, § 930 Rdn. 84; *Westermann*, Interessenkollisionen und ihre richterliche Wertung bei den Sicherungsrechten, S. 28; *Serick*, Eigentumsvorbehalt und Sicherungsübertragung, Bd. III – S. 103.

[148] Diese judikative Schlußfolgerung einer Gesamtnichtigkeit von obligatorischem und dinglichem Geschäft bedeutet eine unverständliche Negierung des sonst so verfochtenen Abstraktionsgrundsatzes, mißachtet insoweit geradezu den in § 138 BGB zum Ausdruck gebrachten legislatorischen Willen, nach dem nur ausnahmsweise, allein in den enumerativ in Abs. 2 aufgezählten Fällen die Nichtigkeit auch das dingliche Vollzugsgeschäft treffen soll (darüber hat sich die Rspr. zumeist ohne Bedenken, problemlos hinwegzusetzen gewußt, nur selten spiegelt sich eine etwas differenzierte Zurückhaltung wider, vgl. BGHZ 7, 111). Unter dem einseitigen Blickwinkel eines übersteigerten Drittgläubigerschutzes wurde hier einer kategorischen Lösung gehuldigt, die keineswegs in dieser scharfen Konsequenz notwendig gewesen wäre und die sich schon gar nicht als interessengerecht erweist, da sie die Belange des Sicherungsnehmers völlig vernachlässigt. Vielfach erscheint es nämlich nicht gerechtfertigt, dem Sicherungsnehmer schlechthin jegliche dingliche Rechtsposition abzuerkennen und auf diese Weise einseitig die Masse der Gläubiger zu privilegieren, denen es selbst oblegen hätte, ihren Interessen durch geeignete Vorkehrungsmaßnahmen ausreichend Geltung zu verschaffen – *Wolff/Raiser*, Sachenrecht, S. 744; *Soergel-Mühl*, BGB-Kommentar, § 930 Rdn. 31; *Westermann*, Interessenkollisionen und ihre richterliche Wertung bei den Sicherungsrechten, S. 12; a.A. *Serick*, Eigentumsvorbehalt und Sicherungsübertragung, Bd. I – S. 64ff., Bd. III – S. 24f. (Grund der Durchbrechung des Abstraktionsprinzips ist der fiduziarische Charakter der Sicherungsübereignung).

schiebungen vornimmt oder sich ein Gläubiger noch kurz vor Konkurseröffnung gegenständlich zu sichern sucht, ein Anfechtungsrecht parat (vgl. § 3 AnfG bzw. §§ 29ff. KO), bei dessen Ausübung die getätigten Rechtshandlungen ihre Wirksamkeit verlieren[149].

Schließlich wird trotz vorhandener Kritik die Norm des § 419 BGB auf fiduziarische Sicherungsgeschäfte angewendet[150], obwohl eine endgültige Übertragung von Sachwerten ja gerade nicht beabsichtigt ist. Es läßt sich dabei schon der rechtspolitische Sinn einer Regelung, die auf wunderbare Weise eine Verdoppelung der Schuldnerstellung bewirkt, ohne dabei die vom Übernehmer tatsächlich erbrachte Gegenleistung irgendwie zu berücksichtigen, bezweifeln. Das Gesetz begünstigt hier grundlos den Gläubiger, der infolge der Vermögensübernahme stets zusätzlich einen Neuschuldner erhält, selbst wenn der Altschuldner weiterhin genug Mittel hat, um vorhandene Forderungen zu tilgen.

h) Erweiterungs- und Verlängerungsformen

Als Sicherungsobjekt kommen häufig Umsatzgüter oder Verarbeitungsgegenstände in Betracht. Dies fördert zwangsläufig rechtliche Überlegungen, die eine Perpetuierung der dinglichen Rechtsposition des Sicherungsnehmers über solche Veränderungen hinweg zum Gegenstand haben. Die Fälle dinglicher Surrogation sind im Gesetz abschließend enumerativ aufgeführt (z.B. §§ 1048 Abs. 1, 1247, 1287 BGB, § 46 KO, § 392 Abs. 2 HGB). Aus diesen Vorschriften kann infolgedessen kein analogiefähiger, allgemeiner Rechtsgedanke abgeleitet werden[151].

---

149 *RGRK-Pikart*, § 930 Rdn. 94ff.; *Soergel-Mühl*, BGB-Kommentar, § 930 Rdn. 83; *Schaarschmidt*, Sparkassenkredite, S. 563ff.; *Scholz/Lwowski*, Recht der Kreditsicherung, S. 645f.; *Serick*, Eigentumsvorbehalt und Sicherungsübertragung, Bd. III – S. 134ff.

150 *RGRK-Pikart*, § 930 Rdn. 98; *Bülow*, Recht der Kreditsicherheiten, S. 187ff.; *Soergel-Mühl*, BGB-Kommentar, § 930 Rdn. 82; *Scholz/Lwowski*, Recht der Kreditsicherung, S. 165; RGZ 139, 199; BGHZ 7, 111, 115; 54, 101; a.A. *Paulus*, Behelfe des Sicherungseigentümers, ZZP 64 (1951), 169, 187ff.; *Serick*, Eigentumsvorbehalt und Sicherungsübertragung, Bd. III – s. 167; vgl. auch *Schaarschmidt*, Sparkassenkredite, S. 574f.; – gerade die Funktionsgleichheit mit dem Pfandrecht spricht gegen die Anwendbarkeit, denn bei der Verpfändung gilt § 419 BGB unstreitig nicht.

151 *Serick*, Eigentumsvorbehalt und Sicherungsübertragung, Bd. II – S. 85f.; *Soergel-Mühl*, BGB-Kommentar, § 930 Rdn. 48; *RGRK-Pikart*, § 950 Rdn. 65; *Wolf*, Prinzipien und Anwendungsbereich der dinglichen Surrogation, JuS 1975, 643, 646; RGZ 153, 166; BGH NJW 1959, 1223.

Soll der Schuldner nicht in seiner Geschäftstätigkeit behindert werden, muß man ihm gestatten, weiterhin im Rahmen einer ordentlichen Wirtschaftsführung über das Sicherungsgut zu verfügen. Eine solche Ermächtigung (§ 185 BGB) kann der Gläubiger allerdings nur dann gefahrlos erteilen, wenn er sich gleichzeitig im voraus die aus der späteren Veräußerung des Sicherungsobjekts resultierende Forderung gegen den Erwerber abtreten läßt[152]. Ist der fiduziarisch übereignete Gegenstand dazu bestimmt, in einem vorgegebenen Produktionsablauf körperliche Veränderungen zu erfahren, durch die er zu einer neuen Sache umgestaltet wird, so empfiehlt sich die Vereinbarung einer Verarbeitungsklausel, damit der Sicherungsnehmer nicht seine Eigentümerstellung aufgrund § 950 BGB verliert[153]. Schließlich mag mitunter auch das Bedürfnis bestehen, die Realsicherung auf ein ganzes Bündel von Forderungen zu erstrecken; ein Ziel, das in der Rechtspraxis regelmäßig durch die vertragliche Einbeziehung einer Kontokorrent- oder Konzernklausel[154] erreicht wird.

i) Zwangsvollstreckung und Konkurs

Wollen Gläubiger des Sicherungsgebers in das bei diesem befindliche Sicherungsgut vollstrecken, kann der Sicherungsnehmer aufgrund des ihm gebührenden Eigentums den Zugriff erfolgreich mit der Drittwiderspruchsklage gem. § 771 ZPO abwehren[155]. Ebenso wird im umgekehrten Fall –

---

[152] *Soergel-Mühl*, BGB-Kommentar, § 930 Rdn. 49; *RGRK-Pikart*, § 930 Rdn. 65; *Schaarschmidt*, Sparkassenkredite, S. 596; *Scholz/Lwowski*, Recht der Kreditsicherung, S. 414; *Serick*, Eigentumsvorbehalt und Sicherungsübertragung, Bd. IV – S. 24ff.; *Gravenhorst*, Mobiliarsicherheiten in den sechs Ländern der EG, S. 77; *Münchener Kommentar-Quack*, Anh. §§ 929–936, Rdn. 76ff.; *Brink/Petereit/Reinecker/Scheerer*, Recht der Kreditsicherheiten, Teil I: Deutschland – S. 120f.

[153] *Soergel-Mühl*, BGB-Kommentar, § 930 Rdn. 45; RGRK-Pikart § 930 Rdn. 65; *Schaarschmidt*, Sparkassenkredite, S. 526f.; Serick, Eigentumsvorbehalt und Sicherungsübertragung, Bd. IV–S. 30ff.; *Brink/Petereit/Reinecker/Scheerer*, Recht der Kreditsicherheiten, Teil I: Deutschland, – S. 121f.; *Scholz/Lwowski*, Recht der Kreditsicherung, S. 417f.; *Serick*, Verbindungsklausel als Kreditsicherungsmittel, BB 1973, 1405ff.

[154] Vgl. hierzu Serick, Eigentumsvorbehalt und Sicherungsübertragung, Bd. IV–S. 42ff., 65ff.; *Brink/Petereit/Reinecker/Scheerer*, Recht der Kreditsicherheiten, Teil I: Deutschland, – S. 120.

[155] *RGRK-Pikart* § 930 Rdn. 111; *Soergel-Mühl*, BGB-Kommentar, § 930 Rdn. 92; *Weber*, Sicherungsgeschäfte, S. 82f.; *Bülow*, Recht der Kreditsicherheiten, S. 267; *Serick*, Eigentumsvorbehalt und Sicherungsübertragung, Bd. III – S. 206f.; *Schaarschmidt*, Sparkassenkredite, S. 590; a.A. *Baumbach/Lauterbach/Albers/Hartmann*, ZPO-Kommentar, § 771 Anm. 6, der das Recht auf vorzugsweise Befriedigung (§ 805 ZPO) für ausreichend hält.

der allerdings nur selten vorkommt, da der Sicherungsnehmer die Sachen normalerweise nicht in Besitz nimmt – dem Sicherungsgeber die Interventionsklage nach § 771 ZPO gegeben[156].

Desgleichen gehört der Sicherungsnehmer im Konkurs des Sicherungsgebers zu den bevorrechtigten Gläubigern. Allerdings läßt hierbei die rechtliche Behandlung eine Inkonsequenz erkennen. Obwohl auf den Sicherungsnehmer das Volleigentum übertragen worden ist, und er konsequenterweise in der Einzelzwangsvollstreckung auch die Rechtsbehelfe eines Volleigentümers ausüben darf, bleibt ihm das entsprechende Konkursprivileg der Aussonderung (§ 43 KO) vorenthalten.

Stattdessen rückt man von der sonst üblichen, formalen Betrachtungsweise dieses Sicherungsgeschäfts ab und kehrt nun auf einmal das sonst übergangene, funktionelle Element des Instituts hervor. Da die Sicherungsübereignung ihrer Funktion nach die Aufgabe eines besitzlosen Pfandrechts wahrnimmt, steht demzufolge bei dieser Perspektive dem Sicherungsnehmer allein das Absonderungsrecht eines Pfandgläubigers nach § 48 KO zur Verfügung[157].

Die Reduzierung der formalen Eigentümerposition auf die eines Pfandgläubigers zeitigt natürlich auch im Konkurs des Sicherungsnehmers ihre Auswirkungen. Behandelt man den einen Vertragspartner als Pfandgläubiger, muß man den anderen wie einen Pfandschuldner einstufen, was sich nur dadurch erreichen läßt, daß man die lediglich obligatorische Erwerbsaussicht des Sicherungsgebers verdinglicht. Das Sicherungsgut wird aus wirtschaftlichen Gesichtspunkten zum Vermögen des Sicherungsgebers gerechnet. Man sieht ihn insoweit als "quasi-Eigentümer" an und räumt ihm darum das Aussonderungsrecht nach § 43 KO ein[158].

---

[156] *RGRK-Pikart* § 930 Rdn. 111; *Bülow*, Recht der Kreditsicherheiten, S. 268f.; *Soergel-Mühl*, BGB-Kommentar, § 930 Rdn. 95; *Baumbach/Lauterbach/Albers/Hartmann*, ZPO-Kommentar, § 771 Anm. 6; *Serick*, Eigentumsvorbehalt und Sicherungsübertragung, Bd. III – S. 213.

[157] So die h.M., vgl. *Weber*, Sicherungsgeschäfte, S. 110; *RGRK-Pikart* § 930 Rdn. 112; *Baur*, Sachenrecht, S. 575; *Bülow*, Recht der Kreditsicherheiten, S. 272; *Soergel-Mühl*, BGB-Kommentar, § 930 Rdn. 94; *Serick*, Eigentumsvorbehalt und Sicherungsübertragung, Bd. III – S. 266ff.; *Kilger*, KO-Kommentar, § 48 Anm. 1, § 127 Anm. 5 b; RGZ 145, 188; BGH WM 1968, 242f.

[158] Vgl. *Weber*, Sicherungsgeschäfte, S. 110f.; *Serick*, Eigentumsvorbehalt und Sicherungsübertragung, Bd. III – S. 294; *RGRK-Pikart* § 930 Rdn. 113; *Soergel-Mühl*, BGB-Kommentar, § 930 Rdn. 95.

III. Warenkreditsicherheiten

1. Gesetzliche Sicherheiten

Ebenso wie ein pulsierendes Wirtschaftsleben moderner Prägung auf Kreditinstitute angewiesen ist, die innovativen Bestrebungen durch Darlehensvergaben unterstützen, so bedarf es eines erleichterten Güter- und Warenaustausches, der sich dadurch charakterisiert, daß Lieferanten vermehrt vorzuleisten pflegen, indem sie die verkauften Sachgüter schon vor Bezahlung an den Käufer übergeben. Ein Lieferant wird sich allerdings in Anbetracht des ihn treffenden Ausfallrisikos auf ein solches Vorfinanzierungsgeschäft nur gegen Einräumung ausreichender Sicherheiten einlassen. Auf gesetzliche Sicherheiten kann er dabei prinzipiell nicht rekurrieren.

a) Früchtepfandrecht

So ist dem Gesetz zur Sicherung von Düngemittel- und Saatgutversorgung vom 19.01.1949[159] von vornherein ein engbegrenzter Anwendungsbereich vorgegeben, der sowohl dem Sachgegenstand nach als auch hinsichtlich des geschützten Personenkreises Beschränkungen unterliegt. Die qua lege mit Lieferung entstehende Sicherheit bleibt ausschließlich Verkäufern von Düngemitteln und anerkanntem Saatgut sowie finanzierenden Dritten vorbehalten (§ 1 Abs. 1 bzw. Abs. 2 FPG).

Rein äußerlich betrachtet mag sie einem Verkäuferprivileg ähneln, der Konstruktion nach hat man es aber mit einem gesetzlichen Pfandrecht zu tun. In ihrem Bestand unabhängig von dem Willen der Beteiligten präsentiert sich die Sicherheit als besitzloses Pfandrecht, das jeglicher Publizität entbehrt[160]. Sicherungsbelastet sind über die konkreten Lieferungsgegenstände hinaus die aus ihnen hervorgehenden Früchte der nächsten Ernte, selbst wenn die einzelnen Objekte mangels Trennung noch zu den wesentlichen Bestandteilen des Grundstücks zählen (§ 1 Abs. 2 Satz 2 FPG), ausgenommen natürlich der Anteil der Ernte, der der Pfändung nicht unterworfen

---

[159] WiGBl 1949, 8 – das Gesetz erfuhr eine räumliche und zeitliche Erstreckung durch VO vom 21.02.1950 (BGBl I, 37) bzw. durch Gesetz vom 30.07.1951 (BGBl I, 476): vgl. hierzu *Sauveplanne-Drobnig*, Security over Corporeal Movables, S. 190f.; *Gravenhorst*, Mobiliarsicherheiten in den sechs Ländern der EG, S. 80; *Palandt-Bassenge*, BGB-Kommentar, Einf. v. § 1204 Anm. 3; *RGRK-Kregel* § 1204 Rdn. 2.

[160] *Sauveplanne-Drobnig*, Security over Corporeal Movables, S. 190.

ist (vgl. §§ 811 Nr. 2–4, 865 ZPO)[161]. Gesichert hierdurch werden die Kaufpreisforderungen aus Geschäften der beschriebenen Art, welche nach dem 31. Juli des Vorjahres getätigt worden sind.

Das Früchtepfandrecht ist in seinem Bestand einer zeitlichen Begrenzung ausgesetzt – es erlischt spätestens mit dem 1. April des auf die Ernte folgenden Jahres, sofern es nicht vorher gerichtlich geltend gemacht wurde (§ 4 FPG). Ebenso geht das Pfandrecht regelmäßig unter, wenn pfandbelastete Früchte im Rahmen einer ordnungsgemäßen Wirtschaftsführung vom Grundstück entfernt werden, es sei denn, daß die Entfernung ohne Wissen des Gläubigers geschieht und der verbleibende Rest der Ernte zur Sicherung nicht mehr ausreicht (§ 2 Abs. 1 FPG)[162]. Der Gläubiger muß aber, um sein Recht nicht zu verlieren, von Kenntniserlangung an seinen Anspruch auf Zurückschaffung innerhalb eines Monats klageweise verfolgen.

So umfassend der Schutz des Gläubigers gegen derartige schädigende Verfügungen in Anbetracht ausgefeilter Detailregelungen theoretisch auch erscheinen mag, so dürftig erweist er sich dagegen in der Praxis. Zumeist müssen nämlich seine Interessen zurückstehen, da über sie das Erwerbsinteresse des gutgläubigen, lastenfreien Erwerbers triumphiert (§ 936 BGB)[163]. Ansonsten im Konflikt mit anderen dinglichen Rechten an den Früchten beansprucht das Früchtepfandrecht absoluten Vorrang (§ 2 Abs. 4 FPG). Auf die Verwertung schließlich finden die Vorschriften des Fahrnispfandrechts entsprechende Anwendung[164].

b) Verfolgungsrecht gem. § 44 KO

Dem Verfolgungsrecht nach § 44 KO liegt eine spezielle Fallkonstellation zugrunde, deren entscheidendes Moment darin gipfelt, daß das Eigentum an der Ware bereits vor Auslieferung auf den Käufer übergegangen sein muß.

---

[161] *Sauveplanne-Drobnig*, Security over Corporeal Movables, S. 190; *Palandt-Bassenge*, BGB-Kommentar, Einf. v. § 1204 Anm. 3; diese unpfändbaren Sachen können aber durchaus Gegenstand eines Pfandrechts nach dem Pachtkreditgesetz sein (BGHZ 41, 6).

[162] *Palandt-Bassenge*, BGB-Kommentar, Einf. v. § 1204 Anm. 3; *Sauveplanne-Drobnig*, Security over Corporeal Movables, S. 190; a.A. i.S.e. eingeschränkter Interpretation *Weber*, Das Früchtepfandrecht nach Entfernung der Ernte, AgrarR 1972, 333ff.

[163] *Sauveplanne-Drobnig*, Security over Corporeal Movables, S. 191; *Ebeling*, Das Früchtepfandrecht beim Bankgeschäft, WM 1955, 1686ff.

[164] *Sauveplanne-Drobnig*, Security over Corporeal Movables, S. 191; *Ebeling*, Das Früchtepfandrecht beim Bankgeschäft, WM 1955, 1686, 1690.

Ausgangspunkt ist also eine Situation, in der ein Verkäufer in Vorleistung tritt, ohne sich irgendwie dinglich an der Ware selbst gesichert zu haben. Solche Gegebenheiten werden in der Praxis allerdings nur selten vorkommen, denn angesichts der inzwischen durchgängigen Vereinbarung eines Eigentumsvorbehalts dürfte im inländischen Handelsverkehr ein Käufer vor Bezahlung fast nie Eigentumsrechte erwerben[165]. Eine etwas größere praktische Relevanz erlangt die Vorschrift im grenzüberschreitenden Rechtsverkehr, da im Ausland der Eigentumsvorbehalt nicht überall die rechtliche Anerkennung gefunden hat wie hierzulande.

Die Ausübung des Verfolgungsrechts knüpft daran, daß über das Vermögen des Käufers das Konkursverfahren eröffnet worden ist, ehe der Beförderer die übersandten Waren an ihn ausgeliefert hat[166]. Inhaltlich gewährt § 44 KO dem Verkäufer einen persönlichen Anspruch auf Rückübertragung des Eigentums, der ob seiner Wirkung de facto Aussonderungskraft entfaltet.

2. Eigentumsvorbehalt

a) *Entstehungsgeschichte und normative Verankerung*

Wie einerseits Banken bei Geldkrediten häufig die Einräumung einer Sicherungsübereignung verlangen, so wickelt der Handel andererseits Warenlieferungen nahezu ständig unter Eigentumsvorbehalt ab. Gleich der Sicherungsübereignung versieht hierbei die gewählte Rechtskonstruktion, obwohl der Form nach eine Vollrechtsübertragung, wiederum in Wahrheit nur die Funktion eines besitzlosen, heimlichen Pfandrechts ("pignus traditum")[167] und schließt damit sinnvoll die Lücke unter den beschränkt dinglichen Rechten, die der Gesetzgeber mit der alleinigen Anerkennung eines Besitzpfandes im Fahrnisrecht geschaffen hat.

---

[165] Zu erwähnende Ausnahmefälle wären etwa Übergabe von Dispositionspapieren, Abtretung des Herausgabeanspruchs (§ 931 BGB) oder Übersendung eines Verzeichnisses nach § 18 DepG – vgl. hierzu *Kilger*, KO-Kommentar, § 44 Anm. 1.

[166] *Kilger*, KO-Kommentar, § 44 Anm. 5 – Maßgebend ist allein die Tatsache der Konkurseröffnung, unerheblich bleibt hingegen die Einleitung des Vergleichsverfahrens oder die endgültige Zahlungseinstellung durch den Käufer vor Auslieferung; insoweit unterscheidet sich § 44 KO von dem noch zu behandelnden "right of stoppage in transitu" (s. 44 SGA); vgl. hierzu *Huber*, Right of Stoppage in Transitu und deutsches Konkursrecht (Festschrift für Friedrich Weber), S. 252ff., 261.

[167] *Baur*, Sachenrecht, S. 589; *Soergel-Mühl*, BGB-Kommentar, § 929 Rdn. 17.

Das strikte Votum für ein längst nicht mehr zeitgemäßes Faustpfandprinzip[168] in den Beratungen zum BGB rief in der Praxis ein gesteigertes Bedürfnis nach einer bedingten Eigentumstradition[169] hervor. Durch die Loslösung von römisch-rechtlichen Kategorien[170], denen noch die Abhängigkeit von Eigentumsübertragung und Kaufpreis eigen war, versagte der Gesetzgeber einem Verkäufer eine gesetzliche Sicherheit, offerierte ihm dagegen in Gestalt des Fahrnispfandes ein beschränkt dingliches Recht, das sich eine effektive Warenkreditsicherung untauglich zeigt.

Einen eleganten Ausweg in dieser Situation wies sodann das dem deutschen Recht inhärente Abstraktionsprinzip, da es eine Kopplung von unbedingter obligatorischer Abrede mit bedingtem dinglichen Vollzugsgeschäft ermöglicht. Wohl erahnend, wie wenig der Handel bei konsequenter Verwirklichung des Faustpfanddogmas ohne Eigentumsvorbehalt auszukommen vermochte, favorisierte schließlich eine Mehrheit entgegen der Bedenken einzelner Kommissionsmitglieder[171], die im wesentlichen durch das unge-

---

168 So verwandten die BGB-Redaktoren viel Mühe, um in großem dogmatischen Eifer des Faustpfandprinzips theoretisch bis in alle Verästelungen auszugestalten, ohne dabei die mittlerweile veränderten Zeitumstände, denen ein reines Besitzpfand nicht mehr gerecht werden konnte, zu bemerken, vgl. *Hromadka*, Die Entwicklung des Faustpfandprinzips im 18. u. 19. Jahrhundert, S. 135.

169 Interessanterweise war der Eigentumsvorbehalt bis dahin in der Partikulargesetzgebung im Liegenschaftsrecht wesentlich verbreiteter gewesen als im Mobiliarrecht, vgl. *Sandmann*, Zur Geschichte des Eigentumsvorbehalts, S. 106ff.

170 Dies war eine Auswirkung des Bestrebens, das Abstraktionsprinzip in möglichst reiner Vollkommenheit zu verwirklichen, Da die obligatorische und dingliche Seite eines Rechtsgeschäfts streng geschieden werden sollten, führte dieser Umdenkprozeß zwangsläufig dazu, daß man dem römisch-rechtlichen Grundsatz, wonach das Eigentum erst mit der Kaufpreiszahlung übergeht, keine Geltung mehr beimaß. Das klassische Institut des "pactum reservati dominii", das ursprünglich als "gesetzliches" Sicherungsrecht fungierte, wurde beseitigt. Betont wurde nachhaltig, daß eine Verfügung stets unabhängig vom Kausalgeschäft sein sollte und eine davon abweichende Ausgestaltung stets nur aufgrund einer besonderen rechtsgeschäftlichen Vereinbarung anerkannt werden könne, vgl. *Sandmann*, Zur Geschichte des Eigentumsvorbehalts, S. 11ff., insb. S. 106ff.; *Schubert*, Die Entstehung der Vorschriften desa BGB über Besitz und Eigentumsübertragung, S. 95ff.

171 Vor allem der für das Teilgebiet "Sachenrecht" verantwortliche Redaktor *Johow* vertrat kategorisch die Auffassung, daß bedingte Rechtszustände mit dem Eigentum an sich unvereinbar wären, da das Eigentumsrecht regelmäßig die tatsächliche Sachherrschaft impliziere – eine Ansicht, die auf einem logischen Gedankenfehler gründet und in ihrem Erklärungsinhalt die Ablehnung der bedingten traditio so nicht zu rechtfertigen vermag, denn Johow vermengt hier Faktisches mit Rechtlichem und differenziert nicht exakt zwischen dem Besitz als tatsächlichem Verhältnis und dem Eigentum als rechtlichem Verhältnis; schon eher überzeugt die Kritik von *Leist* (Sicherung von Forderungen durch Übereignung von Mobilien, S. 16ff., 106ff.), der eine bedingte Übereignung als Widerspruch zum Traditionsprinzip bezeichnet. In Wahrheit wird nämlich auf diese Weise durch den Kunstgriff der Bedingung das Traditions-

sunde Überhandnehmen von Sicherungsgeschäften eine Reduzierung der allgemeinen Verkehrssicherheit befürchteten, eine bedingte Vollrechtstradition, die trotz ihrer Verankerung in einer schuldrechtlichen Norm[172] dingliche Wirkung entfalten sollte[173].

Im Unterschied zur Sicherungsübereignung hat der Eigentumsvorbehalt ausdrücklich legislatorische Anerkennung[174] erfahren. Die anfängliche Streitfrage, ob die Eigentumsübertragung regelmäßig unter einer Suspensiv- oder Resolutivbedingung stehen solle[175], hat § 455 BGB dahin entschieden, daß im Zweifel eine aufschiebend bedingte Übereignung interessengerecht sei, und ferner eine Vermutung dafür streite, daß "er (der Verkäufer) zum Rücktritt von dem Vertrag berechtigt ist, wenn der Käufer mit der Zahlung in Verzug kommt". Genaugenommen trifft die Norm demnach zwei verschiedene Regelungsanordnungen auf unterschiedlichen Ebenen.

Die eine könnte man als sachenrechtliche Komponente bezeichnen, die das dingliche Verfügungsgeschäft insoweit erfaßt, als die Eigentumsübertragung auf einen späteren, der tatsächlichen Sachübergabe nachfolgenden Zeitpunkt verschoben wird, und auf der anderen Seite lagert eine schuldrechtliche Komponente, die für den Fall einer Nichtzahlung durch den Käufer dem Verkäufer einen Rückübertragungsanspruch zubilligt. Zwar mag die schuldrechtliche Präsumption ob ihres nahezu selbstverständlichen Aussagegehalts ("Wer seine Leistung nicht erbringt, soll auch nicht die Gegenleistung behalten dürfen") überflüssig erscheinen, doch ergab sich ihre Notwendigkeit zumindest aus Gründen der Klarstellung wegen einer ins Schuldrecht übernommenen römisch-rechtlichen Rechtsvorstellung.

---

prinzip denaturiert und förmlich dem Konsensprinzip angenähert. – Vgl. *Sandmann*, Zur Geschichte des Eigentumsvorbehalts, S. 112ff.; *Schubert*, Die Entstehung der Vorschriften des BGB über Besitz und Eigentumsübertragung, S. 147ff., 156ff.

[172] Die entscheidende Bestimmung wurde im Anschluß an *Hachenburg* (Das französisch-badische Recht und der Entwurf des deutschen bürgerlichen Gesetzbuches, S. 147) ins Schuldrecht eingefügt, weil man eine solche Vereinbarung als Bestandteil der obligatorischen Abrede ansah, obgleich ihr im Einklang mit der herrschenden Rechtsansicht des gemeinen Rechts dingliche Wirkung beigelegt wurde, vgl. *Windscheid-Kipp*, Pandektenrecht, S. 890ff.; *Dernburg*, Pandekten, S. 304; *Sandmann*, Zur Geschichte des Eigentumsvorbehalts, S. 114ff.

[173] *Sandmann*, Zur Geschichte des Eigentumsvorbehalts, S. 110ff.; *Schubert*, Die Entstehung der Vorschriften des BGB über Besitz und Eigentumsübertragung, S. 149.

[174] *Mugdan*, Gesammte Materialien, Bd. III – Sachenrecht (Motive), S. 187 – "In dem Zwecke der Sicherheitsleistung kann ein genügender Grund nicht gefunden werden, um die bedingte Eigentumstradition zu verbieten"; *Hromadka*, Die Entwicklung des Faustpfandprinzips im 18. u. 19. Jahrhundert, S. 174; *Sandmann*, Zur Geschichte des Eigentumsvorbehaalts, S. 110ff.

[175] *Sandmann*, Zur Geschichte des Eigentumsvorbehalts, S. 110ff.

Der mitunter für rechtspolitisch verfehlt erachtete § 454 BGB[176] verweigert demjenigen Verkäufer, der trotz Kaufpreisstundung leistet, ein gesetzliches Rücktrittsrecht, weil er ja selbst durch die freiwillige Auflösung der synallagmatischen Verknüpfung auf dessen Ausübung verzichte[177]. Die ratio legis betont einseitig die Interessen des Käufers, den sie in seinem Vertrauen, die übergebende Sache auf Dauer behalten zu dürfen, vor einer Sachentziehung schützen will[178].

Die Notwendigkeit eines Verkäuferschutzes mag in einer archaischen Rechtsgemeinschaft, die einen Austauschhandel nur in geringem Umfang betreibt, noch nicht spürbar gewesen sein[179], im römischen Recht der klassischen Zeit war das jedoch schon anders. Daß damals ins Kaufrecht die Rechtsvorstellung der *fidem emptoris sequi*, so wie sie in § 454 BGB zum Ausdruck kommt, Eingang fand, tat den schutzbedürftigen Interessen keinen Abbruch, denn im Gegensatz zum geltenden deutschen Recht stellte es auf der anderen Seite ein geschlossenes System von Mobiliarsicherheiten zur Verfügung – kannte insbesondere ein besitzloses Vertragspfand (hypotheca). Ein Verkäufer konnte deshalb durch Bestellung dinglicher Rechte

---

[176] Vgl. *Staudinger-Honsell*, BGB-Kommentar, § 454 Rdn. 2.

[177] Vgl. *Staudinger-Honsell*, BGB-Kommentar, § 454 Rdn. 2; *RGRK-Mezger*, § 454 Rdn. 3; *Bülow*, Recht der Kreditsicherheiten, S. 77; *Serick*, Eigentumsvorbehalt und Sicherungsübertragung, Bd. I – S. 130; RGZ 83, 179; 118, 100.

[178] *Staudinger-Honsell*, BGB-Kommentar, § 454 Rdn. 2; *Palandt-Putzo*, BGB-Kommentar, § 454 Anm. 1; *Serick*, Eigentumsvorbehalt und Sicherungsübertragung, Bd. I – S. 130; – Ob jedoch eine solche einseitige Bevorzugung der Käuferinteressen wirklich dogmatisch gerechtfertigt ist, dürfte zumindest fraglich sein. Wieso soll ein Käufer, der eine Sache in seinem Besitz behalten will, obwohl er andererseits selbst nicht zahlungswillig ist, auf Kosten des Verkäufers geschützt werden? Er verdient eigentlich kein Vertrauen, mithin keinen Schutz, da er sich insoweit widersprüchlich verhält – Annahme der Gegenleistung, ohne selbst zur Leistung bereit zu sein –, und er bei einer solchen Verhaltensweise mit dem Rücktritt des anderen rechnen muß. Vertragswidriges Handeln dieser Art sollte die Legalordnung nicht noch begünstigen. Und was das Vertrauen betrifft, das er in Anspruch nehmen darf, so ist es auch nicht größer als das desjenigen, dem die Sache ohne Stundungsgewährung ausgehändigt wird. Dessen Schutz gestaltet sich aber vergleichsweise gering, denn ihm wird, obgleich er genausogut auf den Fortbestand seiner erworbenen Besitzposition vertrauen durfte, zugemutet, die Sache wieder herauszugeben, wenn der Verkäufer sein Recht aus § 326 BGB geltend macht. Er bleibt nur insoweit geschützt, als sich seine Haftung für die Zeit vor Kenntnis der Rücktrittserklärung nach Bereicherungsrecht bemißt.

[179] In den Anfängen eines Rechtssystems herrscht zunächst erfahrungsgemäß immer der Barkauf vor, und erst allmählich mit dem Wachstum wirtschaftlicher Bedürfnisse entwickeln sich kompliziertere Formen des Kaufs, vgl. *Sandmann*, Zur Geschichte des Eigentumsvorbehalts, S. 3.

ausreichenden Schutz gegen die Zahlungsunwilligkeit[180] des Käufers erlangen und war insoweit gar nicht auf ein Rücktrittsrecht angewiesen.

§ 455 BGB erklärt in seinem zweiten Halbsatz einen Verkäufer bei Eigentumsvorbehaltsvereinbarung ungeachtet der Kreditierung für rücktrittsberechtigt, wenn der Käufer seine Zahlungspflicht nicht erfüllt. Genaugenommen ergibt sich dieses Ergebnis aber schon aus § 454 BGB selbst, sofern der Erfüllungsbegriff der h.M., nach der das Bewirken der geschuldeten Leistung nicht bereits mit Leistungshandlung, sondern erst mit Leistungserfolg eintritt[181], zugrunde gelegt wird. Danach hat nämlich ein Verkäufer mit der Übergabe einer unter Eigentumsvorbehalt stehenden Sache noch nicht das zur Erfüllung Erforderliche getan, obgleich der spätere Leistungserfolg nur noch allein vom vertragsgerechten Verhalten des Käufers abhängt.

§ 455 BGB beinhaltet folglich keine Derogation des Regelungsgedankens von § 454 BGB[182], der den Fall einer bedingten Tradition überhaupt nicht erfaßt. Stattdessen normiert er eine Abweichung zu § 326 BGB, indem er dem Verkäufer bei Zahlungsverzug ein Rücktrittsrecht gewährt, ohne daß es einer Fristsetzung mit Ablehnungsandrohung bedarf.

b) Art der Bestellung

Trotz des mißglückten Wortlauts in § 455 BGB, der für einen einseitigen Vorbehalt des Verkäufers zu votieren scheint, bedarf ein Eigentumsvorbehalt zu seiner Wirksamkeit eines übereinstimmenden Willenskonsenses beider Vertragspartner, mag dies mitunter auch stillschweigend geschehen[183].

---

[180] Dieser Gesichtspunkt stand in der damaligen Zeit wohl vornehmlich im Vordergrund und nicht die Zahlungsunfähigkeit des Schuldners, so *Hromadka*, Die Entwicklung des Faustpfandprinzips im 18. u. 19. Jahrhundert, S. 17.

[181] *Palandt-Heinrichs*, BGB-Kommentar, § 362 Anm. 1; *RGRK-Weber* § 362 Rdn. 13; Münchener Kommentar-*Heinrichs* § 362 Rdn. 2; *Honsell*, Aktuelle Probleme des Eigentumsvorbehalts, JuS 1981, 705, 709.

[182] *Serick*, Eigentumsvorbehalt und Sicherungsübertragung, Bd. I – S. 130; *RGRK-Mezger*, § 455 Rdn. 22; RG JW 1927, 667; a.A. *Rühl*, Eigentumsvorbehalt und Abzahlungsgeschäft, S. 263f.; *Letzgus*, Die Anwartschaft des Käufers unter Eigentumsvorbehalt, S. 19; – *Staudinger-Honsell*, BGB-Kommentar, § 454 Rdn. 3 läßt es letztlich dahingestellt, ob der Verkäufer mit Übergabe erfüllt habe oder nicht, denn seines Erachtens kann das angesichts der positiven Bestimmung in § 455 BGB unbeantwortet bleiben.

Auf die Einhaltung einer bestimmten Form kommt es nicht an, dennoch empfiehlt sich schon aus Beweisgründen zumeist die Schriftform[184].

Die Parteien müssen neben einer Modifikation des Kaufvertrages, nach der die unbedingte Eigentumsübertragungspflicht des Verkäufers bis zur endgültigen Kaufpreiszahlung hinausgeschoben werden soll, stets auch das dingliche Vollzugsgeschäft dahin abwandeln, daß die Sachübergabe noch keinen Eigentumsübergang bewirkt, vielmehr das Eigentum weiterhin dem Verkäufer verbleibt. Diese Formulierung entspricht zwar dem üblichen Inhalt einer solchen Vereinbarung, so wie es auch die Auslegungsregel des § 455 BGB vermutet, aber dennoch steht die Wahl einer abweichenden Gestaltung (z.B. Resolutivbedingung) durchaus frei[185].

Ungeachtet der enormen Verbreitung und Häufigkeit der Vorbehaltsabrede wird in der Praxis bislang ein diesbezüglicher Handelsbrauch oder eine demgemäße Verkehrssitte allgemein abgelehnt[186]; ebenso stößt die Annahme einer auf einzelne Wirtschaftszweige begrenzten Branchenüblichkeit auf weitgehende Zurückhaltung[187]. Letztlich dürften jedoch tatsächlich

---

183 *Staudinger-Honsell*, BGB-Kommentar, § 455 Rdn. 9; *Palandt-Putzo*, BGB-Kommentar, § 455 Anm. 2; *Schulte*, Zur Möglichkeit stillschweigenden Eigentumsvorbehalts, BB 1977, 269 mwN; *Graf Lambsdorff*, Handbuch des Eigentumsvorbehalts, S. 26ff.

184 *Staudinger-Honsell*, BGB-Kommentar, § 455 Rdn. 9; *Graf Lambsdorff*, Handbuch des Eigentumsvorbehalts, S. 9; *Serick*, Eigentumsvorbehalt und Sicherungsübertragung, Bd. I – S. 85; nach OLG Celle KTS 1977, 175 ist es sogar ein gewichtiges Indiz gegen die Rechtswirksamkeit eines Eigentumsvorbehalts, wenn hierüber keine schriftlichen Aufzeichnungen existieren.

185 *Staudinger-Honsell*, BGB-Kommentar, § 455 Rdn. 8; *Bülow*, Recht der Kreditsicherheiten, S. 71; *Graf Lambsdorff*, Handbuch des Eigentumsvorbehalts, S. 8.

186 *Staudinger-Honsell*, BGB-Kommentar, § 455 Rdn. 10; *Honsell*, Aktuelle Probleme des Eigentumsvorbehalts, JuS 1981, 705, 706; *Gravenhorst*, Mobiliarsicherheiten in den sechs Ländern der EG, S. 81; *Serick*, Eigentumsvorbehalt und Sicherungsübertragung, Bd. I – S. 87; *Graf Lambsdorff*, Handbuch des Eigentumsvorbehalts, S. 22; *RGRK-Mezger*, § 455 Rdn. 3; RGZ 143, 14; BGH DB 1965; DB 1969, 1033; DB 1977, 248; ebenso *Bunte*, Die Vereinbarung des Eigentumsvorbehalts, JA 1982, 321ff. – unverzichtbar sind positive Anhaltspunkte für das Vorliegen eines entsprechenden Parteiwillens.

187 *Staudinger-Honsell*, BGB-Kommentar, § 455 Rdn. 10; *Serick*, Eigentumsvorbehalt und Sicherungsübertragung, Bd. I – S. 87; *RGRK-Mezger*, § 455 Rdn. 3; *Honsell*, Aktuelle Probleme des Eigentumsvorbehalts, JuS 1981, 706, 706; *Graf Lambsdorff*, Handbuch des Eigentumsvorbehalts, S. 23ff.; a.A. aber *Künne*, Die Verfolgung des Eigentumsvorbehalts im Konkurse und Vergleichsverfahren des Käufers, DB 1971, 1509 – der EV sei mittlerweile in fast allen Branchen so üblich, daß man als Kaufmann mit ihm rechnen müsse; Münchener Kommentar-*Westermann* § 455 Rdn. 14, 15 – es sei nur zu interessengerecht, bei Kaufpreisstundungen von der Vermutung einer bedingten Eigentumstradition auszugehen, solange positiv nichts anders kundgetan werde; *Haegele*, Eigentumsvorbehalt, Sicherungsübereignung,

kaum Geschäftsabschlüsse – höchstens wirklich unbedeutende Transaktionen – zu verzeichnen sein, bei denen im Laufe der Vertragsverhandlungen ein daran interessierter Verkäufer nicht irgendwann den Eigentumsvorbehalt zur Sprache bringt, sei es auch nur durch Hinweis auf eine standardisierte Klausel in seinen allgemeinen Geschäftsbedingungen[188].

Ständige Geschäftsbeziehungen können sogar ohne gesonderte Erwähnung eine konkludente Einbeziehung zulassen[189]. Notwendig für die Wirksamkeit einer solchen formularmäßigen Bedingung ist jedenfalls immer, daß der andere Teil dagegen keinen Widerspruch erhebt. Das gleiche gilt bei einem kaufmännischen Bestätigungsschreiben, auch dann muß der Käufer unverzüglich rügen, wenn er eine darin aufgeführte Eigentumsvorbehaltsklausel nicht akzeptieren will[190], ansonsten bezeugt das Schreiben unwiderleglich den Inhalt des Kaufvertrages.

Angesichts einer wachsenden Beliebtheit von Formularbestimmungen im Handelsverkehr mehren sich Kollisionsfälle, weil jede Partei einseitig ihre eigenen, ihr günstigen Allgemeinen Geschäftsbedingungen, die in wesentlichen Punkten von denen des Vertragspartners abweichen, durchzudrücken sucht, indem sie anläßlich der Vertragsgespräche auf sie Bezug nimmt. So finden vielfach Einkaufsklauseln Verwendung, die im Gegensatz zu den Verkaufsbedingungen gerade ausdrücklich jeglichen Ausschluß[191] von Eigentumsvorbehaltsabreden anordnen. Die rechtliche Behandlung dieser Problemsituation zeigt vor allem in jüngster Zeit Neuorientierungen.

S. 17 meint, in der Auto- und teils auch in der Maschinenindustrie könne von einer Branchenüblichkeit gesprochen werden; soweit ersichtlich, hat sich bislang nur im Deutschen Buchhandel ein entsprechender Usus herausgebildet, der auf § 17 der buchhändlerischen Verkehrsordnung vom 08.06.1935 zurückgeht. Danach galt ein EV als genehmigt, wenn nicht unverzüglich widersprochen wurde.

[188] *Staudinger-Honsell*, BGB-Kommentar, § 455 Rdn. 9; *Bülow*, Recht der Kreditsicherheiten, S. 75; *Serick*, Eigentumsvorbehalt und Sicherungsübertragung, Bd. I – S. 23ff.; *Weber*, Sicherungsgeschäfte, S. 114; *Graf Lambsdorff/Hübner*, Eigentumsvorbehalt und AGB-Gesetz, S. 30ff., 70; *Palandt-Putzo*, BGB-Kommentar, § 455 Anm. 1 k; *Honsell*, Aktuelle Probleme des Eigentumsvorbehalts, JuS 1981, 705, 706.

[189] *Graf Lambsdorff*, Handbuch des Eigentumsvorbehalts, S. 30ff.; *Graf Lambsdorff/Hübner*, Eigentumsvorbehalt und AGB-Gesetz, S. 43f.; *Staudinger-Honsell*, BGB-Kommentar, § 455 Rdn. 10; *Serick*, Eigentumsvorbehalt und Sicherungsübertragung, Bd. I – S. 32.

[190] *Staudinger-Honsell*, BGB-Kommentar, § 455 Rdn. 10; *Graf Lambsdorff/Hübner*, Eigentumsvorbehalt und AGB-Gesetz, S. 45ff.; *Bülow*, Recht der Kreditsicherheiten, S. 76; *Scholz/Lwowski*, Recht der Kreditsicherung, S. 690; *Serick*, Eigentumsvorbehalt und Sicherungsübertragung, Bd. I – S. 88; *Graf Lambsdorff*, Handbuch des Eigentumsvorbehalts, S. 15.

[191] Vgl. BGH NJW 1981, 280 – der Ausschluß des Eigentumsvorbehalts verstößt nicht gegen § 8, 9 AGBG.

Von der zunächst vertretenen "Theorie des letzten Wortes"[192], die kategorisch allein den Interessen des Beteiligten zur Durchsetzung verhalf, der zuletzt in den Kaufverhandlungen unwidersprochen auf seine Formularbedingungen hingewiesen hatte, rückten Rechtsprechung und Literatur seit 1973 zusehends ab[193]. Stattdessen gewann die Ansicht Oberhand, daß bei Kollisionslagen der Vertragsschluß stets nur auf der Grundlage inhaltlich übereinstimmender Geschäftsbedingungen gelten könne und im übrigen das dispositive Recht zur Anwendung komme[194].

Der BGH folgt nunmehr grundsätzlich dieser Meinung, revidierte seinen Standpunkt aber allmählich etwas zugunsten des Verkäufers[195]. Danach scheitert zwar regelmäßig die Einbeziehung eines formularmäßigen Eigentumsvorbehalts in dem Kaufvertrag an der verwendeten Abwehrklausel, doch soll der dingliche Vollzugsakt zumindest nicht unbedingt erfolgen, denn der Käufer könne in Kenntnis der Lieferbedingungen ja vernünftigerweise nie mit einer bedingungslosen Übereignung rechnen[196].

---

[192] BGH DB 1963, 652; BGHZ 18, 212; OLG Köln BB 1971, 676; so noch BGH BB 1973, 1459.

[193] *Graf Lambsdorff/Hübner*, Eigentumsvorbehalt und AGB-Gesetz, S. 49; *Honsell*, Aktuelle Probleme des Eigentumsvorbehalts, JuS 1981, 705, 706; *Bunte*, Die Vereinbarung des Eigentumsvorbehalts, JA 1982, 321ff.; *Lousanoff*, Die Wirksamkeit des Eigentumsvorbehalts bei kollidierenden Allgemeinen Geschäftsbedingungen, NJW 1982, 1727ff.; *Palandt-Heinrichs*, BGB-Kommentar, § 2 AGBG Anm. 6; *von Westphalen*, Kollision von Einkaufs- und Verkaufsbedingungen, DB 1976, 1317ff.; OLG Köln BB 1980, 1237; BGH DB 1977, 1311; DB 1974, 2466; BGHZ 61, 282; NJW 1973, 2106; OLG Stuttgart ZiP 1981, 176.

[194] *Graf Lambsdorff/Hübner*, Eigentumsvorbehalt und AGB-Gesetz, S. 50ff.; *Honsell*, Aktuelle Probleme des Eigentumsvorbehalts, JuS 1981, 705, 706; *Bunte*, Die Vereinbarung des Eigentumsvorbehalts, JA 1982, 321ff.; *Lousanoff*, Die Wirksamkeit des Eigentumsvorbehalts bei kollidierenden Allgemeinen Geschäftsbedingungen, NJW 1982, 1727ff.; *von Westphalen*, Kollision von Einkaufs- und Verkaufsbedingungen beim Vertragsabschluß, DB 1976, 1317ff.

[195] BGH NJW 1982, 1749 = ZiP 1982, 447 m.Anm. *Bunte*; BGH ZiP 1982, 845; NJW 1982, 1761; *Lousanoff*, Die Wirksamkeit des Eigentumsvorbehalts bei kollidierenden Allgemeinen Geschäftsbedingungen, NJW 1982, 1727ff.; *Graf Lambsdorff/Hübner*, Eigentumsvorbehalt und AGB-Gesetz, S. 52; *Kemper*, Die neue Rechtsprechung des Bundesgerichtshofs zu Übereignungstatbestand und Eigentumsvorbehalt, BB 1983, 84ff.

[196] Unklar ist jedoch, da vordergründig nur die Frage zu entscheiden war, ob ein Verkäufer trotz kollidierender AGB's im Konkurs des Käufers dinglich gesichert bleibe, inwieweit der BGH bereit ist, weitergehende Konsequenzen zu ziehen. Man weiß nicht mit Sicherheit, ob er einem solchen Eigentumsvorbehalt lediglich dingliche Wirkung bemessen will, so daß der Verkäufer gem. § 433 Abs. 1 BGB fernerhin eine unbedingte Übereignung schuldet, oder ob durch eine widerspruchslose Annahme das obligatorische Vertragsverhältnis selbst modifiziert wird.

Schwierigkeit bereitet insbesondere die rechtliche Konstruktion eines nachträglichen Eigentumsvorbehalts, d.h. eine Vereinbarung, die erst nach bereits vollzogenem Eigentumsübergang getroffen wird. Der BGH befürwortet dabei in Fortführung reichsgerichtlicher Rechtsprechung eine Aufspaltung des Vorganges in zwei Übertragungsakte[197]. Danach erklärt der Käufer zunächst die Rückübereignung mittels Besitzkonstituts (§ 930 BGB) auf den Verkäufer, der sodann seinerseits die Sache wieder aufschiebend bedingt an den Käufer übereignet (§§ 929 Satz 2, 158 Abs. 1 BGB). Abgesehen von dem aufwendigen Formalismus[198] verlangt die Konzeption eine strikte Beachtung der strengen judikativen Anforderungen an das Besitzmittlungsverhältnis, obwohl verschiedentlich in dem geänderten Kaufvertrag selbst schon eine entsprechende Abmachung gesehen wird[199]. Die Literatur möchte demgegenüber überwiegend eine solche nachträgliche Vorbehaltsvereinbarung als schlichte Rückübertragung "des um die Anwartschaft des Käufers gekürzten Eigentums"[200] gewertet wissen, wodurch sie dem Verkäufer im Unterschied zur sonstigen Gestaltung "auflösend bedingtes" Eigentum[201] zuweist. Schließlich gibt es noch Stimmen, die stattdessen eine Umdeutung der Abrede in eine Sicherungsübereignung vorschla-

---

[197] *Graf Lambsdorff*, Handbuch des Eigentumsvorbehalts, S. 33f.; *Staudinger-Honsell*, BGB-Kommentar, § 455 Rdn. 15; *Larenz*, Schuldrecht, Bd. II/1. Hlb. - S. 110; *Serick*, Eigentumsvorbehalt und Sicherungsübertragung, Bd. I - S. 92f., *Bülow*, Recht der Kreditsicherheiten, S. 73; *Pikart*, Die neuere Rechtsprechung des Bundesgerichtshofs zum Eigentumsvorbehalt, WM 1959, 1234, RGZ 49, 170, 172; 54, 396ff.; BGH NJW 1953, 217f.

[198] Ein reiner Formalitätenrigorismus ohne jegliche Publizitätsfunktion, da eine Offenkundigkeitswirkung überhaupt nicht erzielt wird. Trotz des fiktiv künstlichen Hin und Her der Tradition bleibt einem Außenstehenden die Bestellung des Sicherungsrechts nämlich ganz und gar verborgen, somit kann ein sinnvoller Drittgläubigerschutz nicht als Rechtfertigung dienen. Es fragt sich indessen vielmehr, warum man dem intendierten Parteiwillen nicht unkompliziert Rechnung zu tragen sucht, da eine innere Berechtigung für diese konstruktive Differenziertheit nicht ersichtlich ist.

[199] *Staudinger-Honsell*, BGB-Kommentar, § 455 Rdn. 15; *Larenz*, Schuldrecht, Bd. II/1, Hlb. - S. 110; *Serick*, Eigentumsvorbehalt und Sicherungsübertragung, Bd. I - S. 93; *Bülow*, Recht der Kreditsicherheiten, S. 74.

[200] *Raiser* NJW 1953, 217; *Staudinger-Honsell*, BGB-Kommentar, § 455 Rdn. 15; *Serick*, Eigentumsvorbehalt und Sicherungsübertragung, Bd. I - S. 93; *Bülow*, Recht der Kreditsicherheiten, S. 73; *Graf Lambsdorff*, Handbuch des Eigentumsvorbehalts,, S. 34; *Larenz*, Schuldrecht, Bd. II/1. Hlb. - S. 110; *Rühl*, Eigentumsvorbehalt und Abzahlungsgeschäft, S. 72.

[201] *Serick*, Eigentumsvorbehalt und Sicherungsübertragung, Bd. I - S. 93; *Bülow*, Recht der Kreditsicherheiten, S. 73; *Soergel-Mühl*, BGB-Kommentar, § 929 Rdn. 22; *Brink/Petereit/Reinecker/Scheerer*, Recht der Kreditsicherheiten, Teil I: Deutschland, S. 137.

gen[202], weil formal der Sicherungsgegenstand unmittelbar aus der Vermögenssphäre des Schuldners herrührt.

c) *Sicherungsgegenstand*

Ein Eigentumsvorbehalt ist prinzipiell an allen Mobilien möglich, die auch Gegenstand einer Sicherungsübereignung oder eines Faustpfandes sein können – gleichgültig, ob die bewegliche Sache zu den pfändbaren oder unpfändbaren, zu den verbrauchbaren oder unverbrauchbaren, zu den vertretbaren oder unvertretbaren Sachen zählt[203]. Stets begehrt dabei aber das Spezialitätsprinzip Beachtung. Deshalb scheidet eine Veräußerung eines Unternehmens in seiner Gesamtheit unter Eigentumsvorbehalt aus, dennoch kann jemand sein gesamtes Warenlager verkaufen, wenn der Vorbehalt dahin auszulegen ist, daß er sich auf jede einzelne zur Sachgesamtheit gehörende Ware beziehen soll[204].

d) *Redlichkeitsschutz von Käufer und Dritterwerber*

Die Vorbehaltsware braucht keineswegs dem Verkäufer zu gehören, überträgt er nämlich fremde – jedoch dem wahren Eigentümer nicht abhandengekommene! (§ 935 BGB) – Sachen, dann erwirbt der Käufer, sofern die Voraussetzungen der §§ 932ff. BGB bzw. § 366 HGB vorliegen, gutgläubig das Anwartschaftsrecht, das mit Zahlung der letzten Kaufpreisrate automatisch in seiner Hand zum Vollrecht erstarkt[205]. Das Anwart-

---

[202] *Graf Lambsdorff*, Handbuch des Eigentumsvorbehalts, S. 34f.; *Staudinger-Honsell*, BGB-Kommentar, § 455 Rdn. 15; *Rühl*, Eigentumsvorbehalt und Abzahlungsgeschäft, S. 72f.; *Serick*, Eigentumsvorbehalt und Sicherungsübertragung, Bd. I – S. 94; *Larenz*, Schuldrecht, Bd. II/1. Hlb. – S. 110.

[203] *Staudinger-Honsell*, BGB-Kommentar, § 455 Rdn. 4ff.; *Graf Lambsdorff*, Handbuch des Eigentumsvorbehalts, S. 38ff.; *RGRK-Mezger*, § 455 Rdn. 2; *Serick*, Eigentumsvorbehalt und Sicherungsübertragung, Bd. I – S. 98ff.; *Brink/Petereit/Reinecker/Scheerer*, Recht der Kreditsicherheiten, Teil I: Deutschland – S. 138; *Münchener Kommentar-Westermann* § 455 Rdn. 6ff.

[204] *Serick*, Eigentumsvorbehalt und Sicherungsübertragung, Bd. I – S. 113f.; *Staudinger-Honsell*, BGB-Kommentar, § 455 Rdn. 5; *RGRK-Mezger*, § 455 Rdn. 2; *Graf Lambsdorff*, Handbuch des Eigentumsvorbehalts, S. 40.

[205] *Serick*, Eigentumsvorbehalt und Sicherungsübertragung, Bd. I – S. 268; *Hübner*, Zur dogmatischen Einordnung der Rechtsposition des Vorbehaltskäufers, NJW 1980, 729, 732; *Larenz*, Schuldrecht, Bd. II/1, Hlb. – S. 155; *Westermann*, Sachenrecht, S. 228; *Baur*, Sachenrecht, S. 599f.; BGHZ 10,69,72; 30,374,377.

schaftsrecht verschafft dem Käufer gleichsam die unentziehbare Aussicht auf den späteren Eigentumserwerb, der sich unbeschadet einer nachträglichen Bösgläubigkeit mit Bedingungseintritt von selbst vollzieht. Den maßgebenden Zeitpunkt für die Redlichkeit bildet allein der Augenblick der Einigung und Besitzübergabe[206]. Des weiteren gibt bereits diese künftige Erwerbsaussicht dem Anwartschaftsinhaber ein auch dem wahren Berechtigten gegenüber wirksames Besitzrecht[207]. Demzufolge darf ein Käufer auf den Anschein einer Verkaufsberechtigung vertrauen, denn ein umfassender Verkehrsschutz schützt ihn vor jeglicher Beeinträchtigung seiner Rechtsposition.

Selbst wenn der Verkäufer nicht den Käufer zur Weiterveräußerung ermächtigt (§ 185 Abs. 1 BGB), streitet für einen Dritterwerber der Vorbehaltsware stets ein Gutglaubensschutz (§§ 932ff. BGB, § 366 HGB), da der Verkäufer ja freiwillig den Sachbesitz aufgibt. Bei einer vertragswidrigen Verfügung des Käufers verliert dieser deshalb seine Sicherheit.

e) *Inhaltliche Ausgestaltung*

Der Eigentumsvorbehalt rechnet nicht zu den akzessorischen Sicherheiten, das zeigt deutlich eine Zession der gesicherten Verbindlichkeit, denn sie bewirkt keinen automatischen Eigentumsübergang nach § 401 BGB auf den Zessionar[208]. Erst mit Zahlung des vereinbarten Entgelts erlangt er einen schuldrechtlichen Übertragungsanspruch gegen den zedierenden Verkäufer. Eine solche Abtretung läßt aber grundsätzlich die Rechtsstellung des Vorbehaltskäufers unberührt; sie bleibt ohne Einfluß auf den späteren Eigentumserwerb (§ 161 Abs. 1 Satz 1 BGB)[209]. Sobald der Käufer daher

---

[206] *Serick*, Eigentumsvorbehalt und Sicherungsübertragung, Bd. I – S. 268; *Hübner*, Zur dogmatischen Einordnung der Rechtsposition des Vorbehaltskäufers, NJW 1980, 729, 732; *Staudinger-Honsell*, BGB-Kommentar, § 455 Rdn. 41; *Flume*, Die Rechtsstellung des Vorbehaltskäufers, AcP 161 (1962), 383, 385, 392.

[207] BGHZ 10, 65, 70 – danach leitet sich das Besitzrecht aus § 242 BGB ab, denn der Käufer kann dem Eigentümer die exceptio doli entgegenhalten, da er die Sache bei Tilgung seiner Kaufpreisschuld sofort wieder zurückverlangen könnte; *Brox*, Das Anwartschaftsrecht des Vorbehaltskäufers, JuS 1984, 657, 659.

[208] *Münchener Kommentar-Westermann*, § 455 Rdn. 48; *Weber*, Sicherungsgeschäfte, S. 116; *Bülow*, Recht der Kreditsicherheiten, S. 81; *Serick*, Eigentumsvorbehalt und Sicherungsübertragung, Bd. I – S. 216f.; *RGRK-Mezger*, § 455 Rdn. 41; *Palandt-Heinrichs*, BGB-Kommentar, § 401 Anm. 16; BGHZ 42, 53, 56.

seine Schuld vollständig tilgt, büßt der Zessionar, ohne daß er dies verhindern könnte, die dingliche Sicherheit in Gestalt des Eigentumsvorbehalts ein.

Trotz mangelnder Akzessorietät ist die Verknüpfung von dinglichem Recht und obligatorischem Anspruch wesentlich enger als bei der Sicherungsübereignung. Während dort angesichts einer unbedingten Eigentumstradition Sicherungsrecht und Forderung lediglich in lockerer fiduziarischer Verbundenheit stehen, wird hier durch die Bedingung eine direkte Abhängigkeit hergestellt. Sie sorgt für eine Durchbrechung des geltenden Abstraktionsprinzips, indem sie die obligatorische Abrede unmittelbaren Einfluß auf das dingliche Verfügungsgeschäft nehmen läßt. Dadurch wird das dingliche Vollzugsgeschäft aus seiner Abstraktheit gelöst und zu einer "kausalen Verfügung" umgestaltet. Die insoweit erzielte Abhängigkeit zwischen dinglichem Recht und Forderung verleiht dem Institut eine "Quasi-akzessorietät".

Was der Sicherungsübereignung somit von der Rechtsprechung vorenthalten bleibt, gehört beim Eigentumsvorbehalt gerade zur ständigen Praxis. Eine solche Differenzierung nach dem formalen Rechtscharakter entbehrt jeglicher sinnvollen Berechtigung, zumal der Gläubiger bei der Sicherungsübereignung genausowenig ein schützenswertes Interesse am Fortbestand der Sicherheit nach Forderungstilgung haben kann. Außerdem bedienen sich die Parteien der Verwendung von Sicherungsübereignung und Eigentumsvorbehalt nicht aus reinem Selbstzweck, sondern weil beide Institute gleichermaßen ihrer Funktion nach das perhorreszierte, besitzlose Pfandrecht ersetzen.

Sicherungsfähig kann immer nur ein gegenwärtiger oder künftiger auf Geld gerichteter Anspruch sein, der dem Bestimmtheitserfordernis genügt. Das ist stets der Fall, wenn, wie zumeist, der Kaufgegenstand gerade die konkrete Kaufpreisschuld sichern soll; aber auch gegen die Zulässigkeit einer Kontokorrentsicherung werden keine Bedenken erhoben[210]. Überdies

---

[209] *Brox*, Das Anwartschaftsrecht des Vorbehaltskäufers, JuS 1984, 657, 658; *Larenz*, Schuldrecht, Bd. II/1. Hlb. – S. 115; *Staudinger-Honsell*, BGB-Kommentar, § 455 Rdn. 35; *Münchener Kommentar-Westermann*, § 455 Rdn. 47.

[210] *Staudinger-Honsell*, BGB-Kommentar, § 455 Rdn. 66; *Serick*, Eigentumsvorbehalt und Sicherungsübertragung, Bd. I – S. 422f.; *Graf Lambsdorff*, Handbuch des Eigentumsvorbehalts, S. 112f.; *Bülow*, Recht der Kreditsicherheiten, S. 242ff.; *RGRK-Mezger*, § 455 Rdn. 16; *Scholz/Lwowski*, Recht der Kreditsicherung, S. 691; BGH NJW 1964, 1788; NJW 1971, 799.

braucht es sich nicht einmal unbedingt um eine Forderung aus Kaufvertrag handeln, ebensogut können Ansprüche aus Werkvertrag oder Werklieferungsvertrag über den Eigentumsvorbehalt eine Sicherung erfahren.

Entgegen der h.M., die nach wie vor die jeweilige Kaufpreisforderung durch Eigentumsvorbehalt gesichert ansieht[211], vertritt mittlerweile der BGH eine differenzierte Auffassung[212]. Seines Erachtens soll die Sicherheit den Verkäufer in erster Linie vor Beeinträchtigungen des Kaufgegenstandes durch den Schuldner oder Dritte schützen, was letztlich auf eine Sicherung des potentiellen Rückgewähranspruches hinausläuft[213].

Dieser Interpretation liegt eine Vermengung von Sicherungs- und Befriedigungsfunktion zugrunde, denn der Verkäufer erstrebt gerade keine Rückabwicklung des Vertragsverhältnisses. Sein Interesse besteht vielmehr ausschließlich darin, die aus dem Synallagma gelöste Gegenleistung des Käufers zu erlangen – um deren Einbringlichkeit zu gewährleisten, vereinbart er die Sicherheit. Die Vertragsauflösung dient demgegenüber allein der Durchsetzung seiner Sicherheit, denn im Sicherungsfall kommt die Befriedigungsfunktion[214] zum Tragen, während vorher die Sicherungsfunktion dominiert. Demzufolge bezweckt eine Eigentumsvorbehaltsvereinbarung primär die Sicherung der Kaufforderung, der sekundäre Rückübertragungsanspruch spielt erst für die Frage der Befriedigung eine Rolle. Diese beiden Komponenten gilt es sorgfältig auseinander zu halten.

---

[211] *Staudinger-Honsell*, BGB-Kommentar, § 455 Rdn. 3; *Rühl*, Eigentumsvorbehalt und Abzahlungsgeschäft, S. 10ff.; *Serick*, Eigentumsvorbehalt und Sicherungsübertragung, Bd. I – S. 77; RGZ 67, 383, 386; BGHZ 34, 191, 198.

[212] BGHZ 54, 214. Vgl. dazu *Lange*, Eigentumsvorbehalt und Herausgabeanspruch, JuS 1971, 511; auf der Linie der BGH Rspr. vor allem *Blomeyer*, Zum Herausgabeanspruch des Vorbehaltskäufers, DB 1969, 2117ff.; *Blomeyer* JZ 1971, 186; *Raiser*, Dingliche Anwartschaften, S. 76; *Münchener Kommentar-Westermann*, § 455 Rdn. 35.

[213] *Staudinger-Honsell*, BGB-Kommentar, § 455 Rdn. 3; *Blomeyer*, Zum Herausgabeanspruch des Vorbehaltskäufers, DB 1969, 2117, 2120; *Gravenhorst*, Eigentumsvorbehalt gleich Sicherungsübereignung?, JZ 1971, 494ff.; *Honsell*, Aktuelle Probleme des Eigentumsvorbehalts, JuS 1981, 705, 709; *Serick*, Eigentumsvorbehalt und Sicherungsübertragung, Bd. I – S. 77; *Larenz*, Schuldrecht, Bd. II/1. Hlb. – S. 112; *Derleder*, Zu den Sanktionen des Eigentumsvorbehalts bei Leistungsstörungen auf der Käuferseite, ZHR 139, 20; *Müller*, Zum Herausgabeanspruch des Vorbehaltskäufers, DB 1969, 1493ff.

[214] Die Befriedigungsfunktion weist die Besonderheit auf, daß der Verkäufer das Sicherungsgut nicht einfach wie bei der Sicherungsübereignung für seine unbezahlte Kaufpreisforderung analog den Pfandrechtsvorschriften verwenden darf. Der Verkäufer muß zuvor seinen Erfüllungsanspruch aufgeben und den Vertrag in ein Rückgewährschuldverhältnis umwandeln, erst dann darf er im Hinblick auf die neu entstandene Sekundärforderung die Vorbehaltsware zu eigenen Zwecken verwenden. Solange also das Primärverhältnis nicht gelöst ist, bleibt er an seine vertragliche Erfüllungspflicht gebunden.

f) Rechtsbeziehungen der Beteiligten

Die rechtlichen Beziehungen zwischen den Vertragsparteien kennzeichnet eine Teilung der dinglichen Rechtsbefugnisse. Der Verkäufer, nominell bis zur Kaufpreistilgung noch Eigentümer, begibt sich bereits mit der tatsächlichen Besitzüberlassung wesentlicher Rechtsmacht, denn die Übergabe der Sache löst die Rechtsfolgen des § 446 BGB aus. Der Käufer ist fortan zur Nutzung der Sache berechtigt, muß jedoch andererseits ihre Lasten und die Preisgefahr tragen. Ferner treffen ihn Obhutspflichten hinsichtlich der Vorbehaltssache; außerdem hat er darauf zu achten, daß eine Verletzung der bestehenden Eigentumsrechte des Verkäufers unterbleibt[215]. Während er bis Bedingungseintritt lediglich als unmittelbarer Fremdbesitzer fungiert, übt der Verkäufer den mittelbaren Eigenbesitz aus[216].

Der Vorbehaltskäufer verfügt bereits über eine rechtlich gesicherte Erwerbsaussicht, die vom Zeitpunkt der Besitzerlangung an eigentumsähnliche Wirkung zeigt. Nach Ansicht der Rechtsprechung und h.L. haben sich die sachenrechtlichen Befugnisse des Käufers insoweit zu einem Anwartschaftsrecht[217], ein dem BGB begrifflich nicht bekanntes Rechtsinstitut[218], ver-

---

[215] *Staudinger-Honsell*, BGB-Kommentar, § 455 Rdn. 33; *Serick*, Eigentumsvorbehalt und Sicherungsübertragung, Bd. I – S. 140; *Graf Lambsdorff*, Handbuch des Eigentumsvorbehalts, S. 54; *RGRK-Mezger*, § 455 Rdn. 24; *Asch*, Die Vertragspflichten beim Kauf unter Eigentumsvorbehalt, AcP 140 (1935), 183, 189ff.

[216] *RGRK-Mezger*, § 455 Rdn. 24; *Staudinger-Honsell*, BGB-Kommentar, § 455 Rdn. 28; *Weber*, Sicherungsgeschäfte, S. 120; *Flume*, Die Rechtsstellung des Vorbehaltskäufers, AcP 161 (1962), 385, 397; *Larenz*, Schuldrecht, Bd. II!1. Hlb. – S. 113; a.A. dagegen *Raiser*, Dingliche Anwartschaften, S. 74. – Der Vorbehaltskäufer übergebe die Sache dem Käufer im Bewußtsein der endgültigen Weggabe, wolle also nicht bloß eine Besitzüberlassung auf Zeit. Da er zudem aufgrund des vorbehaltenen Eigentums zureichend gesichert sei, bedürfe er nicht noch zusätzlich besitzrechtlicher Ansprüche durch Anerkennung eines mittelbaren Besitzes, vielmehr sei der Käufer als unmittelbarer Eigenbesitzer zu betrachten; *Serick*, Eigentumsvorbehalt und Sicherungsübertragung, Bd. I – S. 234 versucht andererseits eine Differenzierung dergestalt zu treffen, daß der Vorbehaltskäufer hinsichtlich des Eigentums Fremdbesitzer und hinsichtlich des ihm zustehenden Anwartschaftsrechts Eigenbesitzer sei (das führt zu einer eigenartigen besitzrechtlichen Doppelstellung).

[217] *Weber*, Sicherungsgeschäfte, S. 120ff.; *Graf Lambsdorff*, Handbuch des Eigentumsvorbehalts, S. 48; *Staudinger-Honsell*, BGB-Kommentar, § 455 Rdn. 34; *Baur*, Sachenrecht, S. 599; *Serick*, Eigentumsvorbehalt und Sicherungsübertragung, Bd. I – S. 241ff.; *RGRK-Mezger*, § 455 Rdn. 25; *Westermann*, Sachenrecht, S. 32; *Raiser*, Dingliche Anwartschaften, S. 69ff.; *Flume*, Die Rechtsstellung des Vorbehaltskäufers, AcP 161 (1962), 385ff.

[218] *Raiser*, Dingliche Anwartschaften, S. 2; *Westermann*, Sachenrecht, S. 32; dennoch ist die Vorstellung einer Anwartschaft bei bedingten Rechtsgeschäften, die auf eine gemeinrechtliche Doktrin zurückgeht, dem Gesetzgeber durchaus bewußt gewesen, wie die Protokolle der II. Kommission zur Frage der Vererblichkeit eines bedingten Rechts belegen (Protokolle, Bd.

dichtet, das dem Käufer gleichsam als pränatale Entwicklungsstufe zum Vollrecht[219] den erstrebten Eigentumserwerb sichert und ihn vor nachteiligen Zwischenverfügungen sowie sonstigen Beeinträchtigungen schützt. So kann er aufgrund der Anwartschaft Dritten gegenüber Schadensersatzansprüche aus § 823 Abs. 1 BGB herleiten oder Unterlassung bzw. Beseitigung störender Maßnahmen verlangen[220]. Zum Teil wird ihm darüber hinaus sogar ein gegenüber jedermann wirkendes dingliches Besitzrecht zugesprochen[221].

Umstritten ist allerdings, ob das Anwartschaftsrecht angesichts seiner eigentumsähnlichen Wesensart letztendlich einem dinglichen Recht gleichkommt, was vor allem die Rechtsprechung tendenziell verneint[222]. Mag sonach die Anwartschaft eine eigenartige Zwitterstellung zwischen Schuld- und Sachenrecht einnehmen[223], so überwiegt dennoch der dingliche Charakter, der es einem echten dinglichen Recht äußerlich angleicht. Insbesondere kann der Käufer dieses subjektive Recht ohne Zustimmung des Ver-

---

I (1890), S. 181): "Man war darüber einig, daß die während der Schwebezeit der Bedingung bestehende Anwartschaft einen Vermögenswerth bilde ...".

[219] So *Serick*, Eigentumsvorbehalt und Sicherungsübertragung, Bd. I – S. 245.

[220] *Staudinger-Honsell*, BGB-Kommentar, § 455 Rdn. 37; *Graf Lambsdorff*, Handbuch des Eigentumsvorbehalts, S. 48; *RGRK-Mezger*, § 455 Rdn. 25; *Serick*, Eigentumsvorbehalt und Sicherungsübertragung, Bd. I – S. 277; *Flume*, Die Rechtsstellung des Vorbehaltskäufers, AcP 161 (1962), 385, 398ff.; *Raiser*, Dingliche Anwartschaften, S. 69ff.; *Hübner*, Zur dogmatischen Einordnung der Rechtsposition des Vorbehaltskäufers, NJW 1980, 729ff.; *Brox*, Das Anwartschaftsrecht des Vorbehaltskäufers, JuS 1984, 657, 659f.

[221] *Soergel-Mühl*, BGB-Kommentar, § 929 Rdn. 38; *Raiser*, Dingliche Anwartschaften, S. 75ff.; *Westermann*, Sachenrecht, S. 217; *Baur*, Sachenrecht, S. 605f.; *Palandt-Bassenge*, BGB-Kommentar, § 929 Anm. 6; OLG Karlsruhe NJW 1966, 855; a.A. BGHZ 10, 69; *Larenz*, Schuldrecht, Bd. II/1. Hlb. – S. 117f.; *Serick*, Eigentumsvorbehalt und Sicherungsübertragung, Bd. I – S. 272 Fußn. 122; *Weber*, Sicherungsgeschäfte, S. 123; *RGRK-Pikart*, § 929 Rdn. 76; *RGRK-Mezger*, § 455 Rdn. 25.

[222] BGHZ 30, 374; 34, 122; RGZ 140, 223; *Westermann*, Sachenrecht, S. 33; *RGRK-Mezger*, § 455 Rdn. 25; *Serick*, Eigentumsvorbehalt und Sicherungsübertragung, Bd. I – S. 248f. (spricht von einem schuldrechtlich-dinglichen Recht). BGHZ 75, 221, 225 (bezeichnet es als subjektiv-dingliches Recht); *Bülow*, Recht der Kreditsicherheiten, S. 86; *Brink/Petereit/Reinecker/Scheerer*, Recht der Kreditsicherheiten, Teil I: Deutschland, – S. 146; a.A. *Baur*, Sachenrecht, S. 599f.; *Raiser*, Dingliche Anwartschaften, S. 63; *Soergel-Mühl*, BGB-Kommentar, § 929 Rdn. 38; *Palandt-Bassenge*, BGB-Kommentar, § 929 Anm. 6 B b.; *Münchener Kommentar-Westermann*, § 455 Rdn. 44; *Bauknecht*, Eigentumsvorbehalt und Anwartschaftsrecht, NJW 1955, 1251ff.; *Gudian*, Das Besitzrecht des Vorbehaltskäufers, NJW 1967, 1786ff.

[223] Vgl. *Serick*, Eigentumsvorbehalt und Sicherungsübertragung, Bd. I – S. 247.

käufers[224] nach Maßgabe der Vorschriften über die Vollrechtstradition gem. §§ 929ff. BGB[225] auf einen Dritten übertragen, mit der Folge, daß der Anwartschaftserwerber später bei Eintritt der Bedingung auch das Eigentum unmittelbar ohne Durchgang durch das Vermögen seines Rechtsvorgängers erwirbt[226]. Dessen Eigentumserwerb erweist sich jedoch keineswegs als gesichert, denn da das übertragene Anwartschaftsrecht weiterhin unlösbar mit dem kausalen Veräußerungsgeschäft verknüpft ist, erlischt es, sobald der Verkäufer von seinem Rücktrittsrecht nach § 455 bzw. § 326 BGB Gebrauch macht[227].

g) *Realisierung der Sicherheit*

Fraglich erscheint, ob der Verkäufer bei Vertragsuntreue des anderen Teils zur Wahrung seiner Rechte stets die Rückabwicklung des gesamten Vertragsverhältnisses einleiten muß, oder ob er stattdessen auch unter Rückkehr ins Synallagma einfach die Sache zurücknehmen kann, um sie dem Käufer sogleich wieder gegen Leistung Zug um Zug anzubieten.

Im nichtkaufmännischen Bereich hat der Gesetzgeber für Ratenkäufe ausdrücklich zum Schutz des Abzahlungskäufers eine Bestimmung normiert, wonach die Rücknahme der unter Eigentumsvorbehalt veräußerten Sachen regelmäßig als Ausübung des Rücktrittsrechts angesehen wird (§ 5

---

[224] *Staudinger-Honsell*, BGB-Kommentar, § 455 Rdn. 38; *Baur*, Sachenrecht, S. 600; *Bülow*, Recht der Kreditsicherheiten, S. 87; *Larenz*, Schuldrecht, Bd. II/1. Hlb. – S. 116; *RGRK-Mezger*, § 455 Rdn. 28; *Brox*, Das Anwartschaftsrecht des Vorbehaltskäufers, JuS 1984, 657, 661.

[225] *Staudinger-Honsell*, BGB-Kommentar, § 455 Rdn. 38; *Serick*, Eigentumsvorbehalt und Sicherungsübertragung, Bd. I – S. 255; *Soergel-Mühl*, BGB-Kommentar, § 929 Rdn. 39; *RGRK-Mezger*, § 455 Rdn. 27; *Brox*, Das Anwartschaftsrecht des Vorbehaltskäufers, JuS 1984, 657, 661.

[226] *Baur*, Sachenrecht, S. 600; *Soergel-Mühl*, BGB-Kommentar, § 929 Rdn. 40; *Staudinger-Honsell*, BGB-Kommentar, § 455 Rdn. 38; *Bülow*, Recht der Kreditsicherheiten, S. 90; *Serick*, Eigentumsvorbehalt und Sicherungsübertragung, Bd. I – S. 266f.; *Hübner*, Zur dogmatischen Einordnung der Rechtsposition des Vorbehaltskäufers, NJW 1980, 729, 731f.; BGHZ 20, 88; 28, 16; 30, 374; 35, 85; 50, 45; anders noch RGZ 101, 185; 140, 223

[227] *Serick*, Eigentumsvorbehalt und Sicherungsübertragung, Bd. I – S. 254; *Bülow*, Recht der Kreditsicherheiten, S. 88; *Larenz*, Schuldrecht, Bd. II/1. Hlb. – S. 116; *Raiser*, Dingliche Anwartschaften, S. 31; *Staudinger-Honsell*, BGB-Kommentar, § 455 Rdn. 39; *Weber*, Sicherungsgeschäfte, S. 123.

AbzG[228] = nunmehr: § 13 Abs. 3 VerbrKrG). Mangels Analogiefähigkeit läßt sich dieser Rechtsgedanke aber nicht auf Handelsgeschäfte übertragen[229].

Da außerhalb des Anwendungsbereichs des Abzahlungsgesetzes keine ähnliche Regelung existiert, läßt sich aus der gegebenen positiven Rechtslage vielmehr ein Umkehrschluß ableiten. Wenn es der Gesetzgeber für notwendig erachtet hat, zum Schutz von Nichtkaufleuten die besondere Rücktrittsfiktion des § 5 AbzG (jetzt: § 13 Abs. 3 VerbrKrG) zu konzipieren, muß er davon ausgegangen sein, daß ansonsten in den übrigen Fällen bei Geltung der allgemeinen BGB-Vorschriften das Herausgabeverlangen des Verkäufers keinen Rücktritt vom Vertrag impliziert[230]. Andernfalls wäre diese normative Bestimmung von vornherein obsolet gewesen.

Die historische Interpretation spricht für ein "rücktrittsunabhängiges Rücknahmerecht", dennoch vertritt vor allem die höchstrichterliche Rechtsprechung[231] die Auffassung, daß die dem Käufer durch Sachübergabe eingeräumte Besitzberechtigung nach § 986 BGB eine Vindikation regelmäßig hindere, solange der Kaufvertrag nicht durch Erlöschen der primären Erfüllungsansprüche in ein reines Abwicklungsverhältnis umgestaltet werde[232]. Vereinzelt wird ein Rücknahmerecht sogar nur dann gewährt, wenn der Verkäufer von seinem Rücktrittsrecht Gebrauch macht, nicht dagegen bei Wahl eines Schadensersatzanspruches wegen Nichterfüllung (§ 326 BGB)[233].

---

228 *Baur*, Sachenrecht, S. 597; *RGRK-Mezger*, § 455 Rdn. 37; *Graf Lambsdorff*, Handbuch des Eigentumsvorbehalts, S. 274ff.; *Scholz/Lwowski*, Recht der Kreditsicherung, S. 675f.; *Serick*, Eigentumsvorbehalt und Sicherungsübertragung, Bd. I – S. 175ff.; *Staudinger-Honsell*, BGB-Kommentar, § 455 Rdn. 80.

229 *Serick*, Eigentumsvorbehalt und Sicherungsübertragung, Bd. I – S. 132, 177f.; *Graf Lambsdorff*, Handbuch des Eigentumsvorbehalts, S. 274; *Baur*, Sachenrecht, S. 597.

230 So auch *Staudinger-Honsell*, BGB-Kommentar, § 455 Rdn. 31; *Honsell*, Aktuelle Probleme des Eigentumsvorbehalts, JuS 1981, 705, 709; *Serick*, Eigentumsvorbehalt und Sicherungsübertragung, Bd. I – S. 132f.

231 Vgl. BGHZ 54, 214.

232 *Honsell*, Aktuelle Probleme des Eigentumsvorbehalts, JuS 1981, 705, 709; *Staudinger-Honsell*, BGB-Kommentar, § 455 Rdn. 31; *Larenz*, Schuldrecht, Bd. II/1. Hlb. – S. 112; *Blomeyer*, Das Besitzrecht des Vorbehaltskäufers auf Grund des Kaufvertrages, JZ 1968, 691; ferner *Raiser*, Dingliche Anwartschaften, S. 76; *Derleder*, Zu den Sanktionen des Eigentumsvorbehalts bei Leistungsstörungen auf der Käuferseite, ZHR 139, 20; *RGRK-Mezger*, § 455 Rdn. 21; *Bülow*, Recht der Kreditsicherheiten, S. 77ff.; RGZ 144, 65.

233 *Staudinger-Honsell*, BGB-Kommentar, § 455 Rdn. 31; *Honsell*, Aktuelle Probleme des Eigentumsvorbehalts, JuS 1981, 705, 709; *Blomeyer*, Das Besitzrecht des Vorbehaltskäufers auf Grund des Kaufvertrages, JZ 1968, 691: Das ist nicht richtig. Auch soweit die Erfüllungs-

Alle argumentativen Versuche, dem Verkäufer ein "rücktrittsunabhängiges Rücknahmerecht" zu versagen, zeichnet eine Übertonung des Käuferschutzes aus und setzt dessen Interessen zu sehr in den Mittelpunkt. Natürlich ist ein kaufmännischer Kunde zumeist auf die Benutzung des Vorbehaltsguts angewiesen, entweder benötigt er es zum Betrieb seines Handelsgeschäfts, oder es dient ihm zur Refinanzierung. Diesen Belangen trägt die Zuerkennung einer vindikationsbewehrten Besitzposition bei Eigentumsvorbehaltsbegründung ausreichend Rechnung. Eines derartigen Schutzes bedarf es jedoch allein, solange der Käufer ordnungsgemäß seinen Vertragspflichten nachkommt; ansonsten muß er seine Grenzen finden, wenn die Sicherheit des Verkäufers nicht lediglich zu einem reinen Lösungsrecht degenerieren soll[234]. Derjenige, der Waren auf Kredit kauft, weiß, daß sich ein Veräußerer nicht aus altruistischen Motiven zur Vorleistung bereit erklärt, sondern nur deshalb, weil er auf dessen vertragstreues Verhalten baut. Es findet daher eine Vertrauensbestätigung, gerichtet auf eine dauerhafte Besitzinnehabung unabhängig von der Erfüllung eigener Vertragspflichten, überhaupt nicht statt.

Verstößt der Käufer gegen seine ihm obliegenden Leistungspflichten, so entspricht eine Rücknahme der Vorbehaltssache, um unter Abstandnahme von seiner ursprünglichen Vorleistungszusage in das eigentliche "*do-ut-des*" Austauschverhältnis zurückzukehren[235], geradezu den Verkäuferinteressen. Dem steht keineswegs ein Besitzrecht des Käufers entgegen, denn ein obligatorisches Recht dieser Art gehört nicht zu den typischen Wesensbestandteilen eines Kaufvertrages. Es gründet allein auf der Vorbehaltsabrede, die aber bei abredewidrigem Verhalten des Käufers ihre Grundlage verliert.

Obwohl der BGH grundsätzlich an seiner höchstrichterlichen Rechtsauffassung festhält, hat er trotzdem in Analogie zu § 223 BGB eine Vindikation im Falle der Kaufpreisverjährung zugelassen. Die Rechtsprechung hat somit im Einklang mit der überwiegenden Literaturmeinung für diesen Fall

---

ansprüche in eine einseitige Schadensersatzforderung übergeführt werden, büßt der Käufer seine schützenswerte Besitzposition i.S.d. § 986 BGB ein, so daß einer Vindikation des Verkäufers nach § 985 BGB nichts im Wege steht. Eine gegenteilige Auffassung würde grobe Unbilligkeiten mit sich bringen, denn der Verkäufer müßte dann bei Insolvenz des Käufers die Realisierung seiner Sicherheit mit dem Verlust des Schadensersatzanspruchs bezahlen, und das, obwohl durch dessen vertragswidriges Verhalten die Vertragsbasis zerstört wurde.

[234] *Honsell*, Aktuelle Probleme des Eigentumsvorbehalts, JuS 1981, 705, 710.

[235] So auch *Müller*, Zum Herausgabeanspruch des Vorbehaltskäufers, DB 1969, 1493; *Staudinger-Honsell*, BGB-Kommentar, § 455 Rdn. 31; *Schlegelberger-Hefermehl*, HGB-Kommentar, Anh. § 368 Rdn. 38.

ein "rücktrittsunabhängiges Rücknahmerecht"[236] des Verkäufers anerkannt[237].

Soweit der Verkäufer bei Zahlungsverzug des anderen Teils eine Realisierung seiner Sicherheit anstrebt, braucht er nicht wie der Sicherungsnehmer seine Befriedigung durch eine Verwertung der Sache im Wege des Pfandverkaufs zu suchen, vielmehr erreicht er mit Rücktrittserklärung, daß ihm die Sache wieder als Eigentümer voll zur freien Verfügung steht. Er kann sie behalten oder auch ihren Wert durch Ersatzverkauf realisieren. Dem Käufer hat er allerdings geleistete Zahlungen zurückzuerstatten, wobei erlangte Nutzungen und Wertverlust gebührend in Ansatz zu bringen sind. Der Eigentumsvorbehalt zeitigt somit den Charakter eines Verfallpfandes – dies stößt auch nicht auf Beanstandung, denn ungeachtet vorhandener Pfandrechtseigenschaften findet das Verbot der "*lex commissoria*" übereinstimmend hier keine Anwendung[238].

h) Modifikation des Eigentumsvorbehalts

Die Vereinbarung eines einfachen Eigentumsvorbehalts hat lediglich noch im Bereich des Konsumentenkredits ihren Sinn, dagegen erstrebt ein Lieferant im Handelsverkehr regelmäßig zusätzliche Vorkehrungsmaßnahmen zur Perpetuierung der Sicherung, da er dem Vorbehaltskäufer zum Zwecke der Refinanzierung stets weitgehende Dispositionsbefugnisse über die Ware einräumen muß.

Das veranlaßte die Kautelarjurisprudenz, ausgefeilte Klauselwerke zu ersinnen, die mittlerweile dank richterlicher Billigung gewohnheitsrechtlich

---

[236] Das setzt allerdings voraus, daß man ein fortbestehendes Besitzrecht des Käufers jedenfalls ab Eintritt der Verjährung verneint, denn eine Vertragsauflösung ist nicht mehr möglich – weder nach § 455 BGB noch nach § 326 BGB. Beide Vorschriften machen nämlich diese Rechtsfolge vom Schuldnerverzug abhängig.

[237] BGHZ 34, 191; 70, 96; *Staudinger-Honsell*, BGB-Kommentar, § 455 Rdn. 21; *Graf Lambsdorff*, Handbuch des Eigentumsvorbehalts, S. 72; *Bülow*, Recht der Kreditsicherheiten, S. 80f.; *RGRK-Mezger*, § 455 Rdn. 21; *Serick*, Eigentumsvorbehalt und Sicherungsübertragung, Bd. I – S. 440f.; *Scholz/Lwowski*, Recht der Kreditsicherung, S. 692; *Larenz*, Schuldrecht, Bd. II/1. Hlb. – S. 112; a.A. *Weber*, Sicherungsgeschäfte, S. 188; *Blomeyer*, Das Besitzrecht des Vorbehaltskäufers auf Grund des Kaufvertrages, JZ 1968, 691; *Lange*, Eigentumsvorbehalt und Herausgabeanspruch, JuS 1971, 511ff.; LG Detmold MDR 1966, 233.

[238] *Blomeyer*, Die Rechtsstellung des Vorbehaltskäufers, AcP 162 (1963), 193, 199; *Raiser*, Dingliche Anwartschaften, S. 53; *Serick*, Eigentumsvorbehalt und Sicherungsübertragung, Bd. I – S. 207, 261.

einen festen Platz im Rechtsalltag einnehmen[239]. Ihre heutzutage als selbstverständlich empfundene Zulässigkeit ist die Folge einer nunmehr schon über 80 Jahre währenden Rechtsentwicklung[240].

Zum einen lassen sich Erweiterungsformen des Eigentumsvorbehalts in vertikaler Richtung (verlängerter Eigentumsvorbehalt) registrieren, die hauptsächlich in Gestalt der Vorausabtretungsklausel[241], der Verarbeitungs- bzw. Verbindungsklausel[242] sowie der wenig gebräuchlichen Verkaufserlösklausel[243] in Erscheinung treten.

Die Vorausabtretungsklausel ermächtigt den Käufer zur Weiterveräußerung der Vorbehaltsware im ordnungsgemäßen Geschäftsgang gegen Zession der künftigen Kaufpreisforderung[244]. Nach Abmilderung[245] der verhältnismäßig strengen Anforderungen des RG an das Bestimmtheitsgebot[246] wird nunmehr die Zession künftig entstehender Ansprüche ganz überwiegend für wirksam angesehen, sofern die gemachten Angaben genügen, um im konkreten Einzelfall die Bestimmbarkeit zu gewährleisten[247].

---

[239] *Serick*, Eigentumsvorbehalt und Sicherungsübertragung, Bd. V – S. 40f.

[240] vgl. hierzu *Serick*, Eigentumsvorbehalt und Sicherungsübertragung, Bd. V – S. 9,15ff.

[241] *Larenz*, Schuldrecht, Bd. II/1. Hlb. – S. 123; *Bülow*, Recht der Kreditsicherheiten, S. 228f.; *RGRK-Mezger*, § 455 Rdn. 12; *Scholz/Lwowski*, Recht der Kreditsicherung, S. 685ff.; *Staudinger-Honsell*, BGB-Kommentar, § 455 Rdn. 53ff.

[242] *Staudinger-Honsell*, BGB-Kommentar, § 455 Rdn. 63; *Scholz/Lwowski*, Recht der Kreditsicherung, S. 678ff., 693; *Bülow*, Recht der Kreditsicherheiten, S. 237ff.; *Graf Lambsdorff*, Handbuch des Eigentumsvorbehalts, S. 99.

[243] *Soergel-Mühl*, BGB-Kommentar, § 929 Rdn. 52; *Serick*, Eigentumsvorbehalt und Sicherungsübertragung, Bd. IV – S. 9,34.

[244] *Staudinger-Honsell*, BGB–Kommentar, § 455 Rdn. 53; *Larenz*, Schuldrecht, Bd. II/1. Hlb. – S. 123; *Brink/Petereit/Reinecker/Scheerer*, Recht der Kreditsicherheiten, Teil I: Deutschland – S. 140; *Bülow*, Recht der Kreditsicherheiten, S. 228f.; *Scholz/Lwowski*, Recht der Kreditsicherung, S. 685.

[245] Vgl. BGHZ 7, 365; 26, 185; 30, 151, 240; 32, 369; 64, 312 – die abgetretene Forderung muß lediglich hinreichend bestimmbar sein.

[246] Vgl. RGZ 142, 142; 149, 96, 100; 155, 29; RG JW 1939, 563 – der Bestimmtheitsgrundsatz war nur gewahrt, soweit in jedem abstrakt nur denkbaren Fall zweifelsfrei feststand, ob eine Forderung von der Abtretung erfaßt wurde oder nicht.

[247] *Staudinger-Honsell*, BGB–Kommentar, § 455 Rdn. 54; *RGRK-Mezger*, § 455 Rdn. 12; *Soergel-Mühl*, BGB-Kommentar, § 929 Rdn. 51; *Graf Lambsdorff*, Handbuch des Eigentumsvorbehalts, S. 147ff.; *Serick*, Eigentumsvorbehalt und Sicherungsübertragung, Bd. IV – S. 274ff.; *Flume*, Der verlängerte und erweiterte Eigentumsvorbehalt, NJW 1950, 841ff.; a.A. vgl. *Westermann*, Interessenkollisionen und ihre richterliche Wertung bei den Sicherungsrechten, S. 23 – das abzutretende Recht muß bei der Zession bereits so bestimmt sein, daß der Rechtsgrund und vor allem die Person des Schuldners feststehen.

Dabei soll es ausreichen, wenn die zedierte Forderung spätestens im Zeitpunkt ihrer Entstehung eindeutig bestimmt werden kann[248].

Bei Lieferung von Rohstoffen und Halbfabrikaten, die für einen Produktionsvorgang bestimmt sind, bietet sich eine Verarbeitungs- bzw. Verbindungsklausel an. Mit ihr sucht ein Verkäufer zu verhindern, daß sein vorbehaltenes Eigentum vor Bezahlung durch irgendeine Umgestaltungsmaßnahme, die regelmäßig eine Neuordnung der dinglichen Herrschaftsverhältnisse bewirkt, untergeht. Streit herrscht allerdings über die rechtliche Wirkung einer solchen Klausel, was vor allem mit dem jeweils unterschiedlichen dogmatischen Ansatzpunkt zusammenhängt. Entscheidend kommt es darauf an, inwieweit eine Disposition der sachenrechtlichen Vorschriften der §§ 946ff. BGB bejaht wird.

Wer den dort geregelten originären Eigentumserwerb für absolut zwingend hält[249], der muß auf jeden Fall dem Vorbehaltskäufer ungeachtet eines anderslautenden Parteiwillens zunächst das Eigentum zuweisen. Demzufolge können die Parteien durch eine derartige Klausel nur eine antizipierte Übereignung des Fertigprodukts gem. § 930 BGB erreichen. Nach einer in der Literatur weitverbreiteten Ansicht[250] soll § 950 BGB allein als gesetzliche Konfliktlösung zwischen den Belangen des Stoffeigentümers und des Herstellers dienen[251].

An einer solchen Konfliktsituation fehle es nun aber gerade, wenn die Parteien vertraglich die Eigentumsverhältnisse am Fertigprodukt eigenständig regeln wollen. Mit dem Argument, daß dann jegliches Bedürfnis für eine gesetzliche Regelung entfalle, wird einer uneingeschränkten Abdingbarkeit der Norm das Wort geredet.

---

[248] *Serick*, Eigentumsvorbehalt und Sicherungsübertragung, Bd. II – S. 279; *Palandt-Heinrichs*, BGB-Kommentar, § 398 Anm. 3d.

[249] *Staudinger-Honsell*, BGB–Kommentar, § 455 Rdn. 63; *Bülow*, Recht der Kreditsicherheiten, S. 240; *Westermann*, Sachenrecht, S. 260f.; *Palandt-Bassenge* , BGB-Kommentar, § 950 Anm. 3; *Serick*, Eigentumsvorbehalt und Sicherungsübertragung, Bd. IV – S. 149.

[250] *Serick*, Eigentumsvorbehalt und Sicherungsübertragung, Bd. IV – S. 140f., 151; *Staudinger-Honsell*, BGB–Kommentar, § 455 Rdn. 63; *Heck*, Sachenrecht, S. 261f.; *Flume*, Der verlängerte und erweiterte Eigentumsvorbehalt, NJW 1950, 871ff.; *Wolff/Raiser*, Sachenrecht, S. 271f.

[251] In dieser gedanklichen Ausgangsbasis spielt sich der alte Schulenstreit von Sabinianern und Prokulianern wider, vgl. *Wolff/Raiser*, Sachenrecht, S. 2; *Serick*, Eigentumsvorbehalt und Sicherungsübertragung, Bd. IV – S. 141 Fußn. 84.

Die h.M. wie auch Rechtsprechung[252] gehen prinzipiell von dem zwingenden Charakter der Norm aus, gestatten den Parteien jedoch, über den Herstellerbegriff in § 950 BGB zu disponieren. Um sich durch Verwendung einer solchen Klausel nicht den Vorwurf der Sittenwidrigkeit einzuhandeln, da der Wert des Produkts den der gelieferten Ware nicht unbeträchtlich zu übersteigen pflegt, ist der Vorbehaltslieferant gut beraten, wenn er von vornherein lediglich einen Miteigentumsanteil am Fertigprodukt beansprucht, der sich am Wert des gelieferten Rohstoffs orientiert[253].

Die Verkaufserlösklausel[254] verfolgt dagegen den weitergehenden Zweck, dem Lieferanten über die Tilgung der Forderung aus dem Weiterverkauf die Sicherheit zu erhalten. Der Vorbehaltskäufer wird ermächtigt, die Sache an einen Dritten zu veräußern und den dabei erzielten Erlös einzuziehen; er bleibt aber verpflichtet, diesen Erlös getrennt von seinem übrigen Vermögen treuhänderisch für den Lieferanten zu verwahren. Der Erlös tritt damit als Surrogat an die Stelle der ursprünglichen Sicherheit.

Zum anderen begegnen daneben auch Erweiterungsformen in horizontaler Richtung (erweiterter Eigentumsvorbehalt), die ob der Erstreckung der Sicherheit auf weitere, nicht mit dem Grundgeschäft unmittelbar verbundene Lieferantenforderungen rechtliche Bedenken hervorrufen. Die vollständige Tilgung der ursprünglichen Kaufpreisforderung soll letztlich ohne Einfluß auf den Bestand der Sicherheit bleiben, da andere Forderungen an ihre Stelle treten. Nachdem insoweit der Bedingungseintritt gänzlich in der Schwebe gelassen wird, erscheint es in der Tat zweifelhaft, ob eine solche rechtsgeschäftliche Konstruktion noch im Einklang mit dem Wesen eines Vorbehaltskaufs steht.

---

[252] *Staudinger-Honsell*, BGB–Kommentar, § 455 Rdn. 63; *Graf Lambsdorff*, Handbuch des Eigentumsvorbehalts, S. 96f.; *Soergel-Mühl*, BGB-Kommentar, § 950 Rdn. 3; *Serick*, Eigentumsvorbehalt und Sicherungsübertragung, Bd. IV – S. 138ff., 148ff., 157; *Scholz/Lwowski*, Recht der Kreditsicherung, S. 678; BGHZ 14, 117; 20, 159, 163.

[253] *Bülow*, Recht der Kreditsicherheiten, S. 241; *Graf Lambsdorff*, Handbuch des Eigentumsvorbehalts, S. 101; *Staudinger-Honsell*, BGB–Kommentar, § 455 Rdn. 64; *Serick*, Eigentumsvorbehalt und Sicherungsübertragung, Bd. IV – S. 192ff.; BGHZ 46, 117; BGH BB 1972, 197.

[254] *Serick*, Eigentumsvorbehalt und Sicherungsübertragung, Bd. III – S. 607ff.; *Soergel-Mühl*, BGB-Kommentar, § 929 Rdn. 52; *RGRK-Pikart*, § 929 Rdn. 83.

Dennoch ist die Zulässigkeit der durchaus gebräuchlichen Kontokorrentklausel allgemein anerkannt[255]. Es handelt sich hierbei um eine Vereinbarung des Inhalts, daß das Eigentum an der gelieferten Ware nicht bereits mit Bezahlung der betreffenden Lieferung auf den Käufer übergehen soll, sondern erst nach Begleichung sämtlicher Forderungen aus der laufenden Geschäftsverbindung. Der Eigentumsvorbehalt wird nach dem Willen der Parteien insoweit von einer konkreten Einzelforderung abgelöst und dient von vornherein als Sicherungsmittel für den jeweiligen Saldo. Es bedarf überdies nicht einmal eines echten Kontokorrentverhältnisses i.S.d. § 355 HGB[256]. So liegt nach der Rechtsprechung des BGH auch dann ein Kontokorrentvorbehalt vor, wenn statt des jeweiligen Saldos eine Sicherung aller entstanden und künftig entstehenden Forderungen aus der Geschäftsverbindung erstrebt wird. Ein sachlicher Zusammenhang zwischen Vorbehaltsgut und zu sichernder Forderung ist dabei keineswegs erforderlich, die Grenze des Zulässigen findet eine solche Klausel allenfalls in den unbestimmten Kriterien eines Institutionsmißbrauchs und an dem bedeutsamen Sittengebot des § 138 BGB[257].

Ferner hat sich dann als weitere Erweiterungsform der sog. Konzernvorbehalt herausgebildet, der jedoch vergleichsweise selten vorkommt. Der Unterschied zum Kontokorrentvorbehalt liegt hier vor allem darin, daß die Vorbehaltsware nicht allein andere Forderungen eines einzigen Gläubigers sichert, sondern darüber hinaus auch solche anderer Gläubiger. Das bedingt insoweit eine besondere Konstellation, für die letztlich charakteristisch ist, daß der Vorbehaltskäufer laufende Geschäftsbeziehungen zu mehreren selbständigen Unternehmen unterhält, die allesamt rechtlich in einem Konzernverbund i.S.v. § 15 AktG miteinander verflochten sind. Der Konzernvorbehalt bezweckt, den Eigentumsübergang an den gelieferten Waren so

---

[255] *Staudinger-Honsell*, BGB-Kommentar, § 455 Rdn. 65f.; *RGRK-Mezger*, § 455 Rdn. 16; *Graf Lambsdorff*, Handbuch des Eigentumsvorbehalts, S. 117ff.; *Serick*, Eigentumsvorbehalt und Sicherungsübertragung, Bd. V – S. 195ff.; *Serick*, Bemerkungen zum Konzernvorbehalt, (Festgabe für Hermann Weitnauer), S. 145, 147; RGZ 147, 321; BGHZ 26, 185; BGH NJW 1978, 632.

[256] *Staudinger-Honsell*, BGB-Kommentar, § 455 Rdn. 66; *RGRK-Mezger*, § 455 Rdn. 16; BGH WM 1969, 1072; NJW 1971, 799; eine enge Terminologie i.S. einer Beschränkung auf echte Kontokorrentverhältnisse wird dagegen vertreten von *Graf Lambsdorff*, Handbuch des Eigentumsvorbehalts, S. 115; vgl. hierzu auch *Serick*, Eigentumsvorbehalt und Sicherungsübertragung, Bd. V – S. 214ff., der zur Differenzierung den Ausdruck Saldovortrag benutzt.

[257] *Bülow*, Recht der Kreditsicherheiten, S. 248f.; *Serick*, Eigentumsvorbehalt und Sicherungsübertragung, Bd. V – S. 217ff., 240ff.; *Soergel-Mühl*, BGB-Kommentar, § 929 Rdn. 21; *RGRK-Pikart*, § 929 Rdn. 81.

lange hinauszuzögern, bis sämtliche Verbindlichkeiten gegenüber den verschiedenen, konzernangehörigen Unternehmen getilgt sind[258].

Da demnach ein Eigentumserwerb praktisch nur bei Auflösung sämtlicher Geschäftsverbindungen zu allen Konzernunternehmen erfolgen kann, wird der Schuldner hierdurch zwangsläufig in seiner wirtschaftlichen Bewegungsfreiheit einschneidend betroffen, denn für die gesamte Dauer bleiben ihm die Liefergegenstände als Kreditunterlage entzogen. Angesichts dieser Umstände stößt der Konzernvorbehalt überwiegend auf Ablehnung und rechtliche Bedenken[259].

i) Zwangsvollstreckung und Konkurs

Da der Vorbehaltslieferant trotz Übergabe an der Sache formal weiterhin Eigentümer bleibt, kann er mit der Drittwiderspruchsklage gem. § 771 ZPO eine Zwangsvollstreckung durch Gläubiger des Käufers in die Vorbehaltsware verhindern[260]. Der Rechtsbehelf der Drittwiderspruchsklage nach § 771 ZPO steht im umgekehrten Fall dem Käufer aufgrund seines Anwartschaftsrechts ebenso zur Verfügung[261].

Wird über das Vermögen des Vorbehaltskäufers Konkurs eröffnet, so kann der Verkäufer vom Vertrag zurücktreten und die Sache gem. § 43 KO

---

[258] *Bülow*, Recht der Kreditsicherheiten, S. 246; *Staudinger-Honsell*, BGB–Kommentar, § 455 Rdn. 67; *Serick*, Eigentumsvorbehalt und Sicherungsübertragung, Bd. IV – S. 66; *Graf Lambsdorff*, Handbuch des Eigentumsvorbehalts, S. 136f.; *Soergel-Mühl*, BGB-Kommentar, § 929 Rdn. 21; *Scholz/Lwowski*, Recht der Kreditsicherung, S. 678.

[259] *Staudinger-Honsell*, BGB–Kommentar, § 455 Rdn. 67; *Graf Lambsdorff*, Handbuch des Eigentumsvorbehalts, S. 136f.; *Scholz/Lwowski*, Recht der Kreditsicherung, S. 678; *Serick*, Bemerkungen zum Konzernvorbehalt (Festgabe für Hermann Weitnauer), S. 145ff.; *Graf Lambsdorff/Hübner*, Eigentumsvorbehalt und Sicherungsübertragung, Bd. V – S. 111ff., 195ff.; für die Gültigkeit plädiert dagegen: *Mittmann*, Zulässigkeit und Rechtswirkung der Konzernklausel, NJW 1973, 1108; so wohl auch *Bülow*, Recht der Kreditsicherheiten, S. 246ff.

[260] *Staudinger-Honsell*, BGB–Kommentar, § 455 Rdn. 47; *Bülow*, Recht der Kreditsicherheiten, S. 98; *Baumbach/Lauterbach/Albers/Hartmann*, ZPO-Kommentar, § 771 Anm. 6; *RGRK-Pikart*, § 929 Rdn. 82; *Brox/Walker*, Zwangsvollstreckungsrecht, S. 666; Jauernig, Zwangsvollstreckungs- und Konkursrecht, S. 55; *Serick*, Eigentumsvorbehalt und Sicherungsübertragung, Bd. I – S. 296ff.; anders *Raiser*, Dingliche Anwartschaften, S. 91f., der lediglich eine Klage auf vorzugsweise Befriedigung, § 805 ZPO zubilligen will.

[261] *Staudinger-Honsell*, BGB–Kommentar, § 455 Rdn. 46; *Baumbach/Lauterbach/Albers/Hartmann*, ZPO-Kommentar, § 771 Anm. 6; *Brox/Walker*, Zwangsvollstreckungsrecht, S. 666; *Serick*, Eigentumsvorbehalt und Sicherungsübertragung, Bd. I – S. 292.

als sein Eigentum aussondern, falls nicht der Konkursverwalter seinerseits Erfüllung des Vertrages begehrt[262]. Damit erfährt der Eigentumsvorbehalt gegenüber der Sicherungsübereignung eine andere rechtliche Einordnung.

Während hier allein die formale Komponente des Eigentums maßgeblich bleibt, wird dort statt dessen der pfandrechtsähnliche Sicherungscharakter betont und lediglich ein Absonderungsrecht nach § 48 KO gewährt[263]. Eine andere rechtliche Behandlung erfahren allerdings die Verlängerungs- und Erweiterungsformen, da dort der pfandähnliche Sicherungscharakter weitaus stärker dominiert. Der Vorbehaltskäufer kann in einem solchen Fall nach überwiegender Ansicht gleich dem Sicherungsnehmer nur das Absonderungsrecht gem. § 48 KO beanspruchen[264].

Ob der Verkäufer aber letztlich sein Vorrecht ausüben kann, hängt im weiteren auch vom Willen des Konkursverwalters ab. Die h.M. steht nämlich unter Zugrundelegung der "Theorie vom Leistungserfolg" auf dem Standpunkt, daß es sich beim Vorbehaltskauf um einen beiderseitig noch nicht erfüllten Vertrag handelt und läßt § 17 KO zur Anwendung kommen[265]. Danach besitzt der Konkursverwalter ein Wahlrecht hinsichtlich der weiteren Vertragserfüllung. Mit der Entscheidung für die Durchführung des Kaufvertrages zieht er die Vorbehaltsware in die Konkursmasse und

---

[262] *Kilger*, KO-Kommentar, § 43 Anm. 3; *Jauernig*, Zwangsvollstreckungs- und Konkursrecht, S. 186; *Staudinger-Honsell*, BGB–Kommentar, § 455 Rdn. 49; *Bülow*, Recht der Kreditsicherheiten, S. 108ff.; *Graf Lambsdorff*, Handbuch des Eigentumsvorbehalts, S. 235ff.; *Serick*, Eigentumsvorbehalt und Sicherungsübertragung, Bd. I – S. 345.

[263] Diese etwas fragwürdige Inkonsequenz der Lösungen bekämpft eine Mindermeinung. Sie hebt auf den Sicherungscharakter beider Rechtsinstitute ab und sieht angesichts dessen für eine unterschiedliche Behandlung beider Fälle keinen Anlaß, gerade weil jeweils der Funktion nach ein besitzloses Pfandrecht gegeben ist. Daher ist nach dieser Auffassung dem Berechtigten allein ein Absonderungsrecht (§ 48 KO) zuzubilligen, so *Raiser*, Dingliche Anwartschaften, S. 95; ebenso *Gravenhorst*, Eigentumsvorbehalt gleich Sicherungsübereignung, JZ 1971, 494, 496; Reich, Reform der Kreditsicherung, JZ 1976, 468.

[264] *Staudinger-Honsell*, BGB–Kommentar, § 455 Rdn. 70f.; *Kilger*, KO-Kommentar, § 43 Anm. 3b; *Bülow*, Recht der Kreditsicherheiten, S. 277ff.; *Brink/Petereit/Reinecker/Scheerer*, Recht der Kreditsicherheiten, Teil I: Deutschland – S. 151f.; *Serick*, Eigentumsvorbehalt und Sicherungsübertragung, Bd. V – S. 409ff., S. 566ff., S. 671ff. – in Auseinandersetzung mit einzelnen unterschiedlichen Auffassungen; mit zum Teil abweichender Meinung: *Graf Lambsdorff*, Handbuch des Eigentumsvorbehalts, S. 245ff. (Erweiterung gibt Aussonderungsrecht), S. 251ff. (Aussonderung auch bei Verarbeitungsklausel); für ein Aussonderungsrecht beim verlängerten EV auch *Jauernig*, Zwangsvollstreckungs- und Konkursrecht, S. 187.

[265] *Staudinger-Honsell*, BGB–Kommentar, § 455 Rdn. 49; *Serick*, Eigentumsvorbehalt und Sicherungsübertragung, Bd. I – S. 335ff. mwN; *Bülow*, Recht der Kreditsicherheiten, S. 111f.; *Baur*, Sachenrecht, S. 583; *Kilger*, KO-Kommentar, § 17 Anm. 3f.; *Jauernig*, Zwangsvollstreckungs- und Konkursrecht, S. 198.

verweist den Verkäufer in Höhe des Restkaufpreises auf einen Masseanspruch nach § 59 Abs. 1 Nr. 2 KO[266].

Problematischer erscheint angesichts des bestehenden Anwartschaftsrechts des Käufers eine Anwendbarkeit des § 17 KO im Konkurs des Vorbehaltsverkäufers. Die Erklärung des Konkursverwalters würde das existente Anwartschaftsrecht vernichten und die Besitzberechtigung des Käufers zerstören. Dem Käufer bliebe allein ein Schadensersatzanspruch als einfache Konkursforderung (§§ 26 Satz 2, 61 Nr. 6 KO).

Trotzdem bejaht die Rechtsprechung sowie ein Großteil des Schrifttums grundsätzlich das Wahlrecht gem. § 17 KO auch im Verkäuferkonkurs, dessen Anwendung jedoch im Einzelfall zur Vermeidung unbilliger Härten einer Einschränkung nach Treu und Glauben (§ 242 BGB) unterliegt[267]. Doch gewinnt allmählich die gegenteilige Ansicht, die § 17 KO mit Rücksicht auf § 161 BGB für unanwendbar hält[268], immer mehr an Beachtung. Für sie spricht, daß der dem Käufer mit Konstruktion eines Anwartschaftsrechts gewährte Schutz gegen beeinträchtigende Verfügungen nicht durch eine einseitige Handlung des Konkursverwalters zerstört werden darf. Das Anwartschaftsrecht würde konsequent einem dinglichen Recht Konkursfestigkeit erlangen.

Jüngst hat allerdings der neuerdings für Konkursrecht zuständige IX. Senat des BGH in der dogmatischen Grundanschauung zum Wahlrecht des Konkursverwalters nach § 17 KO einen entscheidenden Wandel vollzogen[269]. Nach der geänderten höchstrichterlichen Rechtsprechung bewirkt nämlich die Verfahrenseröffnung selbst bereits ein Erlöschen der Erfüllungsansprüche aus beiderseits noch unerfüllten gegenseitigen Verträgen, weshalb es gerade eines Erfüllungsverlanges des Konkursverwalters bedarf, damit diese wiederaufleben. Inwieweit dadurch die höchstrichterliche

---

[266] *Kilger*, KO-Kommentar, § 17 Anm. 4b; *Serick*, Eigentumsvorbehalt und Sicherungsübertragung, Bd. I – S. 357.

[267] RGZ 140, 156; BGH NJW 1962, 2296; BGH LM KO § 17 Nr. 6; BGH NJW 1968, 2106; NJW 1983, 1619; *Serick*, Eigentumsvorbehalt und Sicherungsübertragung, Bd. I – S. 354ff.; *Graf Lambsdorff*, Handbuch des Eigentumsvorbehalts, S. 231ff.

[268] *Jauernig*, Zwangsvollstreckungs- und Konkursrecht, S. 198; *Staudinger-Honsell*, BGB-Kommentar, § 455 Rdn. 50; *Kilger*, KO-Kommentar, § 17 Anm. 3b; *Medicus*, Bürgerliches Recht, S. 270; Rühl, Eigentumsvorbehalt und Abzahlungsgeschäft, S. 205; *Raiser*, Dingliche Anwartschaften, S. 95 Fußn. 219 (§ 161 BGB ist gegenüber § 17 KO die speziellere Norm).

[269] vgl. BGHZ 103, 250 = NJW 1988, 1790; BGHZ 106, 236 = ZiP 1989, 171 = DB 1989, 521 = BB 1989, 374 = NJW 1989, 1282 = MDR 1989, 446 = NJW-RR 1989, 759; BGH WM 1989, 1524 = ZiP 1989, 1413 = KTS 1989, 866.

Behandlung des Anwartschaftsrechts einer Revision unterworfen werden muß, harrt noch einer judikativen Klärung.

IV. Konkurrenzprobleme durch kollidierende Sicherheiten

Die vorliegende Abhandlung charakterisierte die einzelnen Mobiliarsicherheiten des deutschen Rechts bislang jeweils getrennt nach Institutionen isoliert in ihrer spezifischen Funktionstypik. In der Praxis erfährt dieses statisch gezeichnete Bild jedoch eine Dynamisierung durch verschiedene sich überlagernde Sicherungsverhältnisse, die eine Zuordnung des Haftungsgegenstandes unter mehreren Gläubigern in Frage stellt. Dabei treten die rechtsgeschäftlichen begründeten Fahrnissicherheiten nicht allein miteinander, sondern genauso mit ex lege Pfandrechten in Konkurrenz.

Das Gesetz kennt nur eine beschränkte Anzahl gesetzlicher Pfandrechte, die überwiegend einzelnen, vorleistungspflichtigen Berufsgruppen einen gesonderten Schutz bieten sollen.

So erhalten insbesondere Werkunternehmer (§ 647 BGB), Kommissionäre (§ 397 HGB), Lagerhalter (§ 421 HGB), Spediteure (§ 410 HGB) und Frachtführer (§ 440 HGB) mit Ausführung des Auftrages ein Pfandrecht an den in ihrem Besitz befindlichen, schuldnereigenen Sachen, während es in anderen Fällen durch bloße Einbringung – z.B. Gastwirt (§ 704 BGB), Vermieter (§ 559 BGB) – oder Hinterlegung entsteht.

Realsicherheiten bewirken eine absolute Veränderung des rechtlichen Zuweisungsgehalts an einer konkreten Sache insoweit, als sie bestimmte dingliche Teilbefugnisse, wozu vor allem die Befriedigungsfunktion zählt, unmittelbar dem Kreditgläubiger zuordnen. Jedes konkrete Recht erschöpft sich allenthalben in einem begrenzten Interessenvorrat[270], der einem unbenannten Kreis von Gläubigern zur Verfügung steht. Dieser endliche Interessengehalt reicht keinesfalls zur vollständigen Befriedigung aller vermeintlichen Rechtsinhaber, die für ihre Zwecke auf den Vermögensgegenstand zugreifen möchten. Demzufolge scheint eine dezidierte Abstufung unter den Prätendenten im Hinblick auf das jeweils bessere Recht unumgänglich. Bei der Lösung des Interessenkonflikts ist prinzipiell dem Bestandsschutz ein

---

[270] *Heck*, Sachenrecht, S. 91.

überragendes Gewicht beizumessen, was sich in der alten Parömie "*prior tempore potior iure*"[271] auszudrücken pflegt. Danach wird der Inhaber eines entstandenen Rechts vor nachfolgenden beeinträchtigenden Rechtsveränderungen geschützt.

Diese Interessenwertung hat der Gesetzgeber im Falle einer Konkurrenz mehrerer beschränkt dinglicher Rechte, gleichgültig ob gesetzliches oder vertragliches Pfandrecht, mit der Normierung des § 1209 BGB vorgenommen. Erst nach Befriedigung des prioritätsälteren Rechtsinhabers können die anderen, sofern noch zu verteilender Erlös vorhanden, ihre Ansprüche anmelden. Auf diese Weise wird unter den einzelnen Pfandrechten eine Rangordnung gebildet, die das Gesetz im Fahrnisrecht unter dem Einfluß des römischen Rechts allgemein als beweglich ausgestaltet hat[272], d.h. bei Wegfall eines vorrangigen Rechts rücken die nachstehenden auf, es sei denn, die Bestandsfiktion des § 1256 BGB greift ein[273].

Das geltende Prioritätsprinzip erleidet jedoch auch praktische Ausnahmen. Einerseits weicht es einem effektiven Redlichkeitsschutz. Wer gutgläubig im Ansehen bestehender Belastungen ist, erwirbt gem. § 1208 BGB ein vorrangiges Pfandrecht. Eine Vollrechtsübertragung bewirkt bei Redlichkeit gar einen Untergang aller an der Sache bestehenden dinglichen Rechte (§§ 932ff. BGB). Andererseits statuiert das Handelsrecht Durchbrechungen, die auf dem Gedanken der "*in rem versio*" beruhen[274].

Wenn hier die Anwendung der konträren Maxime "*posterior tempore potior iure*" zu einer Bevorzugung des prioritätsjüngeren Rechts auf Kosten älterer Rechte führt, so bedeutet dies keine Inkonsequenz und systemwidrigen Eingriff in geschützte Interessen von Altberechtigten[275]. Die Umkehr des Prioritätssatzes findet ihre Rechtfertigung vielmehr darin, daß aus der Tätigkeit des jüngeren Berechtigten alle anderen ebenfalls profitieren[276]. Auf diesem Motiv gründet die Normierung des § 443 HGB, der im Bereich des Binnenhandels eine gesonderte Rangfolge unter mehreren, im einzelnen genannten, gesetzlichen Pfandrechten festlegt, im übrigen aber die Regelung

---

[271] *Heck*, Sachenrecht, S. 92.

[272] *Heck*, Sachenrecht, S. 94.

[273] *Heck*, Sachenrecht, S. 94; RGRK-Kregel, § 1256 Rdn. 3; *Staudinger-Wiegand*, BGB-Kommentar, § 1256 Rdn. 6.

[274] *Heck*, Sachenrecht, S. 92.

[275] *Heck*, Sachenrecht, S. 92.

[276] *Heck*, Sachenrecht, S. 92.

der §§ 1209, 1257 BGB unberührt läßt[277]. Die gleichen Erwägungen flossen auch ins Seerecht (§§ 766–770 HGB) ein. Weitere Sonderregelungen gibt es ferner im Pachtkreditgesetz (§§ 11, 12), im Gesetz zur Sicherung der Düngemittel- und Saatversorgung (§ 2 Abs. 4 u. 5) und im Gesetz über Rechte an Luftfahrzeugen (§ 7).

In der Praxis dominieren vor allem die mangels Publizität geförderten Kollisionssituationen unter den gekorenen Sicherheiten (Sicherungsübereignung sowie Eigentumsvorbehalt). Hier scheidet die Bildung einer Rangordnung zwischen verschiedenen Sicherungsnehmern aus, da – wenngleich der Funktion nach lediglich Mobiliarpfandrechte – rechtlich der gewünschte wirtschaftliche Erfolg stets über eine Vollrechtsübertragung erreicht wird. Das Eigentumsrecht kennzeichnet nämlich eine Ausschließlichkeitsfunktion; deshalb ist es grundsätzlich unteilbar und kann nicht verschiedenen Gläubigern unabhängig voneinander zugleich zustehen.

Übereignet ein Sicherungsgeber unter einfachem Eigentumsvorbehalt gelieferte, noch nicht bezahlte Sachen zur Sicherheit einem Kreditgeber, so beeinträchtigt dies das Eigentum des Lieferanten keineswegs, es sei denn, der Kreditgeber erlangt ausnahmsweise den unmittelbaren Besitz. Eine solche Übergabe unterbleibt jedoch fast immer, weil der Kreditnehmer auf eine Nutzung der sicherungsübereigneten Sachen gerade nicht verzichten kann oder will. Die Voraussetzungen eines Gutglaubenserwerbes gem. § 933 BGB fehlen damit zumeist. Der intendierte, sofortige Eigentumsübergang scheitert an der mangelnden Berechtigung des Sicherungsgebers; der Eigentumserwerb aktualisiert sich insoweit erst, sobald der Sicherungsgeber selbst das Eigentum an den veräußerten Sachen erwirbt (§ 185 Abs. 2 BGB). Bis dahin braucht der Kreditgeber jedoch keineswegs jegliche Sicherheit zu entbehren, denn der übereinstimmende Parteiwille wird stets für eine Umdeutung der mißglückten Sicherungsübereignung in eine Übertragung des bereits existenten Anwartschaftsrechts sprechen[278].

Veräußert andererseits jemand ihm verbliebene, aber sicherungsübereignete Sachen unter Eigentumsvorbehalt, dann erwirbt der Käufer mit Besitzübergabe gutgläubig das Anwartschaftsrecht gem. § 932 BGB, das sich bei Tilgung der Kaufpreisforderung automatisch zum Eigentum verdichtet (§ 185 Abs. 2 BGB), selbst wenn zwischenzeitlich dem anderen Teil

---

[277] *Baumbach/Duden/Hopt*, HGB-Kommentar, § 443 Anm. 1.

[278] *Soergel-Mühl*, BGB-Kommentar, § 929 Rdn. 44; *Serick*, Eigentumsvorbehalt und Sicherungsübertragung, Bd. I – S. 257; Bd. II – S. 257; *Staudinger-Honsell*, BGB-Kommentar, § 455 Rdn. 40; BGHZ 20, 88, 101; 50, 45, 48f.

die Nichtberechtigung bekannt sein sollte[279]. Damit büßt der Sicherungsnehmer seine Sicherheit zugunsten des Vorbehaltskäufers ein. Danach triumphiert bei einer Kollision der Eigentumsvorbehalt dank der gesetzlichen Normwertungen allenthalben über eine Sicherungsübereignung[280].

Auf die weitaus komplizierteren Kollisionsfälle im Bereich der Verlängerungsformen sei lediglich hingewiesen, weil dieser Problemkreis das Thema der Fahrnissicherheit überschreitet und bereits ins Zessionsrecht gehört.

Schließlich bedarf es noch einer kurzen Erläuterung des Verhältnisses von Mobiliarsicherheit und Grundpfandhaftung, zumal Sicherungsgegenstände vielfach Zubehörstücke (§ 97 BGB) eines Grundbesitzes darstellen. Keine Schwierigkeiten bereitet es, sofern unter Eigentumsvorbehalt verkaufte Waren auf das schuldnerische Grundstück verbracht werden, denn allein schuldnereigene, nicht fremde Sachen geraten in den Haftungsverband eines Grundpfandrechts.

Lediglich auf das bislang bestehende Anwartschaftsrecht erstreckt sich die Haftung nach § 1120 BGB[281], was aber an der vorrangigen Befriedigungsmöglichkeit des Vorbehaltsverkäufers nichts ändert. Stets gilt auch hier das Prioritätsprinzip. Danach geht die hypothekarische Haftung im Range vor, falls die dingliche Sicherheit am Zubehör zeitlich nach der Bestellung des Grundpfandrechts entsteht[282], es sei denn, daß mittlerweile unter den Voraussetzungen der §§ 1121, 1122 BGB eine Enthaftung dieser Sicherungsgegenstände herbeigeführt wurde. Eine Ausnahme normiert allerdings das Gesetz zur Sicherung der Düngemittel- und Saatgutversorgung (§ 2 Abs. 4), indem es diesem Pfandrecht unabhängig von Entstehungszeitpunkt Vorrang vor allen anderen dinglichen Rechten einräumt[283].

---

279 *Baur*, Sachenrecht, S. 602f.; *Larenz*, Schuldrecht, Bd. II/1. Hlb. – S. 119f.; *Brox*, Das Anwartschaftsrecht des Vorbehaltskäufers, JuS 1984, 659, 661f.

280 *Heck*, Sachenrecht, S. 470.

281 *Staudinger-Scherübl*, BGB-Kommentar, § 1120 Rdn. 42; *Palandt-Bassenge*, BGB-Kommentar, § 1120 Anm. 4a.

282 *Baur*, Sachenrecht, S. 540f.; *Staudinger-Scherübl*, BGB-Kommentar, § 1120 Rdn. 46; *Soergel-Augustin*, BGB-Kommentar, § 1204 Rdn. 11; *RGRK-Kregel*, § 1204 Rdn. 2.

283 *Schaarschmidt*, Sparkassenkredite, S. 262.

Nachteiliger wirkt es für einen Sicherungsnehmer, wenn das Sicherungsgut infolge Verbindung mit dem Grundstück gar zu dessen wesentlichen Bestandteilen (§§ 93, 94 BGB) zählt, weil damit alle dinglichen Rechte am Mobiliargegenstand erlöschen (§§ 946, 949 BGB)[284].

[284] *Bülow*, Recht der Kreditsicherheiten, S. 28, 84; *Schaarschmidt*, Sparkassenkredite, S. 258; *Baur*, Sachenrecht, S. 489.

D. Mobiliarsicherheiten in England

I. Einführender Überblick

1. Bedeutung von Geld- und Warenkredit

Die Gewichtung von *lender and vendor credit*[1] weicht von den deutschen Verhältnissen merklich ab, was zum guten Teil an dem traditionell heterogenen, auf Arbeitsteilung bedachten englischen Banken- und Finanzierungssystem liegt. Während in Deutschland die Warenkreditsicherung in Gestalt von Eigentumsvorbehaltskautelen eine recht bedeutsame Rolle spielt, insbesondere immer wieder unter dem Gesichtspunkt der Kollision mit widerstreitenden Banksicherheiten ein judikatives Zentralthema bildet, zeigt das englische Rechtsleben bislang nur rudimentäre Ansätze einer effektiven Besicherung von Warenkreditgebern[2].

Lieferanten verfügen über kein ausdifferrenziertes Instrumentarium an Warenkreditsicherheiten, sie haben allein die Möglichkeit der Vereinbarung eines einfachen Eigentumsvorbehalts *(conditional sale)* oder Mietkaufs *(hire-purchase)*.

Das genügt zwar, um Warenkreditgeschäfte über Investitions- oder Anlagegüter sowie auch Verbraucherkredite ausreichend abzusichern; im Bereich der Handelsgeschäfte mit Produktionsgütern und Rohstoffen fehlen hingegen geeignete rechtliche Gestaltungen zur Befriedigung der Sicherungsinteressen[3]. Dieser Rechtszustand, der die Warenkreditsicherung nur eingeschränkt berücksichtigt, ist erst in jüngerer Zeit aufgrund der bahnbrechenden *Romalpa*-Entscheidung des *Court of Appeal*[4] etwas in Bewegung geraten. Den-

---

[1] *Chitty*, On contracts, Vol. II, Para. 2971.

[2] *Habel*, Der Eigentumsvorbehalt im englischen Handelsverkehr, S. 14.

[3] *Habel*, Der Eigentumsvorbehalt im englischen Handelsverkehr, S. 15.

[4] Aluminium Industrie Vaassen B.V. v. Romalpa Aluminium Ltd. [1976] 2 All E.R. 552, vgl. i.E. unten S. 279ff.

noch wirkt der Drang nach Ausweitung der vorhandenen Warenkreditsicherheiten eher verhalten, weil angesichts der überkommenen, starken Verlagerung auf Inanspruchnahme von Geldkrediten ein akutes Bedürfnis dazu gar nicht besteht. Im gewerblichen Sektor werden regelmäßig in großem Umfang auf nahezu allen Stufen der Warendistribution Kreditinstitute zwecks Zwischenfinanzierung eingeschaltet, so daß üblicherweise eine Besicherung durch Geldkreditsicherheiten erfolgt, die jene damit weitgehend in ihrer Funktion ersetzen[5]. Daher kennzeichnet das englische Wirtschaftsleben eine ausgesprochene Dominanz an Banken[6] und sonstigen Kreditanstalten.

2. Englisches Bankensystem

England hat nicht wie Deutschland den Typus eines Universalbankensystems etabliert, vielmehr umfaßt der Terminus *"bank"* ein Sammelsurium von Spezialinstituten, die jeweils innerhalb eines bestimmten Tätigkeitsbereiches nur einzelne Bankgeschäfte besorgen[7]. Eine solche Auffächerung des Bankengewerbes in eine Vielzahl diverser Institute macht das Bild der englischen Kreditlandschaft verworren und unübersichtlich, andererseits erweist sich das System gerade wegen seiner Heterogenität sehr flexibel und gegenüber neuen Einflüssen äußerst anpassungsfähig[8].

An der Spitze steht die 1946 durch den *Bank of England Act* verstaatlichte *Bank of England*, die Zentralbank Großbritianniens, die die Aufsicht über den Bankenverkehr ausübt. Der wichtige Kernbereich der Bankgeschäfte ist den *Commercial Banks* vorbehalten, die angesichts der von ihnen wahrgenommenen Aufgaben als Banken im klassischen Sinn nach der Definition im *United Dominions Trust Case*[9] gelten. Sie wickeln die normalen,

---

[5] *Bessau*, Zur Anerkennung heimlicher Sicherheiten, S. 72ff., 89; *Triebel*, Englisches Handels- und Wirtschaftsrecht, S. 64f.; *Borrie*, Comercial Law, S. 151ff.; *Sauveplanne-Diamond*, Security over Corporeal Movables, S. 36; *Holden*, The Law and Practice of Banking, Vol. 2, S. 259.

[6] Vgl. for the characteristics of banking the definition of *Lord Denning*, M.R., in United Dominions Trusts Ltd. v. Kirkwood [1966] 1 All E.R. 968; *Paget's*, Law of Banking, S. 5f. – a) the conduct of current accounts, b) the payment of cheques drawn on the bankers, c) the collection of cheques for customers, d) the company's reputation in the City of London.

[7] *Brink/Habel*, Recht der Kreditsicherheiten, Teil IV: England – S. 12ff.; *Grill*, Die Sicherung von Bankkrediten durch Rechte und Forderungen in England, S. 5ff.; *Triebel*, Englisches Handels- und Wirtschaftsrecht, S. 64ff.; *Pennington/Hudson*, Commercial Banking Law, S. 4ff.

[8] *Pennington/Hudson*, Commercial Banking Law, S. 4.

[9] United Dominions Trusts Ltd. v. Kirkwood [1966] 1 All E.R. 968.

täglichen Kundengeschäfte ab, erledigen vor allem den Giroverkehr, verbuchen Ein- und Auszahlungen auf laufenden Konten und unterhalten Depositenkonten[10]. Neben diesen vorherrschenden Tätigkeiten werden Kreditgeschäfte nur gelegentlich sowie allenfalls in geringem Umfang betrieben[11]. Die *Savings Banks* erledigen im wesentlichen Einlagen – und Spargeschäfte[12]. Die *Merchants* Banks offerieren einem eingeschränkten Kundenkreis zwar die gleichen Dienste wie *Commercial Banks*, ihr Haupttätigkeitsfeld liegt jedoch in der Handels- und Wirtschaftsfinanzierung, vornehmlich im Im- und Export[13]. Daneben treten noch die *Industrial Banks*, finanzstarke Gesellschaften, die speziell Industriebetriebe bei der Anschaffung von Ausrüstungsgegenständen finanzieren[14]. Schließlich gibt es noch eine größere Reihe besonderer Finanzierungsinstitute *(finance companies)*, die Kredite für die unterschiedlichsten Arten von Geschäften gewähren[15].

Eine extensive Kredittätigkeit hindert keineswegs, eine solche Finanzierungsbank auch rechtlich als Bank einzustufen, sofern die essentiellen Bankleistungen[16] im normalen Geschäftsbetrieb einen nicht untergeordneten Stellenwert einnehmen. Ansonsten unterliegt das Finanzierungsinstitut gewissen rechtlichen Restriktionen, von denen ein Bankier – "*...any person bona fide carrying on the business of banking, or bona fide carrying on any business not having for its primary object the lending of money...*"[17] – freigestellt ist[18].

In der historischen Entwicklung englischer Wirtschaftsstrukturen hat schon beizeiten der Geldkredit maßgeblichen Einfluß gewonnen. So begünstigt, bildete sich eine breitgefächerte Palette spezieller Geldinstitute heraus,

---

[10] *Pennington/Hudson*, Commercial Banking Law, S. 8; *Grill*, Die Sicherung von Bankkrediten durch Rechte und Forderungen in England, S. 6.

[11] *Pennington/Hudson*, Commercial Banking Law, S. 8f.

[12] *Grill*, Die Sicherung von Bankkrediten durch Rechte und Forderungen in England, S. 5.

[13] *Pennington/Hudson*, Commercial Banking Law, S. 12; *Lord Chorley*, Law of Banking, S. 3.

[14] *Pennington/Hudson*, Commercial Banking Law, S. 13.

[15] *Brink/Habel*, Recht der Kreditsicherheiten, Teil IV: England – S. 16ff.; *Borrie*, Commercial Law, S. 151ff.; *Triebel*, Englisches Handels- und Wirtschaftsrecht, S. 64.

[16] Vgl. hierzu United Dominions Trust Ltd. v. Kirkwood [1966] 1 All E.R. 968.

[17] *Pennington/Hudson*, Commercial Banking Law, S. 9.

[18] Vgl. s. 6 (d) Moneylender Act 1900; s. 9 Bankers' Books Evidence Act 1879; s. 2 Bills of Exchange Act 1882; s. 54 (1) Income and Corporation Taxes Act 1970; s. 192 (3) (4) Consumers Credit Act 1974.

die unter ständiger Anpassung an ökonomische Veränderungen mit ihrem Dienstleistungsservice vorhandenen Bedürfnissen des Wirtschaftslebens ausreichend Rechnung tragen. Virulente Finanzierungsprobleme konnten dabei zumeist auch im Warenhandel durch professionelle Geldkreditgeber, denen ein vielfältiges Instrumentarium von Sicherungsmöglichkeiten zur Verfügung steht, zufriedenstellend behoben werden.

Die Vernachlässigung des Warenkredits bedeutet aber im Endeffekt keine Kreditverteuerung für den Kreditnehmer, denn interessanterweise hält sich der Zinsindex der Finanzierungsbanken angesichts einer starken Kreditnachfrage auf einem durchaus moderaten Niveau[19]. Zudem kann im allgemeinen ein Warenkredit im Vergleich dazu auch nicht zu kostengünstigeren Bedingungen eingeräumt werden[20].

3. Begriffliches

Die Realsicherheiten zeigen eine am jeweiligen Sicherungsgegenstand orientierte Unterteilung nach *real property* und *personal property*.

Während *real property* oder *realty* an das Belastungsobjekt Grundvermögen anknüpft[21] und somit in etwa gleichbedeutend mit *immovables*[22] ist, wird unter *personal property (= personalty)* das übrige Vermögen verstanden[23]. Der Begriff *personal property* umfaßt zum einen *chattels real*[24] und zum anderen *chattels personal*[25], die sich wiederum in *choses in ac-*

---

[19] *Bessau*, Zur Anerkennung heimlicher Sicherheiten, S. 74 mwN; *Hein*, Struktur ausländischer Banksysteme: Großbritannien, S. 111.

[20] *Bessau*, Zur Anerkennung heimlicher Sicherheiten, S. 74 – zumindest büßt der Erwerber 2 % Skonto ein; *Westermann*, Interessenkollisionen und ihre richterliche Wertung bei den Sicherungsrechten, S. 23 Fußn. 59 – s.E. ist der Warenkredit sogar wesentlich teurer als der Bankkredit.

[21] *Lawson/Rudden*, The Law of Property, S. 19; *Megarry/Wade*, The Law of Real Property, S. 10; *Altorfer*, Die Mobiliarhypothek, S. 125.

[22] *Megarry/Wade*, The Law of Real Property, S. 10 – "... all interests in land are real property, with the exeption of leaseholds (or "terms of years"), which are classified as personalty".

[23] *Lawson/Rudden*, The Law of Property, S. 19f., 25f.; *Megarry/Wade*, The Law of Real Property, S. 10; *Altorfer*, Die Mobiliarhypothek, S. 125.

[24] *Megarry/Wade*, The Law of Real Property, S. 11 – "The first word indicates their personal nature (cattle were the most important chattels in early days, hence the name), the second shows their connection with land".

tion sowie in *choses in possession* unterteilen[26]. Der Ausdruck *choses in action (= intangible things)* bezeichnet alle physisch nicht besitzfähigen Vermögensrechte einer Person, wie Forderungen, Immaterialgüter, Patente, Warenzeichen, Gesellschaftsanteile, zudem auch Wertpapiere[27], wobei Abgrenzung keineswegs nach dem Kriterium "gegenständlich" erfolgt, sondern die Art der Durchsetzbarkeit *(by action)* entscheidet[28].

Für die Zwecke dieser Arbeit interessiert allein die Kategorie der *choses in possession*, die aus *movables* oder *tangible objects* besteht, also solchen Gegenständen, die eine faktische Inbesitznahme erlauben[29]. Allerdings rechnet anders als bei uns[30] Geld nicht zu den beweglichen Sachen[31], es bildet vielmehr eine eigenständige Rubrik.

II. Geldkreditsicherheiten

1. Pledge

a) Art der Bestellung

Ähnlich dem deutschen Fahrnispfand weist der wirksame Bestellungsakt eines *pledge* zwei heterogene Elemente auf, nämlich Willensübereinkunft und Besitzwechsel.

Zum einen bedarf es nach *common law* eines *contract of pawn (or pledge)*, der unverkennbar die Charakteristika eines *bailment*[32] zeigt und

---

[25] *Lawson/Rudden*, The Law of Property, S. 12; *Megarry/Wade*, The Law of Real Property, S. 11.

[26] *Lawson/Rudden*, The Law of Property, S. 20.

[27] *Lawson/Rudden*, The Law of Property, S. 20, 26ff.; *Altorfer*, Die Mobiliarhypothek, S. 125; *Grill*, Die Sicherung von Bankkrediten durch Rechte und Forderungen in England, S. 23f.

[28] Vgl. Torkington v. Magee [1902] 2 K.B. 427, 430 – "A legal expression used to describe all personal rights of property, which can only be claimed or inforced by action, not by taking physical possession".

[29] *Lawson/Rudden*, The Law of Property, S. 20, 25f.; *Sadtler*, Grundzüge der Kreditsicherung durch vereinbarte Securities, S. 2.

[30] Vgl. *Münchener Kommentar-Holch*, § 91 Rdn. 3.

[31] *Lawson/Rudden*, The Law of Property, S. 20, 25, 37f.

[32] *Halsbury's* Laws of England, Vol. 35 – Para 103; *Earl Jowitt*, Dictionary of English Law, Vol. 2 – [Pawn], S. 1314.

keinem Formerfordernis unterliegt[33], zum anderen muß in Vollziehung dieser vertraglichen Absprache *the delivery of possession to the pledgee* erfolgen[34]. Erst diese Besitzübergabe vollendet den intendierten Rechtserwerb[35], vorher besteht lediglich ein schuldrechtlicher Anspruch auf die Begründung eines dinglichen Rechts.

Der Schuldner kann natürlich, um dem Übergabeerfordernis zu genügen, dem Gläubiger mittels *actual delivery* den unmittelbaren Sachbesitz *(his physical possession)* verschaffen[36], was zugleich der institutionellen Grund-form entspricht. In der Praxis dominiert jedoch die Übergabe durch *constructive delivery*, weil dadurch die für einen Geldkreditgeber oftmals unliebsame Sachwaltertätigkeit, verbunden mit dem räumlichen Problem einer sachgerechten Lagerung entfällt[37].

Bei einer Verpfändung mittels *constructive delivery* erlangt der *pledgee* nach englischen Rechtsvorstellungen ebenfalls Besitz am Pfandgut, wobei umstritten bleibt, ob insoweit letztlich *constructive possession* entsteht[38]. Wesentlich ist, daß die verpfändeten Sachen äußerlich erkennbar aus dem

---

[33] *Brink/Habel*, Recht der Kreditsicherheiten, Teil IV: England – S. 140; *Sauveplanne-Diamond*, Security over Corporeal Movables, S. 26; *Halsbury's* Laws of England, Vol. 35 – Para. 1502; Vol. 36 – Para. 103 Fußn. 1.

[34] *Halsbury's* Laws of England, Vol. 36 – Para. 103; *Snell's* Principles of Equity, S. 479; *Bessau*, Zur Anerkennung heimlicher Sicherheiten, S. 90; *Holden*, The Law and Practice of Banking, Vol. 2, S. 274; *Sauveplanne-Diamond*, Security over Corporeal Movables, S. 26.

[35] *Earl Jowitt*, Dictionary of English Law, Vol. 2 – [Pawn], S. 1315 – "... for until delivery, the whole contract is executory, and the pledgee acquires no right of property in the thing".

[36] *Holden*, The Law and Practice of Banking, Vol. 2, S. 274f.; *Earl Jowitt*, Dictionary of English Law, Vol. 2 – [Pawn], S. 1315; *Sauveplanne-Diamond*, Security over Corporeal Movables, S. 26.

[37] *Holden*, The Law and Practice of Banking, Vol. 2, S. 274f.; *Halsbury's* Laws of England, Vol. 36 – Para. 114; *Brink/Habel*, Recht der Kreditsicherheiten, Teil IV: England – S. 142.

[38] *Kekewich, J.* in Hilton v. Tucker [1886–1890] All E.R. Rep. 440, 444 – "... I think when they are examined they all really come to this, that the delivery of the key, in order to give constructive possession, must be under such circumstances that it really does pass the full control of the place which admission is to be gained by means of the key, as for instance that case where timber was deposited in a warehouse ..."; *Rowlatt, J.*, in Wrightson v. McArthur and Hutchinsons Ltd. [1921] All E.R. Rep. 261, 265 – "... if I may criticise that statement, my criticism would only be as to the propriety of the use of the word "constructive" in the connection in question ..."; vgl. zum Begriff "constructive possession" *Earl Jowitt*, Dictionary of English Law, Vol. 2 – [Possession], S. 1369 – "A person has constructive possession (or possession in law) when someone representing him has actual possession of the thing".

Vermögen des *pledgor* ausscheiden, verzichtet wird allein auf die Begründung einer tatsächlichen Herrschaftssphäre des *pledgee*. Die Zulassung eines Übergabesurrogats bedeutet keine Aufgabe der publizitären Ausgestaltung des Bestellungsakts, der maßgebende Akzent ruht vielmehr wie beim deutschen Fahrnispfand auf der negativen Seite der Tradition, dem Besitzverlust des Verpfänders. Somit hat das englische Recht die negative Publizität zu verwirklichen getrachtet, indem es die Wirksamkeit der Verpfändung in erster Linie an die tatsächliche Entledigung der bisherigen besitzrechtlichen Beziehung des *pledgor* zugunsten des *pledgee* knüpft.

Constructive delivery macht eine tatsächliche Übergabe der verpfändeten Sachen entbehrlich, denn es reicht anstattdessen die Vornahme einer symbolischen Übertragungshandlung. So kann die sonst ungleich aufwendigere Verpfändung von größeren Mengen eingelagerter Waren durch bloße Schlüsselübergabe oder durch Einsetzung eines Pfandhalters bewirkt werden[39]. Falls sich die Waren beim verpfändeten Schuldner selbst befinden, genügt die Vereinbarung eines schlichten Besitzmittlungsverhältnisses allein noch nicht. Der *pledgor* muß außerdem das Pfandgut gesondert von seinem übrigen Vermögen in eigens abgetrennten und verschlossenen Räumlichkeiten lagern, zu denen ausschließlich der *pledgee* Zugang erhält[40]. Verwahrt dagegen ein Dritter die zu verpfändenden Waren, dann geschieht die Übergabe dergestalt, daß zunächst der Schuldner dem Dritten die Verpfändungsvereinbarung anzeigt, und dieser daraufhin dem Gläubiger gegenüber erklärt, nunmehr die eingelagerten Sachen nur noch für ihn besitzen zu wollen *(attornment)*[41].

---

[39] *Holden*, The Law and Practice of Banking, Vol. 2 – S. 274f.; *Halsbury's* Laws of England, Vol. 36 – Para. 114; *Sauveplanne-Diamond*, Security over Corporeal Movables, S. 26; *Snell's* Principles of Equity, S. 479; *Earl Jowitt*, Dictionary of English Law, Vol. 2 – [Pawn], S. 1315; Dublin City Distillery Ltd. v. Doherty [1914] AC 823, 843 (by *Lord Atkinson*).

[40] *Triebel*, Englisches Handels- und Wirtschaftsrecht, S. 75; *Halsbury's* Laws of England, Vol. 36 – Para. 114 Fußn. 6; Hilton v. Tucker [1886–1890] All E.R. Rep. 440; *Rowlett, J.*; in Wrightson v. McArthur and Hutchinsons Ltd. [1921] All E.R. Rep. 261, 265 – "If the key had been given to him [pledgee] with the intention to pass the possession of the room itself on a demise of it, I cannot doubt that possession would pass. I see no difference when the key is given to pass possession of the room, but of the chattels. The key guards both in the same way ...".

[41] Official Assignee of Madras v. Mercantile Bank of India Ltd. [1934] All E.R. Rep. 237, 241 (by *Lord Wright*) – "... if, however, the goods were in the custody of a third party, who held for the bailor so that in law his possession was that of the bailor, the pledge could be effected by a change of the possession of the third party, that is by an order to him from the pledgor to hold for the pledgee the change being perfected by the third party attorning to the pledgee, that is acknowledging that he thereupon held for him, there was thus a change

b) Verpfändung mittels "documents of title"

Angesichts des hinderlich empfundenen Traditionserfordernisses suchte die Kreditwirtschaft in ihrem Streben nach besitzlosen Sicherheiten schon bald die Warenverpfändung durch Begebung von Dokumenten zu erleichtern. Diese Gestaltung begründet ein Pfandrecht an den jeweiligen, durch die Urkunde repräsentierten Sachgütern, obwohl sie deren tatsächliche Besitzverhältnisse unangetastet läßt.

Das *pledge* entsteht unmittelbar mit der Übergabe *(actual or constructive delivery)* von *documents of title*[42], die als Traditionspapiere die Rechte an denen in ihnen verbrieften Waren mitübertragen. Demzufolge erstreckt sich das Pfandrecht am Papier auf die darin im einzelnen näher bezeichneten Handelsgüter[43], ganz gleich, wer augenblicklich gerade den unmittelbaren Sachbesitz an den Waren ausübt.

Die pauschal formulierte Aussage bedarf jedoch einer einschränkenden Korrektur, denn nach *common law* ersetzt nicht in jedem Fall die Übergabe eines *documents of title* auch die Besitzübergabe an den verbrieften Sachen[44]. Unstreitig vermag allenthalben ein *bill of lading* diese Wirkung zu erzeugen[45], was historische Gründe hat. Das Handelsrecht schuf nämlich

---

of possession and a constructive delivery: the goods in the hands of the third party became by this process in the possession constructively of the pledgee ..."; Alicia Hosiery Ltd. v. Brown Shipley & Co. Ltd. [1969] 2 All E.R. 504.

[42] Vgl. zur Definition s. 1 (4) Factors Act 1889: "any bill of lading, lock warrant, warehousekeeper's certificate and warrant or order for the delivery of goods and any other documents used in the ordinary course of business as proof of the possession or control of goods, or authorising or purporting to authorise, either by endorsement or by delivery, the possessor of the document to transfer or receive goods thereby represented"; im englischen Recht fehlt es ansonsten an einer allgemeinen Begriffsbestimmung, so *Sauveplanne-Diamond*, Security over Corporeal Movables, S. 28.

[43] *Sauveplanne-Diamnond*, Security over Corporeal Movables, S. 27; *Triebel*, Englisches Handels- und Wirtschaftsrecht, S. 76; *Holden*, The Law and Practice of Banking, Vol. 2 – S. 274f.; *Bessau*, Zur Anerkennung heimlicher Sicherheiten, S. 90.

[44] *Paget's* Law of Banking, S. 466; *Halsbury's* Laws of England, Vol. 36 – Para. 114; *Holden*, The Law and Practice of Banking, Vol. 2 – S. 265f.

[45] *Lord Wright* in Official Assignee of Madras v. Mercantile Bank of India Ltd. [1934] All E.R. Rep. 237, 241 – "... The one exception was the case of bills of lading, the transfer of which by the law merchant operated as a transfer of the possession of, as will as the property in the goods. This exception has been explained on the ground that the goods being at sea the master could not be notified; the true explanation may be that it was a rule of the law merchant, developed in order to facilitate mercantile transactions; *Paget's* Law of Banking, S. 466; *Holden*, The Law and Practice of Banking, Vol. 2 – S. 269; *Halsbury's* Laws of England, Vol. 36 – Para. 114; *Sauveplanne-Diamond*, Security over Corporeal Movables, S. 27.

das Instrument gerade deshalb, um eine Verpfändung auf See befindlicher Waren zu ermöglichen. Im übrigen wird im *common law* ein Pfandrecht an verbrieften Sachen trotz *transfer of the documents* nur begründet, wenn zusätzlich ein *attornment* hinzutritt, d.h. der unmittelbare Besitzer muß damit einverstanden sein, die Sachen nunmehr für den *pledgee* zu verwahren[46].

c) Besondere Formerfordernisse

Die Wirksamkeit des *pledge* hängt nicht von der Beachtung irgendwelcher Formerfordernisse, insbesondere publizitärer Eintragungsmodalitäten, ab. Selbst beim Dokumentenkredit besteht keine Registrierungspflicht, da aufgrund s. 4 *Bills of Sale Act* (1879), ss. 3, 9 *Amendment Act*, 1882, s. 1 *Bills of Sale Act* (1890) *Amendment Act* 1891 ausdrücklich *documents used in the ordinary course of business as proof of the possession or control of goods*, auch wenn sie Sicherungszwecken dienen, von den für *bills of sale* geltenden Formvorschriften freigestellt sind[47]. Dabei muß es sich aber stets um *documents of title* über fremdverwahrte Sachgegenstände handeln[48]. Verwahrer und Verpfänder dürfen nicht identisch sein, denn es soll verhindert werden, daß jemand mittels Traditionspapieren ein heimliches Pfandrecht an den in seinem unmittelbaren Besitz befindlichen eigenen Gegenständen begründet. Hat der *pledgor* also die Waren selbst in Gewahr-

---

[46] *Lord Wright* in Official Assignee of Madras v. Mercantile Bank of India Ltd. [1934] All E.R. Rep. 237, 241f. – "... But where goods were represented by documents the transfer of the documents did not change the possession of the goods, save for one exception, unless the custodier (carrier, warehouseman or such) was notified of the transfer and agreed to hold in future as bailee for the pledgee ... whereas the process of pledging goods on land was regulated by the narrower rule of the common law, and the matter remained stereotyped in the form which it had taken before the importance of documents of title in mercantile transactions was realised. So things have remained in the English law: a pledge of documents is not in general to be deemed a pledge of the goods; a pledge of the documents (always excepting a bill of lading) is merely a pledge of the ipsa corpora of them; the common law continued to regard them as merely tokens of an authority to receive possession, though from time to time representations were made by special juries that in the ordinary practice of merchants transfer of documents were understood to pass possession ..."; *Paget's*, Law of Banking, S. 466; *Halsbury's* Laws of England, Vol. 36 – Para. 114.

[47] *Paget's*, Law of Banking, S. 471; *Bessau*, Zur Anerkennung heimlicher Sicherheiten, S. 93; *Benjamin's* Sale of Goods, Para. 15; *Sauveplanne-Diamond*, Security over Corporeal Movables, S. 33f.

[48] *Paget's*, Law of Banking, S. 467; Dublin City Distillery Ltd. v. Doherty [1914] AC 823, 847.

sam, so genügt die Übergabe eines Traditionspapieres nicht einer wirksamen Pfandrechtsbestellung, vielmehr fällt ein solcher Vorgang in den Anwendungsbereich der *Bills of Sale Acts*.

Sofern die Verpfändungserklärung niedergelegt wird, löst das Gebührenfolgen aus[49]. Die Einhaltung bestimmter Formalien, was aber die Wirksamkeit der Verpfändung im übrigen nicht berührt, schreibt allenthalben der *Pawnbrokers Act* 1872 bzw. 1960 für das Pfandleihgewerbe vor. Das Gesetz betrifft allein *pawnbroker*[50], die in ihrem Geschäftsbetrieb keine Kredite über £ 50 vergeben[51]. Dieser Personenkreis soll Pfandsachen nur gegen Aushändigung eines *pawn-tickets* in Verwahrung nehmen, zudem die Verpfändung in einem Pfandbuch vermerken[52]. Wer dagegen Kreditgeschäfte größeren Umfangs tätigt, gilt als *moneylender*[53]; damit findet sodann der *Moneylenders Act* 1900 Anwendung[54]. Die bisherige Rechtslage hat dadurch die nunmehr am 19. Mai 1985 in Kraft getretenen ss. 114–122 *Consumer Credit Act* 1974, die zur Aufhebung der *Pawnbroker Acts* führten, keine grundlegende Änderung erfahren[55].

d) Inhaltliche Gestaltung, Sicherungsgegenstand

Das *pledge (pawn)*, eines der ältesten Sicherungstypen[56], ist in die Form eines *bailment*[57] *of personal property as a security for some debt or enga-*

---

[49] *Halsbury's* Laws of England, Vol. 36 – Para. 105.

[50] *Earl Jowitt*, Dictionary of English Law, Vol. 2 – [Pawn], S. 1316, the term "pawnbroker" includes every person who carries on business of taking goods and chattels in pawn; vgl. s. 5 Pawnbrokers Act 1872.

[51] *Halsbury's* Laws of England, Vol. 36 – Paras. 155, 156; s. 10 Pawnbrokers Act 1872; s. 1 Pawnbrokers Act 1960.

[52] *Sauveplanne-Diamond*, Security over Corporeal Movables, S. 26; *Halsbury's* Laws of England, Vol. 36 – Para. 156; *Earl Jowitt*, Dictionary of English Law, Vol. 2 – [Pawn], S. 1316.

[53] *Earl Jowitt*, Dictionary of English Law, Vol. 2 – [Money], S. 1187 – "... including every person whose business is that of moneylending, or who advertises or announces himself or holds himself out in any way as carrying on that business but not including a pawnbroker ..."; vgl. s. 6 Moneylenders Act 1900.

[54] *Halsbury's* Laws of England, 36 – Para. 155 Fußn. 7, Para. 159.

[55] Vgl. *Halsbury's* Laws of England, Vol. 36 – Paras. 154, 143ff.; *Halsbury's* Statutes of England and Wales, Vol. 11 – s. 114 CCA notes: Commencement, Sch 3, Para. 39, Sch 5.

[56] *Sauveplanne-Diamond*, Security over Corporeal Movables, S. 25.

[57] *Palmer*, Bailment, S. 1f.; *Halsbury's* Laws of England, Vo. 36 – Para. 1501f.

gement[58] gekleidet. Der *pawnor* (or *pledgor)*, der einem anderen etwas schuldet, übergibt diesem – *pawnee (or pledgee)* genannt – einem ihm gehörenden Gegenstand zur Sicherung jener Verbindlichkeit, den der *pawnee* in Verwahrung nimmt. Juristisch betrachtet verbleibt dem *pledgor* hierbei *the general property (the ownership of a thing)*, während der *pledgee* mit der Sachherrschaft lediglich *a special property (or special interest) in the thing* erwirbt[59].

Im Unterschied zum deutschen Fahrnispfand kommen *pledge*-Bestellungen üblicherweise nur bei übergabefähigen *goods and chattels*, daneben allenfalls noch bei *negotiable instruments*[60] vor, obwohl ebensogut andere Gegenstände einer Verpfändung zugänglich wären[61].

Die Verpfändung dient regelmäßig der Sicherung irgendeiner Schuld oder Forderung, gleich welchen Rechtsgrundes und unabhängig davon, ob es sich um gegenwärtige oder künftige, bedingte oder unbedingte, befristete oder unbefristete Ansprüche handelt[62]. Das *pledge* sichert jeweils die gesamte Forderung in ihrem vorgegebenen Zustand und ist unteilbar[63]. Rechtlich teilt das Pfandrecht das Schicksal der gesicherten Verbindlichkeit insoweit, als mit Tilgung der zugrundeliegenden Forderung für den *pawnee* die Verpflichtung entsteht *to redeliver the property to the pawnor*[64]. Danach erlischt das *pledge*, sobald die gesicherte Verbindlichkeit durch Zahlung oder infolge eines anderen Rechtsgrundes untergeht[65].

---

[58] *Halsbury's* Laws of England, Vol. 36 – Para. 101; *Palmer*, Bailment, S. 88; *Holt, C.J.*, in goggs v. Bernhard (1703) 2 Ld. Raym 909 (913).

[59] *Snell's* Principles of Equity, S. 479; *Halsbury's* Laws of England, Vol. 36 – Para. 103, 123. *Sauveplanne-Diamond,* Security over Corporeal Movables, S. 25; *Stevens & Borrie*, Mercantile Law, S. 377; *Lord Mersey,* in The Odessa [1916] 1 A.C. 145, 158f.

[60] *Halsbury's* Laws of England, Vol. 36 – Para. 106; *Snell's* Principles of Equity, S. 480; *Earl Jowitt*, Dictionary of English Law, Vol. 2 – [Pawn], S. 1315.

[61] Vgl. *Earl Jowitt*, Dictionary of English Law, Vol. 2 – [Pawn], S. 1315 – "... but money, debts, negotiable instruments, choses in action, and indeed any other valuable things of a personal nature, such as patent-rights and manuscripts, may by the common law be delivered in pledge".

[62] *Brink/Habel*, Recht der Kreditsicherheiten, Teil IV: England – S. 140; *Earl Jowitt*, Dictionary of English Law, Vol. 2 – [Pawn], S. 1315.

[63] *Earl Jowitt*, Dictionary of English Law, Vol. 2 – [Pawn], S. 1315.

[64] *Halsbury's* Laws of England, Vol. 36 – Para. 116; *Earl Jowitt*, Dictionary of English Law, Vol. 2 – [Pawn], S. 1315; *Stevens & Borrie,* Mercantile Law, S. 377.

[65] *Earl Jowitt*, Dictionary of English Law, Vol. 2 – [Pawn], S. 1316.

e) Verpfändung durch Nichtberechtigten und Dritterwerberschutz

Das *common law* folgt der römisch-rechtlichen Maxime "*nemo potest plus iuris ad alium transfere quam ipse habet*"[66]. Danach kennt das englische Recht prinzipiell keinen Gutglaubenserwerb. Eine konsequente Verwirklichung des Prinzips würde jedoch ob der durchgängigen Bevorzugung des Beharrungsinteresses vor dem Erwerbsinteresse der Leichtigkeit des Rechtsverkehrs Abbruch tun. Der erstrebte, ausgewogene Verkehrsschutz forderte daher mehr oder weniger starke Durchbrechungen der Regel, die zum Teil auf dem beweisrechtlichen Verwirkungseinwand *(estoppel)* beruhen[67], zum Teil aber auch ein Gebot der Rechtssicherheit darstellen[68].

Der wahre Eigentümer muß sich das von einem Nichtberechtigten bestellte *pledge* nur dann entgegenhalten lassen, wenn er selbst durch sein Verhalten einen zurechenbaren Rechtsschein gesetzt hat – *estoppel-Gedanke-*, aufgrunddessen Dritte an die Berechtigung des Verpfänders glauben durften[69]. Dazu reicht aber allein eine bloße Besitzüberlassung nicht, ebensowenig wie die schlichte Erteilung einer Verkaufsbefugnis[70].

Verbleibt allerdings eine Sache nach Veräußerung und Übereignung weiter im Besitz des Verkäufers, so wirkt eine von ihm vorgenommene Verpfändung auch dem Berechtigten gegenüber, falls der *pawnee* die Sache in gutem Glauben und ohne Kenntnis des zuvor getätigten Veräußerungsgeschäfts erlangt[71]. Das gleiche gilt, wenn dem Käufer schon vor der Übereignung durch Einräumung der tatsächlichen Sachherrschaft die Möglichkeit

---

[66] *Earl Jowitt*, Dictionary of English Law, Vol. 2 – [Nemo], S. 1218f.; *Atiyah*, Sale of Goods, S. 220f.; *Megarry/Wade*, The Law of Real Property, S. 102; *Smith*, Property Problems in Sale, S. 151ff., 168; *Paget's* Law of Banking, S. 463; *Halsbury's* Laws of England, Vol. 9 – Para. 225; Vol. 36 – Para. 110; *Triebel*, Englisches Handels- und Wirtschaftsrecht, S. 55.

[67] *Snell's* Principles of Equity, S. 626 – "The basic idea of estoppel at common law is that of precluding a man from denying the existence of a state of affairs which be has previously asserted".

[68] *Triebel*, Englisches Handels- und Wirtschaftsrecht, S. 55; *Major*, Sale of Goods, S. 42ff.; *Atiyah*, Sale of Goods, S. 223f.

[69] *Brink/Habel*, Recht der Kreditsicherheiten, Teil IV: England – S. 141; *Halsbury's* Laws of England, Vol. 36 – Para. 113.

[70] *Halsbury's* Laws of England, Vol. 36 – Para. 113; *Brink/Habel*, Recht der Kreditsicherheiten, Teil IV: England – S. 141.

[71] *Brink/Habel*, Recht der Kreditsicherheiten, Teil IV: England – S. 141; *Halsbury's* Laws of England, Vol. 36 – Para. 112; *Chalmers'* Sale of Goods, S. 171f.; *Benjamin's* Sale of Goods, Para. 515ff.; vgl. s. 24 Sale of Goods Act 1979.

zu solchen vertragswidrigen Verfügungen gegeben wird[72]. Ein bei Geschäftsabschluß als Stellvertreter fungierender vollmachtsloser *mercantile agent*[73], kann einem Vertragspartner, der auf dessen Vertretungs- und Verfügungsmacht vertraut, ebenfalls ein vollgültiges Pfandrecht verschaffen[74].

Nach reinen *common law*-Grundsätzen könnte ein *mercantile agent* ohne diesbezügliche Vollmacht seinen Geschäftherrn nicht verpflichten, doch haben gesetzliche Bestimmungen explizit Ausnahmen statuiert. In den Fällen nämlich, in denen ein *mercantile agent* mit Billigung des Eigentümers die unmittelbare Sachgewalt über die Waren oder *documents fo title of the goods* ausübt, beansprucht eine von ihm vorgenommene Verfügung, wie z.B. eine Pfandrechtsbestellung, Wirksamkeit bei *acting in the ordinary course of business of a mercantile agent*, die Redlichkeit des Geschäftspartners vorausgesetzt[75].

Es kommt nicht auf die Üblichkeit der getroffenen Verfügung in dem jeweiligen Handelsgewerbe an, wie auch andererseits ein Widerruf des Einverständnisses in den Sachbesitz die Verpfändung nicht ungültig macht, solange der *pawnee* hiervon keine Kenntnis hat[76]. Gleichfalls kann ein Gutglaubenserwerb durch die Tätigkeit eine *mercantile agent who is entrusted with goods for sale on the terms of sale or return*[77] eintreten. Stets bedarf es aber bei allen Rechtsgeschäften einer *consideration*[78], damit das Rechts-

---

[72] *Brink/Habel*, Recht der Kreditsicherheiten, Teil IV: England – S. 141; *Halsbury's* Laws of England, Vol. 36 – Para. 112; *Chalmers'* Sale of Goods, S. 172; *Benjamin's* Sale of Goods, Para. 528ff.; vgl. s. 25 (1) Sale of Goods Act 1979.

[73] *Earl Jowitt*, Dictionary of English Law, Vol. 2 – [Mercenarius], S. 1163 – "defined in s. 1 (1) Factors Act 1889 as a mercantile agent having in the customary course of his business as such agent authority either to sell goods, or to consign goods for the purpose of sale, or to buy goods, or to raise money on the security of goods"; *Benjamin's* Sale of Goods, Para. 515 – "The mere fact that a person is an agent is therefore insufficient to enable him to pass a good title by disposing of the goods"; vgl. auch s. 26 Sale of Goods Act 1979.

[74] *Halsbury's* Laws of England, Vol. 36 – Para. 112.

[75] Vgl. s. 2 Factors Act 1889; *Halsbury's* Laws of England, Vol. 1 – Para. 844; Vol. 36 – Para. 111; *Paget's*, Law of Banking, S. 464; *Benjamin's* Sale of Goods, Para. 494ff.; Lloyds Bank Ltd. v. Bank of America National Trust and Savings Association [1938] 2 All E.R. 63, C.A.; City Fur Manufacturing Co Ltd. v. Fureenbond (Brokers) London Ltd. [1937] 1 All E.R. 799; Astley Industrial Trust v. Miller [1968] 2 All E.R. 36; *Major*, Sale of Goods, S. 44.

[76] *Benjamin's* Sale of Goods, Paras. 500, 503; *Halsbury's* Laws of England, Vol. 36 – Para. 111; *Paget's*, Law of Banking, S. 64.

[77] *Halsbury's* Laws of England, Vol. 36 – Para. 111.

geschäft den Eigentümer bindet[79]. Wirkt die Verpfändung des Nichtberechtigten gegenüber dem wahren Berechtigten, dann muß dieser erst den *pawnee* befriedigen, bevor er wieder uneingeschränkt über sein Eigentum verfügen kann.

Die Beteiligung eines *mercantile agent* als *pledgor* an der im Handelsverkehr gebräuchlichen Dokumentenverpfändung vereinfacht den Bestellungsvorgang, da dann über den Sonderfall des *bill of lading* hinaus allgemein bei Übergabe von *documents of title to the goods* das Erfordernis eines *attornment* entfällt. Es greift nämlich s. 3 *Factors Act* 1889 ein, der ausdrücklich besagt "*a pledge of the document of title to the goods shall be deemed to be a pledge of the goods*"[80]. Das führt allerdings zu den Kuriosum, daß ein Kreditgeber vom *mercantile agent* in Fällen ein *pledge* an den Waren erwirbt, in denen eine Pfandbestellung durch den Eigentümer unter den gleichen Voraussetzungen unwirksam wäre[81].

Während also hinsichtlich der Begründung einer *pledge* durch einen Nichtberechtigten nur ausnahmsweise ein Redlichkeitsschutz eingreift, genießt doch der *pawnee* eines wirksam entstandenen Pfandrechst einen umfänglichen Bestandsschutz, solange er im Besitz der Pfandsache bleibt. Er

---

[78] *Earl Jowitt*, Dictionary of English Law, Vol. 1 – [consideration], S. 456 – "The consideration in a contract, conveyance, or other legal transaction is an act or promise by which some right, interest, profit, or benefit accrues to one party, or by which some forbearance, detriment, loss, or responsibility is given, suffered, of undertaken by the other, and in return for which the party who receives the benefit, or for whom the detriment is suffered, promises or conveys somethings to the other".

[79] *Benjamin's* Sale of Goods, Para. 502; vgl. s. 5 Factors Act 1889.

[80] *Paget's*, Law of Banking, S. 464; *Benjamin's* Sale of Goods, Para. 496; *Holden*, The Law and Practice of Banking, Vol. 2 – S. 302; *Bessau*, Zur Anerkennung heimlicher Sicherheiten, S. 91; *Lord Wright* in Official Assignee of Madras v. Mercantile Bank of India Ltd. [1934] All E.R. Rep. 237, 242 – "...; in the case of such person thus intrusted with possession of the goods or the documents of title to the goods, the possession of the goods or documents of title to the goods was treated in effect as evidence of a right to pledge them, so that parties bona fide and without notice of any irregularity advancing money so such mercantile agents of the goods or documents were held entitled to a good pledge, eventhough such mercantile agent were acting in fraud of the true owner ...".

[81] *Lord Wright* in Official Assignee of Madras v. Mercantile Bank of India Ltd. [1934] All E.R. Rep. 237, 242 – "... Thus the curious and anomalous position was established that a mercantile agent, acting it may be in fraud of the true owner, can do that which the real owner cannot do, that is obtain a loan on the security of a pledge of the goods by a pledge of the documents, without the further process being necessary of giving notice of the pledge to the warehouseman or other custodier and obtaining the latter's attornment to the change of possession".

verfügt mit dem *pledge* nämlich über ein *legal right*, das gegenüber gutgläubigen Dritten weder zurücktritt noch untergeht, sondern unverändert fortwirkt, es sei denn, der Gesetzgeber ordnet für eine bestimmte Fallgestaltung etwas anderes an. Der *pawnee* verliert sein Pfandrecht nicht, selbst wenn ein Dritter die verpfändete Sache vom *pawnor* käuflich erwirbt, da s. 24 *Sale of Goods Act* 1979 keine Anwendung findet.

Schlechter steht der *pawnee* allerdings bei Rückgabe der Pfandsache, weil er dann nur noch ein *equitable right* innehat, das einem gutgläubigen, entgeltlichen Erwerber eines *legal rights* nicht entgegengehalten werden kann[82].

f) Rechtsbeziehungen der Beteiligten

Mit Übergabe der Sache gehen dingliche Teilrechtsbefungnisse in Gestalt des *special property* auf den *pledgee* über[83], die hauptsächlich die Sicherungs- und Befriedigungsfunktion, aber lediglich eine eingeschränkte Nutzungsfunktion beinhalten.

Der *pledgee* darf nur soweit Nutzungen aus dem verpfändeten Gut ziehen, als dadurch Wert und Tauglichkeit der Sache nicht beeinträchtigt werden. Ihm gebühren vornehmlich die natürlichen Sachfrüchte[84]. Werterhöhende Maßnahmen kommen ihm zugute, ferner kann er für durch die Verwahrung veranlaßte Auslagen Ersatz verlangen[85]. Zwar stellt das *common law* keine übertriebenen Sorgfaltsanforderungen an den *pledgee*, es verpflichtet ihn jedoch *to use ordinary care for restoring the pledge*, sonst haftet er dem Eigentümer[86]. Da die Besitzschutzrechte an die tatsächliche Besitzinnehabung anknüpfen, stehen bis zur Schuldtilgung allein dem Pfandnehmer eine *action of trespass*, *detinue* oder *conversion* zu[87]. Schließlich kann der Pfandgläubiger über sein *special property* verfügen, indem

---

[82] *Paget's*, Law of Banking, S. 474; *Holden*, The Law and Practice of Banking, Vol. 2 – S. 290.

[83] *Halsbury's* Laws of England, Vol. 36 – Para. 123.

[84] *Halsbury's* Laws of England, Vol. 36 – Para. 127 Fußn. 1.

[85] *Halsbury's* Laws of England, Vol. 36 – Para. 127.

[86] *Halsbury's* Laws of England, Vol. 36 – Para. 126.

[87] *Halsbury's* Laws of England, Vol. 36 – Para. 122, 124; *Brink/Habel*, Recht der Kreditsicherheiten, Teil IV: England – S. 143.

der das Pfandrecht einem anderen weiterüberträgt[88]. Ebenso ist der Verpfänder zur Veräußerung der Pfandsache berechtigt, allerdings erwirbt der andere Teil dadurch nur pfandbelastetes Eigentum[89]. Falls der *pawnor* als Nichtberechtigter eine fremde Sache verpfändet, haftet er dem *pawnee* aus *implied warranty of title*, eine Täuschung über wesentliche Eigenschaften begründet sogar strafrechtliche Folgen[90].

Bei einer Kreditwährung auf unbestimmte Zeit ist es dem Eigentümer der Pfandsache jederzeit gestattet, das Sicherungsrecht durch Zahlung abzulösen[91]. Dieses *right to redeem* sollte nach einer früheren, nunmehr revidierten Rechtsprechung höchstpersönlicher Natur sein, was eine Rechtsnachfolge ausschloß[92]. Doch hat es nicht allein der Eigentümer in der Hand, darüber zu entscheiden, wann er den geschuldeten Betrag aufbringt. Der *pawnee* kann ihn nämlich in seiner Entscheidungsfreiheit beschneiden, indem er durch Kündigung die gesicherte Forderung fällig stellt. Trägt der Eigentümer dann trotz Mahnung die fällig gewordene Schuld nicht *within a reasonable time* ab, kann der Pfandgläubiger nach vorheriger Anzeige die Verwertung der verpfändeten Sachen betreiben, um sich aus dem erzielten Erlös zu befriedigen[93].

Die gleiche Befugnis besitzt der *pawnee* im Falle eines von vornherein fest vereinbarten Zahlungstermins, wenn der Schuldner bei Eintritt der Fälligkeit seiner Leistungsverpflichtung nicht nachkommt – hier entfällt aber die Pflicht zur vorherigen Ankündigung der Pfandverwertung[94]. Der Gläubiger kann anstatt dessen auch aus dem schuldrechtlichen Anspruch vorgehen. Der Schuldner hat ferner bis zur tatsächlichen Durchführung der

---

[88] *Halsbury's* Laws of England, Vol. 36 – Para. 125.

[89] *Halsbury's* Laws of England, Vol. 36 – Para. 119.

[90] *Halsbury's* Laws of England, Vol. 36 – Paras. 117, 118.

[91] *Halsbury's* Laws of England, Vol. 36 – Para. 120.

[92] *Halsbury's* Laws of England, Vol. 36 – Para. 120 Fußn. 2.

[93] *Brink/Habel*, Recht der Kreditsicherheiten, Teil IV: England – S. 143; *Halsbury's* Laws of England, Vol. 36 – Para. 128; *Sauveplanne-Diamond*, Security over Corporeal Movables, S. 26; *Paget's*, Law of Banking, S. 479; *Sewell v. Burdick* [1881–1885] All E.R. Rep. 223.

[94] *Brink/Habel*, Recht der Kreditsicherheiten, Teil IV: England – S. 143; *Sauveplanne-Diamond*, Security over Corporeal Movables, S. 26; *Halsbury's* Laws of England, Vol. 36 – Para. 128; *Paget's*, Law of Banking, S. 479; *Fry, LJ.*, in Re Richardson, Shillito v. Hobson (1885) 30 Ch D. 396, 403 – "The pawnee would have a right to sell the chattel pawned, either in default of payment at the time fixed, if there be a time fixed, or in default of payment after reasonable notice if no time be fixed"; Deverges v. Sandeman, Clark & Co. [1900–1903] All E.R. Rep. 648.

Verwertung immer die Möglichkeit, durch Ausübung eines *right of redemption* die Veräußerung der Pfandsache zu verhindern[95].

g) Verwertung

Die Realisierung der dinglichen Sicherheit geschieht durch schlichten freihändigen Verkauf der belasteten Sache, der keinen festen Regeln unterliegt. Der Durchführung eines öffentlichen Versteigerungsverfahrens *(sale by public auction)* wie auch der sonstigen Mitwirkung staatlicher Stellen bedarf es nicht.

Die Verkaufsberechtigung des Pfandgläubigers resultiert nicht aus einem *new title of his own*, seine Befugnis basiert vielmehr auf der durch das *pledge* begründeten *agency*[96]. Infolge einer Ermächtigung *by virtue of an implied authority from the pawnor and to the exent of the pawnor's ownership*[97] kann der *pawnee* in Vertretung des Eigentümers mit der Veräußerung der Sache einem Erwerber wirksam den Vollrechtstitel verschaffen[98].

An die Stelle der ursprünglichen Pfandsache tritt nun der dafür entrichtete Kaufpreis. Da die Art und Weise der Verwertung stets den Interessen des *pledgor* Rücksicht tragen muß, hat der *pledgee* auf die Erzielung eines angemessenen Erlöses zu achten. Außerdem darf die Veräußerung der Pfandsache nicht außer Verhältnis zum Wert der noch offenen Pfandforderung stehen[99]. Das vom Käufer gezahlte Entgelt gehört dem Pfandschuldner, soweit nach Befriedigung des *pledgee* davon noch etwas übrig bleibt[100]. Reicht der erzielte Erlös nicht einmal aus, um die gesicherte Verbindlich-

---

95 *Halsbury's* Laws of England, Vol. 36 – Para. 128.

96 *Halsbury's* Laws of England, Vol. 36 – Para. 129; *Sauveplanne-Diamond*, Security over Corporeal Movables, S. 26.

97 *Halsbury's* Laws of England, Vol. 36 – Para. 129.

98 *Sauveplanne-Diamond*, Security over Corporeal Movables, S. 26; *Halsbury's* Laws of England, Vol. 36 – Para. 129.

99 *Halsbury's* Laws of England, Vol. 36 – Para. 129; *Sauveplanne-Diamond*, Security over Corporeal Movables, S. 26.

100 *Halsbury's* Laws of England, Vol. 36 – Para. 129; *Sauveplanne-Diamond*, Security over Corporeal Movables, S. 26; *Brink/Habel*, Recht der Kreditsicherheiten, Teil IV: England – S. 143.

keit zu decken, kann der Pfandgläubiger weiterhin den Pfandgeber in Höhe seines Ausfalls in Anspruch nehmen[101].

Auch im englischen Recht begegnet der Gedanke der "lex commissoria"; das *common law* verfolgt hierbei sogar strengere Grundsätze als das deutsche Recht. Während § 1229 BGB lediglich eine im voraus vor Fälligkeit getroffene Verfallsvereinbarung verbietet – nicht jedoch eine nach Eintritt der Verkaufsberechtigung, versagt das *common law* einer solchen Abrede unabhängig vom Vereinbarungszeitpunkt generell die Wirksamkeit. Mithin gibt das *pledge* kein *right of foreclosure*[102]. Der *pledgee* ist darauf beschränkt, bei Zahlungsunfähigkeit oder -unwilligkeit des Schuldners die Sachverwertung einzuleiten. Dabei darf er auch die Pfandsache nicht einmal selbst erwerben, weil dies eine Interessenkollision mit seiner Funktion als *agent of the debtor* bedeutet[103].

Von der gesetzlichen Rechtslage ergeben sich für das Pfandleihgewerbe sondergesetzliche Abweichungen, die sogar ursprünglich stets ein öffentliches Versteigerungsverfahren *(sale by public auction and not otherwise)* notwendig machten[104]. Auf dieses Erfordernis haben die nunmehr geltenden, seit 19. Mai 1985 in Kraft befindlichen Regelungen der ss. 114–122 *Consumer Credit Act* 1974 verzichtet.

Auch der *pawnbroker* darf jetzt den freihändigen Verkauf betreiben[105]. Ferner hat s. 116 *Consumer Credit Act* 1974 eine *redemption period* eingeführt, innerhalb der das Pfand grundsätzlich abzulösen ist. Soweit die Parteien nichts anderweitig vereinbaren, *is a pawn redeemable at any time within six months after it was taken*[106]. Den Pfandgegenstand muß der *pawnbroker* dann gegen Zahlung der gesicherten Schuld an den Inhaber des *pawn-receipt* herausgeben. Nach Ablauf der *redemption period* braucht je-

---

[101] *Halsbury's* Laws of England, Vol. 36 – Para. 129; *Sauveplanne-Diamond*, Security over Corporeal Movables, S. 26; *Brink/Habel*, Recht der Kreditsicherheiten, Teil IV: England – S. 144.

[102] *Halsbury's* Laws of England, Vol. 36 – Para. 152; *Sauveplanne-Diamond*, Security over Corporeal Movables, S. 26; *Brink/Habel*, Recht der Kreditsicherheiten, Teil IV: England – S. 143.

[103] *Sauveplanne-Diamond*, Security over Corporeal Movables, S. 26.

[104] *Halsbury's* Laws of England, Vol. 36 – Para. 165; *Sauveplanne-Diamond*, Security over Corporeal Movables, S. 26.

[105] Vgl. *Halsbury's* Statutes of England and Wales, Vol. 11 – s. 121 CCA.

[106] *Halsbury's* Laws of England, Vol. 36 – Para. 147; *Halsbury's* Statutes of England and Wales, Vol. 11 – s. 116 CCA.

doch nicht in jedem Fall ein Pfandverkauf erfolgen. Der Gesetzgeber hat, wohl aus praktischen Erwägungen, eine Ausnahme von der üblichen *common law*-Konzeption – keine Verfallsvereinbarung – statuiert, indem er die Säumnis des Schuldners zum Teil mit rechtlichen Sanktionen belegt. Bezogen auf gesicherte Verbindlichkeiten in Höhe von maximal £ 25 ordnet s. 120 *Consumer Credit Act* 1974 an, daß mit Beendigung der *redemption period* das Eigentum am Pfandgut an den *pawnee* fällt[107]. Bei Krediten größeren Umfangs bleibt dagegen eine Verwertung unerläßlich, soweit der *Consumer Credit Act* eingreift, dessen sachlicher Anwendungsbereich *to personal credit agreements by which the creditor provides the debtor with credit not exceeding* £ 15.000 begrenzt ist[108].

h) Rückgabe der Pfandsache – "trust receipt"

Obschon die *common law rule* dahingehend lautet *"that relinquishing possession of goods or the documents of title to them destroys the title underlying the pledge to which they were subject"*[109], findet diese Regel gerade keine Anwendung, wenn der *pledgor* die Pfandsache lediglich vorübergehend *for a specific limited purpose* zurückerhält[110]. Der Umstand unterscheidet das *pledge* merklich vom deutschen Faustpfand, bei dem eine Rückgabe des Pfandguts nach § 1253 BGB zwangsläufig das Erlöschen der dinglichen Sicherheit bedingt. Das englische Recht legt demgegenüber einen großzügigen Maßstab an, indem es das ununterbrochene Fortwirken der publizitären Faktoren nicht zur unerläßlichen Grundvoraussetzung für den Bestand des dinglichen Rechts erhebt. Puplizität muß allein im Zeitpunkt der Bestellung gewährleistet sein, das ist aber auch ausreichend.

---

107 *Halsbury's* Statutes of England and Wales, Vol. 11 – s. 120 CCA; *Halsbury's* Laws of England, Vol. 36 – Para. 150.

108 *Halsbury's* Laws of England, Vol. 36 – Para. 143; *Halsbury's* Statutes of England and Wales, Vol. 11 – s. 8 CCA.

109 *Paget's*, Law of Banking, S. 473f.

110 *Paget's*, Law of Banking, S. 474; *Snell's* Principles of Equity, S. 480; *Halsbury's* Laws of England, Vol. 36 – Para. 116; *Chitty*, On Contracts, Vol. II – Para. 2426; *Sauveplanne-Diamond*, Security over Corporeal Movables, S. 27; *Lord Herschell, LJ.*, in North Western Bank Ltd. v. John Poynter, Son and Mac Donalds [1891–1894] All E.R. Rep. 754, 757 – "There can be no doubt that the pledgee might hand back to the pledgor, as his agent for the purpose of sale, as was done in this case, the goods he had pledged without in the slightest degree diminishing the full force and effect of his security".

Das englische Recht hat somit die Konzeption eines reinen Besitzpfandrechts keineswegs konsequent durchgehalten, denn das vorhandene Sicherungsinstitut zeigt metamorphe Züge. Trotz der Struktur eines Besitzpfandes kann das *pledge* zeitweise ohne weiteres die Gestalt eines besitzlosen Pfandrechts annehmen. Diese scheinbar institutionelle Ambivalenz kommt praktischen Bedürfnissen entgegen, da es dadurch wenigstens vorübergehend möglich wird, die verpfändete Sache der Obhut des Sicherungsgebers anzuvertrauen.

Maßgebliche Beachtung beansprucht insoweit eine Entscheidung des *Court of Common Pleas* aus der ersten Hälfte des 19. Jahrhunderts[111]. Dort hatte ein Kapitän vor Reisebeginn seinen Chronometer an die Schiffseigner unter der Bedingung verpfändet, daß er ihm aber für die bevorstehende Fahrt zum Gebrauch überlassen werde. Nach Rückkehr verpfändete er unter Verstoß seiner vertraglichen Verpflichtungen den Chronometer erneut an einen redlichen Dritten. Das Gericht verneinte im Ergebnis einen Rechtserwerb des Dritten, weil es das Pfandrecht der Schiffseigener trotz Rückgabe noch für bestehend erachtete[112]. Inwieweit die Besonderheiten des Falles – einerseits arbeitsvertragliche Beziehungen zwischen den Pfandparteien einerseits – Lagerung des Chronometers auf einem den Pfandnehmern gehörenden Schiff – die Entscheidungsfindung beeinflußten, läßt sich allerdings nicht sagen.

1894 lag dem *House of Lords* ein aus Schottland stammender Fall[113] vor, in dem es um die Zwischenfinanzierung eines Warengeschäfts ging. Ein Händler erwirkte zur Ausführung eines Liefergeschäfts von der klagenden Bank einen entsprechenden Kredit gegen eine Verpfändung des über die Ware ausgestellten *bill of lading*. Später erhielt er das Dokument wieder zurück mit der Ermächtigung, die verpfändeten Sachen zugunsten der Bank einzulagern und *in the ordinary course of business* zu veräußern. In dem anschließenden Rechtsstreit machte die klagende Bank einen Anspruch auf

---

[111] Reeves v. Capper and another [1835–1842] All E.R. Rep. 164.

[112] *Tindel, L.J.*, in Reeves v. Capper and another [1835–1842] All E.R. Rep. 164, 166 – "During the continuance of the voyage, and when the voyage terminated, the possession of Captain Wilson was the possession of Messrs. Capper, just as the possession of a plate by a butler is the possession of the master; and the delivery over to the plaintiff was, as between Captain Wilson and the defendants a wrongful act, just as the delivery over of the plate by the butler to a stranger would have been; and could give no more right to the bailee than Captain Wilson had himself".

[113] North Western Bank Ltd. v. John Poynter, Son and MacDonalds [1891–1894] All E.R. Rep. 754.

den erzielten Erlös geltend. Das Gericht entschied zu ihren Gunsten, denn seines Erachtens bestand das Pfandrecht ungeachtet der Papierrückgabe fort und erstreckte sich auf den Erlös.

Ausschlaggebend für das Obsiegen der Bank waren die konkreten Umstände der Dokumentenbegebung. Der Händler, *pledgor*, hatte in einer Urkunde schriftlich den Empfang des Sicherungsguts bestätigt und versprochen, es in ihrem Namen zu verwahren sowie einen durch Verkauf erlangten Erlös stellvertretend für sie entgegenzunehmen und alsbald an sie abzuführen. Diese Urkunde, die die Bank im Austausch für den *bill of lading* erhielt, diente gleichsam als Beweis dafür, daß ein Fortbestehen des *pledge* von den Parteien gewollt war und die Rückgabe der Papiere nur zu einem vorübergehenden, näher bezeichneten Zweck erfolgen sollte. Für ein solches Dokument, das ein Treuhandverhältnis begründet und insoweit den *pledgor* zum *bailee* des als *bailor* in Erscheinung tretenden *pledgee* werden läßt, verwendet der Rechtsverkehr die Bezeichnung *letter of trust* oder *trust receipt*[114].

Der *letter of trust*, der entscheidend zur Fortbildung des schlichten *common law pledge* beigetragen hat, kommt in seinen Wirkungen lediglich einem *equitable assignment* gleich[115], da die Rechtsinhaberschaft das *pledge* mangels Publizität nach außen hin im Rechtsverkehr nicht mehr erkennbar wird. Ein mittels *letter of trust* aufrechterhaltenes *pledge* entfaltet im wesentlichen volle Wirksamkeit nur inter partes, Außenstehenden gegenüber bedeutet jedoch die willentliche Ausschaltung publizitärer Faktoren eine latente Gefährdung des Pfandgläubigers, denn seine Rechtsstellung droht bei vertragsuntreuem Verhalten des Pfandschuldners aufgrund Gutglaubenserwerb verlorenzugehen[116]. Die Schutzbedürftigkeit ahnungsloser Dritter überwiegt das Beharrungsinteresse des *pledgee*, schließlich setzt er selbst durch die Rückgabe der Pfandsache im Rechtsverkehr einen durch die tatsächliche Besitzinnehabung ausgewiesenen Rechtsschein einer unumschränkten Verfügungsmacht des *pledgor*. Allerdings dürfen auch die das *pledge* beeinträchtigenden Gefahren nicht überschätzt werden, zumal es

---

114 *Paget's*, Law of Banking, S. 473f.; *Holden*, The Law and Practice of Banking, Vol. 2 – S. 290; *Chitty*, On Contracts, Vol. II – Para. 2712; *Benjamin's* Sale of Goods, Para. 1522ff.; *Sauveplanne-Diamond*, Security over Corporeal Movables, S. 29.

115 *Paget's*, Law of Banking, S. 474.

116 *Paget's*, Law of Banking, S. 474; *Benjamin's* Sale of Goods, Para. 1524; *Holden*, The Law and Practice of Banking, Vol. 2 – S. 290; *Chitty*, On Contracts, Vol. II – Para. 2712; *Snell's* Principles of Equity, S. 480.

sich meistens um eine kurzfristige Besitzrückgabe zum Zweck alsbaldiger Refinanzierung handelt. Dennoch sollte natürlich ein umsichtiger Kreditgeber ein *trust receipt* nur dann akzeptieren, wenn die Integrität des Schuldners außer Zweifel steht[117].

Welche Gefahren aus der Rückgabe der Pfandsache resultieren, verdeutlicht ein Urteil des *Court of Appeal* aus dem Jahr 1938[118]. Der *pledgor*, dem die klagende Bank die verpfändeten *bills of lading* gegen Ausstellung eines *trust receipts* zurückgab, verpfändete daraufhin die Dokumente durch Besitzübergabe an die beklagte, insoweit redliche Bank. Das Gericht vertrat die Auffassung, daß die Beklagte aufgrund der Bestimmungen des *Factors Act* 1889 gutgläubig ein vorrangiges Recht erworben hatte.

Die entscheidenden Argumente lieferte *Sir Wilfried Greene*, M.R., indem er den Terminus *owner* in s. 2 (1) *Factors Act* 1889 nicht nur auf den formalen Eigentümer bezog, sondern in einem weiteren Sinn verstand *"as including the person controlling the goods in the sense that no disposition could be made without his consent"*[119]. Nachdem er zunächst in seinen Erläuterungen in einem ersten Schritt eindrücklich darzulegen wußte, daß die Gesamtheit der Eigentümerbefugnisse sich mitunter auf verschiedene Personen verteilt, weshalb der Begriff *owner* durchaus eine Mehrheit von Personen erfassen könne, formulierte er in einem zweiten Schritt die das Richterkollegium überzeugende These, daß in Verhältnis zum formalen Eigentümer allein der dingliche Berechtigte als *owner* angesehen werden müsse[120]. Demgegenüber wurde die andere, primär zu beantwortende

---

[117] *Holden*, The Law and Practice of Banking, Vol. 2 – S. 291.

[118] Lloyds Bank. Ltd. v. Bank of America National Trust and Savings Association [1938] 2 All E.R. 63.

[119] *Paget's*, Law of Banking, S. 465; *Sir Wilfried Greene*, M.R., in Lloyds Bank, Ltd. v. Bank of America National Trust and Savings Association [1938] 2 All E.R. 63, 70 – "... The section, therefore, upon its face is contemplating that the person it describes as the "owner" will be the person in a position to give express authority with regard to the dealing in question ... One person may have the right to possession, which is one of the right incident to ownership, and another person may have all the other rights incident to ownership ... It seems to me that, where the right of ownership has become divided among two or more persons in such a way that the acts which the section is contemplating could never authorised save by both or all of them, those persons together constitute the owner. If it is with the consent of those persons that the mercantile agent is in possession of the documents, then he is in possession of the documents with the consent of the owner within the meaning of the section ...".

[120] *Sir Wilfried Greene*, M.R., in Lloyds Bank, Ltd. v. Bank of America National Trust and Savings Association [1938] 2 All E.R. 63, 71 – "... it is perfectly true ... that the pledgor obtained possession of the documents in contemplation of a sale which was to some extent

Frage, ob ein *pledgor* durch einen *letter of trust* überhaupt zu einem *mercantile agent* werden kann, in den Erörterungen kaum problematisiert, vielmehr ohne weiteres angenommen[121]. Mithin griffen unter den konkreten Umständen zugunsten der Beklagten die Voraussetzungen eines Redlichkeitserwerbs nach s. 2 (1) *Factors Act* ein.

Damit verbleiben einem Kreditgeber, der die Pfandsache gegen Ausstellung eines *trust receipt* zurückgibt, bei Vertragsuntreue des anderen Teils allein schuldrechtliche Ansprüche, was ihm aber bei fehlender Zahlungsliquidität wenig nützt. Besser steht er allenfalls, solange ein abzuführender Erlös noch unterscheidbar von dem übrigen Vermögen vorhanden ist, denn an dem Surrogat setzt sich sein Pfandrecht fort[122].

Durch die Billigung eines *letter of trust* hat das englische Recht die Publizität beim *pledge* abdingbar gestaltet. Die geänderten Besitzverhältnisse weisen den *pledgee* nicht mehr als Rechtsinhaber aus; das Publizitätsmittel *"Besitz"* findet auch keine Ersetzung durch andere publizitäre Faktoren. Eine Registrierungspflicht entfällt deshalb, weil der *letter of trust* selbst kein neues, eigenständiges Sicherungsrecht kreiert, sondern allenthalben dazu dient, ein bereits existentes *pledge* zu perpetuieren[123]. Erscheint

---

in his own interest, and which would affect his own title as pledgor, and to that extent may be regarded as intending to act as a principal in the transaction, but I find in the section nothing which excludes from the case contemplated the case where the mercantile agent himself has got some interest in the property with which he is dealing. It seems to me that one may have a case, and, for all I know, it may be a common case, where a person who is himself a mercantile agent has, in combination with somebody else, the ownership of goods ... It seems to me quite impossible to say that, where such a mercantile agent is allowed to have possession of the goods with the consent of the other person interested, for the purpose of selling, the section does not apply because the mercantile agent himself has also got some interest which must be brought in order to give a purchaser a complete title ... In such a case, the possession would be referable in part to the mercantile agent's own interest and in part to the consent of the person having the residuary interest, who in combination with the agent would be owner for the purpose of the section ...".

[121] *Sir Wilfried Greene*, M.R., in Lloyds Bank, Ltd. v. Bank of America National Trust and Savings Association [1938] 2 All E.R. 63, 72, 73 – "... It seems to me that the case, looked at in that way, is a clear one of an authority given to a mercantile agent who is employed in that capacity for that purpose within the meaning of the section. I do not think it necessary to go further into the question as to the meaning of the words "mercantile agent" in connection with the particular circumstances of this case, because I think that the argument to which I have just referred relating to the trust receipt is really the substantial argument that is put forward in opposition to the view that Strauss & Co. Ltd. were mercantile agents ...".

[122] *Benjamin's* Sale of Goods, Para. 1524; *Drobnig*, Trust Receipt, RabelsZ 26 (1961), 401, 415.

durchaus schon zweifelhaft, ob aus diesem Grund das *trust receipt* überhaupt als *bill of sale* betrachtet werden kann, auf jeden Fall aber wird es von s. 4 *Bills of Sale Act* 1878 erfaßt, der *documents used in the ordinary course of business as proof of the possession or control of goods* von dem Wirksamkeitserfordernis der Eintragung freistellt[124]. Ebensowenig bedarf es einer Registrierung nach s. 396 (1) (e) *Companies Act* 1985 (= s. 95 (2) *Companies Act 1948) as a charge on the book debts of the company*, wenn der Verpfänder eine Gesellschaft ist[125].

i) Zwangsvollstreckung und Konkurs

Das *pledge* entfaltet schließlich als dingliches Recht Drittwirksamkeit, was zu den unabdingbaren Funktionsweisen eines tauglichen Sicherungsrechts gehört. Andere Gläubiger des *pledgor* können daher im Wege der Zwangsvollstreckung nicht die Rechte des *pledgee* beeinträchtigen. Eine Beschlagnahme des Pfandgutes aufgrund eines gegen den Pfandschuldner erwirkten Titels scheidet aus, solange nicht der Pfandgläubiger für seine persönliche Forderung befriedigt ist[126]. Der Schutz des *pledgee* vor Rechts--verlusten durch Zugriffe ungesicherter Gläubiger wird damit zureichend gewahrt; das gilt im übrigen auch, wenn ein *letter of trust* ausgestellt wurde. Richtet sich dagegen die *execution* gegen den *pawnee* selbst, darf zwar in das Pfandgut vollstreckt werden, eine Verwertung ist jedoch erst

---

[123] *Paget's*, Law of Banking, S. 474; *Chitty*, On Contracts, Vol. II – Para. 2713; *Benjamin's* Sale of Goods, Para. 1525; *Sauveplanne-Diamond*, Security over Corporeal Movables, S. 30; *Astbury, J.*, in Re David Allester, Ltd. [1922] All E.R. Rep. 589, 591f. – "... The document in question was merely an acknowledgment by the company of the authority by which the bank authorised the company to sell the goods. The rights of the bank did not arise under this documents which only recorded the terms under which the pledgors were to sell and hold the proceeds in trust for the pledgees, and, therefore, it did not require registration ... Here the security already existed, and the document was only an authority to the pledgor to sell ...".

[124] *Sauveplanne-Diamond*, Security over Corporeal Movables, S. 30; *Benjamin's* Sale of Goods, Para. 1525; *Chitty*, On Contracts, Vol. II – Para. 2713; *Paget's*, Law of Banking, S. 471, 474; Re David Allester, Ltd. [1922] All E.R. Rep. 589, 591.

[125] *Chitty*, On Contracts, Vol. II – Para. 2713; *Benjamin's* Sale of Goods, Para. 1525; Re David Allester, Ltd. [1922] All E.R. Rep. 589, 591.

[126] *Halsbury's* Laws of England, Vol. 17 – Para. 483; Vol. 36 – Para. 133; North Western Bank Ltd. v. John Poynter, Son and MacDonalds [1891–1894] All E.R. Rep. 754; *Brink/Habel*, Recht der Kreditsicherheiten, Teil IV: England – S. 145.

nach Fälligkeit zulässig, sofern der *pawnor* nicht rechtzeitig von seinem *right to redeem* Gebrauch macht[127].

Im Konkurs des *pawnee* entstehen dem *pawnor* keine rechtliche Nachteile. Die weiterhin ihm gehörende Pfandsache fällt nicht in die Konkursmasse, denn *the general rule is that the trustee in bankruptcy takes no better title to property than the bankrupt himself had*[128]. Freilich entzieht die *bankruptcy order* dem Gemeinschuldner die "*universitas juris*"[129] am Gesamtvermögen (s. 284 *Insolvency Art* 1986), zur gemeinschaftlichen Befriedigung aller persönlichen Gläubiger dient allein das Vermögen *belonging to or vested in the bankrupt at the commencement of the bankruptcy* (s.283 (1) (a) *Insolvency Art* 1986)[130]. Stets bleiben fremde Sachen, an denen der Gemeinschuldner kein Eigentum besitzt, der Generalvollstreckung durch die Konkursgläubiger entzogen; das gilt insbesondere für im Besitz des bankrotten *pawnee* befindliches Pfandgut, da lediglich das beschränkte dingliche Recht an der Sache auf den *trustee* übergeht[131]. Die pfandrechtliche Verwertung zugunsten der Konkursgläubiger darf erst betrieben werden, wenn der *pawnor* nicht rechtzeitig die gesicherte Forderung ablöst.

Mit der Neufassung des Konkursrechts erübrigt sich eine Problematisierung der früher relevanten Frage, ob der besitzende Gemeinschuldner aufgrund der tatsächlichen Sachinnehabung im Rechtsverkehr als *reputed owner* erscheint, mit der Folge, daß dann, sofern eine *rebuttal of reputation of ownwership* nicht eingriff, die fremde Sache in die Konkursmasse gezogen wurde. Die Insolvenzreform im Jahr 1986 hat diese *reputed ownership clause* (s. 38 (c) *Bankruptcy Act* 1914), eine Sonderheit des bisherigen englischen Rechts im Konkurs von *individual persons*, beseitigt[132].

Ebenso läßt im umgekehrten Fall eine Konkurseröffnung über das Vermögen des Verpfänders die dingliche Rechtsstellung des Pfandgläubigers

---

[127] *Halsbury's* Laws of England, Vol. 17 – Para. 477; Vol. 36 – Para. 133.

[128] *Halsbury's* Laws of England, Vol. 3 – Para. 594; *Williams and Muir Hunter*, The Law and Practice in Bankruptcy, S. 247f.

[129] *Williams and Muir Hunter*, The Law and Practice in Bankruptcy, S. 247.

[130] *Halsbury's* Laws of England, Vol. 3 – Para. 591; *Halsbury's* Laws of England, Cumulative Supplement 1987 Part 1. Vol. 3 – S. 23; *Halsbury's* Laws of England, Annual Abridgment 1986, S. 43.

[131] *Brink/Habel*, Recht der Kreditsicherheiten, Teil IV: England – S. 146.

[132] *Halsbury's* Laws of England, Cumulative Supplement 1987 Part 1, Vol. 3 – S. 23; *Halsbury's* Laws of England, Annual Abridgment 1986, S. 43.

unberührt, denn das Pfandgut gelangt nicht in die Konkursmasse. Er hat die Wahl, ob er seine Sicherheit unabhängig vom Konkursverfahren nach den auch sonst geltenden Verwertungsregeln realisiert oder stattdessen ihren Wert im Konkurs beziffern will; abgesehen davon kann er natürlich auch, was meistens unzweckmäßig sein dürfte, auf das Pfandrecht verzichten und als einfacher Konkursgläubiger am Verfahren teilnehmen[133].

Gleich welchen der beiden alternativ genannten Wege er nun beschreitet, eine anzumeldende Konkursforderung erwächst ihm nur, soweit der gesicherte Anspruch nicht vollständig durch den Wert der dinglichen Sicherheit gedeckt ist. Falls er die verpfändeten Sachen wertmäßig in Rechnung zu stellen sucht, kann der *trustee*, nachdem ein ermittelter Schätzwert durch die Gläubigerversammlung bestätigt wurde, ihn innerhalb von 28 Tagen zur Freigabe der Sicherheit gegen Zahlung dieses Schätzpreises zuzüglich 20 % auffordern[134]. Umgekehrt hat der *pawnee* jederzeit die Möglichkeit, mit schriftlicher Anzeige vom *trustee* eine Erklärung darüber zu verlangen, ob er eine Auslösung des Pfandes beabsichtigt. Nach fruchtlosem Ablauf einer sechsmonatigen Erklärungsfrist verliert der *trustee* sein *right to redeem*, und der Pfandgegenstand verfällt dem *pawnee*[135].

2. Hypothecation

a) Art der Bestellung

Mit der *hypothecation* hat die englische Rechtspraxis ein besitzloses Sicherungsrecht geschaffen, über dessen rechtliche Konstruktion im einzelnen manches im Unklaren liegt[136], das aber wohl im Zuge wachsender, internationaler Handelsverflechtungen aus dem mittels *letter of trust* bereits denaturierten Faustpfand entstanden sein dürfte.

Das *trust receipt* ermöglicht zwar auch eine Verpfändung unter Abkehr vom strengen Besitzerfordernis, doch nur insoweit als es um die Perpetuie-

---

[133] *Williams and Muir Hunter*, The Law and Practice in Bankruptcy, S. 528ff.; *Halsbury's* Laws of England, Vol. 3 – Paras. 791ff.

[134] *Halsbury's* Laws of England, Vol. 3 – Para. 792; *Williams and Muir Hunter*, The Law and Practice in Bankruptcy, S. 520f.

[135] *Halsbury's* Laws of England, Vol. 3 – Paras. 793, 797; *Williams and Muir Hunter*, The Law and Practice in Bankruptcy, S. 530.

[136] *Drobnig*, Trust Receipt, RabelsZ 26 (1961), 401, 413.

rung eines schon existenten *pledge* geht. Obwohl die Anforderungen an die Besitzübergabe bei der Verpfändung nicht allzu hoch gesteckt sind, zumal der Dokumentenkredit noch für zusätzliche Erleichterungen sorgt, scheidet dennoch mitunter eine Pfandbestellung mangels jedweder besitzrechtlichen Sachbeziehung aus. Meistens handelt es sich um Importgeschäfte, bei denen ein unterkapitalisierter Importeur die erst noch zu erwerbenden Waren schon vor der Verschiffung sicherungsbelasten muß, um die Finanzierung des Geschäfts zu gewährleisten.

Dieses durch die Gegebenheiten des Wirtschaftsverkehr hervorgerufene Sicherungsbedürfnis führte in der Judikative zur Entwicklung des Rechtsinstitutes der *hypothecation*, für das charakteristisch ist, daß es weder Eigentum noch Besitz an den Sicherungsgegenständen auf den Sicherungsnehmer überträgt[137]. Stattdessen wird ihm ein besitzunabhängiges, beschränkt dingliches Recht an der Sache eingeräumt, das die Konzeption eines besitzlosen Pfandrechts zeigt.

Die Begründung der *hypothecation* verlangt neben dem willentlichen Moment einer Sicherungsvereinbarung die Ausstellung einer Urkunde, des sogenannten *letter of hypothecation*, in der der Sicherungsgeber verspricht, das Pfandgut eigenhändig oder durch einen anderen im Interesse des Sicherungsnehmers aufzubewahren, unabhängig davon, ob er die Waren bereits im Besitz hat oder erst noch erhalten soll[138]. Bei Umsatzgütern verpflichtet er sich darüber hinaus, den künftigen Erlös anstelle der verpfändeten Sachen treuhänderisch zu verwahren und zur Tilgung des Kredits zu verwenden sowie etwa ausgegebene *documents of title* unverzüglich an ihn weiterzuleiten.

Der *letter of hypothecation* selbst bedarf schließlich noch der Aushändigung an den Sicherungsnehmer, dem er zugleich zum Nachweis seiner dinglichen Rechtsposition dient. Auf diese Weise wird in Auswirkung der rechtsgeschäftlichen Vereinbarung ein *bailment* zwischen den Sicherungsparteien gegründet, aufgrund dessen der Sicherungsgeber nunmehr als *bailee* des Sicherungsnehmers in Erscheinung tritt[139].

---

[137] ***Paget's***, Law of Banking, S. 469; ***Holden***, The Law and Practice of Banking, Vol. 2 – S. 295.

[138] ***Paget's***, Law of Banking, S. 469; ***Holden***, The Law and Practice of Banking, Vol. 2 – S. 298; ***Brink/Habel***, Recht der Kreditsicherheiten, Teil IV: England – S. 137.

[139] ***Paget's***, Law of Banking, S. 469; ***Gutteridge/Megrah***, The Law of Bankers' Commercial Credits, S. 141.

Die *hypothecation* entbehrt jedweden publizitären Faktoren. Zu ihrer Entstehung genügt allein eine zweiseitige, im *letter of hypothecation* niedergelegte Vereinbarung der Kreditparteien, auf einen äußerlich für Dritte wahrnehmbaren Vorgang der Kundbarmachung wird institutionell verzichtet. Weder hängt die Wirksamkeit der Bestellung von einer sichtbaren Änderung der Besitzlage am Sicherungsgut ab, noch ist die Veränderung des rechtlichen Zuweisungsgehalts an der Sache in einem öffentlichen Register eintragungsbedürftig, noch muß, falls das Pfandgut bei einem Dritten lagert, diesem die Verpfändung angezeigt werden[140]. Die Begründung des dinglichen Rechts vollzieht sich vielmehr heimlich, ohne daß Außenstehenden der sachenrechtliche Vorgang zur Kenntnis kommt. Die Aushändigung des *letter of hypothecation* vermag keine irgendwie geartete Publizität zu erzeugen.

b) Inhaltliche Gestaltung

Maßgebliche Beachtung für die Frage der inhaltlichen Ausgestaltung verdient eine Entscheidung des *Court of Appeal* aus dem Jahr 1905[141], die eine bereits im Ansatz vorhandene Judikatur[142] grundlegend verfestigte. Händler hatten ihrer Bank für einen Kredit eine Sicherheit an ihnen gehörenden, aber momentan bei Bleichern befindlichen Stoffen bestellt; indem sie eine als *letter of lien* bezeichnete Urkunde, die die Formulierung *"as security for this advance we hold on your account and under lien to you the undermentioned goods in the hands of ..."* enthielt, zusammen mit den *bleachers' receipts for the goods* übergaben[143]. Von dieser Transaktion benachrichtigte die Bank ausdrücklich die Bleicher.

Mit der erhobenen Klage reklamierte die Bank das ihr eingeräumte dingliche Recht an den schuldnereigenen Sachen. Dem Umstand der zusätzlichen Inkenntnissetzung der stoffverarbeitenen Bleicher maß das Gericht keine Entscheidungserheblichkeit bei, sondern hielt die Sicherheit unabhän-

---

[140] *Holden*, The Law and Practice of Banking, Vol. 2 – S. 298; Re Hamilton, Young & Co., Ex parte Carter [1905] 2. K.B. 772; Official Assignee of Madras v. Mercantile Bank of India Ltd. [1934] All E.R. Rep. 237, 244.

[141] Re Hamilton, Young & Co., Ex parte Carter [1905] 2. K.B. 772.

[142] Vgl. Official Assignee of Madras v. Mercantile Bank of India Ltd. [1934] All E.R. Rep. 237, 244; *Paget's*, Law of Banking, S. 470; *Holden*, The Law and Practice of Banking, Vol. 2 – S. 297f.

[143] *Holden*, The Law and Practice of Banking, Vol. 2 – S. 298.

gig davon für wirksam[144]. Richterliche Aufmerksamkeit beanspruchte stattdessen das Publizitätserfordernis bei sachenrechtlichen Rechtsvorgängen. Im Mittelpunkt der Erörterungen stand konkret das diffizile Problem, inwieweit ein solches von den Parteien intendiertes besitzloses Pfandrecht bar publizitärer Elemente vor der Rechtsordnung Bestand haben kann.

Ausschlaggebend war hierbei die rechtliche Qualifizierung der von den Parteien verwendeten *letter of lien.* Galten diese nämlich als *bills of sale,* so unterfielen sie grundsätzlich der Registrierungspflicht nach den *Bills of Sale Acts* 1878, sofern nicht eine der dort normierten Ausnahmen eingriff. Bislang hatten die Gerichte in früheren Urteilen keinen Anlaß gehabt, diesen Punkt eindeutig zu klären, weil die ursprüngliche Fassung der Legaldefinition nur solche Urkunden zu *bills of sale* erklärte, die entweder (1) eine Übereignung von *personal chattels* oder (2) eine Besitzübertragung von *personal chattels* zu Sicherheitszwecken zum Gegenstand hatten[145].

Erst die Gesetzgebung des Jahres 1878 brachte eine Ausdehnung auf *"agreements by which a right in equity to any personal chattels, or to any charge or security thereon, is to be conferred"*[146]. Der *Court of Appeal* kam zwar nicht umhin, die *letters of lien* als *bills of sale* einzuordnen, verneinte aber trotzdem eine Registrierungspflicht mit der Begründung, daß es sich hierbei um *documents used in the ordinary course of business as proof of the possession or control of goods* gemäß der Ausnahmeregelung ins s. 4 *Bills of Sale Act* 1878 handle[147]. Seiner Auffassung zufolge erbringen *letters of lien (bzw. hypothecation)* Beweis für normale laufende Handelskreditgeschäfte, wie sie alltäglich in den großen Handelszentren abgewickelt werden. Ungeklärt bleibt allerdings, inwieweit dieses Ergebnis auf verfahrensrechtlichen Säumnissen beruhte, denn das Gericht hatte einen Beweisantrag der Beklagtenseite, der auf Widerlegung eines solchen Handelsbrauchs zielte, als instanzenmäßig verspätet abgelehnt[148]. Dessen ungeachtet wurde jedenfalls die Richtigkeit der Entscheidung selbst niemals ange-

---

[144] *Holden*, The Law and Practice of Banking, Vol. 2 – S. 298; Official Assignee of Madras v. Mercantile Bank of India Ltd. [1934] All E.R. Rep. 237, 244.

[145] *Halsbury's* Laws of England, Vol. 4 – Paras. 604, 613.

[146] *Halsbury's* Laws of England, Vol. 4 – Para. 613.

[147] Re Hamilton, Young & Co., Ex parte Carter [1905] 2. K.B. 772; Official Assignee of Madras v. Mercantile Bank of India Ltd. [1934] All E.R. Rep. 237, 244; *Paget's*, Law of Banking, S. 469f.; *Holden*, The Law and Practice of Banking, Vol. 2 – S. 298; *Halsbury's* Laws of England, Vol. 4 – Paras. 635, 650; *Gutteridge/Megrah*, The Law of Bankers' Commercial Credits, S. 144f.

[148] *Holden*, The Law and Practice of Banking, Vol. 2 – S. 299.

zweifelt; so hat der *Privy Council* später in einem Urteil aus dem Jahr 1934 diese Judikatur vielmehr fortgeführt und bestätigt[149]. Nichts anderes gilt bei einer Urkundenbegebung durch eine *company* s. 396 (1) (e) *Companies Act* 1985 (= s. 95 (2) (e) *Companies Act* 1948)[150] begründet insoweit auch keine Registrierungspflicht. Die Zulässigkeit und Gültigkeit dieses publizitätslosen Pfandrechts ist mithin heutzutage im englischen Rechtsleben fraglos anerkannt[151].

Obgleich damit unbestritten gesetzliche Regristrierungsvorschriften nicht eingreifen, herrscht in der Praxis aber dennoch Rechtsunsicherheit, welche Anforderungen an eine Verpfändungsurkunde im einzelnen zu stellen sind, damit sie eindeutig als *documents used in the ordinary of business as proof of the possession or control of goods* gilt[152]. Mangels einer abschließenden richterlichen Klärung tendieren Kreditgeber zur Vermeidung unnützer Risiken vielfach dahin, sich eng an die urkundlichen Formulierungen im *Hamilton Young case* anzulehnen. Damit entgeht man der Gefahr, daß der Verpfändung trotz sorgfältiger Wortwahl später aufgrund tatsächlicher Zufälligkeiten die Wirksamkeit versagt bleibt, weil die Gerichte in der verwendeten Urkunde einen registrierungspflichtigen *bill of sale* sehen[153]. Solche schwer kalkulierbaren Unwägbarkeiten haben natürlich eine Verbreitung der *hypothecation* im Kreditverkehr gehemmt.

Andere Gegebenheiten sind demgegenüber im Import- und Überseehandel anzutreffen, denn s. 4 *Bills of Sale Act* 1878 entbindet ausdrücklich *bills of sale of goods in foreign parts or at sea* von dem sonst zu beachtenden Eintragungserfordernis[154]. Aufgrund dieser Erleichterung für internationale Warengeschäfte in Form eines pauschalen Publizitätsverzichts konnte die

---

[149] Official Assignee of Madras v. Mercantile Bank of India Ltd. [1934] All E.R. Rep. 237, 244; *Holden*, The Law and Practice of Banking, Vol. 2 – S. 298.

[150] Re David Allester, Ltd. [1922] All E.R. Rep. 589, 591; *Gutteridge/Megrah*, The Law of Bankers' Commercial Credits, S. 144ff.; *Triebel*, Englisches Handels- und Wirtschaftsrecht, S. 77; *Paget's*, Law of Banking, S. 474; *Gough*, Company Charges, S. 285.

[151] *Paget's*, Law of Banking, S. 469; *Holden*, The Law and Practice of Banking, Vol. 2 – S. 298f.

[152] *Holden*, The Law and Practice of Banking, Vol. 2 – S. 299.

[153] *Holden*, The Law and Practice of Banking, Vol. 2 – S. 296.

[154] *Holden*, The Law and Practice of Banking, Vol. 2 – S. 297; *Halsbury's* Laws of England, Vol. 4 – Para. 636; *Brink/Habel*, Recht der Kreditsicherheiten, Teil IV: England – S. 137.

hypothecation im Bereich der Außenhandelsfinanzierung als Sicherungsmittel jedenfalls sektorale Bedeutung gewinnen[155].

c) Rechtsbeziehungen der Beteiligten und Drittwerberschutz

Besticht die *hypothecation* auch durch die Einfachheit eines entformalisierten Bestellungsaktes, so bietet sie andererseits einem Sicherungsnehmer eine wenig gefestigte Rechtsposition. Das vermutlich dem Seerecht entstammende Rechtsinstitut[156] vermag ihm nur ein *equitable right* an den verpfändeten Sachen zu verschaffen.

Die Wesensart von *equitable interests* zeichnet aus, daß sie anders als die *legal rights* des *common law*, die *rights in rem* darstellen, lediglich in *personam* wirken[157]. Während sich also *the rights at common law* stets auf eine bestimmte Sache beziehen, gewährt die *equity* allein personenbezogene Rechtsbehelfe. Trotzdem wäre es verfehlt, kontinentalen Rechtsvorstellungen entsprechend *equitable rights* mit bloßen schuldrechtlichen Rechtsbeziehungen gleichsetzen zu wollen, denn auch ein Rechtsinhaber nach *equity* wird aus englischer Sicht als Sachinhaber angesehen[158].

Unter *charge* ist im besonderen eine Sicherheit zu verstehen, durch die *real or personal property* zur Sicherung einer Forderung belastet wird, die aber weder *an absolute or a special property in the subject of the security* auf den Kreditgeber überträgt, noch ein Besitzrecht an der Sache vermittelt[159]. *Charges* gehören von wenigen Ausnahmen abgesehen dem Bereich der *equity* an, deshalb auch zumeist klarstellend *equitable charges* genannt[160]. Da die *hypothecation* zu den *charges* zählt, verfügt der Siche-

---

[155] *Drobnig*, Trust Receipt, RabelsZ 26 (1961), 401, 411; *Sadtler*, Grundzüge der Kreditsicherung durch vereinbarte Securities, S. 13; *Simitis*, Das besitzlose Pfandrecht, AcP 171 (1971), 95, 103.

[156] *Gutteridge/Megrah*, The Law of Bankers' Commercial Credits, S. 141.

[157] *Snell's* Principles of Equity, S. 24f., 45f.; *Keeton/Sheridan*, Equity, S. 8ff.; *Hanbury and Maudsley*, Modern Equity, S. 7.

[158] *Brink/Habel*, Recht der Kreditsicherheiten, Teil IV: England – S. 4 Fußn. 13.

[159] *Fisher and Lightwood's* Law of Mortgage, S. 156; *Lawson/Rudden*, The Law and Property, S. 199; *Halsbury's* Laws of England, Vol. 4 – Para. 649; *Megarry/Wade*, The Law of Real Property, S. 929.

[160] *Fisher and Lightwood's* Law of Mortgage, S. 156.

rungsnehmer nur über die abgeschwächte Rechtsposition eines *equity*-Berechtigten[161]. Die Ansicht haben englische Gerichte, soweit überhaupt Anlaß zur Erörterung der Rechtsnatur bestand, bislang immer vertreten, wenngleich auch gelegentlich andere Auffassungen in Diskussion gerieten[162].

Mit Pfandbestellung geht der Verpfänder die Verpflichtung ein, das Pfandgut nunmehr im Interesse des kreditierenden *chargee* zu verwahren. Der *chargee* wiederum besitzt ein Recht an der Sache, das er gegenüber dem Verpfänder sowie gegen dessen Rechtsnachfolger geltend machen kann, es sei denn, daß ein *bona fide purchaser for value without notice of the equitable chare* einen *legal title* an der Sache erwirbt[163]. In einem solchen Fall verliert er sein Sicherungsrecht, da nach der Grundmaxime *equity follows the law*[164] ein zeitlich früheres *equitable proprietary right* einem später erlangten *legal estate* weichen muß, sofern der Erwerber in Unkenntnis jener Belastung entgeltlich den *legal title* an der Sache erwirbt[165].

Anders ist es, wenn ein Dritter lediglich ein *equitable right* erlangt; dieser muß nämlich selbst bei Gutgläubigkeit die früher bestellte *hypothecation* gegen sich gelten lassen, soweit der *chargee* nicht ausnahmsweise ihm gegenüber seine Rechte durch bestimmte Verhaltensweisen *(fraud, misrepresentation, gross negligence)*[166] verwirkt hat.

Dem geringen Bestandschutz der *hypothecation* korrespondiert außerdem ein nur eingeschränkter Redlichkeitsschutz des Gläubigers bei Sicherungsbestellung, da die gesetzlich normierten Gutglaubensbestände, ausgenom-

---

161 *Paget's*, Law of Banking, S. 469; *Altorfer*, Die Mobiliarhypothek, S. 141; *Pennington*, Company Law, S. 420 Fußn. 1; *Holden*, The Law and Practice of Banking, Vol. 2 – S. 298; *Lord Wright* in Official Assignee of Madras v. Mercantile Bank of India Ltd. [1934] All E.R. Rep. 237, 244 – "... This letter, in their Lordships judgment, constitutes a good equitable charge which is binding between the borrowers and the lenders, ..."; *Porter J.* in Mercantile Bank of India, Ltd. v. Chartered Bank of India, Australia and China, and Strauss & Co., Ltd. (in Liquidation) (No. 2) [1937] 4 All E.R. 651, 656 – "... I hold that the general effect of the documents is to give to the bank an equitable charge ...".

162 *Porter J.* in Mercantile Bank of India, Ltd. v. Chartered Bank of India, Australia and China, and Strauss & Co., Ltd. (in Liquidation) (No. 2) [1937] 4 All E.R. 651, 655 – "... I think the better view is that is either a trust or an equitable charge, and not a legal charge ...".

163 *Hanbury and Maudsley*, Modern Equity, S. 39ff.; *Snell's* Principles of Equity, S. 51ff.; *Keeton/Sheridan*, Equity, S. 1; *Megarry/Wade*, The Law of Real Property, S. 142f.

164 *Snell's* Principles of Equity, S. 32f.; *Hanbury and Maudsley*, Modern Equity, S. 27; *Megarry/Wade*, The Law of Real Property, S. 119f.

165 *Snell's* Principles of Equity, S. 52; *Megarry/Wade*, The Law of Real Property, S. 148.

166 *Snell's* Principles of Equity, S. 62ff.

men s. 2 (1) *Factors Act* 1889[167], den Rechtserwerb regelmäßig von einem Übertragungsakt abhängig machen (vgl. s. 24, 25 *Sale of Goods Act* 1979)[168].

Diese Gefahr eines Sicherungsverlustes durch Gutglaubenserwerb trägt dazu bei, den Anwendungsbereich der *hypothecation* auf die Zwecke kurzfristiger Sicherungsmaßnahmen zu begrenzen. Meistens sehen die Parteien von vornherein eine Umwandlung der *hypothecation* in ein *pledge* vor, indem im *letter of hypothecation an equitable agreement by the owner to create a pledge at a future date*[169] vereinbart wird.

d) Verwertung

Was die Verwertung betrifft, so hat der Sicherungsnehmer, falls der Sicherungsgeber bei Fälligkeit oder danach sein *right to redeem* nicht ausübt, die Möglichkeit, entweder die Versteigerung des Pfandguts betreiben zu lassen oder die einzelnen Sachen der Verwaltung eines *receivers* zu unterstellen[170]. Wie dem *pledgee* wird ihm insoweit kein *right of foreclosure* zugebilligt; im Unterschied zu jenem kann er sich aber nicht in Besitz der Sachen setzen, zudem ist er bei der Verwertung der Sicherheit auf gerichtliche Mithilfe angewiesen, da ihm der Weg des freihändigen Verkaufs versperrt ist[171].

---

[167] vgl. *Chalmers'* Sale of Goods, S. 293ff.; *Benjamin's* Sale of Goods, Para. 509; – s. 1 (5) FA 1889: "The expression "pledge" shall include any contract pledging, or giving a lien or security on goods, whether in consideration of an original advance or of any further or continuing advance or of any pecuniary liability".

[168] *Chalmers'* Sale of Goods, S. 171ff., 263ff.; *Benjamin's* Sale of Goods, Paras. 522, 523, 535, 536.

[169] *Gutteridge/Megrah*, The Law of Bankers' Commercial Credits, S. 141; *Paget's*, Law of Banking, S. 469.

[170] *Snell's* Principles of Equity, S. 473f.; *Megarry/Wade*, The Law of Real Property, S. 953; *Fisher and Lightwood's* Law of Mortgage, S. 158; 300ff.

[171] *Snell's* Principles of Equity, S. 473f.; *Megarry/Wade*, The Law of Real Property, S. 953; *Fisher and Lightwood's* Law of Mortgage, S. 158; *Earl Jowitt*, Dictionary of English Law, Vol. 1 – [Hypothecation], S. 932.

e) Zwangsvollstreckung und Konkurs

Die Rechtsstellung der Sicherungsparteien erfährt durch Zwangsvollstreckungsmaßnahmen Dritter in das Sicherungsgut keine Beeinträchtigung[172]. Solche Drittgläubiger können immer nur das schuldnerische Vermögen in dem Umfang der Pfändung unterziehen, wie es momentan dem Vollstreckungsschuldner tatsächlich rechtlich zugeordnet ist. Deshalb bleibt eine Pfändung darauf beschränkt, entweder das pfandbelastete Sacheigentum oder allein das besitzlose Pfandrecht zu erfassen.

Nichts anderes gilt im Konkurs eines der Beteiligten. Da der *trustee in bankruptcy* gleichsam als Rechtsnachfolger in die Fußstapfen des Gemeinschuldners tritt und dessen Gesamtvermögen folglich mit den Rechtsbefugnissen übernimmt, die dieser im Zeitpunkt der Konkurseröffnung innehatte, sind grundsätzlich solche Vermögensgegenstände, an denen kein uneingeschränktes Eigentum besteht, einer Befriedigung durch die Konkursgläubiger entzogen[173]. Im Konkurs des Sicherungsgebers kann der Sicherungsnehmer vorrangige Befriedigung durch Verwertung des Pfandguts außerhalb des Konkursverfahrens suchen; sollte die Pfandgegenstände bereits vorher weiterveräußert worden sein, so erstreckt sich die *equitable charge* auf einen noch identifizierbar vorhandenen Erlös[174].

3. Mortgage

a) Historische Entwicklung

Die *mortgage* in ihrem nunmehrigen Regelungsgeflecht ist das Ergebnis eines langwährenden Zusammenspiels von *common law, equity and statute*[175].

Das erste Auftreten der *mortgage* im 12./13. Jahrhundert fällt in die Zeit des kanonischen Zinsverbots, die das für schändlich empfundene, profitable

---

[172] *Brink/Habel*, Recht der Kreditsicherheiten, Teil IV: England – S. 138; *Bessau*, Zur Anerkennung heimlicher Sicherheiten, S. 108; *Halsbury's* Laws of England, Vol. 17 – Paras. 477, 480.

[173] Official Assignee of Madras v. Mercantile Bank of India Ltd. [1934] All E.R. Rep. 237, 245f.

[174] Official Assignee of Madras v. Mercantile Bank of India Ltd. [1934] All E.R. Rep. 237, 244ff.; *Drobnig*, Trust Receipt, RabelsZ 26 (1961), 401, 413.

[175] *Cheshire's* Modern Law or Real Property, S. 621.

Geldverleihwesen perhorreszierte und rechtsschutzlos stellte. Legislatorisch flankiert wurde der Kampf gegen Kreditgeschäfte immer wieder bis in die frühe Neuzeit durch eine Reihe von *laws against usury*, die den Zweck verfolgten, dingliche Rechtsänderungen ohne Besitzwechsel wegen des dabei entstehenden trügerischen Rechtsscheins für unwirksam zu erklären[176]. Damaliger Rechtsauffassung zufolge haftete solche Rechtsübertragungen mangels Publizität unweigerlich der Makel der *fraud* an; die Gesetze dienten ihrer Zielrichtung nach dabei vorwiegend dem Schutz der Gläubiger vor Kredittäuschungen durch den Schuldner. Andererseits sollte aber auch das Zinsverbot einen Schutz des Schuldners vor Übervorteilung gewähren. Dieses mittelalterliche Rechtsverständnis beeinflußte nachhaltig die rechtliche Gestaltung einer Kreditsicherheit.

Bei Kenntnis jener zeitgenössischen Gegebenheiten verwundert es daher nicht, daß die *mortgage* ursprünglich im äußeren Erscheinungsbild mehr einem *pledge* als einer Sicherungsübertragung glich[177]. So war es in der Frühzeit zunächst allgemein üblich, die Realgüter an den *mortgagee* zu vermieten und ihn in deren Besitz zu setzen[178]. Auf diese rechtliche Gestaltung in der Angangsphase deutet schließlich auch noch der Name "*mortgage*" hin. Sollten nämlich dem Sicherungsnehmer die Einkünfte aus der ihm überlassenen Sache ohne Anrechnung auf die bestehende Schuld verbleiben, dann wurde das Sicherungsrecht als *mortuum vadium (dead pledge)* oder *mortgage* bezeichnet[179]. Demgegenüber trug ein *vivum vadium (live pledge)* stets gleichsam selbst zu seiner (Pfand)Ablösung bei, denn die Einkünfte aus der Sache minderten regelmäßig die gesicherte Schuld[180].

Die Unterscheidung läßt erkennen, welchem praktischen Ziel die *mortgage* diente. Mit ihr gelang es, im Einklang mit dem Gesetz das Zinsverbot zu umgehen, da die Einkünfte legitimerweise, wenn auch unter kirchlicher

176 *Sauveplanne-Diamond*, Security over Corporeal Movables, S. 33; *Megarry/Wade*, The Law of Real Property, S. 915; *Fisher and Lightwood's* Law of Mortgage, S. 72.

177 *Cheshire's* Modern Law of Real Property, S. 621; *Megarry/Wade*, The Law of Real Property, S. 915.

178 *Megarry/Wade*, The Law of Real Property, S. 915; *Fisher and Lightwood's* Law of Mortgage, S. 6.

179 *Megarry/Wade*, The Law of Real Property, S. 915; *Cheshire's* Modern Law of Real Property, S. 621; *Earl Jowitt*, Dictionary of English Law, Vol. 2 – [Mortgage], S. 1192; *Fisher and Lightwood's* Law of Mortgage, S. 6.

180 *Megarry/Wade*, The Law of Real Property, S. 915; *Earl Jowitt*, Dictionary of English Law, Vol. 2 – [Mortgage], S. 1192; *Fisher and Lightwood's* Law of Mortgage, S. 6.

Mißbilligung, als Zinsersatz fungierten[181]. Der fortschreitende Gebrauch der *mortgage* im Rechtsverkehr führte bald zu Veränderungen der ursprünglichen Gestaltungsform. Schon Ende des 13. Jahrhunderts begann sich allmählich eine neue Bestellungsart durchzusetzen, bei der an die Stelle einer schuldrechtlichen Nutzungsvereinbarung die Übertragung des vollen Eigentums *(fee simple)* trat[182]. Nach wie vor war damit aber weiterhin eine sofortige Inbesitznahme der Sachen durch den *mortgagee* verbunden.

Diese Erfordernis kam erst in Wegfall, nachdem im 17. Jahrhundert Zinsabsprachen das Stigma der Illegalität verloren. Nun bestand keine Notwendigkeit mehr, daß die *mortgage* hinfort sowohl Kapitalsicherung als auch zugleich eine angemessene Zinsquelle verkörpern mußte[183]. Sie konnte die Gestalt einer Realsicherheit annehmen, zumal im weiteren ein Wandel der Rechtsauffassung einsetzte, denn man rückte davon ab, bei Sciherungsgeschäften eine fehlende Besitzaufgabe länger als offensichtliches Indiz betrügerischer Machenschaften zu werten[184]. Eine Inbesitznahme brachte dem *mortgagee* keine unmittelbaren Vorteile mehr, deshalb ging man dazu über, die Sache fortan im Besitz des *mortgagor* zu belassen und allein das Eigentumsrecht zu übertragen. Damit war der Weg zu einem modernen Kreditsicherungsmittel geebnet, das über den ursprünglichen Bereich des Liegenschaftsrechts hinaus zunehmend auch an Mobilargütern Verbreitung fand und schließlich im letzten Jahrhundert für eine starke Zurückdrängung des *pledge* sorgte[185].

b) Rechtsnatur, Art der Bestellung

Die *mortgage* ein den Gesamtbereich der *real securities* begrifflich beherrschendes Sicherungsinstitut[186], zeigt strukturelle Verwandtschaft mit der dem deutschen Recht geläufigen Sicherungsübereignung. Wie diese kennzeichnet ihre Wesensnatur, daß sie auf der Grundlage einer vertragli-

---

[181] *Megarry/Wade,* The Law of Real Property, S. 915.

[182] *Megarry/Wade,* The Law of Real Property, S. 915; *Cheshire's* Modern Law of Real Property, S. 621f.; *Fairest,* Mortgages, S. 5.

[183] *Megarry/Wade,* The Law of Real Property, S. 916.

[184] *Sauveplanne-Diamond,* Security over Corporeal Movables, S. 33; *Fisher and Lightwood's* Law of Mortgage, S. 72.

[185] *Brink/Habel,* Recht der Kreditsicherheiten, Teil IV: England – S. 129.

[186] *Megarry/Wade,* The Law of Real Property, S. 913.

chen Vereinbarung die Übertragung eines *legal or equitable interest in property* bewirkt, jedoch nur vorbehaltlich der späteren Tilgung einer offenen Geldschuld[187]. Die Sicherung einer eingegangenen Zahlungsverbindlichkeit dominiert zwar statistisch in der Praxis, dennoch ist es auch genausogut möglich, die Durchsetzung einer sonstigen Verpflichtung abzusichern[188].

In der Verknüpfung mit einem schuldrechtlichen Erfüllungsanspruch äußert sich regelmäßig der Sicherungscharakter der von den Parteien vollzogenen dinglichen Rechtsänderung. Danach fehlt es stets an der Absicht, eine absolute Änderung der rechtlichen Zuständigkeit an der Sache auf Dauer herbeizuführen, vielmehr soll das vorläufig übertragene Eigentumsrecht dem *mortgagee* (Sicherungsnehmer) nur verbleiben, wenn der *mortgagor* (Sicherungsgeber) nicht rechtzeitig die Ablösung des Vollrechts betreibt, indem er sich seiner jeweiligen schuldrechtlichen Verpflichtung entledigt. In diesem Fall gehört dann die Sache endgültig entweder gegenständlich oder wertmäßig begrenzt zum Vermögen des *mortgagee*, soweit gerichtlich keine andere Art der Befriedigung angeordnet wird[189]. Andernfalls erwirbt der *mortgagor* durch Erfüllung der zugrundeliegenden Verbindlichkeit, was zumeist die Abzahlung eines Geldkredits bedeutet, das Eigentumsrecht an der Sache zurück[190], denn mit Abtragung der Schuld hat sich der Sicherungszweck erledigt. Deshalb verliert der *mortgagee* den Anspruch auf weitere Innehabung der Eigentümerposition.

Obgleich gerade keine dingliche Belastung begründet wird, sondern der Form nach tatsächlich ein Vollrechtsübergang stattfindet, versieht die *mortgage* nichtsdestotrotz entsprechend ihrer wirtschaftlichen Zielsetzung die Funktion eines beschränkten dinglichen Rechts. Parallelen zur Sicherungsübereignung treten schon bei oberflächlicher Betrachtung unverkennbar zutage. Beeinflußt von römisch-rechtlichem Gedankengut stehen beide Rechtsinstitute in der Tradition der "*fiducia cum creditore contracta*"[191].

---

[187] *Megarry/Wade*, The Law of Real Property, S. 913; *Fisher and Lightwood's* Law of Mortgage, S. 4; *Earl Jowitt*, Dictionary of English Law, Vol. 2 – [Mortgage], S. 1191; *Snell's* Principles of Equity, S. 415.

[188] *Fisher and Lightwood's* Law of Mortgage, S. 4 Fußn. (h); *Keeton/Sheridan*, Equity, S. 27; *Snell's* Principles of Equity, S. 415.

[189] *Megarry/Wade*, The Law of Real Property, S. 933ff.; *Snell's* Principles of Equity, S. 437ff.

[190] *Megarry/Wade*, The Law of Real Property, S. 972ff.; *Snell's* Principles of Equity, S. 448ff.; *Earl Jowitt*, Dictionary of English Law, Vol. 2 – [Mortgage], S. 1191.

[191] Vgl. hierzu *Kaser*, Das Römische Privatrecht, 1. Abschnitt, S. 460.

Hier wie dort gelingt es, mit Hilfe einer schlichten fiduziarischen Vollrechtsübertragung einen Gegenstand als Realsicherheit dienlich zu machen, ohne daß dies einen Besitzwechsel bedingen würde.

c) Sicherungsgegenstand, Form der Bestellung

Die *mortgage* entstammt entwicklungsgeschichtlich dem Liegenschaften[192], erfuhr jedoch alsbald eine Ausdehnung auf *personal chattels* – einerseits auf *choses in action*, andererseits auf *choses in possession*[193]. Dieser gelegentlich auch *chattel mortgage*[194] genannten Mobiliarsicherheit gilt die Betrachtung, allerdings nur soweit körperliche Sachen Belastungsgegenstand sind.

Im Gegensatz zu einer *mortgage of land* besitzt eine *mortgage of chattels* heutzutage kaum irgendeine praktische Relevanz für den Kreditverkehr[195]. Das erstaunt, zumal die Sicherungsübereignung in Deutschland bei der Kreditbeschaffung gerade eine wichtige Rolle spielt. Es erklärt sich aber aus einer seit Mitte des 19. Jahrhunderts den Drittschutz[196] favorisierenden *Bills of Sale*-Gesetzgebung, die die *chattel mortgage* einem Publizitätszwang unterwarf. Anstelle der sonst publizitätswahrenden, hier fehlenden Änderung der tatsächlichen Besitzverhältnisse durch eine *delivery of goods* wurden legislatorisch, ein Registereintrag sowie zusätzliche Formerfordernisse für die schriftliche Übertragungsurkunde vorgeschrieben, von deren Beachtung die Gültigkeit der Sicherungsbestellung jeweils abhängt[197]. Dadurch wird der im übrigen parteiinterne Rechtsvorgang Dritten transparent, denn sie können sich jederzeit durch Einsichtnahme des Registers

---

[192] *Sauveplanne-Diamond*, Security over Corporeal Movables, S. 31; *Brink/Habel*, Recht der Kreditsicherheiten, Teil IV: England – S. 128.

[193] *Snell's* Principles of Equity, S. 415; *Fisher and Lightwood's* Law of Mortgage, S. 4, 72; *Triebel*, Englisches Handels- und Wirtschaftsrecht, S. 74.

[194] *Sauveplanne-Diamond*, Security over Corporeal Movables, S. 34.

[195] Pro Jahr lassen sich in etwa nur 8.000 Bestellungen einer chattel mortgage registrieren, vgl. *Fisher and Lightwood's* Law of Mortgage, S. 72 Fußn. (a).

[196] *Lawson/Rudden*, The Law and Property, S. 191 – "... is obvious that a security of this kind could work serious injustice to the other creditors ... the Bills of Sale Acts were passed in order to ensure the publicity of such transactions ...".

[197] *Fisher and Lightwood's* Law of Mortgage, S. 83ff., 90f., 93; *Sauveplanne-Diamond*, Security over Corporeal Movables, S. 34; *Brink/Habel*, Recht der Kreditsicherheiten, Teil IV: England – S. 131ff.

über das "ob" und über die Einzelheiten des "wie" einer Sicherheitenbegebung informieren[198].

Trotz restriktiver Gesetzesbestimmungen verbleibt theoretisch noch eine Fallkonstellation, in der die Vereinbarung einer *mortgage* keiner Offenlegung bedarf. *"The Bills of Sale Acts affect documents and not transaction"*[199] – deshalb ist stets entscheidend, daß die dingliche Rechtsänderung auf einer schriftlichen Urkunde beruht. Fehlt eine solche schriftliche Übereinkunft, scheidet mithin eine Anwendung der Vorschriften aus. Insoweit können also *mortgages of chattels* weiterhin unabhängig von den *Bills of Sale Acts* mündlich vereinbart werden[200], ohne daß eine publizitäre Maßnahme notwendig wäre. Allerdings ist diese Möglichkeit einer formlosen Bestellung kaum von praktischem Wert, da sie die Stellung des *mortgagee* völlig ungeschützt läßt. Solange nämlich der *mortgagor* nicht seinen Besitz am Sicherungsgut aufgibt, entfaltet die *mortgage* mangels Erkennbarkeit Dritten gegenüber keine Wirkung, insbesondere entbehrt sie der Konkursfestigkeit[201]. Falls darüber hinaus die Sicherungsabrede die Gestalt eines *consumer credit agreement*[202] aufweist und keine Personenidentität zwischen *mortgagor* und *debtor* besteht, wird zudem sowieso die Einhaltung der Schriftform unumgänglich[203].

Im Hinblick auf das sachenrechtliche Bestimmtheitsgebot verlangt das englische Recht eine präzise Spezifikation des Sicherungsguts, um unter Vermeidung jeglicher Zuordnungszweifel eine klare Identifzierung der Einzelgegenstände von der übrigen Habe des *mortgagor* zu ermöglichen[204]. Das erschwert natürlich Sicherungsgeschäfte über künftige, bislang noch nicht existente oder erst zu erwerbende Vermögensstücke, zumal

---

[198] *Fisher and Lightwood's* Law of Mortgage, S. 95; *Halsbury's* Laws of England, Vol. 4 – Para. 729; *Altorfer*, Die Mobiliarhypothek, S. 129.

[199] *Fisher and Lightwood's* Law of Mortgage, S. 78; *Halsbury's* Laws of England, Vol. 4 – Para. 614.

[200] *Halsbury's* Laws of England, Vol. 32 – Para. 414; *Fisher and Lightwood's* Law of Mortgage, S. 72.

[201] *Halsbury's* Laws of England, Vol. 32 – Para. 414.

[202] "... is a personal credit agreement by which the creditor provides the debtor with credit not exceeding £ 15,000 "vgl. *Halsbury's* Statutes of England and Wales, Vol. 11 – s. 8 CCA; *Fisher and Lightwood's* Law of Mortgage, S. 132f.

[203] *Halsbury's* Statutes of England and Wales, Vol. 11 – s. 105 CCA; *Fisher and Lightwood's* Law of Mortgage, S. 72 Fußn. (b).

[204] *Fisher and Lightwood's* Law of Mortgage, S. 82, 89f.; *Altorfer*, Die Mobiliarhypothek, S. 128; *Halsbury's* Laws of England, Vol. 4 – Paras. 701, 702.

at law eine wirksame Verfügung prinzipiell immer die dingliche Berechtigung des Sicherungsgebers voraussetzt[205]. Dies unterstreicht s. 5 *Bills of Sale Act* (1878) *Amendment Act* 1882, wonach der *mortgagor* im Zeitpunkt der Bestellung *the true owner of the chattels* sein muß – was der Fall ist, wenn er entweder den *legal title* oder ein *equitable right* an den Sachen innehat oder infolge tatsächlicher Sachbeziehung mit Billigung des wahren Eigentümers als Berechtigter erscheint[206]. Nach der gesetzlichen Rechtslage, die ein *at law* Prinzip wiedergibt, werden somit Sicherungstransaktionen faktisch auf das vorhandene, gegenwärtige Vermögen begrenzt. Trotzdem bedeutet das keinen gänzlichen Ausschluß der Belastung künftigen Mobiliarerwerbs, denn insoweit hat die *equity* für Abhilfe gesorgt.

Es können also auch konkrete Erwerbsaussichten auf bestimmte Gegenstände bereits Sicherungszwecken dienlich gemacht werden, sofern nur in der Vereinbarung eine hinreichend genaue Spezifizierung der Sachen erfolgt.[207] Freilich versagt das *common law* einer solchen Vorausverfügung über künftige Vermögenswerte jegliche Anerkennung, weil die Maxime gilt, daß der Übergang eines *proprietary interest* stets den Vermögensbesitz bereits physisch-existenter Sachen voraussetzt[208]. Damit dem *assignee* ein *legal right* an *after-acquired or future property* erwächst, bedarf es vielmehr, nachdem der *assignor* den *legal title* an nunmehr existenten *chattels* erlangt hat, eines neuerlichen Übertragungsakts, durch den sich der intendierte Rechtsübergang schließlich vollzieht[209]. Die *at*

---

[205] *Halsbury's* Laws of England, Vol. 4 – Para. 603; *Snell's* Principles of Equity, S. 90ff.; *Benjamin's* Sale of Goods, Para. 103.

[206] *Fisher and Lightwood's* Law of Mortgage, S. 90; *Halsbury's* Laws of England, Vol. 4 – Para. 664ff.; Eastern Distributors Ltd. v. Goldring [1957] 2 All E.R. 525, CA.

[207] *Fisher and Lightwood's* Law of Mortgage, S. 74; *Gough,* Company Charge, S. 53, 222; *Halsbury's* Laws of England, Vol. 4 – Para. 603; *Holroyd v. Marshall* [1861–1873] All E.R. Rep. 414; Tailby v. Official Receiver [1886–1890] All E.R. Rep. 486; *Atkin, L.J.*, in Re Wait [1926] All E.R. Rep. 433, 443 – "... ascertained probably means identified in accordance with the agreement after the time when a contract of sale is made ..."; Syrett v. Egerton [1957] 3 All E.R. 331.

[208] *Gough,* Company Charges, S. 42, 54; *Halsbury's* Laws of England, Vol. 4 – Para. 603; *Holroyd v. Marshall* [1861–1873] All E.R. Rep. 414, 418 (per *Lord Westbury,* L.C.) – "... It is quite true that a deed which professes to convey property which is not in existence at the time is a conveyance void at law, simply because there is nothing to convey ...", 421 (per *Lord Chelmsford)* – "... At law, although a power is given in the deed of assignment to take possession of after acquired property, no interest is transfered, even as between the parties themselves, unless possession is actually taken ...".

[209] *Gough,* Company Charges, S. 18, 42, 54; Tailby v. Official Receiver [1886–1890] All E.R. Rep. 786; *Lord Chelmsford* in Holroyd v. Marshall [1861–1873] All E.R. Rep. 414, 419

law unwirksame Vorausverfügung vermag jedoch ein *equitable right* zu begründen. Allerdings ist auch die *equity* nicht in der Lage, bei Vertragsabschluß dem *assignee* schon eine dingliche Rechtsposition zu verschaffen, weil sie sich ebensowenig über die fehlende Existenz der *chattels* hinwegzusetzen vermag[210]. Bei fortbestehendem Parteikonsens löst aber der spätere Sacherwerb durch den *assignor* unmittelbar den Übergang des *equitable proprietary interests* aus, sofern die *chattels* mit der vertraglichen Beschreibung korrespondieren und eine *valuable consideration* ausgetauscht wurde; einen gesonderten Übertragungsakt erfordert die *equity* gerade nicht[211].

Kraft gegenwärtiger, auf den Zeitpunkt des Sacherwerbs bezogenen Einigung entsteht sodann in diesem Augenblick automatisch eine *equitable mortgage* zugunsten des Kreditgebers, der bis dahin allein auf schuldrechtliche Ansprüche angewiesen bleibt[212]. Einer *equitable mortgage* unterliegen prinzipiell alle Objekte, die auch Gegenstand einer *legal mortgage* ein können. Ihre Vereinbarung ist an keine bestimmte Form gebunden; es genügt sogar Mündlichkeit, falls eine Gegenleistung in Gestalt der *consideration* erbracht wurde[213], denn *"equity looks to the intent rather than to the form"*[214]. Fixieren die Parteien ihre Absprache trotzdem, was zu Be-

---

– "... But where future property is assigned, and after it comes into existence possession is either delivered by the assignor, or is allowed by him to be taken by the assignee, in either case there would be the novus actus interveniens of the maxim, Licet dispositio de interesse futuro sit inutilis tamen fieti potest declaratio praecedens quae sortiatur effectum interveniente novo actu, of Lord Bacon ..."; *Halsbury's* Laws of England, Vol. 4 – Para. 603.

[210] *Gough,* Company Charges, S. 53f.; *Lord Westbury,* L.C., in Holroyd v. Marshall [1861–1873] All E.R. Rep. 414, 418 – "... So in equity, a contract which engages to transfer property which is not in existence, cannot operate as an immediate alienation, merely because there is nothing to transfer ...".

[211] *Gough,* Company Charge, S. 19, 43, 54ff.; *Halsbury's* Laws of England, Vol. 4 – Para. 603; *Lord Westbury,* L.C. in Holroyd v. Marshall [1861–1873] All E.R. Rep. 414, 418 – "... But if a vendor or mortgagor agree to sell or mortgage property, real or personal, of which he is not possessed at the time, and he receives the consideration for the contract, there is no doubt that a court of equity would compel him to perform the contract, and the contract would in equity transfer the beneficial interest to the mortgagee or purchaser immediately on the property being acquired ..." 421 (per *Lord Chelmsford*) – "... in equity it is not disputed that the moment the property comes into existence the agreement operates upon it ..."; Tailby v. Official Receiver [1886–1890] All E.R. Rep. 486, 496ff.

[212] *Gough,* Company Charge, S. 19.

[213] *Halsbury's* Laws of England, Vol. 4 – Paras. 603, 648; *Gough,* Company Charge, S. 215f.; *Holroyd v. Marshall* [1861–1873] All E.R. Rep. 414, 417.

[214] *Snell's* Principles of Equity, S. 43f.; Kreglinger and Another v. New Pategonia Meat and Cold Storage Co., Ltd. [1911–1913] All E.R. Rep. 978, 979; *Lord Macnaghten* in Tailby

weiszwecken ratsam erscheint, schriftlich, so errichten sie mit der Urkunde eine *bill of sale* und unterwerfen damit das Rechtsgeschäft der Kontrolle durch die *Bills of Sale Acts*[215]. Eine solche *equitable mortgage* genießt allerdings als *equitable charge* einen geringen Bestandsschutz gegenüber einer *common law mortgage*.

d) Registrierungspflicht und inhaltliche Gestaltung

Obwohl die neuzeitliche Kreditwirtschaft gerade zunehmend ein Streben nach besitzlosen Mobiliarsicherheiten auszeichnet, blieb der *chattel mortgage* der allgemeine Durchbruch zu einem gebräuchlichen Kreditsicherungsmittel verwehrt, denn, als schließlich Mitte des 19. Jahrhunderts mit dem Außerkrafttreten der *Usury Laws* ihr günstige Umstände geherrscht hätten, begann der Kampf der *Bills of Sale*-Gesetzgebung gegen heimliche Eigentumsübertragungen wie auch andere nicht offenkundige Verfügungen an beweglichen Sachen[216].

Das legislatorische Anliegen bestand in der Kundbarmachung dinglicher Rechtsänderungen ohne Traditionselement, die allein einen schlichten Willenskonsens für den sachenrechtlichen Vollzug voraussetzen. Normativ erfaßt wurden schriftliche Übertragungsabreden des Mobiliareigentümers, die einem anderen ein *legal or equitable right* an den Sachen vermitteln und ihn außerdem zur nachfolgenden Besitzergreifung oder Beschlagnahme berechtigten[217].

---

v. Official Receiver [1886–1890] All E.R. Rep. 486, 495 – "... The mode or form of assignment is absolutely immaterial, provided the intention of the parties is clear".

215 *Halsbury's* Laws of England, Vol. 4 – Paras. 603, 610, 613, 648; Vol. 32 – Paras. 414, 439; *Fisher and Lightwood's* Law of Mortgage, S. 74, 90; *Gough*, Company Charge, S. 32f.

216 *Sauveplanne-Diamond*, Security over Corporeal Movables, S. 33; vgl. auch *Halsbury's* Laws of England, Vol. 4 – Paras. 601, 604, 613ff. – Die erweiterte Definition des Begriffs "bill of sale" in s. 4 Bills of Sale Act 1878 brachte eine Einbeziehung von "charges" in den ursprünglich nur auf schriftliche Übereignung "beweglicher Sachen" ("transfer of ownership of goods") ausgerichteten Regelungsbereich.

217 *Halsbury's* Statutes of England and Wales, Vol. 5 – ss. 3,4 BSA 1878; *Sauveplanne-Diamond*, Security over Corporeal Movables, S. 33; obschon nicht ausdrücklich ausgeschlossen, können pledge-Bestellungsurkunden nicht hierunter fallen, da die Verpfändung selbst erst mit der Besitzübertragung wirksam wird – dingliche Rechtsänderungen, bei denen eine Besitz-

Erklärtes Ziel des *Bills of Sale Act* 1876, der die Intention seiner Vorläufer von 1854 und 1866 übernahm, war die Gewährleistung eines ausreichenden Drittschutzes[218] bei Übereignung ohne gleichzeitigem Besitzwechsel, den er durch eine Offenlegung der heimlichen, lediglich parteiinternen Rechtsbewegung zu erreichen suchte. Anstatt des nicht gewahrten, publizitären Traditionserfordernisses führte er für schriftlich abgefaßte Übertragungsurkunden, die er mit *bills of sale* bezeichnete, nunmehr als publizitätserzeugenden Akt eine Registrierungspflicht ein[219]. Das Unterlassen der Eintragung, die innerhalb von sieben Tagen nach Ausfertigung der Urkunde beim Zentralregister an den *Royal Courts of Justice* in London zu beantragen ist[220], hat zur Konsequenz, daß die getroffene Verfügung Dritten gegenüber unwirksam wird, aber dennoch inter-partes Wirkung entfaltet[221].

Währenddessen verfolgt der 1882 erlassene *Amendment Act*, der nicht geringfügige Modifikation für Sicherungsübertragungen normierte, einen anderen Schutzzweck. Freilich setzte er den *principal Act* von 1878 keineswegs außer Kraft, sondern ließ ihn in seiner Grundkonzeption, was gerade die Publizierung der Rechtsänderung betrifft, unberührt. Er brachte jedoch ergänzend zusätzliche Anforderungen an Sicherungsgeschäfte, indem er Form und Inhalt der Übertragungsurkunde detailliert vorschrieb. Eine solche verschärfte gesetzliche Kontrolle wurde als notwendig empfunden, um bedürftige Kreditsuchende vor der Unterzeichung umfangreicher, schwer verständlicher Schriftstücke zu schützen, die ihnen nachteilige und unangemessene Bedingungen der Kreditgeber auferlegen[222]. Somit trat neben den weiter intensivierten Drittschutz der Gedanke des Schuldnerschutzes, der

übergabe konstitutives Element ist, stehen damit von vornherein außerhalb der Regelungsmaterie.

[218] *Halsbury's* Laws of England, Vol. 4 – Para. 606; *Fisher and Lightwood's* Law of Mortgage, S. 77.

[219] *Fisher and Lightwood's* Law of Mortgage, S. 77; *Brink/Habel*, Recht der Kreditsicherheiten, Teil IV: England – S. 131f.

[220] *Halsbury's* Laws of England, Vol. 4 – Paras. 713, 714, 807f.; *Brink/Habel*, Recht der Kreditsicherheiten, Teil IV: England – S. 131f.; *Sauveplanne-Diamond*, Security over Corporeal Movables, S. 34.

[221] *Halsbury's* Laws of England, Vol. 4 – Paras. 606, 811ff.; *Fisher and Lightwood's* Law of Mortgage, S. 93; *Halsbury's* Statutes of England and Wales, Vol. 5 – s. 8 BSA 1878.

[222] *Fisher and Lightwood's* Law of Mortgage, S. 77; *Halsbury's* Laws of England, Vol. 4 – Para. 606; *Sainsbury*, The true ownership Clause in the Bills of Sale Act, 1882, L.Q.R. 40 (1924), 465.

eine klare, unmißverständliche Formulierung wie auch eine rechtliche Überprüfung der Kreditbedingungen verlangte.

Aufgrund des Zusammenspiels der beiden *Acts* bestehen für eine schriftlich vereinbarte *mortgage* bestimmte inhaltliche Formvorgaben. So hat die Urkunde in Erfüllung der *statutory form* dem Muster im Anhang zum *Bills of Sale Act* 1882 mit seinen insgesamt vierzehn Charakteristika zu entsprechen[223], insbesondere eine wahrheitsgetreue *consideration* (wenigstens £ 30) unter Benennung von Forderungshöhe und tatsächlicher Zahlungsweise zu enthalten[224]. Außerdem muß die Ausfertigung der schriftlichen Vereinbarung durch mindestens einen glaubhaften, parteiunabhängigen Zeugen urkundlich bestätigt werden[225]. Das Sicherungsgut selbst ist in einer gesonderten, beizufügenden Liste präzise dem Gegenstand nach zu beschreiben, damit sich jederzeit anhand dessen die einzelnen Artikel einwandfrei unter den übrigen schuldnerischen Vermögenswerten identifizieren lassen[226].

Doch trotz Identifizierbarkeit genießt die *mortgage* nur inter-partes Wirkung, falls es dem *mortgagor* im Zeitpunkt der Sicherungsbestellung an der dinglichen Berechtigung *(true ownership)* mangelt[227]. Nichts anderes gilt, wenn bei gegebener Verfügungsbefugnis die exakte Bestimmung des Sicherungsguts an einer unzureichenden Beschreibung scheitert[228]. Im übrigen bewirken Formverstöße die absolute Nichtigkeit des Sicherungsgeschäfts, so daß der Kreditgeber eine ausbezahlte Darlehensvaluta nur mit einer *action for money had and received* zurückfordern kann[229]. Ausnahmen existieren insoweit, als der Gesetzgeber teilweise bloß eine Unwirk-

---

[223] *Halsbury's* Statutes of England and Wales, Vol. 5 – Schedule, s. 9 BSA 1882; *Halsbury's* Laws of England, Vol. 4 – Para. 680ff.; *Fisher and Lightwood's* Law of Mortgage, S. 84f.

[224] *Fisher and Lightwood's* Law of Mortgage, S. 88; *Halsbury's* Laws of England, Vol. 4 – Paras. 669, 670, 687.

[225] *Halsbury's* Statutes of England and Wales, Vol. 5 – s. 10 BSA 1882; *Fisher and Lightwood's* Law of Mortgage, S. 89; *Halsbury's* Laws of England, Vol. 4 – Paras. 700, 708.

[226] *Fisher and Lightwood's* Law of Mortgage, S. 89f.; *Halsbury's* Laws of England, Vol. 4 – Para. 702.

[227] *Fisher and Lightwood's* Law of Mortgage, S. 90; *Halsbury's* Laws of England, Vol. 4 – Para. 781; *Halsbury's* Statutes of England and Wales, Vol. 5 – s. 5 BSA 1882.

[228] *Fisher and Lightwood's* Law of Mortgage, S. 91; *Halsbury's* Laws of England, Vol. 4 – Para. 781.

[229] *Fisher and Lightwood's* Law of Mortgage, S. 90; *Halsbury's* Laws of England, Vol. 4 – Para. 779.

samkeit in *respect of the personal chattels comprised in it* angeordnet hat (s. 8 *Bills of Sale Act* (1878) *Amendment Act* 1882). Eine Unwirksamkeit tritt bei fehlendem ordnungsgemäßen Attest, bei nicht rechtzeitiger Registrierung innerhalb der 7-Tagens-Frist wie auch bei Säumnis der Eintragungserneuerung nach Ablauf von fünf Jahren[230], ein.

Die erweiterten Nichtigkeitsgründe sollen dem präferierten Schuldnerschutz Rechnung tragen. Bei alldem fragt sich aber, ob der Gesetzgeber in seinem Bestreben nach Offenlegung und Reglementierung von heimlichen Sicherungsgeschäften nicht zu rigoros war[231], denn letztlich haben die *Bills of Sale Acts* die *mortgage* nahezu in die Bedeutungslosigkeit abgedrängt. Insbesondere der strikte Publizitätszwang durch Registereintrag hat diese Entwicklung ausgelöst, da er einen Kreditschuldner in den Augen der Öffentlichkeit stigmatisiert[232]. Mit Bekanntwerden der Eintragung verspielt ein Schuldner seine Kreditwürdigkeit, deshalb ist jedermann regelmäßig darauf bedacht, soweit möglich die Bestellung einer *mortgage* zu vermeiden.

Andere Verhältnisse herrschen bei Kapitalgesellschaften, weil *incorporated companies* gem. s. 17 *Bills of Sale Act* (1878) Amendment Act 1882 von den Bestimmungen dieses Gesetzes freigestellt sind. Obzwar dennoch eine Registrierungspflicht nach s. 396 *Companies Act* 1985 eingreift, konnte sich die *mortgage* hier ungehindert sektoral etablieren[233].

Besonderheiten gelten ebenfalls für Schiffe und Flugzeuge, denn Sicherungsgeschäfte über solche Gegenstände unterliegen nicht der Kontrolle der *Bills of Sale Acts*[234]. Während eine *mortgage* an Schiffen aber, von Ausnahmen abgesehen, regelmäßig der Registrierung nach dem *Merchant Shipping Act* 1894 bedarf, stellt die Eintragung bei Flugzeugen kein Konstitutiv-

---

[230] *Fisher and Lightwood's* Law of Mortgage, S. 90f., 95; *Halsbury's* Laws of England, Vol. 4 – Para. 780.

[231] vgl. *Matthews*, Ought Bills of Sale to be abolished?, L.Q.R. 7 (1891) 74ff.; *Sauveplanne-Diamond*, Security over Corporeal Movables, S. 34.

[232] *Holden*, The Law and Practice of Banking, Vol. 2 – S. 260; *Matthews*, Ought Bills of Sale to be abolished?, L.Q.R. 7 (1891), 74, 78.

[233] *Sauveplanne-Diamond*, Security over Corporeal Movables, S. 34f.; *Fisher and Lightwood's* Law of Mortgage, S. 73 Fußn. (h); Re Standard Manufactoring Co. [1891–1894] All E.R. Rep. 1242.

[234] *Fisher and Lightwood's* Law of Mortgage, S. 97ff.; *Halsbury's* Laws of England, Vol. 4 – Paras. 659, 660.

erfordernis dar – sie dient lediglich dazu, einen bestimmten Rang zu sichern[235].

e) Rechtsbeziehungen der Beteiligten

Ihre Rechte und Pflichten mögen die Sicherungsparteien zwar im einzelnen vertraglich noch näher regeln, vor allem was die Verfügungs- und Kontrollbefugnisse sowie Erhaltungsmaßnahmen anbelangt[236], doch wird das Rechtsverhältnis selbst schon maßgeblich durch zwingendes Gesetzesrecht (s. 7 *Bills of Sale Act* (1878) *Amendment Act* 1882) vorgegeben.

Danach hat der *mortgagor* den Besitz am Sicherungsgut auszuüben. Ihm steht das Besitzrecht zu, solange nicht einer der in s. 7 *Bills of Sale Act* (1878) *Amendment Act* 1882 genannten fünf Entzugsgründe vorliegt, die den *mortgagee* zur Inbesitznahme berechtigen. Jede anderslautende Vereinbarung zieht die Nichtigkeit der Sicherungsbestellung nach sich[237]. Somit entfällt das Besitzrecht des *mortgagor* nur bei Eintritt bestimmter Umstände, wozu insbesondere zählen: Zahlungsverzug oder Konkurs des Schuldners, widerrechtliches Beiseiteschaffen der Sicherungsgegenstände oder beginnende Zwangsvollstreckung aus einem Urteil in das Sicherungsgut[238]. Hinzukommen muß ferner, daß es dem *mortgagor* innerhalb von fünf Tagen nicht gelingt, gegen Begleichung seiner fälligen Schuld oder anderweitig eine Einstellung der eingeleiteten Maßnahmen und erneute Besitzeinweisung vom Gericht zu erwirken[239]. Erst mit Fristablauf darf der *mortgagee* die von ihm beschlagnahmten Sachen aus den schuldnerischen Räumlichkeiten entfernen. Nach Verlust seines Besitzrechts bleibt dem *mortgagor* aber noch sein *equitable right to redeem*[240], das ihm die Möglichkeit gibt, durch das Angebot der Schuldtilgung eine anschließende Verwertung zu

---

[235] *Fisher and Lightwood's* Law of Mortgage, S. 99; *Halsbury's* Laws of England, Vol. 4 – Para. 659.

[236] *Fisher and Lightwood's* Law of Mortgage, S. 86f.; *Halsbury's* Laws of England, Vol. 4 – Para. 695.

[237] *Halsbury's* Laws of England, Vol. 4 – Para. 743; *Fisher and Lightwood's* Law of Mortgage, S. 86.

[238] *Halsbury's* Statutes of England and Wales, Vol. 5 – s. 7 BSA 1882; *Sauveplanne-Diamond*, Security over Corporeal Movables, S. 34; *Halsbury's* Laws of England, Vol. 4 – Para. 744.

[239] *Halsbury's* Laws of England, Vol. 4 – Paras. 746, 750.

[240] *Halsbury's* Laws of England, Vol. 4 – Para. 751.

verhindern. Eine Abweichung von der geschilderten Verfahrensweise im Falle des Zahlungsverzuges statuiert allerdings s. 7 A *Bills of Sale Act* (1848) *Amendment Act* 1882, wenn es sich um einen *bill of sale* handelt, der über ein *consumer credit agreement* lautet[241]. Dann nämlich muß der *mortgagee* vor Durchführung der Beschlagnahme zunächst den *mortgagor* erfolglos durch eine *default notice* abgemahnt haben.

f) Sicherungsbestellung durch Nichtberechtigten und Dritterwerberschutz

Da nach englischem Recht grundsätzlich niemand mehr Rechte übertragen kann als er tatsächlich innehat, läuft der *mortgagee* Gefahr, daß sein Rechtserwerb, falls die Sachen dem *mortgagor* gar nicht gehören, trotz Gutgläubigkeit scheitert, soweit nicht ausnahmsweise die Voraussetzungen eines Redlichkeitserwerbs nach s. 2 (1) *Factors Act* 1889 vorliegen[242]. Zwar wird dem *mortgagee* insoweit bei Sicherungsbestellung nur ein eingeschränkter Redlichkeitsschutz zuteil, doch genießt er anschließend einen mehr oder minder umfänglichen Bestandsschutz, je nachdem, ob er über eine *common law* oder *equitable mortgage* verfügt.

Der Inhaber einer *common law mortgage* kann seine Rechte uneingeschränkt gegenüber Dritten verfolgen[243], weil dessen *legal right* selbst bei Gutgläubigkeit nicht verdrängt wird oder untergeht, vielmehr unverändert fortwirkt, sofern nicht ausnahmsweise eine Situation vorliegt, in der Gesetzgeber einen Redlichkeitserwerb zuläßt. Im Unterschied dazu genießt der Inhaber einer *equitable mortgage* einen geringen Bestandsschutz – allein gegenüber anderen *equitable rights* vermag er sich zu behaupten. Er kann aber seine Rechte nicht jemanden entgegenhalten, der gutgläubig und entgeltlich ein *legal right* an der Sache erwirbt. Dabei hindert die bloße Tatsache der Eintragung einer *equitable mortgage* den Redlichkeitserwerb nicht, denn der Registereintrag vermittelt keine positive Kenntnis der Sicherungsbegebung im Rechtsverkehr[244].

---

241 *Halsbury's* Statutes of England and Wales, Vol. 5 – s. 7 A BSA 1882; *Fisher and Lightwood's* Law of Mortgage, S. 355.

242 *Chalmers'*Sale of Goods, S. 293ff.; *Benjamin's* Sale of Goods, Para. 509.

243 *Fisher and Lightwood's* Law of Mortgage, S. 355.

g) Equity of Redemption

Daß *at common law* der *mortgagor* seine Rechte an der übertragenen Sache endgültig verwirkte, sobald er die rechtzeitige Ablösung der Sicherheit *on or before the legal date for redemtpion* versäumte, widersprach dem allgemeinen Gerechtigkeitsgefühl[245], vor allem wenn dem *mortgagee* ein im Vergleich zur Darlehensschuld wertvolles Sachgut zu eigen fiel, nur weil unverschuldete Umstände eine fristgerechte Schuldentilgung verhindert hatten. Darüber hinaus trat dadurch nicht einmal eine Befreiung von der persönlichen Schuld ein[246]. Um den Abbau solcher unbilligen Härten bemühte sich beizeiten die *equity*-Rechtsprechung des *Court of Chancery*, indem sie in Erforschung der zentralen Parteimotive den wahren Charakter der Rechtsübertragung akzentuierte[247]. Verschleierte doch die Form einer tatsächlich vollzogenen Übereignung, die lediglich unter dem bloßen Vorbehalt späterer Rückübertragung stand, die eigentlich intendierte Sicherungsbegebung. So betrachtete das *common law* den *mortgagee* entsprechend dieser Gestaltung auch von Anfang an als uneingeschränkten Eigentümer, während es andererseits dem *mortgagor* nur persönliche Ansprüche gegen ihn zuerkannte[248].

Dem Eingriff der *equity* verdankt nun der *mortgagor* eine Stärkung seiner Rechtsstellung in mehrfacher Hinsicht. Die *equity* erachtete den automatischen Eigentumsverfall bei Zahlungsversäumnis für unvereinbar mit dem Wesen einer Sicherheit, deren Ablösung nicht ganz oder gar vereitelt werden dürfe, was sie in die Maxime "*once a mortgage always a mortgage*" kleidete[249]. Demzufolge wurde dem *mortgagor*, sofern mittlerweile

---

[244] *Halsbury's* Laws of England, Vol. 4 – Paras. 711, 762; *Simitis*, Das besitzlose Pfandrecht, AcP 171 (1971), 95, 131; *Reichard/Kühnel/Wittig/Grebner*, Eigentumsvorbehalt und Sicherungsübertragung im Ausland, S. 135; *Stumpf-Fichna*, Eigentumsvorbehalt und Sicherungsübertragung im Ausland, S. 168; *Fisher and Lightwood's* Law of Mortgage, S. 93 Fußn. (o).

[245] *Megarry/Wade*, The Law of Real Property, S. 917; *Fairest*, Mortgages, S. 5ff.; *Snell's* Principles of Equity, S. 416f.; *Sauveplanne-Diamond*, Security over Corporeal Movables, S. 31f.

[246] *Viscount Haldane, L.C.*, in Kreglinger and Another v. New Patagonia Meat and Cold Storage Co., Ltd. [1911–1913] All E.R. Rep. 970, 973 – "... What made the hardship on the debtor a glaring one was that the debt still remained unpaid and could be recovered from the feoffor, notwithstanding that he had actually forfeited the land to his mortgagee ...".

[247] Kreglinger and Another v. New Patagonia Meat and Cold Storage Co., Ltd. [1911–1913] All E.R. Rep. 970, 973f.

[248] *Fairest*, Mortgages, S. 6.

mit Verstreichen des Fälligkeitszeitpunktes sein *legal right to redeem* erloschen war, nunmehr ein *equitable right to redeem* zugestanden, das ihm weiterhin erlaubte, den Rückerwerb des Sicherungsguts unter Begleichung von Haupt- und Nebenverbindlichkeiten zu betreiben[250].

Gleichzeitig verwarf die *equity* den *at law* Standpunkt, wonach ausschließlich dem *mortgagee* – da nach außen hin uneingeschränkter *owner* – dingliche Befugnisse an der Sache gebühren; der wahren Natur des Rechtsgeschäfts entsprach es ihrer Ansicht nach vielmehr, ihn als *mere incumbrancer* zu behandeln und das Sicherungsgut weiterhin eigentumsrechtlich der Vermögenssphäre des *mortgagor* zuzurechnen[251]. Danach findet eine Teilung der dinglichen Rechtsbefugnisse unter den Sicherungparteien statt. Dem *mortgagor* einerseits verbleibt ein Rest dinglicher Rechtsmacht, soweit dies mit der intendierten Rechtsübertragung harmoniert, der *mortgagee* andererseits erhält ein von vornherein mit dem späteren Rückerwerbsrecht belastetes dingliches Recht. Die rechtlichen Befugnisse des *mortgagor* erfahren mithin eine Verdinglichung zu einem *equitable interest*, begrifflich mit *equity of redemption* umschrieben, das frei übertragbar ist[252] und das auch gegen einen Rechtsnachfolger des *mortgagee* wirkt, es sei denn, es handelt sich um einen *purchaser without notice of the mortgage*[253].

---

249 *Viscount Haldane, L.C.*, in Kreglinger and Another v. New Patagonia Meat and Cold Storage Co., Ltd. [1911–1913] All E.R. Rep. 970, 974 – "... The most general of these was that if the transaction was once found to be a mortgage it must be treated as always remaining a mortgage and nothing but a mortgage ...".

250 *Megarry/Wade*, The Law of Real Property, S. 917; *Snell's* Principles of Equity, S. 417; *Fairest,* Mortgages, S. 8; *Sauveplanne-Diamond*, Security over Corporeal Movables, S. 32; *Cheshire's* Modern Law of Real Property, S. 622; *Fisher and Lightwood's* Law of Mortgage, S. 7.

251 *Megarry/Wade*, The Law of Real Property, S. 919; *Fairest,* Mortgages, S. 7; Re Wells Swinburne-Hanham v. Howard [1932] All E.R. Rep. 277, 285 (per *Lawrence, LJ.*) – "... in equity the mortgagor is regarded as the owner of the mortgaged land subject only to the mortgagee's charge, and the mortgagor's equity of redemption is treated as an equitable estate in the land of the same nature as other equitable estates ...".

252 *Megarry/Wade*, The Law of Real Property, S. 918f.; *Fairest,* Mortgages, S. 7; *Snell's* Principles of Equity, S. 419; *Cheshire's* Modern Law of Real Property, S. 622; *Keeton/Sheridan*, Equity, S. 99.

253 *Megarry/Wade*, The Law of Real Property, S. 917.

Trotz Ähnlichkeit beider Termini darf die *equity of redemption*, die als *equitable estate* im Zeitpunkt der Bestellung entsteht, aber nicht mit dem später erwachsenden, bloßen Ablösungsrecht, dem *equitable right to redeem*, gleichgesetzt werden[254].

h) Realisierung der Sicherheit

Nach Eintritt der Fälligkeit kann der mortgagee bei Gericht ein *decree of foreclosure* erwirken, das den Verfall des *right of redemption* erklärt und ihm das Eigentum an der Sache endgültig zuweist[255]. Übersteigt jedoch der Wert der Sicherung die zugrundeliegende Forderung erheblich, ordnet das Gericht stattdessen den Verkauf der Sache an[256]. Diesen formalen Weg, der eine Anrufung des Gerichts notwendig macht, erspart sich der *mortgagee*, wenn er nach Bestellung der Sicherheit dem *mortgagor* die *equity of redemption* abkauft, wobei schon der Forderungserlaß dem Erfordernis einer *consideration* genügt[257].

i) Zwangsvollstreckung und Konkurs

Eine formgültig bestellte *mortgage* beansprucht in der Zwangsvollstreckung Drittwirksamkeit[258], gleichgültig ob der *judgment creditor* von ihrer Existenz weiß oder nicht und selbst dann, wenn nur eine *equitable mortgage* entstanden sein sollte[259]. Vollstreckungsgläubiger können deshalb die

---

[254] vgl. *Lord Parker of Waddington* in Kreglinger and Another v. New Patagonia Meat and Cold Storage Co., Ltd. [1911–1913] All E.R. Rep. 970, 980 – "... The equity to redeem, which arises on failure to exercise the contractual right to redemption, must be carefully distinguished from the equitable estate, which, from the first, remains in the mortgagor, and is sometimes referred to as an equity of redemption ...".

[255] *Megarry/Wade*, The Law of Real Property, S. 917; *Snell's* Principles of Equity, S. 443f.; *Cheshire's* Modern Law of Real Property, S. 623; *Fisher and Lightwood's* Law of Mortgage, S. 382ff.

[256] *Megarry/Wade*, The Law of Real Property, S. 917; *Cheshire's* Modern Law of Real Property, S. 653ff.; *Snell's* Principles of Equity, S. 437ff.

[257] *Snell's* Principles of Equity, S. 422.

[258] *Halsbury's* Laws of England, Vol. 4 – Para. 766; *Fisher and Lightwood's* Law of Mortgage, S. 356.

[259] *Lord Chelmsford* in Holroyd v. Marshall [1861–1873] All E.R. Rep. 414, 423 – "... I think, that the equitable title would prevail even if the judgment-creditor had no notice of it ...".

Sachen lediglich belastet mit dem dinglichen Recht des *mortgagee* pfänden. Sollte mit Billigung des Gerichts eine Verwertung stattfinden, so gebührt dem Drittgläubiger allein ein Anteil in der Höhe, um den der reale Sachwert die vereinbarte Sicherheit übersteigt[260].

Bislang zeigte die *mortgagee* in der Insolvenz des *mortgagor* eine wesentliche Schwäche, denn sie erwies sich aufgrund des Eingreifens der *reputed ownership clause* (s. 38 (c) *Bankruptcy Act* 1914) als nicht konkursfest. Dieser Umstand trug entscheidend zu ihrer geringen Verbreitung bei. Nachdem durch die Insolvenzreform von 1986 der *mortgage* die Wirksamkeit im Konkurs nicht mehr versagt wird, bleibt abzuwarten, ob das etwas an ihrer praktischen Bedeutung ändert.

4. Floating Charge

a) Historische Entwicklung

Mit dem Ausbruch der industriellen Revolution an der Wende zum 19. Jahrhundert vollzog sich ein Wandel der bisher vorwiegend agrarisch und handwerklich geprägten Wirtschaftsstrukturen. Arbeitsplatzkonzentration und fortschreitende Produktionsverlagerung auf Industriebetriebe brachten steigende Erträge in der Güterfertigung; gleichzeitig begann der Ausbau weltweiter Handelsbeziehungen, um neue Absatzmärkte zu erschließen. Das verursachte einen nachhaltigen Investitionsbedarf, der vielfach nicht durch genügend Eigenkapital zu decken war.

Das *common law* bot zur Befriedigung jener wirtschaftlichen Bedürfnisse keine geeignete Abhilfe und erlaubte zudem mit seinem starren Regelungskonzept nicht die Entwicklung flexibler Sicherungsinstrumentarien. Eine Verpfändung mittels *pledge* schied wegen des institutionellen Erfordernisses eines Gläubigerbesitzes aus, denn die Aufrechterhaltung des bestehenden Geschäftsbetriebes verlangte ja gerade eine fortdauernde Sachinnehabung des Schuldners. Des weiteren kamen für eine Besitzübertragung sowieso von vornherein nur vorhandene, gegenwärtige Sachwerte in Betracht. Die *common law mortgage* beließ demgegenüber dem Schuldner zwar den Sachbesitz, gestattete jedoch genausowenig eine Erstreckung der Sicherheit

---

[260] *Halsbury's* Laws of England, Vol. 4 – Para. 766.

auf künftige Vermögensgegenstände. Außerdem mußte das jeweilige Belastungsobjekt stets übertragbar sein, so daß dadurch eine Verpfändung von Rechten und Forderungen *(choses in action)* ausgeschlossen war[261].

Maßgebliche Impulse verdankt die Rechtspraxis insoweit der *equity*-Rechtsprechung des *Court of Chancery*, die sich über formale Hindernisse des *common law* hinwegzusetzen wußte, um dem wahren Parteiwillen Geltung zu verschaffen. Indem sie immer wieder auf neue wirtschaftliche Bedürfnisse sachgerecht zu reagieren suchte, lieferte sie die notwendigen rechtlichen Voraussetzungen, unter denen allmählich die *floating charge*, die unter den Sicherungsrechten schon bald eine eminente Stellung einnehmen sollte, Konturen gewinnen konnte. So machte die equity die Bestellung von Sicherungsrechten keineswegs von einer Vollrechtsübertragung oder der Einräumung des Gläubigerbesitzes abhängig, für die Entstehung einer *charge* genügte vielmehr jedwede Vereinbarung, die den übereinstimmenden Willen bekundete, die Erfüllung einer Verbindlichkeit durch einen bestimmten Gegenstand abzusichern. Außerdem sah sie eine Erweiterung der Sicherungsgegenstände auf *choses in action* vor, wozu auch der *goodwill* eines Unternehmens gehört. Und schließlich war mit dem Verzicht auf einen dinglichen Vollzugsakt die Möglichkeit geebnet, künftige Vermögenswerte als Sicherheit einzubeziehen, so daß von der einmal begründeten Belastung insbesondere Verarbeitungsprodukte oder Ersatzstücke des ursprünglichen Sicherungsguts erfaßt werden konnten.

Nachdem die *equity* die notwendigen dogmatischen Ansätze vorgab, dauerte es nur verhältnismäßig kurze Zeit, bis die Rechtsprechung in der zweiten Hälfte des 19. Jahrhunderts durch eine Reihe aufeinanderfolgender Entscheidungen die institutionelle Strukturen der *floating charge* herausgearbeitet hatte.

1870 fand die Rechtsentwicklung ihren wesentlichen Abschluß, als der *Court of Appeal* die Wirksamkeit einer Sicherungsabrede anerkannte, in der ein Unternehmen zur Sicherung seiner Verbindlichkeiten das gesamte gegenwärtige und zukünftige Vermögen verpfändet hatte[262]. Vorausgegangen waren bis dahin Entscheidungen, bei denen noch Unklarheiten über die rechtliche Behandlung einer solchen Vereinbarung herrschte. Obwohl be-

---

[261] vgl. *Fisher and Lightwood's* Law of Mortgage, S. 102.

[262] Re Panama, New Zealand and Australian Royal Mail Co. (1870) 5 Ch. App. 318; *Gough*, Company Charges, S. 77ff. *Pennington*, The Genesis of the Floating Charge, M.L.R. 23 (1960) 630, 643; *ter Meulen*, Floating Charge, S. 21.

reits 1862 das *House of Lords*[263] in dem Versuch, eine *mortgage* an nachträglich erworbenen Gütern zu begründen, ein wirksames *equitable assignment of future property* zu erblicken wußte, sah man sich zunächst mit der scheinbar unüberwindlichen Schwierigkeit konfrontiert, wie trotz Belastung eine Paralysierung des laufenden Geschäftsbetriebes vermieden werden konnte.

Um solche Auswirkungen zu verhindern, vertrat man anfänglich einfach den rigorosen Standpunkt, daß von einer Verpfändung der Unternehmenswerte *future uncalled capital* auszunehmen sei, da sonst keine Geschäfte mehr abgewickelt werden könnten[264]. Daraufhin sprach man sich für eine Begrenzung der Sicherheit auf das im Zeitpunkt der Bestellung vorhandene Vermögen aus[265]. Lediglich ein Fall aus dem Jahr 1867 zeugt von größerer rechtlicher Kühnheit und ahnt schon am deutlichsten die Gestaltung der *floating charge* voraus[266]. Das Gericht bejahte eine Belastung des gesamten gegenwärtigen und zukünftigen Vermögens, wobei in Wahrheit allerdings noch an eine *specific charge* gedacht war. Die daraus resultierende Einschränkung der Handlungsfreiheit erschien hinnehmbar, zumal es eine Immobiliengesellschaft betraf, die sowieso nicht laufend ihr Grundvermögen umsetzt. Der Durchbruch gelang der *floating charge* erst in dem zuvor erwähnten *Re Panama Case*. In der Entscheidung fand das Gericht die grundlegende Konzeption, die auch heute noch unverändert Gültigkeit besitzt. Es stufte eine Unternehmensverpfändung entsprechend dem Wortlaut der Vereinbarung als Belastung des gesamten Handelsbetriebes in seinem gegenwärtigen und künftigen Bestand ein, zog aber zugleich daraus die weitreichende Konsequenz, daß die Gesellschaft dennoch ungehindert, wie wenn eine Sicherheit überhaupt nicht bestellt wäre, ihren Geschäftsbetrieb fortführen könne, solange die Kreditverpflichtungen ordnungsgemäß erfüllt werden[267].

---

263 *Holroyd v. Marshall* [1861–1873] All E.R. Rep. 414.

264 *Gough*, Company Charge, S. 77f.; *King v. Marshall* (1864) 33 Beav 565; *ter Meulen*, Floating Charge, S. 29.

265 *Gough*, Company Charge, S. 78; *ter Meulen*, Floating Charge, S. 29.

266 *Gough*, Company Charge, S. 78; Re Marine Mansions Co. (1867) LR 4 Eq 601; *ter Meulen*, Floating Charge, S. 29.

267 *Gough*, Company Charge, S. 77; *ter Meulen*, Floating Charge, S. 29; *Pennington*, The Genesis of the Floating Charge, M.L.R. 23 (1960) 630, 643; *Halsbury's* Laws of England, Vol. 7 – Para. 825.

Streitig ist der Einfluß der speziell durch *Schedule C* des *Companies Clauses Consolidation Act* 1845 vorgesehenen *mortgage* auf diese Entwicklung[268], jedenfalls mag sie in Form und inhaltlicher Ausgestaltung oftmals eine Orientierungshilfe für die Handelsgesellschaften gewesen sein. Ihre Verwendung war indessen nur einem kleinen Kreis bestimmter Gesellschaften vorbehalten, nämlich *companies incorporated by statute*, deren Geschäftszweck prinzipiell in der Wahrnehmung übertragener öffentlicher Aufgaben (z.B. Gas- oder Wasserversorgung oder Eisenbahnbetrieb) bestand. Um die notwendige Finanzierung dieser Tätigkeit zu erleichtern, wurde gesetzlich eine besondere Art der Sicherung zugelassen. Danach durften allgemeinnützige Gesellschaften zur Sicherung von Anleihen eine sog. *mortgage debenture*[269] am *undertaking and all future calls on shareholders and all tolls and sums of money arising by virtue of its act of incorporation* begründen. Der dabei vom Gesetz gewählte Begriff *undertaking* ließ allerdings mangels exakter legislatorischer Vorgaben im Unklaren, was eigentlich alles an Gegenstandswerten konkret von der *mortgage* erfaßt sein sollte. Deshalb beschäftigte sein Bedeutungsinhalt wiederholt die Gerichtspraxis.

Wenn damit auch schon manche Probleme der *floating charge*, die ebenfalls eine Belastung des *undertaking* erstrebte, in ihrer Lösung vorgezeichnet schienen, so darf das aber nicht über gravierende Unterschiede in den Einzelheiten hinwegtäuschen. Eine *mortgage debenture* ruhte regelmäßig von vornherein auf einem besonderen, eigentümlichen Haftungsverband, einem *continuing and going concern*, der in seiner Gesamtheit öffentlichrechtlichen Bindungen unterlag[270].

Insoweit standen überragende öffentliche Interessen einer Übertragbarkeit oder jedweder Zerschlagung der zentralen Vermögenswerte entgegen, die der Betrieb zur Erfüllung der ihm übertragenen Aufgaben unbedingt benötigte und das arbeitende Unternehmen ausmachten[271]. Diese Sachwerte, die als *undertaking* die Sicherungsgrundlage der *statutory mortgage* bildeten[272], waren damit von Anfang an gerade Umsatzgeschäften entzogen –

---

[268] *Gough,* Company Charge, S. 79; *Pennington,* The Genesis of the Floating Charge, M.L.R. 23 (1960) 630, 638ff.; *ter Meulen,* Floating Charge, S. 27f.

[269] vgl. *Halsbury's* Laws of England, Vol. 7 – Paras. 1652, 1653.

[270] *Gough,* Company Charge, S. 79f.

[271] *Gough,* Company Charge, S. 80f.

[272] *Gough,* Company Charge, S. 81; Gardner v. London, Chatham and Dover Rly Co (1867) 2 Ch. App. 201.

deshalb war eine Aushöhlung der Sicherheit nicht zu besorgen. Andererseits hatte aber die öffentliche Zweckbindung eine Beschränkung der Rechte des *mortgagee* zur Folge. Um das oberste Ziel, eine Aufrechterhaltung der Unternehmenstätigkeit nicht zu gefährden, versagte die Rechtsprechung ihm Eingriffsbefugnisse in den Geschäftsbetrieb, solange die Gesellschaft ihre Arbeit fortführte; der *mortgagee* durfte daher seine Sicherheit grundsätzlich nicht verwerten, sondern mußte sich jeweils aus deren Erträgen befriedigen[273]. Die Erörterungen zur *floating charge* zeigen eine Auseinandersetzung mit dieser Rechtsprechung, die *Lords Justices* erachteten sie aber bei der Entscheidungsfindung aufgrund der erwähnten Sonderheiten keineswegs in der Sache für einschlägig[274].

b) Persönlicher Anwendungsbereich und äußere Rahmenbedingungen

Anders als die bisher erwähnten Sicherheiten steht ihr Gebrauch von vornherein nicht jedermann zur Verfügung; allein *incorporated companies*, Gesellschaften mit juristischer Persönlichkeit, können sich ihrer bedienen, dagegen sind natürliche Personen und andere Gesellschaften, insbesondere *partnerships*, davon ausgeschlossen[275]. Eine Befreiung existiert allerdings für Landwirte, denen zur Beseitigung finanzieller Nöte durch s. 5 *Agricultural Credit Act* 1928 die Möglichkeit einer *floating charge*-Bestellung gesondert eingeräumt wurde[276].

Die formale Beschränkung der *floating charge* auf *incorporated companies* bewirkt dennoch keine spürbare Benachteiligung einzelner Bevölkerungsschichten, da zum einen der weitaus größere Teil des Kreditbedarfs sowieso bei Gesellschaften anfällt und dort vor allem ein Bedürfnis nach umfänglicher Sicherung hervorruft, zum anderen traditionell in England mehr als im übrigen Europa eine Neigung für Unternehmensgründungen in Form einer eingetragenen Gesellschaft herrscht, die durch eine fehlende

---

[273] *Gough,* Company Charge, S. 80f.; *ter Meulen,* Floating Charge, S. 28; *Pennington,* The Genesis of the Floating Charge, M.L.R. 23 (1960) 630, 639; *Halsbury's* Laws of England, Vol. 7 – Para. 1650.

[274] *Gough,* Company Charge, S. 81.

[275] Gower's Principles of Modern Company Law, S. 109; *Holden,* The Law and Practice of Banking, Vol. 2 – S. 341; *Palmer's* Company Law, S. 564; kritisch *Fitzpatrick,* Why Not a Partnership Floating Charge?, JBL 1971, 18ff.

[276] *Holden,* The Law and Practice of Banking, Vol. 2 – S. 309ff.; vgl. *ter Meulen,* Floating Charge, S. 30 Fußn. 1 – der weitere Ausnahmen zitiert.

Mindestkapitalregelung für *private companies*[277] begünstigt ist. Damit steht prinzipiell allen Unternehmen dieses Sicherungsinstitut letztlich offen, denn auch kleine Firmen können ohne Schwierigkeiten die Rechtsform der *company* wählen, die ihnen zudem den Vorteil der Haftungsbeschränkung bietet[278].

Daß die *floating charge* von enumerativen Ausnahmen abgesehen bislang keine Ausdehnung ihres persönlichen Anwendungsbereichs erfahren hat, erklärt sich mit dem Kriterium einer rechtlichen Verselbständigung der Vermögensmasse bei *incorporated companies* höchst unzureichend, wenngleich gesellschaftsrechtliche Vorschriften das Institut in seiner Ausgestaltung maßgebend prägen.

Die ausschlaggebenden Ursachen wurzeln in einer den Drittschutz favorisierenden Gesetzgebung, die durch verstärkte Publizitätsanforderungen und weitgehende formale Reglementierungen gerade die Verwendung besitzloser Sicherheiten allgemein einzudämmen suchte. Das beeinträchtigte deren Sicherungswert nachhaltig und ließ außerdem wegen der damit verbundenen Schwierigkeit vielfach eine Bestellung gar sinnlos erscheinen. Jene Rahmenbedingungen versagten es der *floating charge* mithin Eingang in den übrigen Bereich des Wirtschaftslebens zu finden. Bedeutung beanspruchten im wesentlichen zwei wichtige gesetzliche Regelungsmaterien, die dem Vordringen besitzloser Sicherheiten strikt Einhalt geboten, aber gerade für *incorporated companies* nicht galten[279]. Erstens beschnitt die *reputed ownership clause* in s. 38 (c) *Bankruptcy Act* 1914 die Wirksamkeit heimlicher Sicherungsrechte im Konkurs, indem sie unter Aberkennung von Rechten Dritter die bewegliche Habe, die dem Gemeinschuldner zu geschäftlichen Zwecken überlassen war und dabei den Eindruck seines Eigentum vermittelte, der Konkursmasse einverleibte. Das ist allerdings heute nur noch von rechtshistorischem Interesse, da eine solche Bestimmung in dem

---

277 *Charlesworths'* Company Law, S. 50; *Pennington*, Company Law, S. 652; *Palmer's* Company Law, S. 47 – anders die public company, die ein Mindestkapital von £ 50,000 erfordert.

278 Die ungebrochene Beliebtheit der eingetragenen Gesellschaften und ihren starken Verbreitungsgrad belegt die Statistik: am 31. Dezember 1980 waren 818.171 private companies (zzgl. 10.325 public companies) in England registriert (*Palmer's* Company Law, S. 47), während zum gleichen Zeitpunkt in der Bundesrepublik Deutschland 255.940 Gesellschaften mit beschränkter Haftung (sowie 2.141 Aktiengesellschaften) bestanden. (Statistisches Jahrbuch 1981 für die Bundesrepublik Deutschland, S. 113).

279 *Gower's* Principles of Modern Company Law, S. 108; *Halsbury's* Laws of England, Vol. 7 – Paras. 813, 843.

mit der Konkursrechtsform neu geschaffenen *Insolvency Act* 1986 (vgl. s. 283) fehlt[280]. Zweitens unterwarf der *Bills of Sale Act* (1878) *Amendment Act* 1882 Sicherungsgeschäfte stringenten Formalien, insbesondere verlangte er zu deren Gültigkeit eine genaue Beschreibung der erfaßten *personal chattels* und schloß die Einbeziehung von *after acquired property* ausdrücklich aus. Dadurch entfiel jegliche Möglichkeit, die Belastung einer Gesamtheit von beweglichen Sachen in ihrem wechselnden Bestand zu erreichen, was eine *floating charge* Vereinbarung im wesentlichen sinnentleerte. Von diesen Restriktionen stellte s. 17 *Bills of Sale Act* (1878) *Amendment Act* 1882 jedoch *incorporated companies* frei, soweit sie die Sicherungsbegebung in die Form einer *debenture* kleideten.

c) Form der Debenture

Eine exakte Begriffsbestimmung von *debenture*[281] ist bislang nicht gelungen, denn jeder Erläuterungsversuch scheiterte an schier unüberwindbaren Abgrenzungsschwierigkeiten[282]. Der Gesetzgeber hat daher sicherlich aus gutem Grund stets von einer gesetzlichen Definition abgesehen. Wenn es in s. 744 *Companies Act* 1985 unverändert gleichlautend wie bisher heißt *"debenture includes debenture stock, bonds and any other securities of a company whether constituting a charge on the assets of the company or not"*[283], so ist das nicht mehr als eine Aufzählung dessen, was alles unter dem Begriff zusammengefaßt wird.

---

280 *Halsbury's* Laws of England, Cumulative Supplement 1987 Part 1, Vol. 3 – S. 23.

281 Es handelt sich um ein Wort sehr alten Ursprungs, das aus der Formulierung "debentur", mit der früher gewisse Urkunden des Schatzamtes eingeleitet wurden, hervorgegangen ist, vgl. *Earl Jowitt*, Dictionary of English Law, Vol. 1 – [Debenture], S. 577.

282 vgl. *Palmer's* Company Law, S. 530; *Gower's* Principles of Modern Company Law, S. 401; *Halsbury's* Laws of England, Vol. 7– Para. 813; *Gough*, Company Charges, S. 271; Knightsbridge Estates Trust, Ltd. v. Byrne and Others [1940] 2 All E.R. 401, 404ff.

283 *Halsbury's* Statutes of England and Wales, Vol. 8 – s. 744 CA 1985 – Zwar hat der englische Gesetzgeber innerhalb erstaunlich kurzer Zeit schon 1989 eine weitere Novellierung des Gesellschaftsrechts vorgenommen, doch resultieren daraus keine relevanten materiellen Änderungen der für die floating charge maßgeblichen Rechtsgrundlagen, da insoweit der CA 1985 in den entscheidenden Passagen uneinschränkt fortgilt. Der CA 1989, dessen letzte Bestimmungen am 31.03.1991 in Kraft traten, verdrängt jenen nämlich nicht in seiner Anwendung, sondern modifiziert ihn lediglich in einzelnen Teilen. Im wesentlichen beinhaltet der CA 1989 allein die längst fällige Umsetzung der 7. gesellschaftsrechtlichen EG-Richtlinien vom 13.06.1983 (ABl.L 193/1) sowie der 8. gesellschaftsrechtlichen EG-Richtlinie vom 10.04.1984 (Abl.L 126/20) und schafft damit die notwendige Rechtsangleichung, die im deutschen Recht bereits mit dem Bilanzrichtliniengesetz vom 19.12.1985 (BGBl. I, S. 2355) Mitte der 80er Jahre vollzogen wurde.

Nach den von der Rechtsprechung herausgearbeiteten Kriterien wird unter *debenture* die Bezeichnung für eine Kategorie bestimmter, gewöhnlich von *companies*[284] ausgegebenen Urkunden verstanden, die eine Schuld begründen oder anerkennen sowie Zahlungsverpflichtungen[285] festlegen und normalerweise, aber nicht notwendig, eine Realsicherheit am Schuldnervermögen einschließen[286]. Demnach handelt es sich in der Sache um eine Art besonderer Schuldverschreibung oder Schuldversprechen, die *companies* zu Finanzierungszwecken verwenden. Insoweit ist genaugenommen mit *debenture* primär die Urkunde selbst gemeint, die eine Verschuldung bezeugt, nicht das zugrundeliegende Rechtsgeschäft[287]. Da das so titulierte Papier zunächst einmal ein schuldrechtliches Rechtsverhältnis (Darlehensgewährung) verbrieft, stehen einem *debenture-holder* regelmäßig nur Ansprüche vertraglicher Natur gegen den urkundlich Verpflichteten zu, falls zusätzlich nicht anspruchssichernde dingliche Sicherheiten eingeräumt wurden[288]. Obschon zumeist *under company's seal* begeben, bedarf es für die Gültigkeit einer *debenture* keineswegs der Form einer *deed* (gesiegelte Urkunde)[289].

Debentures treten in mannigfaltiger Weise und unterschiedlichsten Ausgestaltungen im Wirtschaftsverkehr in Erscheinung. So können sie auf den Inhaber oder eine namentlich bezeichnete Person lauten. Eine *debenture payable to bearer* stellt ein *negotiable instrument* dar[290], was eine Steigerung der Verkehrsfähigkeit bedeutet, weil eine Rechtsübertragung sachenrechtlichen Grundsätzen folgt. Ein Rechtsnachfolger *in good faith and for value* erwirbt durch einfache *delivery* des Papiers die urkundlich verbrieften

---

[284] Gelegentlich kommt auch eine Ausstellung durch Clubs oder natürliche Personen vor, vgl. *Halsbury's* Laws of England, Vol. 7 - Para. 813.

[285] Die Absprache kann sogar so gestaltet sein, daß die Verbindlichkeit nur durch erzielte Gewinnerträge getilt werden soll - vgl. *Halsbury's* Laws of England, Vol. 7 - Para. 813; Lemon v. Austin Friars Investment Trust Ltd. [1925] All E.R. Rep. 255.

[286] *Gower's* Principles of Modern Company Law, S. 401; *Palmer's* Company Law, S. 530; *Gough*, Company Charges, S. 271; *Halsbury's* Laws of England, Vol. 7 - Para. 813.

[287] *Gower's* Principles of Modern Company Law, S. 401; *Gough*, Company Charges, S. 271.

[288] *Gower's* Principles of Modern Company Law, S. 401.

[289] *Halsbury's* Laws of England, Vol. 7 – Para. 814; *Palmer's* Company Law, S. 531; *Charlesworths'* Company Law, S. 611; *ter Meulen*, Floating Charge, S. 34.

[290] *Halsbury's* Laws of England, Vol. 7 – Para. 817; *Charlesworths'* Company Law, S. 621; *Smith and Keenan's* Company Law, S. 297.

Rechte frei von Einreden, die gegen den früheren Inhaber bestanden[291]. Das ist anders bei einer *debenture payable to registered holder*. Dort hat ein Rechtsübergang, der neben der Erstellung eines *instrument to transfer* einen Registereintrag erforderlich macht[292], nicht die Wirkung, daß der Zessionar eine bessere Rechtsstellung wie der Zedent erlangt, es sei denn, die Geltendmachung schuldnerischer Gegenrechte wurde extra *by the terms of issue of the debenture* ausgeschlossen[293]. In der Praxis dominieren Namenspapiere, da die Ausgabe von Inhaberschuldverschreibungen bis vor kurzem der Erschwernis eines Genehmigungsvorbehalts durch die *Treasury* unterlag[294].

Unterschieden wird terminologisch zwischen *secured debentures*, denen ein Sicherungsrecht anhaftet, und den wenig gebräuchlichen *naked debentures*[295]. Ferner besteht die Möglichkeit der Begebung einer *convertible debenture* (Wandelanleihe), durch die der Papierinhaber das Optionsrecht auf Umwandlung der Schuldverschreibung in Aktien zu einem festgesetzten Zeitpunkt erhält[296]. Inhaltlich können die Parteien ferner über die Fälligkeit der Forderung disponieren. Freilich wird häufig eine genaue Zahlungsweise festgelegt, nach der die *company* zu bestimmten Zeitpunkten die Schuldtilgung zu bewirken hat, ihr aber unbenommen bleibt, den Betrag vorzeitig zurückzuzahlen[297]. In der englischen Rechtspraxis sind trotzdem Absprachen keineswegs unüblich, die jegliches Ablösungsrecht vor Ablauf von 50 oder 100 Jahren ausschließen oder eine Rückzahlungsverpflichtung erst im Fall der Insolvenz sowie bei gravierenden Pflichtverstößen seitens der Gesellschaft begründen *(irredeemable debenture)*[298].

---

[291] *Halsbury's* Laws of England, Vol. 7 – Para. 838; *Charlesworths'* Company Law, S. 621; *Smith and Keenan's* Company Law, S. 297.

[292] *Halsbury's* Laws of England, Vol. 7 – Para. 839.

[293] *Smith and Keenan's* Company Law, S. 296; *Charlesworths'* Company Law, S. 619.

[294] *ter Meulen*, Floating Charge, S. 35 Fußn. 31; *Halsbury's* Laws of England, Vol. 7 – Paras. 394 Fußn. 5, 817 Fußn. 1; *Holden*, The Law and Practice of Banking, Vol. 2 – S. 184; *Palmer's* Company Law, S. 313, 555 – mit der Exchange Control (General Exemption) Order 1979 (S. T. 1979, No. 1660) wurden bestehende Kontrollbefugnisse beseitigt; trotzdem hat das bis dato keinen merklichen Anstieg von bearer debentures ausgelöst.

[295] *Halsbury's* Laws of England, Vol. 7 – Para. 815; Knightsbridge Estates Trust, Ltd. v. Byrne and Others [1940] 2 All E.R. 401, 407f.

[296] *Palmer's* Company Law, S. 534.

[297] *Charlesworths'* Company Law, S. 622; *Smith and Keenan's* Company Law, S. 296.

Debentures können sowohl vereinzelt einem konkreten Gläubiger gegenüber, sofern es jeweils um eigenständige Kreditierungen geht, als auch in Serie[299] an eine Gesamtheit verschiedener Gläubiger ausgegeben werden. Die prinzipiell durch Massenemissionen bedingte Bildung einer Befriedigungsreihenfolge nach Ausgabedatum bzw. Seriennummer vermeidet regelmäßig eine *pari-passu* Klausel, die unter den Urkunden Gleichrangigkeit anordnet[300]. Anstatt eine Vielzahl einzelner *debentures* auszugeben, bevorzugt eine *company* oftmals die Errichtung eines *debenture stock*, der eine Summe unterschiedlicher Kreditschulden zu einem einheitlichen *loan fund* zusammenfaßt[301]. Dies geschieht stets unter Begründung eines Treuhandverhältnisses, denn ausgestellt wird hierbei eine *trust deed* als Schuldverschreibung über eine Gesamtverbindlichkeit in genannter Höhe, die allein dem papierinnehabenden Verwalter *(trustee)* Rechte gegen die schuldende Gesellschaft vermittelt[302], welche dieser allerdings zugunsten der Anteilseigner (*beneficiaries*) auszuüben hat.

Der Überblick zeigt die Vielseitigkeit von *debentures*; dennoch gilt der Begriff nicht allumfassend für sämtliche Schuldverschreibungen. Eine gewichtige Einschränkung bedeutet insoweit die in der Praxis vorgenommene Begrenzung auf längerfristige Anleihen[303]; infolgedessen stellen etwa *bills of exchange* oder andere *negotiable instruments*, insbesondere *documents of title* keine *debenture* dar[304]. Genausowenig rechnen *shares* hierzu, denn der *debenture-holder* erhält gerade nicht wie ein Aktionär Mitgliedschaftsrechte, sondern lediglich eine Forderung gegen die Gesellschaft[305]. Auf der Suche nach Abgrenzungsgesichtspunkten werden so

---

298 *Palmer's* Company Law, S. 533; *Charlesworths'* Company Law, S. 623; *Smith and Keenan's* Company Law, S. 298; *Halsbury's* Laws of England, Vol. 7 – Para. 818; Knightsbridge Estates Trust, Ltd. v. Byrne and Others [1940] 2 All E.R. 401 (Eine solche Verzögerung der Ablösung kollidiert nicht mit der doctrine of clogging the equity).

299 Was eine Beachtung der "Prospekt"-Vorschriften ss. 56ff. CA 1985 erfordert, vgl. *Palmer's* Company Law, S. 556.

300 *Smith and Keenan's* Company Law, S. 295.

301 *Gower's* Principles of Modern Company Law, S. 401; *Palmer's* Company Law, S. 532; *Brink/Habel*, Recht der Kreditsicherheiten, Teil IV: England – S. 210; *Triebel*, Englisches Handels- und Wirtschaftsrecht, S. 153.

302 *Palmer's* Company Law, S. 533; *Charlesworths'* Company Law, S. 612ff.; *Pennington*, Company Law, S. 444ff.; *Halsbury's* Laws of England, Vol. 7 – Para. 823; *Gough*, Company Charges, S. 275.

303 *Gower's* Principles of Modern Company Law, S. 402.

304 *Gower's* Principles of Modern Company Law, S. 402 Fußn. 23; *Palmer's* Company Law, S. 531.

immer wieder zutreffend auffällige Teilaspekte herausgestrichen, ohne daß damit schon klare Unterscheidungskriterien gewonnen wären; letztlich entscheiden mithin die Umstände des Einzelfalles jeweils über das Vorliegen einer *debenture*. Andererseits kommt es auf die rechtliche Qualifizierung für die Frage, ob s. 17 *Bills of Sale Act* (1878) *Amendment Act* 1882 eingreift, nicht maßgeblich an, da die Rechtsprechung unabhängig vom ausdrücklichen Gesetzeswortlaut einen Ausschluß der *Bills of Sale* Vorschriften bereits bejaht, sobald das ausgefertigte Schriftstück einer Registrierungspflicht im Gesellschaftsregister unterliegt[306].

d) Art der Bestellung, Formfragen

Die Bestellung einer *floating charge* läßt den Parteien in Form und konkreter Ausgestaltung weitlichen Freiraum, denn wie allen *equity*-Rechten eigen, kennzeichnet auch sie der prinzipielle Verzicht auf die Einhaltung strikter Förmlichkeiten. Lediglich soweit eine Vermögensmasse belastet werden soll, die zum Teil aus Immobiliarwerten besteht, bedarf die Vereinbarung, um rechtlich durchsetzbar zu sein, gem. s. 40 *Law of Property Act* 1925 der Schriftform, weil sie unter anderem eine Verfügung über ein *interest in land* beinhaltet[307]. Ebensowenig erfordert die Abfassung der Vereinbarung eine Beachtung irgendwelcher inhaltlicher Vorgaben, insbesondere müssen die Parteien keine bestimmten standardisierten Formulierungen verwenden. Es genügt, wenn der übereinstimmende Wille zur Schaffung einer Realsicherheit irgendwie in den beiderseitigen Erklärungen seinen erkennbaren Ausdruck findet[308].

Allein durch die Erhebung des Gesamtvermögens zum Belastungsobjekt manifestiert sich hinreichend deutlich ein entsprechender Parteiwille. Demzufolge interpretiert die Rechtsprechung auch den Verpfändungsvertrag einer *company*, mit dem diese ausdrücklich eine *charge* am *undertaking*

---

[305] Zu den sonstigen Unterscheidungsmerkmalen, vgl. *Charlesworths'* Company Law, S. 611; *Gower's* Principles of Modern Company Law, S. 402.

[306] *Halsbury's* Laws of England, Vol. 4 – Para. 655; *ter Meulen*, Floating Charge, S. 36; Re Standard Manufactoring Co. [1891–1894] All E.R. Rep. 1242.

[307] *Pennington's*, Company Law, S. 396; *Halsbury's* Laws of England, Vol. 7 – Para. 831; *Pennington*, The Genesis of the Floating Charge, M.L.R. 23 (1960) 690 Fußn. 90; *ter Meulen*, Floating Charge, S. 56.

[308] *Pennington's*, Company Law, S. 380; *ter Meulen*, Floating Charge, S. 44; *Gough*, Company Charges, S. 64.

oder an ihrem *real and personal estate* oder an *all their estate, property and effects* errichten will, regelmäßig als *floating charge*, denn andernfalls bei Annahme einer *specific charge* würde im Widerspruch zu den wahren Intentionen der Beteiligten der Geschäftsbetrieb des Unternehmens zum Erliegen kommen, weil die *company* nicht mehr über ihre Vermögenswerte frei verfügen könnte[309].

Es ist jedoch keineswegs notwendig, daß eine *company* stets ihr gesamtes Unternehmen belastet. Sie kann die *charge* durchaus auf einzelne Vermögensbestandteile oder -kategorien beschränken, sofern die Sicherungsabrede eine genaue Identifizierung der Objekte erlaubt. Daher entsteht bereits bei Belastung vorhandener Betriebseinrichtungen einschließlich *"chattels which now are or may from time to time be placed upon or used in or about the... premises"* eine *floating charge*, genauso wie bei Verpfändungen von *"book and other debts now owing and also book and other debts which shall become owing during the continuance of this security"*[310], ferner reichen sogar wechselnde Warenbestände als Sicherungsgrundlage[311]. In jedem Fall muß ein genau bezeichneter Teil des Gesellschaftsvermögens unter Einbeziehung künftiger Veränderungen zum Gegenstand einer *charge* gemacht werden[312]. Dennoch können mitunter, wenn nicht der Vertragstext Klarheit schafft, erhebliche Zweifel herrschen, ob die Parteien letztlich eine *floating* oder *specific charge* gewollt haben, da an künftigen Gütern ebensogut die Bestellung einer *specific charge* möglich ist[313].

e) Sicherungsobjekt und Forderung

Ordnet die *debenture*, wie vielfach, pauschal eine Verpfändung des gesamten Gesellschaftsvermögens an, so werden dadurch trotzdem nicht alle Unternehmenswerte sicherungsbehaftet. Die darin liegende Globalbelastung eines werbenden Geschäftsunternehmens erfaßt zwar prinzipiell sämtliche Aktiva der *company*, also Mobilien und Immobilien, ebenso

[309] *Pennington's* Company Law, S. 380; *Gough,* Company Charges, S. 62ff., 66; *Palmer's* Company Law, S. 567f.; *ter Meulen,* Floating Charge, S. 44.

[310] *Pennington's* Company Law, S. 380; *Palmer's* Company Law, S. 568; *Halsbury's* Laws of England, Vol. 7 – Para. 824; *Gough,* Company Charges, S. 76.

[311] Re Automatic Bottle Makers Ltd. [1926] All E.R. Rep. 618.

[312] *Gough,* Company Charges, S. 76.

[313] vgl. *ter Meulen,* Floating Charge, S. 46; *Gough,* Company Charges, S. 68f.

Forderungen und Rechte jeder Art sowie außerdem immer den *goodwill*, falls sich die *floating charge* Bestellung durch Verwendung einer der beiden Begriffe *property* oder *assets* auszeichnet[314], ansonsten bei anderen Formulierungen müssen dies die Einzelumstände gesondert indizieren. Ausgenommen von der Sicherheit bleiben jedoch zum einen die Geschäftsbücher der *company*, weil dem die gesetzliche Buchführungspflicht entgegensteht[315], zum anderen das *uncalled capital* (nicht eingefordertes Gesellschaftskapital) es sei denn, dessen Belastung wird ausdrücklich vereinbart[316].

Die *floating charge* folgt dem Akzessorietätsprinzip, deshalb hängt ihre Wirksamkeit stets von dem Bestehen einer zu sichernden Forderung ab, wobei gleichgültig ist, ob sie zur Sicherung bereits entstandener oder künftiger Ansprüche dienen soll[317], oder gar eines Kontokorrentkontos[318]. Tritt irgendwann Tilgung der Verbindlichkeiten ein oder fehlt bei einem *current account* im Zeitpunkt der Verwertung jegliches Schuldsaldo, dann erlischt damit die *charge*[319].

f) Verfügungsbefugnis – "ultra-vires-theory"

Die Fähigkeit einer juristischen Person, im Rechtsverkehr zu agieren und sich vertraglich zu verpflichten, wird auf den Bereich des jeweiligen Unternehmensgegenstandes, den das *memorandum of association* nennt, begrenzt[320]. Aufgrund dieser eingeschränkten Rechtsfähigkeit kann eine *company* vertreten durch ihre Organe selbst bei Zustimmung aller Gesellschafter nur solche Geschäfte abschließen, die eine unmittelbare Verwirkli-

---

314 *Halsbury's* Laws of England, Vol. 7 – Para. 824 Fußn. 3; *ter Meulen*, Floating Charge, S. 37f., 45 – der Einschluß des goodwill erlangt deshalb Bedeutung, weil mit ihm das Recht der Verwertung des Unternehmens in seiner Gesamtheit verbunden ist.

315 *Halsbury's* Laws of England, Vol. 7 – Para. 811; *Palmer's* Company Law, S. 569; *ter Meulen*, Floating Charge, S. 38f.

316 *Halsbury's* Laws of England, Vol. 7 – Paras. 808, 824; *Gough*, Company Charges, S. 63; *Palmer's* Company Law, S. 569; *ter Meulen*, Floating Charge, S. 39f.; Re Standard Manufactoring Co. [1891–1894] All E.R. Rep. 1242.

317 *ter Meulen*, Floating Charge, S. 47.

318 *Gough*, Company Charges, S. 411; *Palmer's* Company Law, S. 573.

319 *Gough*, Company Charges, S. 411; *ter Meulen*, Floating Charge, S. 47.

320 *Charlesworth's* Company Law, S. 75; *Halsbury's* Laws of England, Vol. 7 – Para. 695. *Smith and Keenan's* Company Law, S. 58.

chung des Gesellschaftszweckes bedeuten oder zumindest der Erreichung seiner Ziele förderlich sind. Überschreitet sie ihre *capacity*, so gilt die vorgenommene Rechtshandlung als *ultra vires* und damit für nichtig[321]. Unberücksichtigt blieb ursprünglich eine tatsächliche Unkenntnis des Vertragspartners von der fehlenden Befugnis, da er sich wegen der öffentlichen Einsehbarkeit des *memorandum of association* beim *Registrar of Companies* regelmäßig *constructive notice* zurechnen lassen mußte[322].

Einen Schutz des redlichen Rechtsverkehrs brachte erst der mit Beitritt Großbritanniens zur Europäischen Gemeinschaft in Kraft getretene *European Economic Communities Act* 1972 in s. 9 (1) (nunmehr s. 35 *Companies Act* 1985), der die *ultra vires*-Doktrin im Außenverhältnis modifiziert. Danach wird zugunsten eines redlichen Geschäftspartners, der die Vertragsverhandlungen mit den *directors* führt, eine solche unzulässige geschäftliche Transaktion in seinen Wirkungen einem *intra vires* abgeschlossenen Rechtsgeschäft gleichgestellt, wobei das Gesetz seine Gutgläubigkeit positiv bis zum Beweis des Gegenteils vermutet[323].

Die *ultra vires-theory* behindert schließlich eine Gesellschaft nicht bei notwendigen Kapitalbeschaffungen. Schon um Unklarheiten über den Umfang der *capacity* vorzubeugen, wird im Gesellschaftsvertrag selbst nahezu immer eine Ermächtigung zu Kreditgeschäften *for the purpose of its business* ausdrücklich aufgenommen; aber unabhängig davon besitzt eine *trading company* nach *common law* ohnehin eine *implied power* zu Darlehensaufnahmen im Rahmen ihrer Geschäftstätigkeit, die auch eine damit zusammenhängende Sicherungsbestellung deckt[324]. Dabei muß es sich stets

---

[321] *Charlesworth's* Company Law, S. 75ff.; *Pennington's* Company Law, S. 93ff.; *Gower's* Principles of Modern Company Law, S. 161ff. – historisch gesehen entwickelte sich die "doctrine of ultra vires" ausgangs des letzten Jahrhunderts, wobei sie ursprünglich eine spezielle Reglementierung für öffentlich-rechtliche Unternehmen bildete, jedoch schon bald Eingang im gesamten Company Law fand.

[322] *Charlesworth's* Company Law, S. 83; *Pennington's* Company Law, S. 96; *Gower's* Principles of Modern Company Law, S. 174.

[323] *Halsbury's* Statutes of England and Wales, Vol. 8 – s. 35 CA 1985; *Halsbury's* Laws of England, Vol. 7 – Para. 701; *Palmer's* Company Law, S. 126f.; *Charlesworth's* Company Law, S. 89ff.; International Sales and Agencies Ltd. v. Marcus [1984] 3 All E.R. 551, 559; darüber hinaus führte s. 108 CA 1989 zu einer weiteren, grundlegenden Stärkung des Verkehrsschutzes, denn nach der Neufassung der insoweit einschlägigen Normen (ss. 35, 35A and 35B CA 1985) hängt die Wirksamkeit eines Rechtsgeschäfts gegenüber einem redlichen Geschäftspartner nicht davon ab, ob die Maßnahme durch die Satzung gedeckt ist oder nicht, was insoweit praktisch auf eine Abschaffung der ultra-vires-theory hinausläuft.

[324] *Gough*, Company Charges, S. 24ff., 27ff.; *Halsbury's* Laws of England, Vol. 7 – Para.

um Eigenverbindlichkeiten handeln, eine Besicherung von Fremdschulden geht über die allgemeinen Befugnisse einer *company* hinaus[325].

g) Registrierungszwang als Wirksamkeitsvoraussetzung

Ursprünglich dürfte der Publizitätsgedanke nicht bestimmend gewesen sein, denn zur Zeit des erstmaligen Auftauchens dieses Sicherungsinstituts bestand lediglich eine Registrierungspflicht für *charges* in einem von der *company* selbst zu führenden Register. Erst der *Companies Act* 1900 enthielt mit s. 14 eine Vorschrift, die für eine Reihe von Belastungen, wozu auch die *floating charge* rechnete, zwingend eine Eintragung in einem öffentlichen Register vorsah[326], ohne daß dadurch die bisherige Registrierung im gesellschaftseigenen Register entfallen wäre – eine Doppelgleisigkeit, die es heute noch zu beachten gilt.

Das Nebeneinander zweier Eintragungssysteme bedingt zwangsläufig Überschneidungen in der konkreten Anwendung, da bei den meisten Sicherungsrechten derselbe rechtliche Vorgang zweimal registermäßig dokumentiert werden muß; gleichwohl beanspruchen beide Registrierungspflichten unterschiedliche rechtliche Relevanz und Funktion wie auch deren Nichtbefolgung jeweils verschiedene Sanktionen auslöst. Während nämlich ein Eintragungsversäumnis im internen Register lediglich eine Geldsbuße für den Verantwortlichen nach sich zieht[327], beeinträchtigt eine solche Unterlassung beim öffentlichen Register darüber hinaus unmittelbar die Wirksamkeit der Sicherheit (s. 395 *Companies Act* 1985)[328]. Ferner steht das öffentliche Register jedermann zur Einsicht offen, in das gesellschaftseigene darf dagegen nur ein *creditior of member of the company* Einblick nehmen[329].

797; *Palmer's* Company Law, S. 519; für eine solche Berechtigung streitet nunmehr ausdrücklich s. 108 CA 1989.

325 *ter Meulen*, Floating Charge, S. 50; das dürfte jetzt nach Inkrafttreten von s. 108 CA 1989 wohl nicht mehr zutreffen.

326 *Gough*, Company Charges, S. 203; *ter Meulen*, Floating Charge, S. 58.

327 *Charlesworth's* Company Law, S. 640; *Palmer's* Company Law, S. 520.

328 *Charlesworth's* Company Law, S. 648; *Palmer's* Company Law, S. 599.

329 *Gough*, Company Charges, S. 203, 207; *Charlesworth's* Company Law, S. 641.

Welche rechtsgeschäftlich begründeten Sicherheiten obligatorisch mit ihrer Bestellung im *public register* verzeichnet werden müssen, läßt sich s. 396 (1) *Companies Act* 1985 im einzelnen entnehmen. Danach gehört insbesondere auch *a floating charge on the company's undertaking or property* zu den eintragungspflichtigen Belastungen (s. 396 (1) (f) *Companies Act* 1985). Die gewählte Formulierung ist allerdings nicht frei von Auslegungszweifeln, da im Unklaren bleibt, ob sie auch eine *floating charge* an bloßen Vermögensbestandteilen erfassen will oder nur bei einer Verpfändung des Gesamtvermögens eingreift. Die Rechtspraxis wendet jedenfalls die genannte Vorschrift ohne Unterschied auf jede Art von *floating charge*[330] an und präferiert somit eine möglichst weitgehende Ausdehnung der Registerpflicht. Sofern die Sicherheitenbestellung unter Begebung von *debentures*[331] erfolgt, kann außerdem zusätzlich auf s. 396 (1) (a) *Companies Act* 1985 rekurriert werden, der *a charge for the purpose of securing any issue of debentures* für eintragungspflichtig erklärt.

Laut s. 395 (1) *Companies Act* 1985 muß der *registrar of companies* innerhalb einer Frist von 21 Tagen, gerechnet ab dem Zeitpunkt der Sicherungsvereinbarung, durch Vorlage der Bestellungsurkunde Kenntnis von dem registrierungsbedürftigen Vorgang erhalten. Diese Anzeigepflicht zur Einleitung der Registrierung obliegt in erster Linie der *company*, doch kann genausogut jedermann ihr nachkommen, der ein berechtigtes Interesse an der rechtzeitigen Stellung eines Eintragungsantrages hat[332]. Der daraufhin zu fertigende Eintrag im *public register* soll das Datum der Sicherungsbestellung, die Höhe der gesicherten Forderung und eine kurze Beschreibung der belasteten Vermögensgegenstände enthalten sowie den Sicherungsnehmer bezeichnen[333].

Wird der Antrag auf Registrierung nicht rechtzeitig eingereicht, so verliert das vereinbarte Sicherungsrecht mit Fristablauf seine Wirkung gegenüber anderen Gesellschaftsgläubigern und einem späteren Liquidator, es sei denn, ein Gericht gewährt Fristverlängerung oder erachtet die Säum-

---

[330] Mercantile Bank of India Ltd. v. Chartered Bank of India, Australia and China [1937] 1 All E.R. Rep. 231; *Gough*, Company Charges, S. 228 Fußn. 14; *Pennington's* Company Law, S. 424.

[331] Streitig ist, ob damit ausschließlich Serienemissionen gemeint sind – vgl. *Palmer's* Company Law, S. 592; *Gough*, Company Charges, S. 277.

[332] *Pennington's* Company Law, S. 425; *Charlesworth's* Company Law, S. 646; *Gough*, Company Charges, S. 297; *Palmer's* Company Law, S. 602.

[333] *Charlesworth's* Company Law, S. 646; *Gough*, Company Charges, S. 297.

nis für unverschuldet[334]. Die Nichtigkeit äußert sich aber stets allein im Außenverhältnis, zwischen den Parteien entfaltet dagegen selbst eine nicht eingetragene *floating charge* Wirksamkeit[335]. Keinen Einfluß auf die Gültigkeit haben nachfolgende Verzögerungen oder Unterlassungen des Registerbeamten im Eintragungsverfahren, wenn ihm nur fristgerecht die notwendigen Unterlagen samt Antrag zugehen[336]. Von diesem Zeitpunkt an ist das bis dahin auflösend bedingt wirksame[337] Sicherungsrecht vollgültig, ohne daß es auf den Vollzug des Registereintrages ankommt. Über die Registrierung erteilt der *Registrar* ein Zertifikat, das unwiderleglich Beweis für die Einhaltung der gesetzlichen Vorschriften erbringt, aber nicht die Richtigkeit und Vollständigkeit der eingetragenen Angaben verbrieft[338]. Eine Kopie der Bescheinigung soll auf der Rückseite der Schuldurkunde befestigt werden.

Das geschilderte Registrierungssystem sorgt für die erforderliche Transparenz einer sonst nicht publizitären Sicherungsbegebung. Da das *public register* jedermann zur Einsichtnahme offensteht, müssen sich Außenstehende eine dort eingetragene *floating charge* als existent entgegenhalten lassen *(doctrine of constructive notice of registered charge)*[339]. Allerdings erzeugt die Eintragung keine umfassende Offenkundigkeit, denn sie vermittelt nur Kenntnis vom Bestand des Rechts, nicht dagegen von seinem konkreten Inhalt[340].

---

334 *Pennington's* Company Law, S. 425; *Gough,* Company Charges, S. 303ff.; *Halsbury's* Laws of England, Vol. 7 – Para. 862; *Palmer's* Company Law, S. 599; nach der durch s. 95 CA 1989 bewirkten Neufassung von s. 400 CA 1985 kann nunmehr unter bestimmten Voraussetzungen trotz verspäteter Anmeldung eine Eintragung auch ohne die sonst erforderliche gerichtliche Zustimmung erfolgen.

335 *Pennington's,* Company Law, S. 425; *Palmer's* Company Law, S. 599; *Gough,* Company Charges, S. 326; Re Monolithic Building Co., Tacon v. Monolithic Building Co. [1914–1915] All E.R. Rep. 249.

336 *Gough,* Company Charges, S. 303; Re Boxo [1970] 2 All E.R. 183.

337 *Gough,* Company Charges, S. 326.

338 Dazu ist ein Einblick in die Bestellungsurkunde notwendig, vgl. Re Mechanisations (Eaglescliffe) Ltd. [1964] 3 All E.R. 840; *Gough,* Company Charges, S. 312ff.; *Palmer's* Company Law, S. 603.

339 *Gough,* Company Charges, S. 355ff.; *Pennington's* Company Law, S. 385.

340 *Gough,* Company Charges, S. 356; *Pennington's* Company Law, S. 385.

h) Wirksamkeitshemmnisse

Selbst bei Erfüllung sämtlicher Bestellungsvoraussetzungen kann der floating charge dennoch die Wirksamkeit versagt bleiben, sofern die Gesellschaft bestimmte Zeit danach das Liquidationsstadium erreicht[341]. Die statuierte Nichtigkeitsfolge trifft zunächst einmal diejenigen Sicherheiten, die in gläubigerbegünstigender Absicht während eines Zeitraumes von 6 Monaten[342] vor Eröffnung des Konkursverfahrens *(winding-up)* oder Erlaß einer *administration order*[343] gewährt werden; das gleiche gilt für innerhalb von 2 Jahren bestellte Belastungen, die Bestandteil einer *transaction at an undervalue* sind, sowie für bis zu 3 Jahre alte *charges*, die in Zusammenhang mit wucherischen Kreditgeschäften stehen (s. 238–244 *Insolvency Act* 1986)[344].

Unabhängig davon ergibt sich die Unwirksamkeit einer *floating charge* Begebung, die eine company innerhalb der letzten 12 Monate[345] vorgenommen hat, bereits aus s. 245 *Insolvency Act* 1986[346], es sei denn, die Gesellschaft war zum damaligen Zeitpunkt noch solvent oder es ist ihr ein entsprechender Gegenwert unmittelbar bei bzw. nach Sicherungsbestellung zugeflossen[347]. Diese gesetzliche Vermutung durch Nachweis eines der Ausnahmetatbestände zu widerlegen, obliegt jeweils dem Gläubiger.

Der Solvenzbeweis bereitet in der Praxis nicht unerhebliche Schwierigkeiten, weil der Gläubiger dartun muß, daß die *company* damals tatsächlich zur Zahlung aller fälligen Schulden imstande gewesen wäre, also über ausreichend Liquidität verfügte; der Hinweis mangelnder Überschuldung durch

---

[341] Dieselbe Funktion versieht im deutschen Recht die Konkursanfechtung der §§ 29ff. KO, die allerdings stets einer gerichtlichen Geltendmachung durch den Konkursverwalter bedarf.

[342] Für Personen, die mit der Gesellschaft persönlich verbunden sind, erhöht sich der Zeitraum auf zwei Jahre.

[343] Es handelt sich um eine neue durch den Insolvency Act 1985 eingeführte Maßnahme, die der Sanierung insolventer Unternehmen dienen und eine Zerschlagung des Vermögens vermeiden soll, vgl. *Charlesworth's* Company Law, S. 691ff.

[344] *Charlesworth's* Company Law, S. 640, 775ff.

[345] Für Personen, die zu der company in persönlicher Beziehung stehen, beträgt der relevante Zeitraum zwei Jahre.

[346] Vormals s. 322 Companies Act 1948, später s. 617 Companies Act 1985.

[347] *Charlesworth's* Company Law, S. 637; *Halsbury's* Statutes of England and Wales, Vol. 4 – s. 245 IA 1986.

Vorlage einer aktiven Bilanz genügt demnach nicht[348]. Einfacher dürfte oftmals der Nachweis einer angemessenen Gegenleistung fallen. Daher genießt die zweite Alternative größere praktische Relevanz, wenn auch deren Tatbestandsmerkmale seit jeher rechtliche Auslegungsprobleme aufwerfen[349]. Ob die Neufassung der Vorschrift in s. 245 *Insolvency Act* 1986 trotz betonter Detailliertheit mehr Rechtsklarheit schafft, bleibt abzuwarten. Nach wie vor dürfte es entscheidend darauf ankommen, inwieweit ein feststellbarer Gegenwert wirklich der Substanz nach im Gesellschaftsvermögen aufgeht. Ein bloßer Durchlaufposten, der nur formal der *company* nützt, aber allein Dritte begünstigt, erfüllt die Voraussetzungen jedenfalls nicht[350].

i) Inhaltliche Gestaltung

Die *floating charge*, konzipiert als Belastung eines Unternehmens in seinem gesamten Bestand, bildet ein globales Sicherungsrecht besonderer Art, das in vielen Rechtsordnungen keine institutionelle Entsprechung findet[351]. Auch im deutschen Recht fehlt ein solches Pendant. Gleichwohl heißt das nicht, daß das vorhandene System an Mobiliarsicherheiten nicht in vergleichbaren Problemlagen auf andere Weise eine ähnliche Lösung zu offerieren weiß. Wie die historische Betrachtung zeigt, war es gerade das

---

[348] *Halsbury's* Statutes of England and Wales, Vol. 4 – s. 245 IA 1986; Re Patrick and Lyon, Ltd. [1933] All E.R. Rep. 590; *Halsbury's* Laws of England, Vol. 7 – Para. 1340 Fußn. 3.

[349] vgl. *Pennington's* Company Law, S. 390ff.; *Palmer's* Company Law, S. 573; Re Yeovil Glove Co. Ltd. [1964] 2 All E.R. 849; *ter Meulen*, Floating Charge, S. 52f.

[350] *Charlesworth's* Company Law, S. 639.

[351] Für das schottische Recht bedurfte es eigens eines Akts der Legislative (Companies (Floating Charges) (Scotland) Act, 1961), um dort eine am englischen Vorbild orientierte floating charge einzuführen, nachdem bis 1961 die geltende Maxime "traditionibus, non nudis pactis, dominia rerum transferuntur" eine solche Rechtsentwicklung gehindert hatte – vgl. *Charlesworths'* Company Law, S. 632f.; das US-amerikanische Recht gestattet ebenfalls eine umfängliche Belastung von Unternehmenswerten (floating lien) – vgl. *Coogan/Bok*, The Impact of Article I of the Uniform Commercial Code on the Corporate Indenture, Y.L.J. 69 (1959), 203; das französische Recht kennt mit dem nantissement du fonds de commerce zwar ein ähnliches Institut, jedoch steht bei ihm die Belastung der immateriellen Werte im Vordergrund, materielle Werte wie Waren, Grundstücke und Forderungen bleiben hingegen gerade von der Verpfändung ausgenommen – vgl. *Kunzler*, Das Nantissement du Fonds de Commerce, S. 46; Japan erließ insoweit ein Gesetz über die Hypothek am Gesamtvermögen einer Aktiengesellschaft, Nr. 106, 1958 – vgl. *Yamada*, Japanische Gesetzgebung auf dem Gebiet des Privatrechts 1945–1958, RabelsZ 26 (1961), 713.

unbefriedigte Bedürfnis nach einer Verpfändung von Umlaufvermögen und Produktionsgütern, das in der englische Rechtsprechung zur Entwicklung der *floating charge* führte. Auf diesem Erscheinungsmoment liegt mithin ihre zentrale Bedeutung. Unter jenem Gesichtspunkt scheint im deutschen Recht die Sicherungsübereignung kombiniert mit einer Globalzession wirtschaftlich gleiche Funktionen zu erfüllen – eine These, die eine nähere Gegenüberstellung nur noch erhärtet[352].

Das Wesen der *floating charge* erfährt seine maßgebliche Prägung nicht durch die Fähigkeit, eine Belastung des gesamten gegenwärtigen und künftigen Gesellschaftsvermögens zu bilden, was gelegentlich in den prosaischen Formulierungen mancher Definitionsversuche unterzugehen droht, denn genausogut wäre an diesen, teils vorhandenen, teils noch zu erwerbenden Vermögenswerten, die Bestellung einer *specific charge* möglich[353]. Allein die Bezeichnung des Belastungsobjekts bietet daher kein ausreichendes Kriterium für eine eindeutige rechtliche Qualifizierung nach der Art der jeweiligen Sicherheit[354], vielmehr kommt es auf den wahren, aus den konkreten Umständen des Einzelfalles zu ermittelnden übereinstimmenden Parteiwillen an. Statt der formal gewählten äußeren Erscheinungsform einer Sicherheit, interessiert somit insbesondere in Verfolgung des intendierten Zwecks, welche rechtlichen Wirkungen sie letztlich erreichen wollen. Während die *specific charge* die im einzelnen genau spezifizierten, gegenwärtigen Vermögenswerte sofort mit Bestellung und künftige vom Zeitpunkt ihrer Entstehung an unmittelbar dinglich belastet, schwebt die *floating charge like a cloud over the whole assets from time to time falling within a generic description*[355], ohne bis zum Eintritt eines gläubigergefährdenden Ereignisses die individuelle Sachgüter des Schuldnervermögens gegenständlich zu erfassen und insoweit die Verfügungsbefugnis des Schuldners einzuschränken[356].

---

352 vgl. *ter Meulen*, Floating Charge, S. 115ff.

353 *Gough*, Company Charges, S. 67ff.; *Pennington's* Company Law, S. 378.

354 *Gough*, Company Charges, S. 69f., 73; *Charlesworth's* Company Law, S. 625; Tailby v. Official Receiver [1886–1890] All E.R. Rep. 486; Re Brightlife Ltd. [1986] 3 All E.R. 673.

355 *Gower's* Principles of Modern Company Law, S. 127.

356 *Gower's* Principles of Modern Company Law, S. 107; *Pennington's* Company Law, S. 378; *Halsbury's* Laws of England, Vol. 7 – Paras. 824, 825; *Palmer's* Company Law, S. 566.

Sie kennzeichnet also eine Latenz der Sicherungswirkungen. Ähnlich einem Grundpfandrecht unterliegen ihrer Haftung alle typisiert umschriebenen existenten, wie auch später eingebrachten Sachen, aber solange die Verwertung nicht eingeleitet wird, hindert sie deren Entfernung aus dem Haftungsverband im Rahmen einer ordnungsgemäßen Wirtschaftsführung nicht. Entscheidend ist mithin allemal, ob die Parteien die einzelnen Haftungsgegenstände dem Sicherungsnehmer sofort bzw. mit Einbringen rechtlich zuordnen wollen oder ob der Sicherungsgeber weiterhin unbeeinträchtigt, unabhängig von einem Zustimmungserfordernis über sie verfügen soll[357]. Dieses Kriterium scheidet letztlich die beiden *equity*-Institute voneinander. Sofern demnach ein Schuldner trotz Belastung selbständig die Verweildauer der einzelnen Mobiliargegenstände in seiner Vermögenssphäre durch alleinige Willensentschließung bestimmen darf, qualifiziert sich die zu beurteilende Sicherheit als *floating charge.*

Insgesamt findet damit die Rechtsnatur der *floating charge* regelmäßig in den drei folgenden Charakteristika ihren Ausdruck

(1) – Belastung einer Gesamtheit von Vermögensgütern,

(2) – die in der konkreten Zusammensetzung bedingt durch die übliche Geschäftstätigkeit ständig Veränderungen zeigen können,

(3) – weil die Verfügungsfreiheit der Gesellschaft erst unter zusätzlichen Voraussetzungen erlischt[358].

Wenngleich auch der Gläubiger vor Verwertungsbeginn *(crystallisation)* noch kein dingliches Recht an konkreten Einzelgegenstände des Gesellschaftsvermögens erlangt, so handelt es sich dennoch um eine gegenwärtige, nicht zukünftige Sicherheit[359]. Verworrenheit herrscht allerdings in der Judikatur hinsichtlich der exakten begrifflichen Qualifizierung dieser *floating security*. Einerseits wird sie wiederholt mit *equitable charge* bezeichnet, was die Einräumung eines beschränkten dinglichen Rechts an der Sache bedeuten würde, andererseits wird aber genauso der Terminus *equita-*

---

[357] *Gough,* Company Charges, S. 69f.; *Halsbury's* Laws of England, Vol. 7 – Para. 825; *Pennington's* Company Law, S. 378.

[358] *Gough,* Company Charges, S. 61f.; *Pennington's* Company Law, S. 379; *Charlesworth's* Company Law, S. 625f.; Re Yorkshire Woolcombers Association Ltd. (1903) 2 Ch 284, 295; *Palmer's* Company Law, S. 566 – das schließt aber nicht aus, daß auch unter Umständen bei Fehlen dieser Merkmale eine floating charge bejaht werden kann.

[359] *Gough,* Company Charges, S. 73f.

ble mortgage verwendet, was auf eine Vollrechtsübertragung hinausliefe[360]. Für die Einordnung als *mortgage* spricht, daß die Gerichte häufig in Auslegung der vertraglichen Vereinbarung dem Gläubiger bei Realisierung der Sicherheit *the remedy of foreclosure* sowie *a right to take possession* zubilligen, denn diese Rechte kann der Inhaber einer bloßen *charge* nicht beanspruchen[361]. Letztendlich haben es die Parteien in der Hand, durch die vertragliche Ausgestaltung die jeweilige Konzeption der *floating security* festzulegen.

j) Rechtsbeziehungen der Beteiligten

Von Anfang an erachtete die Rechtsprechung beeinträchtigende Auswirkungen auf die laufende Geschäftstätigkeit der Gesellschaft für unvereinbar mit dem Wesen der *floating charge* und formulierte damit das entscheidende Charakteristikum, dem das Institut in erster Linie seine Bedeutung im Wirschaftsleben verdankt. Es war eine unumgängliche Notwendigkeit, der *company* weitgehendst die Verfügungsfreiheit über ihre Vermögenswerte *in the ordinary couse of business*[362] bis zur Durchsetzung der *charge* zu belassen – ansonsten hätte die Globalsicherheit mangels ausreichender Berücksichtigung von Schuldnerbelangen der praktischen Tauglichkeit entbehrt.

In der dogmatischen Begründung dieser Verfügungsfreiheit zeigt die Rechtsprechung einen Wandel. Lag früheren Entscheidungen noch überwiegend die *licence theory* zugrunde, die von einer ausdrücklichen oder stillschweigenden, rechtsgeschäftlich erteilten Ermächtigung des Sicherungsnehmers zur Fortführung des Handelsbetriebes ausging[363], so wird heutzu-

---

[360] *Gough*, Company Charges, S. 74f.; Mercantile Bank of India Ltd. v. Chartered Bank of India, Australia and China and Strauss & Co. Ltd. [1937] 1 All E.R. 231, 241 (*Porter J.* gebraucht den Ausdruck "charge" im umfassenden Sinn eines "equitable interest"); *George Barker* (Transport) Ltd. v. Eynon [1974] 1 All E.R. 900, 908f. (*Stamp LJ.*) spricht von einer "charge" in engerem Sinn eines beschränkten dinglichen Rechts); *Pennington*, The Genesis of the Floating Charge, M.L.R. 23 (1960) 630, 645.

[361] *Gough*, Company Charges, S. 75.

[362] *Gough*, Company Charges, S. 66f.; *Halsbury's* Statutes of England and Wales, Vol. 7 – Para. 825; *Palmer's* Company Law, S. 566; *Fisher and Lightwood's* Law of Mortgage, S. 121.

[363] *Pennington's* Company Law, S. 380; *Pennington*, The Genesis of the Floating Charge, M.L.R. 23 (1960) 630, 645; *ter Meulen*, Floating Charge, S. 62; *Altorfer*, Die Mobiliarhypothek, S. 134.

tage allgemein die *mortgage of future assets' theory* vertreten, nach der die fortbestehende Verfügungsbefugnis bereits zu den institutionellen Bestandteilen des Sicherungsgeschäfts gehört[364]. Die neuere Ansicht stützt das Argument, daß die Belastung vor Eintritt der *crystallisation* die einzelnen Vermögensgüter selbst nicht dinglich in Beschlag nimmt. Auch wenn die Art der dogmatischen Herleitung vielfach ohne Relevanz sein mag, zeigen die beiden Auffassungen in der konkreten Anwendung doch keineswegs unbeachtliche Unterschiede. Da die *licence theory* nur Verfügungen im Rahmen der rechtsgeschäftlichen Ermächtigung gestattet, stehen Zwangsvollstreckungsmaßnahmen Dritter in das Gesellschaftsvermögen nicht mehr mit ihr in Einklang, während ihnen die *mortgage of future assets' theory* bis Verwertungsbeginn Wirksamkeit beimißt. Die Reihe der Abweichung läßt sich fortsetzen, ohne daß dadurch die Richtigkeit der einen oder anderen Anschauung bekräftigt wird[365].

Die *company* ist trotz *floating charge* Begebung weiterhin in der Lage, prinzipiell ihre Geschäfte so zu betreiben, als ob gar keine Sicherheitsbestellung stattgefunden hätte. Den Umfang der allein mit dem Kriterium *in the ordinary course of business* näher konkretisierten Berechtigung zieht die Rechtsprechung recht weit, begrenzt lediglich durch die den Handlungsspielraum der Gesellschaft einschränkenden Grundsätze der *ultra vires theory*[366]. Daher kann die *company*, solange aus der *floating charge* nicht vorgegangen wird, alle durch den Gesellschaftszweck gedeckten Geschäfte über die sicherungsbefangenen Vermögenswerte tätigen, vor allem die Sachen verkaufen, vermieten oder verpachten, aber auch etwa bei neuerlicher Kreditaufnahme gleich – oder vorrangige Sicherungsrechte an ihnen bestellen[367]. Selbst eine Veräußerung des gesamten Unternehmens kann mitunter zulässig sein, falls das *memorandum of assiociation* eine solche

---

[364] *Pennington's* Company Law, S. 381; *Pennington*, The Genesis of the Floating Charge, M.L.R. 23 (1960) 630, 695f.; *ter Meulen*, Floating Charge, S. 62; *Altorfer*, Die Mobiliarhypothek, S. 134.

[365] *Pennington's* Company Law, S. 381f.; *Pennington*, The Genesis of the Floating Charge, M.L.R. 23 (1960) 630, 645f. – Im Endeffekt verkompliziert die "licence theory" aber nur die Sache und ist daher zu verwerfen. Das präferiert eine Übernahme der "mortgage of future assets' theory", nach der die floating charge heute einen Mittelweg zwischen der traditionellen mortgage und der römisch-rechtlichen hypotheca einzunehmen scheint.

[366] Topham & Ivamy's Company Law, S. 322; *Palmer*, Precedents III, S. 52; *ter Meulen*, Floating Charge, S. 63.

[367] *Halsbury's* Laws of England, Vol. 7 – Para 825; *Palmer's* Company Law, S. 570; *Gough,* Company Charges, S. 64f., 66; *Fisher and Lightwood's* Law of Mortgage, S. 124; *Brink/Habel*, Recht der Kreditsicherheiten, Teil IV: England – S. 224.

Transaktion ausdrücklich zuläßt und der Gesellschaft dafür ein Gegenwert zufließt, der ihr Gelegenheit gibt, zumindest, noch irgendeine andere vom Gesellschaftszweck umfaßte Geschäftstätigkeit (z.B. Verwaltung von Beteiligungen) auszuüben[368]. Außerdem besitzt die *company* das Recht, jederzeit, sogar nach Fälligkeit die *floating charge* durch Tilgung der gesicherten Verbindlichkeit abzulösen[369]. Die *equity of redemption*, vormals von der *equity* zum Schutz des *mortgagor* konzipiert, stellt eine bedeutsame Maxime dar, die auch für andere Sicherungsrechte, die *floating charge* eingeschossen, gilt[370].

Auf diese Weise korrigiert die *equity*-Rechtsprechung das unbillig empfundene Ergebnis des *common law*, nach dem die belastete Sache mit Zeitablauf dem Sicherungsnehmer als Eigentum zufällt, denn sie ermöglicht dem Sicherungsgeber weiterhin, unter Berufung auf sein *equitable right to redeem* die Ablösung der Sicherheit zu bewirken. Aus Gründen eines effektiven Schuldnerschutzes ist diese Befugnis nicht disponibel; jedwede vertragliche Einschränkung, die auf eine Verkürzung des Rechts hinausläuft, bedeutet eine unangemessene Beeinträchtigung der Schuldnerinteressen *(clogging the equity of redemption)*, so daß ihr die Wirksamkeit versagt bleiben muß[371]. Obwohl die *rule against clogging the equity of redemption* grundsätzlich auch bei einer *floating charge* Beachtung beansprucht[372], wird sie in ihrer konkreten Anwendung doch gewichtig durch die Regelung in s. 193 *Companies Act* 1985 modifiziert. Die Norm gestattet ausdrücklich, in einer die Sicherungsbestellung verbrieften *debenture* das Einlösungsrecht beliebig lange Zeit oder gar gänzlich auszuschließen oder an den Eintritt eines bestimmten Ereignisses zu knüpfen[373]. Andere Ver-

---

[368] *ter Meulen*, Floating Charge, S. 64; *Halsbury's* Laws of England, Vol. 7 – Para. 897; *Topham & Ivamy's* Company Law, S. 323; Bisgood v. Henderson's Transvaal Estates, Ltd. [1908–1910] All E.R. Rep. 744.

[369] *ter Meulen*, Floating Charge, S. 70; *Brink/Habel*, Recht der Kreditsicherheiten, Teil IV: England – S. 226.

[370] *ter Meulen*, Floating Charge, S. 70; *Halsbury's* Laws of England, Vol. 7 – Para. 847; *Topham & Ivamy's* Company Law, S. 324M *Snell's* Principles of Equity, S. 421; Kreglinger and Anothers v. New Patagonia Meat and Cold Storage Co. Ltd. [1911–1913] All E.R. Rep. 970.

[371] *Snell's* Principles of Equity, S. 421f.; *Halsbury's* Laws of England, Vol. 7 – Para. 847; De Beers Consolidated Mines. Ltd. v. British South Africa Co. [1911–1913] All E.R. Rep. 882; Kreglinger and Anothers v. New Patagonia Meat and Cold Storage Co. Ltd. [1911–1913] All E.R. Rep. 970.

[372] *Halsbury's* Laws of England, Vol. 7 – Para. 877; *Topham & Ivamy's* Company Law, S. 324; Knightsbridge Estates Trust, ltd. v. Byrne [1940] 2 All E.R. 401.

[373] *Charlesworths'* Company Law, S. 623f.; *Topham & Ivamy's* Company Law, S. 324; Northey & Leigh's Introduction to Company Law, S. 308.

einbarungen jedoch, so wenn sich der Sicherungsnehmer für eine gewisse Zeitspanne eine Erwerbsoption am Sicherungsgut oder auf Dauer einen zusätzlich zu zahlenden Bonus ausbedingt, sind also *clog on the equity* nichtig[374].

Dem Sicherungsnehmer gebühren neben den Rechten aus der *floating charge* zudem diejenigen eines *debenture-holders*, da die Sicherungsbestellung regelmäßig unter Verwendung einer *debenture* geschieht. In dieser Eigenschaft kann er mittels Zession der gesicherten Forderung die durch die Urkunde belegten Rechte zusammen mit der dinglichen Belastung auf einen Dritten übertragen[375], stattdessen aber genausogut, falls eine völlige Entäußerung der Rechtsstellung nicht erfolgen soll, eine *mortgage* an der *debenture* begründen[376]. Ferner besitzt er einen besonderen Informationsanspruch, der ihm einen Überblick über die geschäftliche und finanzielle Situation der *company* verschafft. So kann er die Übersendung der Jahresbilanz sowie des Geschäftsberichts *(directors' report)* und des Berichts der Rechnungsprüfer *(auditors' report)* verlangen[377].

Die dem Sicherungsnehmer mit der *floating charge* erwachsenden Rechtsbefugnisse wirken verhältnismäßig schwach und wenig schutzeffektiv, denn, solange sich die Sicherheit nicht durch einen die *crystallisation* herbeiführenden Umstand in eine *specific charge* verwandelt, verfügt er lediglich über *a personal right or equity*[378]. Der persönliche Anspruch berechtigt ihn zwar bei Vorliegen triftiger Gründe zum Einschreiten, um die Geschäftstätigkeit der Gesellschaft seiner Aufsicht zu unterwerfen oder zu beendigen, aber erst durch dessen Ausübung erfährt seine Rechtsposition eine Verdinglichung, die ihm weitergehende Befungnisse verleiht und ihn vor beeinträchtigenden Maßnahmen Dritter schützt. Bis dahin hat er weder allgemeine Kontroll- noch Mitspracherechte in geschäftlichen Entscheidungen, die eine Disposition über einzelne Bestandteile des belasteten Gesellschaftsvermögens darstellen[379]. Insbesondere kann er bei schädigendem Verhalten des Schuldners oder Dritter, durch das die Sicherungsmasse ins-

---

[374] *Halsbury's* Laws of England, Vol. 7 – Para. 847; *Williams*, Doctrine of Repugnancy, L.Q.R. 60 (1944), 198ff.

[375] *ter Meulen*, Floating Charge, S. 71; vgl. zur Form der Übertragung – *Palmer's* Company Law, S. 558f.; *Pennington's* Company Law, S. 401ff., 410f.

[376] *Pennington's* Company Law, S. 412.

[377] *Charlesworths'* Company Law, S. 496; *ter Meulen*, Floating Charge, S. 72.

[378] *Gough*, Company Charges, S. 196.

[379] *Gough*, Company Charges, S. 194, 195.

gesamt wertmäßig spürbar gemindert wird, nicht wie ein *legal* bzw. *equitable mortgagee*[380] eine Klage auf Unterlassung *(injunction)* erheben[381].

Ein solcher Rechtsschutz soll ihm allerdings dann zukommen, wenn die *company* außerhalb des *ordinary course of its business* unter Aufgabe des Geschäftsbetriebes alle ihre Vermögenswerte veräußert[382]. Im übrigen kann er aber nicht gegen *ultra-vires* Handlungen vorgehen, denn neben Gesellschaft und Gesellschaftern dürfen nur jene Gesellschaftsgläubiger deren Unwirksamkeit geltend machen, die bereits eine gefestigte dingliche Rechtsposition innehaben[383]. Aus demselben Grund vermag ein *debenture-holder* ebensowenig eine ihm nachteilige Änderung des *memorandum of association* mit seinem Widerspruch zu verhindern[384].

Bessere Rechte genießt er allenthalben im *foreclosure*-Verfahren eines vorrangig Sicherungsberechtigten. Da nämlich die Verwertung durch *foreclosure* den Ausschluß der *equity of redemption* an dem beanspruchten Gegenstand zum Ziel hat, sind sämtliche Personen, deren Belange von der Verfallserklärung betroffen werden, als Partei am Verfahren zu beteiligen, also auch ein *floating charge* Inhaber, der bereits mit ihrer Bestellung eine *immediate equitable charge* am Vermögen erwirbt[385].

---

380 *Halsbury's* Laws of England, Vol. 24 – Paras. 1012, 1013; Vol. 32 – Paras. 664ff.

381 *Gough*, Company Charges, S. 196; *ter Meulen*, Floating Charge, S. 73; *Pennington's* Company Law, S. 381. – Das Ergebnis variert mit der jeweils vertretenen Theorie zur floating charge, denn gestützt auf die "licence theory" würde ein Gericht durchaus dem Unterlassungsbegehren stattgeben.

382 *Halsbury's* Laws of England, Vol. 7 – Para. 825.

383 *Pennington's* Company Law, S. 71; *Charlesworths'* Company Law, S. 77; *ter Meulen*, Floating Charge, S. 74.

384 *Halsbury's* Laws of England, Vol. 7 – Para. 781; *Charlesworths'* Company Law, S. 95 – Eine Ausnahme ist lediglich für Sicherungsnehmer vorgesehen, die die floating charge vor dem 01. Dezember 1977 erworben haben (vgl. s. 5 (8) Companies Act 1985); *Pennington's* Company Law, S. 71; *Topham & Ivamy's* Company Law, S. 64 Fußn. 6; *ter Meulen*, Floating Charge, S. 74f.

385 *Halsbury's* Laws of England, Vol. 7 – Para. 919; *Palmer's* Company Law, S. 640; *Fisher and Lightwood's* Law of Mortgage, S. 391; Luke v. South Kensington Hotel Co. [1874–1880] All E.R. Rep. 1293; Westminster Bank, Ltd. v. Residential Properties Improvement Co., Ltd. [1938] 2 All E.R. 374; *ter Meulen*, Floating Charge, S. 76.

k) Verfügungsbeschränkungen – Wirkung gegenüber Dritten

Angesichts dieser schwachen Rechtssituation, die kaum gegen die latente Gefahr einer Aushöhlung der Haftungsmasse und damit einer Entwertung der *floating charge* schützt, erscheint es nur zu verständlich, wenn ein Sicherungsnehmer seine Rechtsbefugnisse deshalb im Wege der Individualvereinbarung zu stärken sucht. Sein Interessenstreben kollidiert dabei mit dem unverzichtbaren Wesenselement des Instituts, nach der die *company* trotz Sicherheitsbestellung ja gerade zur Fortführung ihrer Geschäftstätigkeit in dem bisher üblichen Umfang weiterhin in der Lage sein soll. Wegen der immensen Bedeutung dieses Umstands für die Charakteristik der *floating charge* wären gravierende Beschneidungen der Verfügungsfreiheit, durch die der Geschäftsbetrieb zum Erliegen käme, unzulässig, da dem Rechtsinstitut wesensfremd[386]. Die Rechtsprechung toleriert allerdings solche, in der Praxis gebräuchlichen Klauseln, die der *floating security* den Vorrang vor später begründeten Sicherungsrechten wahren wollen, indem sie der *company* anschließend jede weitere Belastung des Gesellschaftsvermögens zugunsten anderer Kreditgläubiger untersagen, soweit dies die Rechte des klauselstellenden *debenture-holder* beeinträchtigen würde[387].

Das Bedürfnis für eine derartige Restriktion resultiert daraus, daß der Sicherungsnehmer einer *floating security* bis zur *crystallisation* kein *proprietary interest* an den belasteten Vermögensgütern erlangt[388]. Infolge dieser fehlenden Vergegenständlichung seiner Rechtsposition kann die *company* im Rahmen ihrer fortbestehenden Verfügungsmacht kreditierenden Gesellschaftsgläubiger *in the ordinary course of business* vor- oder gleichrangige Sicherungsrechte einräumen. Die Befugnis findet aber auch vernünftigerweise Grenzen; andernfalls, wenn das gesamte Gesellschaftsvermögen unbeschränkt Verpfändungen jeglicher Art offenstände, wäre die *floating charge* in ihrer Sicherungsfunktion völlig sinnentleert. So erachten

---

386 *ter Meulen*, Floating Charge, S. 65; vgl. *Gough*, Company Charges, S. 64ff., S. 138.

387 *ter Meulen*, Floating Charge, S. 65, 67; *Gough*, Company Charges, S. 138ff., 196ff.; *Halsbury's* Laws of England, Vol. 7 – Paras. 825, 826; vgl. zur genauen Formulierung der Klausel – *Buckley*, On the Companies Acts, S. 265 – "... but so that the company shall not be at liberty to create any mortgage or charge in priority ..."; Re Automatic Bottle Makers Ltd. [1926] All E.R. Rep. 618, 619 – "... Provided always that the company is not to be at liberty, save as hereinafter provided, or except in accordance with the provisions of these presents, to create any mortgage or charge on such assets ranking pari passu with, or in priority to the charge hereby created ...".

388 *Gough*, Company Charges, S. 149; Aluminium Industrie Vaassen BV v. Romalpa Aluminium Ltd. [1976] 2 All E.R. 552, 566.

die Gerichte eine Abrede, nach der eine zweite *floating charge* am Gesamtvermögen der *company* Vor- und Gleichrangigkeit beanspruchen soll, für unvereinbar mit der bereits zeitlich früher erfolgten Unternehmensbelastung und daher für unwirksam[389], – außer die zuerst begebene *debenture* gestattet dies ausdrücklich[390]. Damit tritt eine zeitlich später errichtete Globalsicherheit immer rangmäßig zurück, gleichgültig, ob der zweite Sicherungsnehmer tatsächlich etwas von der ersten *floating charge* wußte oder nicht, denn die Eintragung nach s. 395 *Companies Act* 1985 vermittelt bereits *constructive notice*[391]. Im übrigen behauptet jedoch jedes nachträglich bestellte Sicherungsrecht an einzelnen Vermögensbestandteilen einer *company* bessere Rechte.

Solche konkurrierende, den Vorrang einnehmende Belastungen, meistens *specific charges*, soll die Verbotsklausel ausschalten. Ihre Vereinbarung gibt dem Inhaber der *floating charge* nicht lediglich einen schuldrechtlichen Anspruch gegen die *company* auf die Unterlassung derartiger, beeinträchtigender Verfügungen, sondern sie begründet selbst eine *equitable restriction* – ein quasi-dinglich wirkendes Verfügungsverbot[392]. Trotzdem vermag sie ihren Zweck nur teilweise zu erreichen. Uneingeschränkte Wirkung entfaltet sie, solange der Erwerber eines nachfolgenden Sicherungsrechts von ihrer Existenz tatsächlich Kenntnis hat, dann nämlich verwehrt sie ihm die begehrte bessere Rechtsposition, indem sie ihm unmittelbar einen Rang hinter der *floating charge* zuweist[393].

Bei Unkenntnis des Erwerbers von der Verfügungsbeschränkung kann die Klausel dagegen ihre Ziele nicht durchsetzen. Allein ausnahmsweise im Falle eines schwächeren *equitable interest* sichert sie der *floating charge*, ungeachtet des redlichen Rechtserwerbs, dennoch das Vorrecht, weil insoweit die Maxime "*where the equities are equal, the first in time shall*

---

[389] *Palmer's* Company Law, S. 571; *Halsbury's* Laws of England, Vol. 7 – Para. 825; *Gough*, Company Charges, S. 172; *Pennington's* Company Law, S. 384f. (Das betrifft allerdings nicht eine floating charge an einzelnen Bestandteilen des Unternehmensvermögens, soweit dies nicht wirtschaftlich gesehen einer Gesamtbelastung gleichkommt. Sie erfährt vielmehr eine rechtliche Gleichbehandlung mit einer specific charge; *Gower's* Principles of Modern Company Law, S. 474; *Buckley*, On the Companis Acts, S. 265.

[390] vgl. Re Automatic Bottle Makers Ltd. [1926] All E.R. Rep. 618.

[391] *Gough*, Company Charges, S. 172 Fußn. 3, S. 356.

[392] *Pennington's* Company Law, S. 385; *ter Meulen*, Floating Charge, S. 67.

[393] *Palmer's* Company Law, S. 571; *Pennington's* Company Law, S. 385; *Gower's* Principles of Modern Company Law, S. 475; *Gough*, Company Charges, S. 156.

prevail" eingreift[394]. Sonst gebührt stets der nachträglich bestellten *specific security* der Vorrang – gleichgültig, ob es sich um ein *legal right* oder um ein *equitable right* handelt, das aufgrund besonderer Umstände stärker als die equitable restriction wirkt[395]. Daran ändert auch die Tatsache nichts, daß dem späteren Sicherungsnehmer zwar die eingetragene Verbotsklausel unbekannt blieb, er aber von der *floating charge* Begebung wußte, denn weder erzeugt die Eintragung *constructive notice of the restriction*, noch zerstört die Kenntnis von der Globalbelastung seine Gutgläubigkeit, zumal ihm keine Nachforschungspflicht obliegt[396].

Schließlich kommt es auf die Frage der Redlichkeit überhaupt nicht an, wenn die *company* bei Warenlieferungen zur Sicherung der Kaufpreisforderung dem Verkäufer oder einem finanzierenden Dritten ein Sicherungsrecht an den Gütern selbst zubilligt, da sie in diesem Fall die Sachen von vornherein belastet mit einer *paramount equity* erwirbt[397].

Die bezeichneten Unzulänglichkeiten haben in jüngster Zeit die Tendenz gefördert, zusätzlich in die *debenture* eine *automatic crystallisation clause* einzufügen, die mit Eintritt bestimmter Ereignisse, z.B. Verstoß gegen ein explizit genanntes Verfügungsverbot, selbständig die Sicherheit in eine *specific charge* umwandelt[398]. Ihre Gültigkeit erweckt jedoch Zweifel, vor allem je mehr in der praktischen Konsequenz die Grenzen zwischen *floating* und *specific charge* verschwimmen. Das schafft beträchtliche Unklarheiten über die augenblickliche Unternehmenssituation, was mitunter die *company* faktisch zur Untätigkeit verurteilen kann.

---

394 *ter Meulen*, Floating Charge, S. 67.

395 *Pennington's* Company Law, S. 385 – ("... which it will be if the debenture holders left the title deeds or documents to the mortgaged property in the company's possession, so giving it ostensible authority to borrow on the security thereof, and the equitable mortgagee honestly believed that he was taking a first mortgage ..."); *Palmer's* Company Law, S. 571f.; *Gower's* Principles of Modern Company Law, S. 475; *Smith and Keenan's* Company Law, S. 305; *Gough,* Company Charges, S. 148ff.

396 *Pennington's* Company Law, S. 385; *Smith and Keenan's* Company Law, S. 305; *Gough,* Company Charges, S. 149ff., 356f.; *Charlesworths'* Company Law, S. 631; *Halsbury's* Laws of England, Vol. 7 – Para. 826.

397 *Pennington's* Company Law, S. 386; *Halsbury's* Laws of England, Vol. 7 – Para. 826; *Palmer's* Company Law, S. 572; *Charlesworths'* Company Law, S. 631; *ter Meulen*, Floating Charge, S. 69; Security Trust Co. v. The Royal Bank of Canada [1976] 1 All E.R. 381.

398 *Gough,* Company Charges, S. 96ff., 138, 197; *Palmer's* Company Law, S. 574ff.; *Goode,* Legal Problems of Credit and Security, S. 35ff.; Re Bond Worth Ltd. [1979] 3 All E.R. 919.

l) Crystallisation – Realisierung der Sicherheit

Prinzipiell ist eine Durchsetzung der *floating charge* erst nach Fälligkeit der gesicherten Forderung möglich. Aber weil der Gläubiger zur Stärkung seiner Rechtsposition frühzeitige, erweiterte Eingriffsbefugnisse erstrebt, damit er schon beizeiten eine Gefährdung seiner Befriedigungsaussicht wirksam unterbinden kann, wird nahezu regelmäßig vereinbart, daß unter bestimmten, im einzelnen aufgeführten Bedingungen[399] – z.B. Liquidation der *company*, Einstellung der Geschäftstätigkeit, drohende Zwangsvollschreckungsmaßnahmen, Zahlungsverzug von mehr als sechs Monaten, Ernennung eines *receiver*[400] – vorzeitige Fälligkeit eintreten soll. Unabhängig davon wirkt nach Ansicht der Rechtsprechung eine Konkurseröffnung stets ohne ausdrückliche Absprache, fälligkeitsbegründend[401], das gilt gleichfalls bei einer *receiver*-Einsetzung[402].

Mit Fälligkeit bzw. vorzeitige Fälligstellung der gesicherten Verbindlichkeit kann der Gläubiger, sofern die *company* nicht Zahlungswilligkeit äußert, die Realisierung seiner Sicherheit betreiben. Daneben gewähren ihm die Gerichte auch Rechtsschutz, wenn sich das Sicherungsgut aufgrund Handlungen Dritter oder des Schuldners in Gefahr *(jeopardy)* befindet[403]. Inwieweit eine solche Bedrohung konkret zu gewärtigen ist, entscheiden sie dabei zwar in eigener Überzeugung, doch wird insgesamt ein großzügiger Maßstab angelegt; gegebenenfalls bestellen sie nach ihrem Ermessen einen *receiver*, der das Sicherungsgut in seine Obhut nimmt und vielfach sogleich die Verwertung einleitet und durchführt[404]. Bejaht hat die Rechtsprechung eine *jeopardy* u.a. bei drohender Zwangsvollstreckung, Eröffnung des

---

[399] Eine solche Abrede ist gültig, erscheint insbesondere nicht als Vertragsstrafe, gegen die equity Rechtsbehelfe gegeben wären; vgl. *Palmer's* Company Law, S. 546.

[400] *Gough,* Company Charges, S. 85f.; *Palmer's* Company Law, S. 546; Rother Iron Works Ltd. v. Canterbury Precision Engineers Ltd. [1973] 1 All E.R. 394.

[401] *Halsbury's* Laws of England, Vol. 7 – Para. 827; *ter Meulen,* Floating Charge, S. 79; Wallace v. Universial Automatic Machines Co. [1891–1894] All E.R. Rep. 1156.

[402] *Halsbury's* Laws of England, Vol. 7 – Para. 827; *Palmer's* Company Law, S. 574; *Gough,* Company Charges, S. 86.

[403] *Pennington's* Company Law, S. 450ff.; *Gough,* Company Charges, S. 114; *Palmer,* Precedents III, S. 425; *Gower's* Principles of Modern Company Law, S. 487.

[404] *Pennington's* Company Law, S. 450; *Palmer's* Company Law, S. 615; *ter Meulen,* Floating Charge, S. 89; anders Re Newport Construction Co., Ltd., Barclays Bank Ltd. v. The Company [1948] 1 All E.R. 365.

winding-up Verfahrens, faktischem Erliegen der Geschäftstätigkeit sowie übermäßigen, kapitalmindernden Gewinnausschüttungen[405].

Diese nur beispielhafte Aufzählung erschöpft den Katalog potentieller Gestaltungen bei weitem nicht, zumal eine Neigung zur Ausweitung unverkennbar vorherrscht. Dennoch kann auch nicht jeder Umstand die Befürchtung einer ernsthaften Gefährdung rechtfertigen. So reicht allein die Tatsache der Überschuldung nicht, solange die *company* ihren Geschäftsbetrieb ungehindert weiterführt[406].

Mit Durchsetzung der *floating charge* verliert die *company* die Verfügungsbefugnis über das belastete Vermögen[407], das werbende Unternehmen gerät in Stillstand, denn die Sicherheit zeigt nunmehr einen geänderten Charakter. Während sie bislang das Gesamtvermögen global belastete und insoweit lediglich die spätere Haftungsmasse umgrenzte, verfestigt sie sich jetzt an den jeweiligen Einzelgegenständen und nimmt diese zugunsten des Sicherungsnehmers in Beschlag. Auf diese Weise erfährt die *floating charge* eine Metamorphose, allgemein *crystallisation*[408] genannt, durch die sie zu einer *fixed or specific charge* erstarrt. Im Zuge dessen erstarkt die Rechtsposition des gesicherten Gläubigers. Er erlangt automatisch eine *equitable charge* an allen, augenblicklich der *company* gehörenden Gegenständen, die ihm damit im einzelnen dinglich zugeordnet werden. Das bedeutet eine Aufwertung seines Interessenschutzes, weil von nun ab die vergegenständlichte dingliche Berechtigung einem lastenfreien Erwerb von Sachwerten entgegensteht sowie eine Bestellung vorrangiger Sicherungsrechte hindert[409]. Zwar kann die *company* künftig keine dem Sicherungsnehmer nachteilige Verfügung mehr ohne dessen Zustimmung wirksam treffen, früher begründete Rechtsverhältnisse an den Vermögensgütern, sowohl dingliche als auch schuldrechtliche, bleiben davon aber unberührt, da sie unbeschadet der *crystallisation* Gültigkeit gegenüber dem *floating charge holder* beanspruchen.

---

[405] *Pennington's* Company Law, S. 450ff.; *Palmer's* Company Law, S. 614f.; *Halsbury's* Laws of England, Vol. 7 – Para. 897; *ter Meulen*, Floating Charge, S. 89f.

[406] *Gower's* Principles of Modern Company Law, S. 487; *Pennington's* Company Law, S. 451.

[407] *Goode,* Legal Problems of Credit and Security, S. 33; *Gough,* Company Charges, S. 84f.

[408] Der heute standardisierte Terminus tauchte erstmals in Entscheidungen ausgangs des 19. Jh. auf, vgl. *Gough,* Company Charges, S. 84.

[409] *Halsbury's* Laws of England, Vol. 7 – Para. 830; *ter Meulen*, Floating Charge, S. 82.

Die Ausübung bestehender Rechte muß er also billigen, deshalb greift z.B. auch eine Aufrechnungserklärung gegen eine Gesellschaftsforderung durch, sofern die Aufrechnungslage schon zuvor entstanden war[410]. Das bedingt eine gewisse Dezimierung der Haftungsmasse, andererseits ist die Belastung jedoch keineswegs auf die im Zeitpunkt der *crystallisation* vorhandenen Sachgegenstände begrenzt. Vielmehr unterscheidet die *floating charge* nach der Umwandlung in der Funktionsweise nichts von einer sonstigen *specific charge*, die als solche an gegenwärtigen und zukünftigen Vermögenswerten errichtet wurde[411]. Demzufolge erstreckt sich die Sicherheit ebenfalls über das derzeitige Unternehmensvermögen hinaus auf alle Gegenstände, die die *company* von jetzt an noch erwirbt[412], was besonders dann relevant wird, wenn statt der sofortigen Verwertung vorerst eine Fortführung der Geschäftigkeit erfolgen soll. Haftungsfreies Vermögen gibt es demnach nicht, denn jeder neue Sachwert wird mit Eintritt in den Haftungsverband ohne weiteres sicherungsbelastet.

Der Sicherungsnehmer hat die Wahl, durch Erhebung einer *debenture-holders' action* ein gerichtliches Verwertungsverfahren einzuleiten oder, falls die *debenture* diese Möglichkeit vorsieht, aus Gründen der Kostenersparnis stattdessen eine billigere und effektivere Realisierung auf außergerichtichem Wege zu suchen[413].

Liegen die Voraussetzungen für eine Durchsetzung der *floating charge* vor, setzt das mit der *debenture-holders' action* befaßte Gericht zumeist einen *receiver* ein, den es mit der Inbesitznahme der Haftungsmasse beauftragt, damit er zunächst deren Umfang ermittelt und die Befriedigung vorbereitet[414]. Der *receiver* darf zwar zu diesem Zweck Außenstände einfor-

---

[410] *Gough*, Company Charges, S. 107; N.W. Robbie & Co., Ltd. v. Witney Warehouse Co. Ltd. [1963] 3 All E.R. 613, 620; George Barker (Transport) Ltd. v. Eynon [1974] 2 All E.R. 900; Business Computers Ltd. v. Anglo-African Leasing Ltd. [1977] 2 All E.R. 741.

[411] *Gough*, Company Charges, S. 108.

[412] *Gough*, Company Charges, S. 108; *Goode*, Legal Problems of Credit and Security, S. 33; *Gower's* Principles of Modern Company Law, S. 473; N.W. Robbie & Co., Ltd. v. Witney Warehouse Co. Ltd. [1963] 3 All E.R. 613; George Barker (Transport, Ltd. v. Eynon [1974] 2 All E.R. 900; Business Computers Ltd. v. Anglo-African Leasing Ltd. [1977] 2 All E.R. 741.

[413] Deshalb findet in der Praxis das letzte Verfahren starken Anklang, vgl. *Gower's* Principles of Modern Company Law, S. 487 – "The procedure in a debentureholders' action is lamentably expensive and dilatory ...".

[414] *Palmer's* Company Law, S. 613; *Gower's* Principles of Modern Company Law, S. 487; *Pennington's* Company Law, S. 454, 457; *Gough*, Company Charges, S. 86ff.

dern[415], er ist jedoch nicht berechtigt, selbständig laufende Vertragsverpflichtungen zu erfüllen oder neue Verbindlichkeiten einzugehen, es sei denn, das Gericht bestellt ihn außerdem zum *manager*[416]. Davon wird das Gericht Gebrauch machen, wenn eine Weiterführung des Unternehmens zumindest vorläufig angezeigt erscheint, wobei es üblicherweise eine Ernennung immer nur für drei Monate ausspricht[417].

Die Funktion eines *receiver* darf lediglich eine integre natürliche Person ausüben, die überdies wegen der hohen Verantwortung ihrer Tätigkeit eine besondere Befähigung für diese Aufgabe besitzen soll[418]. Obgleich *officer of the court* handelt er nicht als dessen Vertreter. Für eingegangene Verpflichtungen im rechtsgeschäftlichen Verkehr muß er vielmehr selbst einstehen, hat allerdings bei ordnungsgemäß begründeten Schulden einen Ersatzanspruch gegen die Haftungsmasse[419]. Außerdem macht das Gericht seine Einsetzung gewöhnlich von einer Sicherheitsleistung abhängig, zahlbar innerhalb einer Frist von 21 Tagen[420].

Schließlich bedarf der Bestellungsakt, der regelmäßig die *crystallisation* auslöst, einer Eintragung im Gesellschaftsregister, zu beantragen innerhalb von 7 Tagen nach dessen Vornahme beim *Registrar of Companies*[421]. Das sorgt für die erforderliche Publizität der aufgrund der Maßnahmen nunmehr geänderten Gesellschaftssituation. Der Registereintrag gewährleistet Dritten Kenntnis von der Vermögensverwaltung und schafft Klarheit über den Zeitpunkt der *crystallisation.* Dieser Publizitätsgesichtspunkt, der maßgeblich der Rechtssicherheit dient, spricht entscheidend gegen die Anerkennung einer *automatic crystallisation clause*, weil dadurch jegliche Transparenz schwindet.

Die eigentliche Verwertung der Haftungsmasse geschieht überwiegend durch Veräußerung des Unternehmens, soweit möglich, sonst der einzelnen Bestandteile. Der Verkauf, den der *receiver* oder ein von ihm beauftragter

---

[415] ***Pennington's*** Company Law, S. 457; ***Gough,*** Company Charges, S. 422.

[416] ***Palmer's*** Company Law, S. 613; ***Gower's*** Principles of Modern Company Law, S. 488; ***Halsbury's*** Laws of England, Vol. 7 – Para. 909.

[417] ***Halsbury's*** Laws of England, Vol. 7 – Para. 909.

[418] ***Halsbury's*** Laws of England, Vol. 7 – Para. 898.

[419] ***Halsbury's*** Laws of England, Vol. 7 – Para. 907; ***Pennington's*** Company Law, S. 461; ***Palmer's*** Company Law, S. 624; ***ter Meulen***, Floating Charge, S. 92.

[420] ***Halsbury's*** Laws of England, Vol. 7 – Para. 899. ***Palmer's*** Company Law, S. 615.

[421] ***Charlesworths'*** Company Law, S. 669; ***Palmer's*** Company Law, S. 636; ***Pennington's*** Company Law, S. 455f.

Vertreter betreibt, vollzieht sich dabei unter Aufsicht das Gerichts, das dem Geschäft seine Zustimmung erteilen muß[422]. Selten ordnet demgegenüber das Gericht wegen des aufwendigen Verfahrensablaufes, an dem sämtliche Betroffenen zu beteiligen sind, den Verfall des belasteten Vermögens zugunsten des Sicherungsnehmers an[423].

Auf die außergerichtliche Durchsetzung der *floating charge*, zu der die *debenture* ausdrücklich ermächtigen muß, soll nicht näher eingegangen werden, denn auch hier obliegt einem *receiver*, allerdings eingesetzt vom Sicherungsnehmer und als Vertreter der *company* agierend, die Abwicklung, die im wesentlichen der eben geschilderten ähnelt[424]. Mangels einschlägiger Rechtsprechung herrscht Ungewißheit über die Rechtsfolgen einer nicht nur vorübergehenden *receiver*-Abberufung, insbesondere ob dies wie im schottischen Recht[425] zur Aufhebung des *crystallisation* führt und die Rückverwandlung der Sicherheit in eine *floating charge* bewirkt[426].

m) Zwangsvollstreckung und Konkurs

Bis zur *crystallisation* bietet die *floating charge* keinen Schutz gegen Zwangsvollstreckungsmaßnahmen anderer Gesellschaftsgläubiger in die der *company* gehörenden Vermögenswerte[427]. Grundsätzlich hindert eine dingliche Belastung zwar eine mit staatlicher Vollstreckungsgewalt erstrebte vorrangige Befriedigung an der Sache, doch entbehrt die *floating charge* nach überwiegender Auffassung vor Umwandlung in eine *specific charge* gerade einer solchen dinglichen Verfestigung an den Einzelgegenständen. Sie lastet allein latent über dem gesamten Haftungsverband, ohne dessen Bestandteile bereits dinglich zu verstricken. Daher kann der Sicherungsnehmer angesichts der noch nicht erfolgten Änderung des rechtlichen

---

422 *Halsbury's* Laws of England, Vol. 7 – Para. 916; *ter Meulen*, Floating Charge, S. 25.

423 *Palmer's* Company Law, S. 640; *ter Meulen*, Floating Charge, S. 95; Westminster Bank Ltd. v. Residential properties Improvement Co., Ltd. [1938] 2 All E.R. 374.

424 *Palmer's* Company Law, S. 624ff.; vgl. *Halsbury's* Laws of England, Vol. 7 – Paras. 897ff.

425 vgl. *Charlesworths'* Company Law, S. 687.

426 *Gower's* Principles of Modern Company Law, S. 488 Fußn. 70 – der das vermutet, soweit dem nicht Bestimmungen in der debenture entgegenstehen.

427 *Gough*, Company Charges, S. 164ff.; *Palmer's* Company Law, S. 582; *Halsbury's* Laws of England, Vol. 7 – Para. 829; *ter Meulen*, Floating Charge, S. 77.

Zuweisungsgehalts am konkreten Sachgut keine Rechte an einem bestimmten Gegenstand des Gesellschaftsvermögens gegenüber Dritten reklamieren.

Dieses Ergebnis steht im Einklang damit, daß die *company* charakteristischerweise trotz Sicherheitsbestellung weiterhin die uneingeschränkte Verfügungsfreiheit über ihr Vermögen besitzt. Würde man bei der Konstellation einen Vollstreckungszugriff Dritter auf Einzelgegenstände verweigern, so hätte es die *company* in der Hand, die Erfüllung eingegangener Verbindlichkeiten beliebig hinauszuzögern[428]. Eine solche Konsequenz nahm die Rechtsprechung gleichwohl anfänglich in Kauf, indem sie mehrheitlich die Anwendung der *licence theory* präferierte; aber schon bald brachte die obergerichtliche Entscheidungspraxis auf der Grundlage der *mortgage of future assets theory* den Umschwung zugunsten einer ungehinderten Drittvollstreckung[429].

Die Situation ändert sich erst mit *crystallisation*, denn dann verfügt der Sicherungsnehmer über eine gefestigte dingliche Rechtsposition, nachdem dadurch das Gesellschaftsvermögen insgesamt der Zwangsvollstreckung entzogen wird. Das zeigt auch insoweit seine Auswirkung auf noch nicht abgeschlossene Vollstreckungsverfahren, als bei bestimmten Pfändungsarten der Vollstreckungsgläubiger nunmehr gegenüber den Rechten des *debenture-holder* das Nachsehen hat, wenn ihm die Maßnahme bis dahin noch keine dingliche Rechtsbefugnis an der Sache verschafft hat[430].

Stärkerer Schutz wird dem Sicherungsnehmer währenddessen im Konkurs *(winding-up)* zuteil. Der Eintritt ins Liquidationsstadium führt nämlich regelmäßig zur *crystallisation* der *floating charge*[431] , so daß er aufgrund seines Sicherungsrechtes vorranging in Höhe seiner Forderung aus der Masse zu befriedigen ist.

---

[428] *ter Meulen*, Floating Charge, S. 77.

[429] *Pennington's* Company Law, S. 381; *Gough*, Company Charges, S. 164ff.; *ter Meulen*, Floating Charge, S. 77.

[430] *Halsbury's* Laws of England, Vol. 7 – Paras. 828, 829; *Gough*, Company Charges, S. 164ff.; *ter Meulen*, Floating Charge, S. 85ff.

[431] *Palmer's* Company Law, S. 574; *Gough*, Company Charges, S. 85.

III. Warenkreditsicherheiten

1. Gesetzliche Sicherheiten

Falls ein Käufer seiner vertraglichen Primärleistungspflicht nicht nachkommt, hat der Verkäufer die rechtliche Möglichkeit, ihn persönlich auf Zahlung der vereinbarten Geldsumme in Anspruch zu nehmen, doch tatsächlich erweist sich dieser bloße schuldrechtliche Behelf vielfach als wenig effektiv oder gar bei Eintritt der Zahlungsunfähigkeit als nutzlos. Den Interessen des Verkäufers wäre in keiner Weise gedient, müßte er in einer solchen Situation ausschließlich sein obligatorisches Recht verfolgen. Deshalb erstrebt er in erster Linie zudem dingliche Zugriffsbefugnisse.

Diesem Bedürfnis des Vekäufers nach sachenrechtlichen Rechtsbehelfen versucht das englische Recht zu entsprechen, indem es ihm ausdrücklich durch *statute* bestimmte dingliche Rechte an der verkauften Sache einräumt, so daß er gleichsam *ex lege* eine Sicherheit für die unbeglichene Kaufforderung erhält. Trotzdem ist dem Verkäuferschutz nur unzureichend Rechnung getragen, denn das Gesetz trifft allein Regelungen hinsichtlich besonderer Sachverhaltskonstellationen, die aber in den praktisch weitaus überwiegenden Fällen, bei denen ein Sicherungsbedürfnis relevant wird, gerade nicht vorliegen. Daher hat die Wohltat des Gesetzgebes in Gestalt gesetzlicher Sicherungsrechte kautelare Vorkehrungsmaßnahmen keineswegs entbehrlich gemacht.

Die besonderen Verkäuferrechte, die allsamt von selbst *by implication of law* (vgl. s. 39 *Sale of Goods Act* 1979) entstehen, können die Parteien auch ausschließen oder im einzelnen modifizieren (s. 55 (1) *Sale of Goods Act* 1979)[432]. Gemeinsam kennzeichnet sie ein jeweils beschränkter Anwendungsbereich, aufgrund dessen diese dinglichen Befugnisse des Verkäufers spätestens enden, sobald die unbezahlte Ware in die Machtsphäre des Käufers gelangt.

---

[432] *Benjamin's* Sale of Goods, Para. 12ff., 1131; *Fridmann*, Sale of Goods, S. 253; *Macleod*, Sale and Hire Purchase, S. 315.

a) *Unpaid seller's lien*

Obgleich ein Verkäufer, der seine Waren auf Kredit veräußert, ebenfalls unter die Definition des *unpaid seller* in s. 38 (1) *Sale of Goods Act* 1979 fällt[433], verwehrt ihm s. 41 (1) *Sale of Goods Act* 1979 ein *lien* an der Sache[434], solange die Stundung der Kaufpreisschuld andauert bzw. der Käufer solvent bleibt. Erst von dem Augenblick an, in dem sich einer dieser Umstände aktualisiert, verfügt auch ein kreditierender Verkäufer über ein *lien*[435]. Damit macht das Gesetz die Rechtsausübung stets davon abhängig, daß entweder die Forderung fällig oder der Erwerber insolvent (vgl. s. 61 (4) *Sale of Goods Act* 1979) geworden sein muß[436]. Die Versagung des *lien* bei Kreditgeschäften bedeutet keine fragwürdige Inkonsequenz, sondern gründet auf der gleichen römisch-rechtlich überkommenen Erwägung wie § 454 BGB. Wer die Kaufpreisforderung stundet, seine eigene Lieferpflicht aber bestehen läßt, löst die in s. 28 *Sale of Goods Act* 1979 ausgedrückte synallagmatische Verknüpfung von *payment and delivery* und verzichtet somit freiwillig, zumindest bis zur Fälligkeit, auf den ihm gesetzlich zugedachten Schutz. Demnach sieht das englische Recht in einer Kreditierung regelmäßig die Derogation des *unpaid seller's lien*[437].

Auch wenn die Vermutung nicht für einen endgültigen Verzicht streitet, vielmehr s. 41 (1) (b) *Sale of Goods Act* 1979 gerade von einem Wiederaufleben des *lien* nach Ablauf der Stundung ausgeht[438], nützt das einem Verkäufer in der Praxis denkbar wenig, da ein Erstarken des gesetzlichen Sicherungsrechts eine ununterbrochene Besitzinnehabung[439] voraussetzt[440]. Im modernen Wirschaftsverkehr, den ein schneller Warenumsatz kennzeichnet, wird typischerweise die Sache schon vor Bezahlung übergeben. Die Aufgabe des Sachbesitzes impliziert aber zwangsläufig das Erlöschen

---

[433] *Atiyah*, Sale of Goods, S. 300; *Benjamin's* Sale of Goods, Para. 1147.

[434] *Benjamin's* Sale of Goods, Para. 1162ff.; *Atiyah*, Sale of Goods, S. 302; *Chalmer's*, Sale of Goods, S. 204; *Fridman*, Sale of Goods, S. 252.

[435] *Benjamin's* Sale of Goods, Para. 1163; *Atiyah*, Sale of Goods, S. 303; *Fridman*, Sale of Goods, S. 259.

[436] *Benjamin's* Sale of Goods, Para. 1163.

[437] *Fridman*, Sale of Goods, S. 252; *Benjamin's* Sale of Goods, Paras. 1163, 1186.

[438] *Benjamin's* Sale of Goods, Para. 1165; *Fridman*, Sale of Goods, S. 259.

[439] Die Wiedererlangung des Besitzes nach vorübergehendem Besitzverlust genügt nur ausnahmsweise, sofern die Rückübertragung der Sache gerade von der Intention "of revesting the right of lien" geleitet ist; vgl. *Halsbury's* Laws of England, Vol. 41 – Para. 826.

[440] *Benjamin's* Sale of Goods, Para. 1165.

des *lien*. Mithin entbehrt ein kreditierender Verkäufer de facto einer gesetzlichen Sicherheit, zumal auch die Berufung auf ein mögliches *vendor's lien* ausscheidet. Zwar erwächst einem Verkäufer normalerweise mit Vertragsschluß *by operation of equity* dieses besitzunabhängige Sicherungsrecht[441], doch hat der Bereich des Warenkaufs durch die erfolgte Kodifikation eine spezielle und erschöpfende Regelung erfahren, die einen Rückgriff auf andere *ex lege* Sicherheiten verbietet[442].

Um bei Fälligkeit der Forderung bzw. im Konkurs des Käufers das *unpaid seller's lien* ausüben zu können, muß der Verkäufer die gesamte Zeit über die verkauften Waren in seinem Besitz behalten; irrelevant bleibt demgegenüber, ob das Eigentum bereits auf den Erwerber übergegangen ist oder nicht, weil s. 39 *Sale of Goods Act* 1979 eine Gleichbehandlung beider Fälle statuiert. Welcher Grad an Sachbeziehung allerdings dem wesentlichen Erfordernis einer *possession* im einzelnen genügt, läßt das Gesetz offen. Die Rechtsprechung zu anderen *types of lien* gereicht lediglich bedingt als Auslegungshilfe, denn der vielschillernde Begriff verlangt durchaus eine differenzierte Handhabung nach der Art des jeweiligen Rechts[443].

Einigkeit herrscht vor allem darin, daß die Sachen keineswegs jeglicher Einwirkungsmöglichkeit des Käufers entzogen sein müssen, sofern nur die maßgeblichen Kontrollbefugnisse dem Verkäufer obliegen. Deshalb führt es nicht unausweichlich zum Besitzverlust beim Veräußerer, wenn dieser dem Erwerber Zugang zu den in seiner Gewahrsamssphäre lagernden Waren gewährt und ihm gewisse Tätigkeiten am Sachgut erlaubt[444]. Entscheidend dürfte dabei hauptsächlich das äußere Erscheinungsbild sein, nach dem die tatsächliche Sachgewalt unverändert der Verkäufer beanspruchen muß. Selbst seine Erklärung, nunmehr die Ware *as agent or bailee or custodier for the buyer* besitzen zu wollen (s. 41 (2) *Sale of Goods Act* 1979), been-

---

[441] *Snell's* Principles of Equity, S. 482, 429; *Keeton/Sheridan*, Equity, S. 170; *Halsbury's* Laws of England, Vol. 28 – Para. 555.

[442] *Benjamin's* Sale of Goods, Para. 1158; *Atiyah*, Sale of Goods, S. 301; *Halsbury's* Laws of England, Vol. 28 – Para. 556; Transport and General Credit Corporation Ltd. v. Morgan [1939] 2 All E.R. 17, 25 (*Simonds*, J.) – "... it would be quite inconsistent with what I think is intended to be an exhaustive statement of the law in the SGA to say that, in the case of an ordinary sale of a commercial article under a commercial agreement, there can be any vendor's lien other than that which the statute itself provides ...".

[443] *Atiyah*, Sale of Goods, S. 304; *Benjamin's* Sale of Goods, Para. 1168; *Fridman*, Sale of Goods, S. 284.

[444] *Benjamin's* Sale of Goods, Paras. 1168, 1169.

det nicht die bestehende Sachbeziehung und bedeutet entgegen der früheren *common law* Auffassung keinen Verzicht auf das *lien*[445].

Der Verkäufer büßt aber seine Sicherheit ein, falls er die Waren, ohne sich das *right of disposal of the goods* vorzubehalten, zum Transport an einen *carrier* aushändigt oder auf sein Recht ausdrücklich oder konkludent verzichtet oder falls der Käufer bzw. dessen Vertreter rechtmäßigerweise, d.h. *with the consent of the seller*[446] den Sachbesitz erlangt (s. 43 *Sale of Goods Act* 1979).

Das *lien* gibt dem seller oder einer ihm funktionell gleichgestellten Person (s. 38 (a) *Sale of Goods Act* 1979)[447] ein Zurückbehaltungsrecht, das dazu berechtigt *to retain that which is in his possession belonging to another, till certain demands of him the person in possession are statisfied*[448]. Es verleiht jedoch keineswegs die Befugnis, sich einen bereits aufgegebenen Besitz wiederzubeschaffen.

Dieses Zurückbehaltungsrecht, das vermutlich dem *law merchant* entstammt[449], rechnet aufgrund der Anbindung an den Sachbesitz zu den *common law* Rechten[450] und entfaltet die Wirkung eines *particular lien*[451]. Der *seller* kann nämlich die Herausgabe der Ware nicht wegen irgendwelcher unbezahlter Zahlungsansprüche verweigern, sondern nur, um die das konkrete Liefergeschäft betreffende Kaufpreisforderung durchzusetzen. Bereits erfolgte Teillieferungen im Rahmen eines einheitlichen Liefervertrages schließen eine Rechtsausübung an den verbliebenen Restwaren nur aus, soweit die Teilleistungen einen konkludenten Rechtsverzicht beinhalten (s. 42 *Sale of Goods Act* 1979). Ansonsten darf der Verkäufer, solange irgendein Teil des Kaufpreises noch offen ist, bislang nicht ausgelieferte

---

[445] ***Benjamin's*** Sale of Goods, Para. 1170; ***Fridman***, Sale of Goods, S. 259; ***Atiyah***, Sale of Goods, S. 304.

[446] Ansonsten geht das lien nicht unter, vgl. ***Atiyah***, Sale of Goods, S. 307; ***Benjamin's*** Sale of Goods, Para. 1185; ***Macleod***, Sale and Hire Purchase, S. 322f.; ***Fridman***, Sale of Goods, S. 261f.

[447] ***Atiyah***, Sale of Goods, S. 301; ***Benjamin's*** Sale of Goods, Para. 1143; ***Halsbury's*** Laws of England, Vol. 41 – Para. 819.

[448] ***Benjamin's*** Sale of Goods, Para. 1158.

[449] ***Benjamin's*** Sale of Goods, Para. 1131; ***Chalmers'*** Sale of Goods, S. 201; ***Maselewski***, Sale of Goods, S. 82.

[450] ***Snell's*** Principles of Equity, S. 482, 490 Fußn. 3; ***Benjamin's*** Sale of Goods, Para. 1158; ***Fridman***, Sale of Goods, S. 256.

[451] ***Benjamin's*** Sale of Goods, Para. 1158; ***Atiyah***, Sale of Goods, S. 302; ***Fridman***, Sale of Goods, S. 256.

Sachgüter *until payment or tender of the price*[452] zurückbehalten, wobei keine Rolle spielt, ob sich die unbezahlte Restforderung lediglich auf den schon am Käufer ausgehändigten Teil bezieht[453]. Seine Rechte werden auch nicht verkürzt, wenn der Käufer die Waren ohne sein Einverständnis an Dritte weiterveräußert (s. 47 *Sale of Goods Act*)[454].

Obgleich daraus kein Unterschied in der praktischen Anwendung resultiert, differenziert s. 39 *Sale of Goods Act* 1979 zwischen dem *lien*, das der *seller* geltend machen kann, falls das Eigentum an den Sachen auf den buyer übergangen ist, und dem *right of withholding delivery* hinsichtlich der ihm noch gehörenden Waren. Der Grund liegt darin, daß ein *lien stricto sensu* allein an Fremdgütern bestehen kann[455] ; deshalb verfügt ein *seller* bei seinen eigenen Sachen nur über ein "quasi-*lien*"[456], das aber dieselben Rechtswirkungen äußert.

Das *unpaid seller's lien* findet im deutschen Recht eine weitgehende Entsprechung in dem allgemeinen Leistungsverweiterungsrecht der §§ 320ff. BGB, das jedem Vertragspartner einer syllagmatischen Rechtsbeziehung das einredeweise zu erhebende Recht gibt, seine Leistung bis zum Bewirken der Gegenleistung zurückzuhalten. Diese Berechtigung entfällt allerdings für einen zur Vorleistung verpflichteten Vertragspartner, es sei denn, in den Vermögensverhältnissen des anderen Teils tritt eine wesentliche Verschlechterung ein (§ 321 BGB). Insoweit stellt das englische Recht höhere Anforderungen, als es Insolvenz, d.h. Zahlungsunfähigkeit verlangt. Dennoch erscheinen auch trotz der dinglichen Ausgestaltung des *lien* die praktischen Unterschiede der beiden Rechtsinstitute letztlich relativ gering.

---

452 Durch die gewählte Formulierung wird das lien in seinem Umfang begrenzt, denn es erstreckt sich nicht auf Gebühren oder sonstige Kosten, die anläßlich der Einlagerung entstehen, weil der Verkäufer das Zurückbehaltungsrecht im eigenen Interesse ausübt – vgl. *Benjamin's* Sale of Goods, Para. 1174; *Atiyah*, Sale of Goods, S. 305; *Fridman*, Sale of Goods, S. 257; *Chalmers'* Sale of Goods, S. 204.

453 *Atiyah*, Sale of Goods, S. 302; *Benjamin's* Sale of Goods, Para. 1172; *Macleod*, Sale and Hire Purchase, S. 318.

454 *Benjamin's* Sale of Goods, Para. 1135.

455 Nippon Yusen Kaisha v. Ramjiban Serowgee [1938] 2 All E.R. 285, 291 (*Lord Wright*) – "... A common law lien is possessory, and depends on possession, but it also presupposes that the property in the goods has passed. A person cannot have a lien on his own goods ...".

456 *Benjamin's* Sale of Goods, Para. 1159.

b) Stoppage in Transit

Das *right of stoppage in transit* privilegiert einen *unpaid seller* nach Absendung der Waren gegenüber anderen ungesicherten Gläubigern, indem es ihm im Falle der Insolvenz des *buyer*, d.h. bei dessen Zahlungsunfähigkeit (s. 61 (4) *Sale of Goods Act* 1979) die Befugnis gibt, die verkauften Waren vor Auslieferung wieder zurückzurufen, um zu verhindern, das sie in der allgemeinen Haftungsmasse aufgehen. Damit behandelt das Gesetz einen vorleistenden Verkäufer, selbst wenn er neben der Besitzaufgabe bei Versendung auch zeitlich vorher schon mit Vertragsschluß das Eigentum verloren haben sollte[457], in dieser Situation wie einen dinglich gesicherten Gläubiger. Das widerspricht zwar dem Grundsatz der *"par conditio creditorum"*, doch erachtet man es für unbillig sowie unvereinbar mit der *commercial morality*, unbezahlte Sachgüter, an denen der Käufer noch gar nicht Besitz ausübt, in die generelle Schuldenhaftung miteinzubeziehen, und präferiert so den Verkäuferschutz[458].

Aufgrund eines größeren Näheverhältnisses zu den versandten Waren wird dem *unpaid seller* bis zum Abschluß des Transportvorganges qua lege ein auf den Insolvenzfall beschränktes Sicherungsrecht eingeräumt. Bedenken gegen eine solche Privilierung können eigentlich nur die Konstellation betreffen, bei der der Eigentumsübergang bereits vollzogen ist, denn ansonsten dürfte eine Rückforderbefugnis schon aus dem umfassenden Eigentumsrecht des Verkäufers fließen.

Das Recht erlischt, sobald die Beförderung ihr Ende findet, was üblicherweise mit Ablieferung der Ware an den Käufer oder seinen Vertreter am Bestimmungsort geschieht (s. 45 (1) *Sale of Goods Act* 1979). Dessen bedarf es aber nicht unbedingt, da das Gesetz auch unter anderen Voraussetzungen eine Beendigung des Transports annimmt (vgl. s. 45 (2)–(6) *Sale of Goods Act*), so z.B. wenn der Frachtführer unberechtigt die Herausgabe des Frachtguts an den Käufer verweigert oder es nunmehr als *bailee* für den

---

[457] Die Eigentumsverhältnisse bleiben aber letztlich gleichgültig, da das Gesetz trotz Differenzierung (vgl. s. 39 Sale of Goods Act 1979) dem Verkäufer, sei er nun Eigentümer oder nicht, praktisch jeweils in demselben Umfang ähnliche Befugnisse an den auf dem Transport befindlichen Sachen verleiht – vgl. *Benjamin's* Sale of Goods, Para. 1193; *Fridman*, Sale of Goods, S. 266.

[458] *Benjamin's* Sale of Goods, Para. 1194; *Fridman*, Sale of Goods, S. 267; *Atiyah*, Sale of Goods, S. 310; Booth Steamship Co. Ltd. v. Cargo Fleet Iron Co. Ltd. [1916–1917] All E.R. Rep. 938, 943 (*Lord Reading*, C.J.) – "... it is a right founded upon the plain reason that one man's goods shall not be applied to the payment of another man's debt ...".

Käufer verwahren will, außerdem dann, wenn die Ware bereits vor Erreichen des Ankunftsortes in den tatsächlichen Besitz des *buyer or his agent* gelangt[459]. Die bloße Übergabe des *bill of lading* an den Käufer genügt allerdings für sich noch nicht[460], solange die Versendung ein unabhängiger Dritter besorgt. Erst die Weiterveräußerung des Dokuments an einen gutgläubigen Zweiterwerber *for valuable consideration* führt zum Untergang des Stoppungsrechts, während bei einer Verpfändung des Papiers der Verkäufer sein Recht vorbehaltlich des begründeten Pfandrechts weiterhin verfolgen kann (s. 47 *Sale of Goods Act* 1979)[461]. Ist das *right of stoppage in transit* aber durch die Aushändigung des Frachtguts erloschen, lebt es keineswegs wieder dadurch auf, daß der Käufer nach Empfangnahme die Waren sofort wieder mit neuen Instruktionen zum Versand bringt[462].

Die für die Rechtsausübung maßgebliche Zeitspanne des Transportes beginnt jeweils mit Aushändigung der Sachgüter an einen Frachtführer, der kein Vertreter einer der beiden Parteien sein darf[463]. Entscheidend ist somit stets der Augenblick der Besitzentledigung des *seller* zugunsten eines Mittelsmannes.

Auf Anweisung des Verkäufers muß der Frachtführer den Transportvorgang sofort abzubrechen, ohne die Voraussetzungen des Stoppungsrechts konkret nachzuprüfen, und die Waren wieder an den Absender zurückliefern; allerdings braucht er sie nur gegen Begleichung entstandener Frachtkosten herausgeben (s. 46 *Sale of Goods Act* 1979)[464]. Händigt er unter Mißachtung dieser Anzeige das Frachtgut dennoch dem Käufer aus, haftet er aus *conversion*[465]. Sollten Teilkontigente bereits an den Empfänger ausgeliefert worden sein, so hindert das den *seller* nicht, sein Recht an

---

[459] *Benjamin's* Sale of Goods, Para. 1204ff.; *Atiyah*, Sale of Goods, S. 313; *Fridman*, Sale of Goods, S. 270f.

[460] *Atiyah*, Sale of Goods, S. 314; *Benjamin's* Sale of Goods, Para. 1197.

[461] *Benjamin's* Sale of Goods, Para. 1222, 1227; *Atiyah*, Sale of Goods, S. 314f.; *Halsbury's* Laws of England, Vol. 41 – Paras. 853, 854.

[462] *Atiyah*, Sale of Goods, S. 312; *Benjamin's* Sale of Goods, Para. 1210.

[463] *Atiyah*, Sale of Goods, S. 310; *Benjamin's* Sale of Goods, Para. 1196; *Macleod*, Sale and Hire Purchase, S. 326.

[464] *Atiyah*, Sale of Goods, S. 316f.; *Benjamin's* Sale of Goods, Para. 1215, 1219; *Halsbury's* Laws of England, Vol. 41 – Paras. 843, 845.

[465] *Benjamin's* Sale of Goods, Para. 1218; *Halsbury's* Laws of England, Vol. 41 – Para. 843; *Macleod*, Sale and Hire Purchase, S. 328.

dem verbliebenen Restbestand geltend zu machen[466]. Das Anhalten der Fracht auf dem Transportweg bewirkt keine Lösung der Vertragsbeziehungen, vielmehr entscheidet der *buyer* bzw. der *trustee in bankruptcy* über die weitere Durchführung des Kaufvertrages[467].

Dem *right of stoppage in transit* (s. 44 *Sale of Goods Act* 1979), dessen Bedeutung im Zuge einer steigenden Besicherung von Handelstransaktionen durch *banker's commercial credit* schwindet[468], ähnelt das Verfolgungsrecht der deutschen Konkursordnung (§ 44 KO), das trotz mancher Unterschiede im Ergebnis dieselbe Funktion erfüllt[469]. Anders als das englische Recht verlangt § 44 KO von dem Verkäufer keine Eingriffshandlung während des Transportes – ja es fehlt ihm sogar, sofern nicht frachtvertragliche Vorschriften (z.B. § 433 HGB) eingreifen, eine Befugnis, den Geschehensablauf nach Absendung irgendwie zu beeinflussen -; er darf abwarten und braucht sein Recht erst nach Ankunft beim Konkursverwalter anmelden. Allerdings setzt die Ausübung des Verfolgungsrechts Konkurseröffnung voraus – bloße Zahlungsunfähigkeit reicht nicht – und, daß die Ware nach diesem Zeitpunkt dem Käufer ausgeliefert wurde. Ferner gibt § 44 KO lediglich einen schuldrechtlich wirkenden Anspruch auf Rückübertragung, dagegen ist das *right of stoppage in transit* als dingliche Rechtsbefugnis ausgestaltet.

c) Resale

Wie s. 48 (1) *Sale of Goods Act* 1979 ausdrücklich hervorhebt, läßt die Geltendmachung des *unpaid seller's lien* bzw. *right of stoppage in transit* das bestehende Kaufvertragsverhältnis zwischen den Parteien unberührt. Der Verkäufer erhält jeweils eine Art Sicherheit in Gestalt des Sachbesitzes zur besseren Durchsetzung seines Zahlungsanspruchs, bleibt aber an den Vertrag gebunden. Danach müßte er, würde ihm nicht unter bestimmten Gegebenheiten ein Verkaufsrecht erwachsen, die Ware so lange bereithalten, bis der Käufer zahlt oder Zahlung anbietet. Freilich verfügt er nunmehr, wenn auch die Rechtsausübung dem Käufer keineswegs das Eigentumsrecht

---

466 *Benjamin's* Sale of Goods, Para. 1214; *Halsbury's* Laws of England, Vol. 41 – Para. 841.

467 *Benjamin's* Sale of Goods, Para. 1221; *Atiyah*, Sale of Goods, S. 317.

468 *Benjamin's* Sale of Goods, Para. 1122; *Atiyah*, Sale of Goods, S. 310.

469 *Landferman*, Auf den Spuren des Verfolgungsrechts, RabelsZ 34 (1970), S. 523f.; *Huber*, Right of Stoppage in Transitu (Festschrift für Friedrich Weber), S. 253ff.

wieder entzieht, über die *power to resell*, weshalb ein Dritter gem. s. 48 (2) *Sale of Goods Act* 1979 unabhängig von seinem guten Glauben wirksam Eigentum an den Sachen erwerben kann[470]. Falls der Kaufvertrag selbst keinen Wechsel der Vollrechtsinhaberschaft ausgelöst hat, ist der Verkäufer ohnehin als Eigentümer imstande, anderen das Sacheigentum zu verschaffen[471]. Jedoch würde ein solcher unautorisierter Zweitverkauf einen Vertragsbruch des ursprünglichen Kaufverhältnisses darstellen und ihn zum Schadensersatz verpflichten[472]. Dieser Konsequenz entgeht er, sobald ihm außerdem das *right to resell* zusteht, denn dann muß der nicht zahlende Erstkäufer die Weiterveräußerung angesichts ihrer Billigung durch die Rechtsordnung ersatzlos gegen sich gelten lassen.

Dieses *right of resale* kann bereits im Wege der Individualvereinbarung kaufvertraglich für den Fall schuldnerischer Säumnis vorbehalten sein (s. 48 (4) *Sale of Goods Act* 1979)[473]. Ansonsten ermächtigt s. 48 (3) *Sale of Goods Act* 1979 zur Veräußerung, wenn es sich entweder um Waren *of a perishable nature*[474] handelt oder der Käufer nach Verkaufsandrohung nicht *within a reasonable time* leistet oder Leistungsbereitschaft zeigt[475]. Obwohl subs. (3) im Unterschied zu subs. (4) gerade keine Vertragsauflösung bei Eintritt der genannten Bedingungen ausdrücklich anordnet, hat die Rechtsprechung[476] dennoch in Angleichung beider Absätze entschieden, daß auch in diesen gesetzlich statuierten Verkaufsfällen das kaufvertragliche Primärverhältnis erlischt[477] und der Käufer nunmehr allein auf Schadensersatz

[470] Insoweit gestattet s. 48 (2) Sale of Goods Act 1979 einen Rechtserwerb unter erleichterten Bedingungen als s. 24 Sale of Goods Act 1979, vgl. *Benjamin's* Sale of Goods, Para. 1232; *Atiyah*, Sale of Goods, S. 318.

[471] *Benjamin's* Sale of Goods, Para. 1232; *Atiyah*, Sale of Goods, S. 317; *Chitty*, On Contracts, Vol. II – Para. 4309 – diese Fallkonstellation wird von s. 48 (2) Sale of Goods Act 1979 gar nicht erfaßt, vielmehr für selbstverständlich erachtet.

[472] *Benjamin's* Sale of Goods, Para. 1232; *Fridman*, Sale of Goods, S. 274; *Chitty*, On Contracts, Vol. II – Para. 4309 Fußn. 92; *Atiyah*, Sale of Goods, S. 298.

[473] *Benjamin's* Sale of Goods, Paras. 1235, 1257; *Atiyah*, Sale of Goods, S. 318f.; *Halsbury's* Laws of England, Vol. 41 – Para. 859; *Chitty*, On Contracts, Vol. II – Para. 4317.

[474] i.e. not only physically but also commercially perishable, vgl. *Halsbury's* Laws of England, Vol. 41 – Para. 858 Fußn. 1; *Benjamin's* Sale of Goods, Para. 1250.

[475] *Benjamin's* Sale of Goods, Paras. 1249, 1252; *Atiyah*, Sale of Goods, S. 319; *Halsbury's* Laws of England, Vol. 41 – Para. 858; *Fridman*, Sale of Goods, S. 275.

[476] Ward (R.J.) Ltd. v. Bignall [1967] 2 All E.R. 449, which was overruling Gallagher v. Shilcock [1949] 1 All E.R. 921.

[477] *Benjamin's* Sale of Goods, Para. 1256; *Atiyah*, Sale of Goods, S. 319f.; *Halsbury's* Laws of England, Vol. 41 – Para. 858 Fußn. 6; *Chitty*, On Contracts, Vol. II – Para. 4316.

wegen *non-acceptance* für erlittene Verluste aus dem Zweitgeschäft haftet[478].

Daneben kann der Verkäufer bei endgültiger und unmißverständlicher Erfüllungsverweigerung des Käufers schon nach *common law* Grundsätzen die Vertragsaufhebung herbeiführen, um frei von vertraglichen Bindungen neu über die Ware zu disponieren[479]. Einem solchen, die Erfüllung verweigernden, *buyer* steht der zahlungsunfähige gleich, der den *seller* über die seine Insolvenz begründeten Umstände in Kenntnis setzt[480]. Mit Einwilligung in die Vertragsaufhebung ist der Verkäufer uneingeschränkt als Eigentümer zur Wiederveräußerung berechtigt; gegen den Käufer verbleiben nur noch Sekundäransprüche.

Weder *statute* noch *common law* regeln Art und Weise des Zweitverkaufs; der Verkäufer hat deshalb hinsichtlich der Vertragsgestaltung jegliche Freiheit, die jedoch in der Schadensminderungspflicht letztlich ihre Grenze findet[481].

2. *Hire-purchase*

a) *Historischer Ursprung und heutige Bedeutung*

Die Praxis rechtsgeschäftlicher Warenkreditierung ist keine neuzeitliche Erscheinung, bereits frühere Epochen kannten neben dem Barkauf die Methode, Waren gegen ratenweise Tilgung der Kaufpreisforderung zu veräußern[482]. Doch erst in der zweiten Hälfte des 19. Jahrhunderts vollzog sich, begünstigt durch die damaligen Zeitumstände, die Ausformung des *hire-purchase* zu einem eigenständigen Rechtsinstitut im englischen Rechtsverkehr[483].

---

[478] *Benjamin's* Sale of Goods, Para. 1256; *Atiyah*, Sale of Goods, S. 319f.; *Chitty*, On Contracts, Vol. II – Para. 4316.

[479] *Benjamin's* Sale of Goods, Para. 1237; *Chitty*, On Contracts, Vol. II – Para. 4310; *Fridman*, Sale of Goods, S. 275.

[480] *Benjamin's* Sale of Goods, Para. 1238; *Chitty*, On Contracts, Vol. II – Para. 4310; *Halsbury's* Laws of England, Vol. 41 – Para. 857.

[481] *Benjamin's* Sale of Goods, Para. 1260; *Chitty*, On Contracts, Vol. II – Para. 4318.

[482] *Guest*, Hire-Purchase, S. 1.

[483] *Guest*, Hire-Purchase, S. 1; *Crossley Vaines'* Personal Property, S. 367.

Den Anstoß zu dieser Rechtsentwicklung gab die fortschreitende Industrialisierung, die nach einer steten Ausweitung ihres Produktabsatzes drängte, dabei aber in ihrem Expansionsstreben vielfach durch mangelnde Barmittel auf Seiten der Abnehmer gehemmt zu werden drohte. Vor allem Endverbrauchern fehlte es häufig an ausreichendem Kapital für den Erwerb wichtiger Gebrauchsgüter, und da sie zumeist kaum über belastbare Sachwerte verfügten, schied regelmäßig eine Kreditbeschaffung auf dem freien Kapitalmarkt aus. Um vorhandene Bedarfswünsche dennoch zu befriedigen, begannen deshalb verschiedene Branchen allmählich, die notwendige Finanzierung des Kaufgeschäfts mit der Kaufsache selbst (z.B. Möbel, Nähmaschinen) abzusichern[484].

Alternativ zur Barbezahlung boten sie die Waren jeweils auch unter erschwingliche Teilzahlungsbedingungen zum Verkauf an. Das hatte für den Kunden den maßgeblichen Vorteil, daß er sofort die benötigte Ware in Gebrauch nehmen konnte, ohne zugleich auf einmal den gesamten Kaufpreis aufbringen zu müssen, während andererseits der Veräußerer, der trotz Übergabe bis zur Tilgung der Gesamtpreisforderung weiterhin Sacheigentümer blieb, in dem Kaufgegenstand eine hinlängliche Sicherheit zur Minimierung von Geschäftsrisiken fand.

Ungefähr parallel damit ging die Gründung von speziellen Finanzierungsgesellschaften im industriellen Sektor einher, die anfänglich, zur Unterstützung des Kohlebergbaus konzipiert, Bergwerken die Anschaffung von Loren erleichterten[485]. Diese Gestaltung zeigte bereits deutlich Züge des modernen, finanzierten Abzahlungskaufs, denn die Gesellschaft kaufte die Loren zunächst selbst vom Hersteller und überließ sie sodann Minienbesitzer entgeltlich zur Nutzung, die im Laufe der Zeit mit Tilgung des vereinbarten Gesamtpreises schließlich auch das Eigentum daran erwerben konnten. Besonders die wenig später aufkommende Automobilindustrie sorgte bald für eine steigende Ausdehnung der eben geschilderten Kauffinanzierung[486].

Gefördert wurde die zunehmende Verbreitung der Warenkreditsicherung ausgangs des 19. Jahrhunderts nicht unbeträchtlich durch die rigide *Bills of Sale* Gesetzgebung, die mittels Form- und Publizitätszwang heimlichen Rechtsübertragungen ohne Besitzwechsel entgegenzuwirken suchte. Die

---

[484] *Guest*, Hire-Purchase, S. 1; *Crossley Vaines'* Personal Property, S. 367.

[485] *Guest*, Hire-Purchase, S. 1.

[486] *Guest*, Hire-Purchase, S. 1.

chattel mortgage verlor dadurch stark an Attraktivität und verkümmerte zur Bedeutungslosigkeit, weil die Parteien angesichts des lästigen Formalismus immer mehr vor einer solchen Sicherungsbestellung zurückscheuten. Sofern als Belastungsobjekt nur Mobilien in Betracht kamen, flüchteten sie zusehends in Rechtskonstruktionen, die ebenfalls die Funktion eines besitzlosen Pfandrechts erfüllten, aber aus dem Anwendungsbereich der *Acts* herausfielen.

Das übrige Instrumentarium der Geldkreditsicherheiten erwies sich insoweit für die Zwecke der Abzahlungsfinanzierung wenig tauglich, deshalb rückte die Warenkreditsicherung vermehrt in den Mittelpunkt des Interesses, zumal diese Konstellation von den *Bills of Sale* Vorschriften nicht erfaßt wurde[487]. Während nämlich jene gesetzlichen Regelungen darauf abheben, daß der besitzende Sicherungsgeber mit der Urkunde dem Sicherungsnehmer stets ein dingliches (Zugriffs)recht an der Sache einräumt, liegt die Sachlage hier normalerweise anders. Sowohl beim *conditional sale agreement* als auch beim *hire-purchase* entsteht die dingliche Berechtigung des Veräußerers nicht erst aufgrund eines Bestellungsaktes des Käufers, vielmehr reklamiert der Verkäufer nur sein schon bestehendes Eigentumsrecht, indem er es trotz erfolgter Sachübergabe bis zur vollständigen Tilgung der Entgeltsforderung zurückbehält[488].

Die *Bills of Sale Acts* wollen lediglich solche Sicherungsgeschäfte reglementieren, die eine Neubegründung dinglicher Rechte ohne publizitären Vollzugsakt bedeuten. Ihre Anwendung scheidet jedoch aus, soweit es allein um die Perpetuierung eines bereits existenten Sachenrechts geht. Irrelevant bleibt, ob die Parteien die rechtliche Konstruktion mit Vorbedacht wählen, um die gesetzlichen Regelungen bewußt auszuschalten, solange sie das abgeschlossene Rechtsgeschäft tatsächlich ernsthaft erstreben, da es weder untersagt noch ungesetzlich ist, sich außerhalb des Geltungsbereichs eines *statute's* zu stellen[489].

Die unkomplizierte Art der Warenkreditsicherung scheint in einer Modifikation der kaufvertraglichen Pflichten zu beruhen, durch die der Eigen-

---

[487] *Halsbury's* Laws of England, Vol. 4 – Para. 625; *Macleod*, Sale and Hire Purchase, S. 10.

[488] vgl. zum hire-purchase – *Macleod*, Sale and Hire Purchase, S. 10; *Crossley Vaines'* Personal Property, S. 371; *Chitty*, On Contracts, Vol. II – Para. 3188; *Diamond*, Hire-Purchase Agreements as Bills of Sale, M.L.R. 23 (1960) 399, 516ff.; *Guest*, Hire-Purchase, S. 44ff.; *Benjamin's* Sale of Goods, Para. 16.

[489] Re George Inglefield Ltd. [1932] All E.R. Rep. 244, 256 (per *Romer* L.J.).

tumsübergang hinausgeschoben und von der vollständigen Begleichung der teilweise gestundeten Kaufpreissumme abhängig gemacht wird. Wenngleich das englische Recht die Gestaltung eines Eigentumsvorbehalts durchaus anerkennt, so spielte er bislang in der Rechtspraxis eine eher doch bescheidene Rolle. Dafür hat letztlich die Kautelarjurisprudenz gesorgt, als sie Ende des 19. Jahrhunderts, gerade um ihn in seiner Funktion zu ersetzen, eine diffizile Mischform aus Kauf und Miete entwickelte, die fortan zum primären Sicherungsinstitut bei Abzahlungsgeschäften avancierte. Eine interessante Parallele dazu bietete das deutsche Recht, das damals etwa zeitgleich ebenfalls den Mietkauf hervorbrachte, der allerdings schon bald wieder aus dem hiesigen Wirtschaftsleben verschwand, weil die äußeren rechtlichen Bedingungen trotz der Möglichkeit des Rechtsverlusts durch Gutglaubenserwerb anders als in England auf die Entwicklung des Eigentumsvorbehalts keineswegs hinderlich wirkten.

Dieser Umstand war in England hingegen eine gewichtige Ursache für die erfolgte Verlagerung der Warenkreditsicherung auf den *hire-purchase*, nachdem das englische Rechtssystem ursprünglich keinen Redlichkeitswerwerb kannte. Einen Schutz des redlichen Rechtsverkehrs brachte erst allmählich die neuzeitliche Rechtsentwicklung, vor allem die Gesetzgebung führte zu zahlreichen Durchbrechungen der alten *common law* rule. Jene traditionelle Verhaftung an der *"nemo dat quod non habet"* Maxime erklärt vielleicht einigermaßen die spürbare Abneigung gegen Rechtsgestaltungen, die den Rechtsinhaber nicht vor der Gefahr eines Dritterwerbs schützen.

Mit der kautelaren Schöpfung des *hire-purchase* gelang es nun auf verblüffend einfache Weise, die Anwendung sowohl von s. 9 *Factors Act* 1889 als auch der nahezu inhaltsgleichen Vorschrift von s. 25 (2) *Sale of Goods Act* 1893 (= s. 25 (1) *Sale of Goods Act* 1979)[490] auszuschließen. Beide Normierungen, die eine Stärkung des Dritterwerberschutzes bezwekken, statuieren übereinstimmend, daß ein Käufer oder Kaufanwärter, der mit Billigung des Verkäufers die Kaufsache bzw. *the documents of title to the goods* in Gewahrsam hat, einem gutgläubigen Dritten wirksam das Eigentum oder ein beschränkt dingliches Recht an der Sache verschafft, wenn er selbst bzw. ein für ihn handelnder *mercantile agent* diesem in Erfüllung der

[490] Obwohl s. 25 SGA 1893 (1979) sich fast wörtlich an die Formulierungen in s. 9 FA 1889 anlehnt – die einzige Modifizierung besteht in der Weglassung des Satzteile "or under any agreement for sale, pledge, or other disposition thereof" – hat sie keineswegs die ältere Bestimmung des Factors Act außer Kraft gesetzt, denn aufgrund der weiteren Fassung kommt ihr selbst wohl noch eigenständige Bedeutung zu; vgl. *Chalmers'* Sale of Goods, S. 303ff.; *Benjamin's* Sale of Goods, Para. 17.

obligatorischen Abrede den Besitz an den Waren oder Traditionspapieren überträgt[491]. Da die genannten Regelungen jeweils entweder einen Kaufvertrag oder eine bestehende Kaufverpflichtung voraussetzen, greifen sie nicht ein, sobald den besitzenden Abzahlungsschuldner aufgrund der vertraglichen Gestaltung keine Erwerbspflicht trifft[492].

Insoweit verbleibt es bei dem *common law* Prinzip, wonach vertragswidrigen Verfügungen des Schuldners jegliche Wirksamkeit gegenüber dem wahren Berechtigten versagt wird. Ein erwerbender Dritter muß deshalb die Ware an den Eigentümer herausgeben, ohne sich auf ein dingliches Recht an der Sache berufen zu können. Diese Konsequenz veranlaßte Warenlieferanten weithin, Abzahlungsgeschäfte möglichst kaufvertraglicher Elemente zu entkleiden und zu einem reinen Mietverhältnis mit bloßer Kaufoption umzugestalten. Jedwede Kaufverpflichtung entfiel dadurch, denn dem Mieter stand es frei, ob er nach Ablauf der Mietzeit von seinem Recht auf Sacherwerb Gebrauch machen wollte.

Mag mitunter früher bereits die Form eines Mietkaufs verwandt worden sein, so fehlte jedenfalls eine klare Abgrenzung zum *conditional sale*, vielmehr wurden beide Rechtsinstitute noch unterschiedslos gleichbehandelt[493]. Die juristische Distinktion tauchte in voller Schärfe erst mit Inkrafttreten der Gutglaubensvorschriften auf und beherrschte fortan die Vertragspraxis. In verhältnismäßig kurzer Zeit entwickelte sich der *hire-purchase* zu einem gebräuchlichen Sicherungsinstitut bei Warenkreditgeschäften, während die Bedeutung des *conditional sale agreements* in gleichem Maße schwand.

Die fortschreitende Verbreitung des *hire-purchase* hemmte auch zunächst keine gesetzliche Reglementierung, denn seine Vereinbarung lag außerhalb der Kontrolle des 1900 erlassenen und 1927 revidierten *Moneylenders Act*[494]. Es galt allein das *common law*, das der Privatautonomie ungehinderten Freiraum gewährte. Das nutzten Warenlieferanten zusehends, indem sie

---

491 *Crossley Vaines'* Personal Property, S. 183ff., 369; *Guest*, Hire-Purchase, S. 10f., 329ff.; *Halsbury's* Laws of England, Vol. 41 – Paras. 751ff.; *Benjamin's* Sale of Goods, Para. 528ff.; *Atiyah*, Sale of Goods, S. 247ff.

492 *Crossley Vaines'* Personal Property, S. 369; *Guest*, Hire-Purchase, S. 10f.; *Halsbury's* Laws of England, Vol. 22 – Para. 209; *Chitty*, On Contracts, Vol. II – Para. 3186.

493 *Sauveplanne-Diamond*, Security over Corporeal Movables, S. 36.

494 *Chitty*, On Contracts, Vol. II – Para. 3187; *Guest*, Hire-Purchase, S. 59; *Goode*, Consumer Credit Act, S. 4; *Guest/Lomnicka*, Law of Credit and Security, Para. 214; Old Discount Co. Ltd. v. Cohen [1938] 3 All E.R. 281.

im Zuge einer wachsenden Popularität des Mietkaufs die Gestaltungsmodalitäten immer mehr zu ihren Gunsten verfeinerten, um so aufgrund ihrer wirtschaftlichen Machtstellung hauptsächlich ihre Interessen bei Vertragsschluß durchzusetzen. Vor allem Konsumenten hatten oftmals kaum eine andere Wahl, als vordiktierte Bedingungen zu akzeptieren, die vielfach schon bei einem geringfügigen Pflichtenverstoß ungeachtet bereits geleisteter Zahlungen ein Rücknahmerecht vorsahen[495].

Die daraus resultierenden Unbilligkeiten für weite Erwerberkreise, die die hereinbrechende Depression nur noch akzentuierte, rief schließlich den Gesetzgeber auf den Plan. 1938 verabschiedete er mit dem *Hire-purchase Act* ein im wesentlichen dem Verbraucherschutz dienendes Regelungswerk, das die aufgetretenen Mißstände spürbar einzudämmen vermochte. Das nach dem 2. Weltkrieg wiederholt geänderte und ergänzte *statute*, zuletzt in der Fassung von 1965, wurde endgültig mit Wirkung zum 19. Mai 1985[496] gem. *Order No 8* durch den *Consumer Credit Act* 1974 abgelöst.

Die vom *hire-purchase* Act begonnene Assimilation von *conditional sale* und *hire-purchase* zwecks Beseitigung ungerechtfertigt empfundener Anomalien im Erwerberschutz hat der nunmehr geltende *Consumer Credit Act* 1974 fortgeführt und darüber hinaus auf alle Abzahlungsgeschäfte ausgedehnt, so daß es danach keinen Unterschied in der rechtlichen Behandlung macht, ob die Warenveräußerung in der Form eines *hire-purchase agreement*, eines *sale on credit*, eines *conditional sale* oder gar eines *cash sale* erfolgt, für den der Käufer Kredit aufnimmt[497]. Mit dem Terminus *consumer credit agreement* unterwirft das *statute* sämtliche Kreditvergaben an einen *individual*, gleich welcher Art, bis zu einer Maximalhöhe von £ 15,000[498] seiner Kontrolle, soweit nicht eine der Ausnahmen in s. 16 *Consumer Credit Act* 1974 eingreift. Anders als die offizielle Bezeichnung vermuten läßt, dient das Gesetz keineswegs allein dem Verbraucherschutz, sein persönlicher Anwendungsbereich reicht vielmehr weiter, wie die Formulierung *individual* andeutet. Nach der Legaldefinition in s. 189 (1) *Consumer Credit Act* 1974 umfaßt der Begriff nämlich auch *partnerships*

---

[495] *Guest*, Hire-Purchase, S. 2.

[496] *Halsbury's* Statutes of England and Wales, Vol. 11 – CCA 1974, S. 170.

[497] *Atiyah*, Sale of Goods, S. 386; *Guest/Lomnicka*, Law of Credit and Security, Para. 14; *Chitty*, On Contracts, Vol. II – Paras. 3189, 3311, 3332.

[498] *Halsbury's* Statutes of England and Wales, Vol. 11 – s. 8 (2) CCA 1974.

sowie andere nicht eingetragene Gesellschaften[499], wodurch prinzipiell auch Kaufleute zu dem geschützten Personenkreis gehören. Trotzdem dürfte aber bei Handelsgeschäften nur selten eine Beachtung dieser Regelungsmaterie notwendig sein, da der *Act* sich ausdrücklich nicht angewendet wissen will, wenn auf der Erwerberseite lediglich eine juristische Person, also insbesondere eine *incorporated company*, steht[500].

Angesichts der großen Verbreitung von eingetragenen Gesellschaften ist das Gesetz deshalb im kaufmännischen Handelsverkehr selten einschlägig. Demzufolge besitzt hier die alte Differenzierung zwischen *hire-purchase agreement* und *conditional sale* nach wie vor ihre Gültigkeit, die der *Consumer Credit Act* 1974 mittlerweile infolge der rechtlichen Gleichstellung beider Gestaltungsformen für seinen Geltungsbereich[501] überflüssig gemacht hat.

Dieser Überblick zu der Regelungssituation unter dem *Consumer Credit Act* 1974 mag genügen, ohne auf die Einzelheiten im Detail abheben zu wollen, denn für die Zwecke der vorliegenden Arbeit interessiert allein die Warenkreditsicherung im kaufmännischen Handelsverkehr. Obwohl der *hire-purchase* auf jenem Sektor insgesamt lediglich eine relativ geringe Bedeutung beansprucht[502], soll er nachfolgend in seiner vertraglichen Ausgestaltung, für die weiterhin das *common law* maßgebend bleibt, näher dargestellt werden.

b) Art der Bestellung, Rechtliche Gestaltung und Form

Das *hire-purchase agreement* charakterisieren zwei vertragliche Komponenten. Einerseits überläßt der Warenliefernat, *owner* genannt, dem *hirer*

---

[499] *Guest/Lomnicka*, Law of Credit and Security, Para. 11; *Goode*, Consumer Credit Act, S. 55.

[500] Guest/Lomnicka, Law of Credit and Security, Para. 11; Goode, Consumer Credit Act, S. 55; allerdings unterliegt das Geschäft dann einer Überprüfung anhand dieser Regelungsmaterie, wenn mehrere Personen gemeinsam als Erwerber auftreten, von denen eine "an individual" ist, vgl. s. 185 (5) CCA 1974.

[501] *Goode*, Consumer Credit Act, S. 14; *Atiyah*, Sale of Goods, S. 385f.; *Sauveplanne-Diamond*, Security over Corporeal Movables, S. 37; *Guest/Lomnicka*, Law of Credit and Security, Paras. 333ff., 352 – der Act fingiert einen conditional sale als ein hire-purchase agreement, was einen Ausschluß der erörterten Gutglaubensvorschriften nach dem FA 1889 und SGA 1979 bedeutet.

[502] *Triebel*, Englisches Handels- und Wirtschaftsrecht, S. 63; *Stumpf-Fichna*, Eigentumsvorbehalt und Sicherungsübertragung im Ausland, S. 166.

ihm gehörende Sachen mitweise gegen wiederkehrende Entgeltszahlungen zum Gebrauch, andererseits verpflichtet er sich gleichzeitig, diesem jederzeit oder nach Ablauf einer gewissen Mietdauer bei Abruf die übergebenen Waren zu dem festgesetzten Gesamtpreis zu verkaufen. Die gewählte Vertragskonstruktion, die einen eigenständigen Vertragstypus[503] bildet, kombiniert miet- und kaufvertragliche Elemente zu einem mit Mietkauf bezeichneten Sicherungsinstitut.

Zwar erstreben die Parteien von vornherein unter dem Vorbehalt eines künftigen Ereignisses eine endgültige Veräußerung der Gegenstände, doch wollen sie zunächst noch jegliche vertragliche Bindung vermeiden. Sie vereinbaren deshalb einverständlich ein *bailment* in Form eines Mietverhältnisses[504] *(locatio conductio rei)*, das der Vertragsbeziehung im wesentlichen ihr Gepräge verleiht. Die außerdem vom *owner* unwiderruflich für den Fall ordnungsgemäßer Vertragserfüllung seitens des *hirer* erklärte Kaufoption[505] tritt ergänzend hinzu, ohne die Rechtsbeziehung insgesamt als kaufvertragliche zu qualifizieren. Das entscheidende Gewicht im Zeitpunkt des Vertragsschlusses ruht auf der mietweisen Sachüberlassung, wenngleich die Erwartungen der Parteien letztlich in einer späteren Sachentäußerung gipfeln. Folglich wird bei der rechtlichen Einordnung dieser Kautelarkonstruktion in erster Linie das mietvertragliche Element betont[506], zumal bislang nur hierüber ein Willenskonsens herrscht, während es vorerst noch der kaufvertraglichen Einigung ermangelt. Freilich hat der *owner* aufgrund einer vorvertraglichen Absprache bereits ein ihn bindendes Kaufangebot entsprechend den gemeinschaftlichen Vorstellungen abgegeben, aber der *hirer* ist dadurch in keiner Weise in seiner Entschlußfreiheit eingeschränkt, vielmehrt steht die spätere Annahme der Offerte in seinem Belieben[507].

Obwohl die Parteien eigentlich gerade um des künftigen Sacherwerbs willen kontrahieren und deshalb die Transaktion in einer Gesamtbetrachtung als zeitlich verzögerter Kauf erscheinen mag, läßt die feinsinnige Vertrags-

---

503 *Guest*, Hire-Purchase, S. 12.

504 *Atiyah*, Sale of Goods, S. 380; *Chitty*, On Contracts, Vol. II – Para. 3185; *Crossley Vaines'* Personal Property, S. 368; *Guest*, Hire-Purchase, S. 9; *Palmer*, Bailment, S. 96.

505 *Guest*, Hire-Purchase, S. 10; *Chitty*, On Contracts, Vol. II – Para. 3209 Fußn. 3; *Atiyah*, Sale of Goods, S. 380; *Crossley Vaines'* Personal Property, S. 368.

506 *Helby v. Matthews and Others* [1895–1899] All E.R. Rep. 821.

507 *Helby v. Matthews and Others* [1895–1899] All E.R. Rep. 821, 824.

gestaltung dennoch nicht wegen der steten Ungewißheit[508] der Angebotsannahme eine demgemäße rechtliche Behandlung zu. Erst die Ausübung der eingeräumten Kaufoption kehrt eindeutig den Veräußerungscharakter des Geschäfts hervor und rechtfertigt nunmehr, die weitere Vertragsabwicklung nach Kaufvertragsrecht zu beurteilen.

Das gilt allerdings nur, solange die parteiliche Erwerbsabrede wirklich den Charakter einer reinen Option aufweist[509], mithin also in ihrer konkreten Ausgestaltung nicht schon auf eine spätere Kaufverpflichtung hinausläuft. Der den Sachbesitz übernehmende Vertragspartner muß tatsächlich als Mieter anzusehen sein, der allein zusätzlich das Recht erhält, jederzeit oder an einem vertraglich vorbestimmten Zeitpunkt die bislang gemieteten Sachen gegen Zahlung eines zuvor festgesetzten Entgelts zu erwerben, ohne daß er dazu verpflichtet wäre – genausogut kann er nämlich stattdessen unter Aufkündigung des Mietverhältnisses dem *owner* das Mietobjekt wieder zurückgeben[510].

Die einzige Hauptleistungspflicht, die ihm mit Abschluß des *hire-purchase agreement* erwächst, besteht in einer regelmäßigen Entrichtung des vereinbarten Mietzinses. Jedoch ist das Mietverhältnis anders als sonst in seinem Fortbestand durch eine auflösende Bedingung modifiziert, denn sobald der Mieter die Kaufofferte akzeptiert, wandelt sich die ursprünglich mietvertragliche Rechtsbeziehung automatisch in eine kaufvertragliche um. Von diesem Augenblick an hat der *hirer* die Rechte und Pflichten eines Käufers; er schuldet jetzt den bei Vertragsschluß festgelegten Kaufpreis, auf den die bis dahin erbrachten Mietzinszahlungen voll angerechnet werden[511]. Dadurch erhält der geleistete Mietzins in Änderung seiner früheren rechtlichen Qualifikation nachträglich den Charakter von Kaufpreisraten.

Die Option muß dem anderen Teil keineswegs immer ausdrücklich vorbehalten sein. Es genügt auch eine Vereinbarung, nach der mit Zahlung der letzten Mietrate das Eigentum von selbst auf den Mieter übergeht, sofern

---

[508] Daran ändert auch nichts die Tatsache, daß statistisch gesehen fast regelmäßig die gemietete Sache nach Ablauf einer gewissen Mietzeit vom Mieter käuflich erworben wird, vgl. *Chitty*, On Contracts, Vol. II – Para. 3204.

[509] *Halsbury's* Laws of England, Vol. 22 – Para. 210; *Guest/Lomnicka*, Law of Credit and Security, Para. 381; *Fridman*, Sale of Goods, S. 8.

[510] *Guest*, Hire-Purchse, S. 10; Helby v. Matthews and Others [1895–1899] All E.R. Rep. 821, 826.

[511] vgl. *Stevens & Borrie*, Mercantile Law, S. 286; *Chitty*, On Contracts, Vol. II – Para. 3185; *Halsbury's* Laws of England, Vol. 22 – Para. 210.

dieser das Vertragsverhältnis vor Ablauf der Mietzeit ohne weiteres nach seinem Belieben beenden kann[512]. Stets muß bei aller vertraglichen Gestaltungsfreiheit der Sacherwerb noch von einem Willensentschluß des *hirer* abhängen, selbst wenn er nicht gesondert zum Ausdruck zu kommen braucht. Fehlt dagegen dem *hirer* die Möglichkeit, sich von dem beabsichtigten Sacherwerb durch einseitige Erklärung wieder zu lösen, so scheidet trotz anderslautender Vertragsformulierung ein *hire-purchase agreement* aus[513]. Es liegt dann vielmehr ein Kaufgeschäft vor, da die Parteien ja von Anfang an in Wahrheit bereits eine unbedingte Veräußerung wollen, obwohl sie es als Mietkauf bezeichnen.

Die mit dem rechtlichen Instrumentarium eines *hire-purchase* verfolgte geschäftliche Transaktion, die letztlich zu dem von den Parteien beabsichtigten Sacherwerb führen soll, ist wirtschaftlich betrachtet ein finanzierter Warenkauf. Obzwar er zunächst die Sachen nur mietet, erbringt der *hirer* doch von Anfang an in Gestalt des wiederkehrenden Mietzinses bereits Teilzahlungen auf den später mit Ausübung der Option fällig werdenden Kaufpreis. Die Höhe des Mietzinses bemißt sich deshalb nicht am Ausmaß der voraussichtlichen Nutzung, sondern am Verkehrswert der Ware. Demzufolge entspricht die Summe aller Mietzahlungen, die vielfach neben der periodischen Leistung auch eine Abschlagszahlung umfaßt, regelmäßig dem tatsächlichen Barpreis zuzüglich eines Finanzierungszinses[514]. Jene Anbindung der Entgeltskomponente an den Handelswert der Ware unterstreicht den Charakter eines Abzahlungsgeschäfts, selbst wenn nach dem wahren Parteiwillen vorerst nur mietvertragliche Pflichten entstehen. Der *owner* tritt mit Übergabe der Sache wie ein Verkäufer, der dem Käufer eine ratenweise Tilgung der Kaufpreissumme ermöglicht, in Vorleistung, indem er dem *hirer* für die Dauer des Mietverhältnisses einen entsprechenden Betrag stundet. Und in der Tat frappiert die funktionelle Ähnlichkeit mit einem Verkäufer, denn der Abschluß eines *hire-purchase agreement* begründet für einen Warenlieferanten genauso die Verpflichtung *to sell the goods*[515];

---

[512] *Guest*, Hire-Purchase, S. 12; *Halsbury's* Laws of England, Vol. 22 – Para. 210; *Atiyah*, Sale of Goods, S. 381; *Crossley Vaines'* Personal Property, S. 368.

[513] *Guest*, Hire-Purchase, S. 12f.; *Atiyah*, Sale of Goods, S. 381; *Chitty*, On Contracts, Vol. II – Para. 3206.

[514] *Stevens & Borrie*, Mercantile Law, S. 286; *Atiyah*, Sale of Goods, S. 387.

[515] Helby v. Matthews and Others [1895–1899] All E.R. Rep. 821 826 (per *Lord Watson*) – "... because the appellant had bound himself to sell if Brewster chose to buy opon the terms prescribed, he was in reality a seller, ... the appellant's obligation might be described as an agreement to sell, it is in law nothing more then a binding offer to sell ...".

gleichwohl fehlt es noch an einem Kaufvertrag, solange der *hirer* die bindend abgegebene Kaufofferte nicht angenommen hat.

Während auf seiten des *owner* somit eine Überlagerung von miet- mit kaufvertraglichen Pflichten stattfindet, treffen den anderen Teil allein mietvertragliche. Trotzdem bleibt die Funktion des *owner* als Veräußerer unverkennbar. Der "veräußernde" Händler erstrebt von vornherein einen endgültigen Warenabsatz, will aber einen Eigentumsübergang mit Abschluß des obligatorischen Rechtsgeschäfts verhindern, weil der künftige Erwerber, der sofort in den unmittelbaren Genuß der Sache gelangen möchte, den Anschaffungspreis lediglich in mehreren Teilbeträgen nach und nach aufbringen kann. Um den Bedürfnissen des potentiellen Abnehmers entgegenzukommen, überträgt er diesem also unter Einräumung von Teilzahlungsbedingungen den unmittelbaren Sachbesitz, behält allerdings bis zur vollständigen Erfüllung der Gegenleistung das Eigentum als Sicherheit zurück.

Das sind die eigentlichen Strukturen der geschäftlichen Transaktion, obschon die Parteien aus rechtlichen Erwägungen die juristische Konstruktion eines *hire-purchase agreements* für ihre Zwecke wählen. Hinter den über einen bestimmten Zeitraum verteilten, periodisch fällig werdenden Mietzinsforderungen verbirgt sich eine Kaufpreisstundung. Mit der Sachüberlassung kreditiert nämlich der Händler dem anderen Teil den darin verkörperten Wert auf Zeit.

c) *Sonderformen und Abgrenzung zu den anderen Vertragstypen*

Eine zeitweilige Kreditierung, die kennzeichnend für ein *hire-purchase agreement* ist, muß stets finanziert sein. Sofern Abzahlungsgeschäfte in Ausmaß und Umfang keinen allzu großen Anteil vom Gesamtumsatz ausmachen, mag es Warenlieferanten bei guter Eigenkapitalgrundlage mitunter gelingen, über längere Zeit hinweg Außenstände in nicht unbeträchtlicher Höhe zu verkraften. Vielfach scheidet jedoch eine derartige Eigenfinanzierung aus, da die meisten Händler einen permanenten Abbau des Warenvorrats ohne gleichzeitigen Kapitalzufluß nur um den Preis einer Gefährdung ihrer Geschäftstätigkeit betreiben können. Unter diesen Umständen hängt eine großzügige Stundungspraxis bei Warengeschäften zwangsläufig von der Möglichkeit ausreichender Refinanzierung ab.

Häufig schalten Warenlieferanten deshalb Finanzierungsgesellschaften in die konkrete Abwicklung von Abzahlungsgeschäften ein[516], denen sie gegen Ablösung der veranschlagten Kaufpreisforderung das Eigentum an den vermieteten Sachen zwecks Weiterfinanzierung übertragen. Auf diese Weise gelangen sie trotz Stundung schon während der Mietzeit in den Genuß der gesamten Gegenleistung und sind somit sofort zu neuen, notwendigen Geschäftsdispositionen finanziell in der Lage. Die Inanspruchnahme einer solchen Finanzierungshilfe verkompliziert natürlich die Rechtsbeziehungen des ansonsten auf ein Zweipersonenverhältnis beschränkten Mietkaufs[517], denn dadurch wird regelmäßig ein geldkreditierender Dritter in die geschäftliche Transaktion einbezogen. Haben auch einzelne Branchen verschiedentlich eigene *finance companies* herausgebildet, so läuft die erforderliche Fremdfinanzierung, vor allem bei bedeutenderen Geschäften, doch zumeist über eine der größeren *finance houses*[518], wobei in der Praxis unterschiedliche Abwicklungsmethoden vorherrschen.

Bei höherwertigen Gütern, insbesondere im Automobilhandel, überwiegt das *direct collection system*[519], eine gebräuchliche Finanzierungsform, bei der die *finance company* am Abschluß des *hire-purchase agreement* selbst mitwirkt. Allerdings finden die eigentlichen vorvertraglichen Vertragsverhandlungen zunächst ohne ihre Beteiligung statt. Der *hirer* tritt, wie auch sonst, an den Händler heran und handelt mit ihm die einzelnen Bedingungen über den ratenweisen Erwerb der gewünschten Sachgüter aus.

Nachdem in den Details, vornehmlich bezüglich Laufzeit und Ratenhöhe, Einigkeit herrscht, übermittelt der Händler das dementsprechend vom *hirer* ausgefüllte Vertragsformular an die *finance company* als Angebot auf Abschluß eines Mietkaufs. Mit Annahme der Offerte kommt sodann ein *hire-purchase agreement* zu den genannten Konditionen zwischen der Finanzierungsgesellschaft und dem Kaufinteressenten zustande[520]. Demgegenüber wird der Warenlieferant selbst nicht Vertragspartei des Abzah-

---

[516] *Guest*, Hire-Purchase, S. 33; *Atiyah*, Sale of Goods, S. 387; *Halsbury's* Laws of England, Vol. 22 – Para. 226; *Crossley Vaines'* Personal Property, S. 372; *Bessau*, Zur Anerkennung heimlicher Sicherheiten, S. 72.

[517] *Atiyah*, Sale of Goods, S. 387; *Halsbury's* Laws of England, Vol. 22 – Para. 226.

[518] *Guest*, Hire-Purchase, S. 33.

[519] *Guest*, Hire-Purchase, S. 34; *Atiyah*, Sale of Goods, S. 387.

[520] *Guest*, Hire-Purchase, S. 34f., 157, 159f.; *Atiyah*, Sale of Goods, S. 387ff.

lungsgeschäfts, so daß er in keine vertragliche Beziehung zum *hirer* gerät[521]. Rechtsbeziehungen vertraglicher Natur bestehen allein zwischen letzterem und der *finance company*. Obgleich der Händler aus wirtschaftlicher Sicht die Waren letzlich an den Kunden veräußert, der ihn mit dem ihm gewährten Darlehen bezahlt[522], erfolgt unter rechtlichen Gesichtspunkten infolge der Zwischenschaltung eines Kreditinstituts eine Aufspaltung in zwei miteinander verknüpfte Rechtsverhältnisse. Der Sache nach liegt ein finanzierter Abzahlungskauf vor. Der Händler liefert zwar die Ware nach geleisteter Anzahlung direkt an den Kaufinteressenten, doch verkauft er sie in Wahrheit, eventuell gegen Erhalt einer Vermittlungsprovision[523], an die *finance company*, die sie ihrerseits als nunmehriger Sacheigentümer dem *hirer* gemäß den ausgehandelten *hire-purchase* Bedingungen vermietet[524].

Rein äußerlich erscheint die Finanzierungsgesellschaft dadurch angesichts der gewählten rechtlichen Konstruktion in der Funktion des *owner* eines *hire-purchase agreement*, während sie im Grunde genommen tatsächlich eine Darlehensvergabe tätigt und das Eigentum an der Ware nur sicherungshalber beansprucht. Dessen ungeachtet hat die Rechtsprechung stets unter Betonung der formellen Seite der Transaktion eine Anwendung der *Moneylenders Act*s abgelehnt[525]. eine Änderung brachte insoweit der *Consumer Credit Act* 1974, der, die *Moneylenders Act*s verdrängend, in seinem Geltungsbereich alle Geschäfte, denen wirtschaftlich eine Kreditvergabe zugrundeliegt, unabhängig von ihrer rechtlichen Gestaltung erfaßt.

Warenlieferant und Finanzierungsgesellschaft verbindet zumeist nicht nur ein Kaufverhältnis, daneben existiert aufgrund einer ständigen Geschäftsverbindung auch ein *master agreement*, gleichsam ein Rahmenvertrag, in dem der Händler insbesondere verspricht, die *finance company* gegen Verluste aus den vermittelten Geschäften abzusichern[526]. Außerdem verpflichtet er

---

521 *Atiyah*, Sale of Goods, S. 389; *Guest*, Hire-Purchase, S. 35, 157, 164; *Halsbury's* Laws of England, Vol. 22 – Para. 240.

522 *Atiyah*, Sale of Goods, S. 387.

523 vgl. hierzu *Guest*, Hire-Purchase, S. 158.

524 *Halsbury's* Laws of England, Vol. 22 – Para. 240; *Atiyah*, Sale of Goods, S. 387; *Guest*, Hire-Purchase, S. 34, 157; *Crossley Vaines'* Personal Property, S. 368f.; *Bessau*, Zur Anerkennung heimlicher Sicherheiten, S. 72.

525 *Atiyah*, Sale of Goods, S. 388; *Guest*, Hire-Purchase, S. 59; Olds Discount Co., Ltd. v. John Playfair Ltd. [1938] 3 All E.R. 275; Premor Ltd. v. Shaw Brothers (1964) 2 All E.R. 583, 588 (per *Diplock*, L.J.).

526 vgl. *Guest*, Hire-Purchase, S. 157.

sich oftmals noch gesondert, bei Zahlungsverzug des *hirer* die Ware gegebenenfalls wieder zurückzukaufen[527]. Im übrigen übt der Händler eine reine Vermittlungstätigkeit dadurch aus, daß er in den Verhandlungen mit dem Kaufinteressenten den Abschluß des *hire-purchase agreement* für die *finance company* unterschriftsreif vorbereitet. Dennoch wäre es nach Auffassung der Rechtsprechung verfehlt, ihn als deren *agent* einzustufen[528], zumal sie das Verhandlungsergebnis keineswegs bindet, vielmehr kann sie jederzeit noch einen ihr angetragenen Vertragsschluß z.B. wegen fehlender Kreditwürdigkeit des *hirer* verweigern[529].

Demgegenüber stellt das hauptsächlich bei geringerwertigen Gütern gebräuchliche *block discounting* ein Verfahren zur späteren Refinanzierung dar. Hier schließt der Warenlieferant zunächst ohne jede Beteiligung eines geldkreditierenden Dritten mit verschiedenen Kaufinteressenten eine Reihe von *hire-purchase agreements* und sucht erst anschließend nach Erreichen eines bestimmten Geschäftsvolumens seine ungetilgten Geldforderungen en bloc an eine *finance company* zu veräußern, indem er ihr als Gegenleistung dafür alle vertraglichen Ansprüche aus den bestehenden Mietkaufverträgen abtritt sowie das Eigentum an den Mietsachen verschafft[530]. Die Finanzierungsgesellschaft kauft die Forderungen allerdings nicht zu ihrem nominellen Wert an, sondern nimmt regelmäßig mit Rücksicht auf Laufzeit und Umfang des Abzahlungsgeschäfts eine Diskontierung vor[531], d.h. der Auszahlungsbetrag wird um einen angemessenen Finanzierungsabschlag prozentual gekürzt. Im Unterschied zum *direct collection system* ist der Händler beim *block discounting* üblicherweise trotz geänderter Rechtszuständigkeit weiterhin laut interner Absprache hinsichtlich der Mietzinsraten einzugsberechtigt[532]. Solange er seine Verpflichtung gegenüber der *finance company* ordnungsgemäß erfüllt, wollen die Parteien nämlich meistens zur Erhaltung seiner Reputation auf eine Offenlegung bewußt

---

[527] *Atiyah*, Sale of Goods, S. 391.

[528] *Atiyah*, Sale of Goods, S. 391; *Crossley Vaines'* Personal Property, S. 398ff.; *Guest*, Hire-Purchase, S. 159ff.; *Halsbury's* Laws of England, Vol. 22 – Para. 227; Mercantile Credit Co., Ltd. v. Hamblin [1964] 3 All E.R. 592, 600–610; Branwhite v. Worcester Works Finance, Ltd. [1968] 3 All E.R. 104; a.A. *Guest*, Hire-Purchase and the Dealer, L.Q.R. 79 (1963) 33, 36.

[529] Branwhite v. Worcester Works Finance, Ltd. [1968] 3 All E.R. 104, 116 (per *Lord Upjohn*).

[530] *Guest*, Hire-Purchase, S. 36f.; *Halsbury's* Laws of England, Vol. 22 – Para. 271.

[531] *Guest*, Hire-Purchase, S. 37; *Halsbury's* Laws of England, Vol. 22 – Para. 271.

[532] *Guest*, Hire-Purchase, S. 37f.; *Halsbury's* Laws of England, Vol. 22 – Para. 271.

verzichten. Die unterlassene Benachrichtigung des Mietkäufers bedeutet aber eine latente Gefährdung der von der Finanzierungsgesellschaft beanspruchten Rechtsposition, da erst dessen *attornment* der Übertragung die notwendige Wirksamkeit nach *common law* verleiht[533]. Mangels publizitärer Gestaltung hat sie bis dahin ein *equitable interest* inne, das gegen nachträgliche, ihre Rechtsstellung beeinträchtigende Verfügungen wenig Schutz bietet.

Ein *hire-purchase agreement*, das nicht dem *Consumer Credit Act* 1974 unterfällt, bedarf unabhängig von der tatsächlichen Gestaltung keiner bestimmten Form, wird allerdings schon aus Beweisgründen dennoch überwiegend schriftlich getroffen[534]. Ebensowenig hängt seine Wirksamkeit von einem publizitätserzeugenden Registereintrag ab[535], weil der *owner* mit Sicherheitsbestellung nur das ihm bereits gebührende Eigentum reklamiert. Ungeachtet dessen existiert jedoch auf dem Gebiet des Automobilhandels ein inoffizielles Eintragungssystem[536].

Neben der schon erfolgten Abgrenzung zum *conditional sale* gehört vollständigkeitshalber noch die Erwähnung anderer Vertragstypen, die Ähnlichkeit zum *hire-purchase agreement* aufweisen. Das aus dem amerikanischen Rechtsraum stammende *leasing* unterscheidet sich von ihm dadurch, daß die Mietzeit gewöhnlich die gesamte Nutzungsdauer ausschöpft und die Sache dem Mieter nicht endgültig mit deren Ablauf verbleiben soll[537]. Ein *credit-sale agreement* zählt dagegen überhaupt nicht zu den Sicherungsgeschäften; es ist vielmehr ein unbedingter Kaufvertrag, bei dem der Verkäufer durch Besitz- wie Eigentumsübertragung ungesichert in Vorleistung tritt, obwohl der Käufer den Kaufpreis in Raten erbringt[538].

---

533 *Guest*, Hire-Purchase, S. 37; *Bessau*, Zur Anerkennung heimlicher Sicherheiten, S. 72.

534 *Sauveplanne-Diamond*, Security over Corporeal Movables, S. 37; *Guest*, Hire-Purchase, S. 89f.; *Chitty*, On Contracts, Vol. II – Para. 3190.

535 *Sauveplanne-Diamond*, Security over Corporeal Movables, S. 38; *Guest*, Hire-Purchase, S. 96f.; *Halsbury's* Laws of England, Vol. 22 – Para. 38.

536 *Sauveplanne-Diamond*, Security over Corporeal Movables, S. 38.

537 *Triebel*, Englisches Handels- und Wirtschaftsrecht, S. 63; *Habel*, Der Eigentumsvorbehalt im englischen Handelsverkehr, S. 50.

538 *Sauveplanne-Diamond*, Security over Corporeal Movables, S. 39; *Guest*, Hire-Purchase, S. 14.

d) *Rechte und Pflichten des owner*

Der Abschluß des *hire-purchase agreement* begründet für den *owner* die Verpflichtung, dem *hirer* das vereinbarte Mietobjekt tatsächlich zu übergeben[539], und zwar eine Stückschuld in dem gleichen Zustand, wie bei Vertragsabschluß besichtigt[540]. Erst mit Besitzerlangung entsteht zwischen den Beteiligten das dem *hire-purchase* essentielle *bailment*, wodurch schließlich das eingegangene Mietverhältnis in Vollzug tritt[541]. Von diesem Augenblick an treffen den Kaufinteressenten mietvertragliche Pflichten. Der *hirer* kann allerdings die erforderliche Übergabe der Mietsache nicht erzwingen, da ihm eine auf Erfüllung gerichtete *specific performance*[542] regelmäßig verweigert wird[543]. Ihm bleibt allein ein Schadensersatzanspruch wegen *breach of contract*, der sich in seiner Höhe nach dem voraussichtlich zu erwartenden, unmittelbar daraus resultierenden Schaden bemißt[544].

Genausowenig kann umgekehrt der *owner*, wenn der *hirer* die angelieferte Sache grundlos zurückweist, den vorgesehenen Mietzins einklagen, denn ohne Annahme erwachsen überhaupt keine mietvertraglichen Rechte und Pflichten[545]. Er hat ebenfalls nur die Möglichkeit, einen Schadensersatzanspruch *for failure to accept delivery* geltend zu machen, dessen Umfang prima facie durch die Summe aller Mietzinsraten gemindert um den Zeit-

---

[539] *Halsbury's* Laws of England, Vol. 22 – Para. 249; *Chitty*, On Contracts, Vol. II – Para. 3192; *Guest*, Hire-Purchase, S. 108; *Stevens & Borrie*, Mercantile Law, S. 288.

[540] *Halsbury's* Laws of England, Vol. 22 – Para. 249; Karsales (Harrow) Ltd. v. Wallis [1956] 2 All E.R. 866, 868 (per *Denning*, L.J.) – "... there is an obligation on the lender to deliver the car in substantially the same condition as when it was seen ...".

[541] *Chitty*, On Contracts, Vol. II – Para. 3192; *Halsbury's* Laws of England, Vol. 22 – Para. 249; *Guest*, Hire-Purchase, S. 108, 111; *Stevens & Borrie*, Mercantile Law, S. 288.

[542] Während das common law den Vertragsparteien bei Vertragsbruch nur Schadensersatzansprüche zubilligt, sieht die equity in Fällen, in denen ein solcher Sekundäranspruch unzureichend erscheint, einen Erfüllungsanspruch vor, den ein Gericht durch eine "order for specific performance" jeweils dem Gläubiger nach seinem Ermessen gewährt, vgl. *Earl Jowitt*, Dictionary of English Law, Vol. 2 – [Special] S. 1662f.; *Snell's* Principles of Equity, S. 641.

[543] *Chitty*, On Contracts, Vol. II – Para. 3192; *Guest*, Hire-Purchase, S. 108; *Stevens & Borrie*, Mercantile Law, S. 288.

[544] *Guest*, Hire-Purchase, S. 108; *Chitty*, On Contracts, Vol. II – Paras. 3192, 4337.

[545] *Guest*, Hire-Purchase, S. 141; Karsales (Harrow), Ltd. v. Wallis [1956] 2 All E.R. 866, 871 (per *Parker*, L.J.) – ".. unless delivery of the chattel has been made and accepted, the only possible action is for damages and not for rent ...".

wert der Ware sowie einer bereits geleisteten Anzahlung bestimmt wird[546]. Haben die Parteien nichts über Leistungsort und -zeit vereinbart, so gilt im übrigen die Vermutung, daß die Mietsache *within a reasonable time* am Ort des Schuldners (*owner*) zu übergeben ist[547].

Ansonsten dürfte ein Händler in seinem Bestreben, durch Verwendung von vorgefertigten Formularverträgen hauptsächlich ihm günstige Bedingungen zu diktieren, stets darauf bedacht sein, weitergehende Verpflichtungen neben der unerläßlichen Lieferpflicht möglichst auszuschließen, und soweit dies nicht gelingt, wenigstens auf das Unumgängliche zu beschränken. Derartigen Versuchen einseitiger Vorteilsgewinnung auf Kosten des Mietkäufers wirkte die Rechtsprechung schon beizeiten entgegen, indem sie dem *owner* selbst ohne ausdrückliche Vereinbarung bestimmte, für wesentlich erachtete Vertragspflichten regelmäßig aufgrund konkludenter Gewährszusage auferlegte[548]. Diese richterlichen Rechtsgrundsätze übernahm später der Gesetzgeber, als er im *Supply of Goods (Implied Terms) Act* 1973 einschlägige, positivrechtliche Regelungen hinsichtlich der Gewährleistungspflicht von Lieferanten in *hire-purchase* Verträgen verankerte (vgl. ss. 8–11), die auch heute noch außerhalb des Geltungsbereichs des *Consumer Credit Act* 1974[549], also insbesondere bei Handelsgeschäften, unverändert zur Anwendung kommen. Dadurch sorgte man legislatorisch zur Beseitigung vorhandener Anomalien für eine notwendige Angleichung der Rechtsposition von *owner* und *seller.* Infolgedessen spielt es seither keine Rolle mehr, ob die Parteien im Einzelfall die rechtliche Gestaltung eines Kauf- oder Mietkaufvertrages wählen, denn dem Händler obliegen jeweils identische Gewährleistungspflichten[550]. Davon kann er sich auch schwerlich freizeichnen, da ein Haftungsausschluß oder eine Haftungsbeschränkung die gesetzlichen Vorschriften, soweit sie überhaupt disponibel sind,

---

546 *Guest*, Hire-Purchase, S. 141f.; *Chitty*, On Contracts, Vol. II – Para. 3196; Interoffice Telephones v. Freeman (Robert) Co. [1957] 3 All E.R. 479; Robophone Facilities v. Blank [1966] 3 All E.R. 128.

547 *Guest*, Hire-Purchase, S. 109f.; *Halsbury's* Laws of England, Vol. 22 – Para. 249 Fußn. 6.

548 *Guest*, Hire-Purchase, S. 112ff.

549 *Halsbury's* Statutes of England and Wales, Vol. 11 – S. 8 SGA (IT) A 1973 notes: substituted by the CCA 1974, s. 193 (3) (c) Sch 4, paras. 35, 36 as from 19 May 1985.

550 *Atiyah*, Sale of Goods, S. 397; *Chitty*, On Contracts, Vol. II – Para. 3252.

lediglich dann abzubedingen bzw. zu modifizieren vermag, wenn dies einem *requirement of reasonableness* entspricht[551].

Anders als das deutsche Recht, das verschiedene Kategorien von Vertragsverletzungen herausgebildet hat, kennt das englische Recht nur das einheitliche Konzept eines *breach of contract*, welches grundsätzlich losgelöst von jeglichem Verschulden Fälle vertraglicher Garantiehaftung umfaßt[552]. Im einzelnen differenziert es dabei ob der unterschiedlichen Rechts-folgen nach wesentlichen und unwesentlichen Vertragsbestandteilen, was vielfach mit der Eingruppierung in Haupt- und Nebenpflichten korrespondiert[553]. Die dadurch erreichte Unterteilung in *conditions* und *warranties* durchzieht das gesamte englische Gewährleistungsrecht. Während nun der Gläubiger bei Verletzung einer *warranty* lediglich Schadensersatz *(damages)* beanspruchen kann, aber den Leistungsgegenstand – trotz Mangelhaftigkeit – abnehmen muß, stellt er sich bei Verletzung einer *condition* maßgeblich günstiger[554]. Dann nämlich kann er dessen Annahme verweigern und außerdem Schadensersatz wegen Nichterfüllung geltend machen. Diese Unterscheidung nach *conditions* und *warranties* kehrt auch beim *hire-purchase agreement* wieder, wodurch die Leistungspflichten des *owner* in ein gewisses Stufenverhältnis rücken.

Sofern nicht aufgrund der Vereinbarung oder nach den erkennbaren Umständen der Händler nur solche Rechte zu übertragen braucht *as he or a third person may have*[555], belastet ihn das *hire-purchase agreement* kraft Gesetz mit einer *implied condition*, nach der er im Zeitpunkt des Eigentumsübergangs auch tatsächlich über das *right to sell the goods* verfügen muß[556]. Scheitert der Eigentumserwerb dann an seiner mangelnden Verfügungsberechtigung, kann der Mietkäufer wegen *breach of condition* alle von ihm geleisteten Zahlungen wieder zurückverlangen, so als ob die *consideration* gänzlich fehlgeschlagen wäre, ohne anscheinend zu irgend-

---

551 *Halsbury's* Laws of England, Vol. 22 – Para. 246; *Chitty*, On Contracts, Vol. II – Para. 3260.

552 vgl. *Triebel*, Englisches Handels- und Wirtschaftsrecht, S. 46.

553 vgl. *Triebel*, Englisches Handels- und Wirtschaftsrecht, S. 48.

554 vgl. *Triebel*, Englisches Handels- und Wirtschaftsrecht, S. 57f.

555 *Halsbury's* Laws of England, Vol. 22 – Para. 243.

556 *Halsbury's* Laws of England, Vol. 22 – Para. 243; *Stevens & Borrie*, Mercantile Law, S. 288; *Chitty*, On Contracts, Vol. II – Para. 3193.

einem Nutzungsersatz verpflichtet zu sein[557]. Dazu treten *implied warranties*: Einerseits haftet der *owner* für die Lastenfreiheit der Ware bis Eigentumsübergang, es sei denn, der *hirer* kennt bei Vertragsschluß bestehende Belastungen oder erfährt von ihnen, andererseits sichert er ihm eine ungestörte Besitzausübung zu[558]. Darüber hinaus rangieren noch weitere Leistungspflichten des *owner* im Range einer *condition*. Insbesondere trägt er, solange der *hirer* bei Vertragsschluß nicht auf die Mangelhaftigkeit aufmerksam gemacht wird oder sie unschwer erkennen kann, die Gewährleistung dafür, daß die Ware den Anforderungen einer *merchantable quality* genügt[559]. Ebenso muß er für die Geeignetheit *(fitness)* zu dem vom *hirer* vorausgesetzten Zweck einstehen; höchstens dem anderen Teil kommt es darauf überhaupt nicht an[560]. Lautet das *hire-purchase agreement* auf eine Gattungsschuld, hat er Waren zu liefern, die mit der vertraglichen Beschreibung übereinstimmen und, falls hierauf Bezug genommen, die Qualität des vorgelegten Musters aufweisen[561].

Ferner läßt das englische Recht, dem die römisch-rechtliche Maxime "*res perit domino*" zugrundeliegt[562], die Preisgefahr unabhängig von den Besitzverhältnissen prinzipiell erst mit dem Eigentum – anders demgegenüber § 446 BGB – auf den Erwerber übergehen[563]. Diese Gefahrtragungsregel wirkt sich gerade auf Abzahlungsgeschäfte nachteilig aus, denn behält der Veräußerer das Eigentum als Sicherheit zurück, so fällt ihm danach trotz erfolgter Besitzübergabe bis zur Tilgung der letzten Rate *the risk of loss* anheim. Der auch auf ein *hire-purchase agreement* anzuwendende Grundsatz[564], der für das Kaufrecht eine Normierung in s. 20 *Sale of Goods Act* 1979 gefunden hat, gilt jedoch nicht ausnahmslos, er ist vielmehr dispositi-

---

[557] *Chitty*, On Contracts, Vol. II – Para. 3193; Warman v. Southern Counties Car-Finance Corpn. Ltd. [1949] 1 All E.R. 711.

[558] *Chitty*, On Contracts, Vol. II – Para. 3193; *Halsbury's* Laws of England, Vol. 22 – Para. 243.

[559] *Halsbury's* Laws of England, Vol. 22 – Para. 244; *Chitty*, On Contracts, Vol. II – Para. 3254.

[560] *Halsbury's* Laws of England, Vol. 22 – Para. 244; *Chitty*, On Contracts, Vol. II – Para. 3255.

[561] *Halsbury's* Laws of England, Vol. 22 – Para. 245; *Chitty*, On Contracts, Vol. II – Paras. 3253, 3256.

[562] *Macleod*, Sale and Hire Purchase, S. 241.

[563] *Atiyah*, Sale of Goods, S. 203; *Halsbury's* Laws of England, Vol. 41 – Para. 736; *Macleod*, Sale and Hire Purchase, S. 241; *Lowe*, Commercial Law, S. 137f.

[564] vgl. *Halsbury's* Laws of England, Vol. 22 – Paras. 253, 256; *Macleod*, Sale and Hire Purchase, S. 241.

ver Natur. Daher bleibt es einem Händler unbenommen, eine abweichende, ihm günstigere Regelung auszuhandeln.

e) Rechte und Pflichten des hirer

Den Pflichten des *hirer* widmen die Parteien in der Praxis bei den Vertragsverhandlungen weit mehr Aufmerksamkeit, umschreiben sie vor allem genauestens, weil ein feststehender, allgemeiner Pflichtenkatalog schwer ausgemacht werden kann[565]. Die getroffenen Detailbestimmungen mögen oftmals in Einzelheiten variieren, zeigen jedoch in ihrer Gesamtheit stets wiederkehrende Regelungsinhalte.

Zunächst einmal verpflichtet das *hire-purchase agreement* den Mietkäufer zwangsläufig zur Erbringung der vertragsspezifischen Gegenleistung, denn die Lösung der synallagmatischen Verknüpfung bedeutete für den anderen Vertragsteil nur einen Leistungsaufschub, keinen Schulderlaß. Deshalb muß er regelmäßig in Erfüllung seiner primären Leistungspflicht den wiederkehrenden Mietzins zahlen[566], solange das Mietverhältnis nicht endet oder aufgelöst wird. Übt er die vereinbarte Kaufoption aus, was ihm freisteht, hat er den damit fällig gestellten restlichen Kaufpreisanspruch zu tilgen.

Statt Barzahlung können die Parteien jederzeit auch andere Zahlungsweisen, z.B. Begleichung per Scheck, vereinbaren[567]. Zu Vorauszahlungen ist der *hirer* lediglich dann berechtigt, wenn ihm dies der Vertrag gestattet[568]. Außerdem erwachsen aufgrund des mit Übergabe entstehenden *bailment* Sorgfalts- und Verwahrungspflichten hinsichtlich der gemieteten Sachen. Danach muß er die überlassenen Waren unter Aufwendung von *reasonable care* (wobei *ordinary diligence* genügt)[569] pfleglich behandeln und haftet mangels anderweitiger Absprache allein für die bei Außeracht-

[565] *Atiyah*, Sale of Goods, S. 397.

[566] *Chitty*, On Contracts, Vol. II – Para. 3197; *Guest*, Hire-Purchase, S. 144ff.; *Atiyah*, Sale of Goods, S. 398; *Halsbury's* Laws of England, Vol. 22 – Para. 251; *Stevens & Borrie*, Mercantile Law, S. 289; *Lowe*, Commercial Law, S. 173.

[567] *Guest*, Hire-Purchase, S. 145; *Halsbury's* Laws of England, Vol. 22 – Para. 252.

[568] *Chitty*, On Contracts, Vol. II – Para. 3197; *Guest*, Hire-Purchase, S. 145.

[569] *Guest*, Hire-Purchase, S. 149.

lassung dieses Sorgfaltsmaßstabs von ihm verschuldeten Schäden[570]. Verschlechterungen der Sache, die zu den normalen Abnutzungserscheinungen *(fair wear and tear)* zählen, hat er nicht zu vertreten[571]. Allerdings obliegt ihm jeweils die Beweislast für einen außerhalb seiner Verantwortung liegenden Schadenseintritt[572].

Ferner darf er die Waren nur entsprechend der vertraglich festgelegten Zweckbestimmung gebrauchen[573]; Zuwiderhandlungen, die zu Schädigungen am Mietobjekt führen, begründen unabhängig von der Verschuldenslage seine Schadensersatzpflicht[574]. Vielfach muß er darüber hinaus die Sache ständig in seinem Gewahrsam und unter Kontrolle behalten sowie jederzeit dem *owner* auf Anfrage, über deren Verbleib Auskunft erteilen[575]. Wird das zusätzlich noch mit einem Verfügungsverbot abgesichert, so beendet ein Verstoß dagegen das bestehende Mietverhältnis automatisch und läßt das Besitzrecht wieder auf den *owner* übergehen[576]. Falls das *agreement* es nicht gesondert vorschreibt, braucht der *hirer* aber die Sache weder versichern noch in Reparatur geben[577], es sei denn, er hat den reparaturbedürftigen Zustand selbst schuldhaft verursacht.

Während der Dauer des *bailment* ist ausschließlich der Mietkäufer befugt, deliktische Schadensersatz- wie Besitzansprüche gegenüber Dritten rechtlich zu verfolgen, da deren Geltendmachung stets ein *right to immediate possession of the goods* voraussetzt[578].

Dabei zieht er als *bailee in possession* eine Schadensersatzforderung gleich einem *owner* regelmäßig in voller Höhe ein, muß allerdings, soweit

---

570 *Halsbury's* Laws of England, Vol. 22 – Para. 253; *Guest*, Hire-Purchase, S. 149; *Chitty*, On Contracts, Vol. II – Para. 3198; *Stevens & Borrie*, Mercantile Law, S. 289.

571 *Halsbury's* Laws of England, Vol. 22 – Para. 253; *Guest*, Hire-Purchase, S. 149; *Chitty*, On Contracts, Vol. II – Para. 3198.

572 *Halsbury's* Laws of England, Vol. 22 – Para. 253; *Guest*, Hire-Purchase, S. 149.

573 *Halsbury's* Laws of England, Vol. 253; *Guest*, Hire-Purchase, S. 148.

574 *Halsbury's* Laws of England, Vol. 22 – Para. 253; *Guest*, Hire-Purchase, S. 148.

575 *Halsbury's* Laws of England, Vol. 22 – Para. 250; *Guest*, Hire-Purchase, S. 149.

576 *Guest*, Hire-Purchase, S. 149; vgl. Nyberg v. Handelaar [1891–1894] All E.R. Rep. 1109.

577 *Chitty*, On Contracts, Vol. II – Para. 3198, 3199; *Halsbury's* Laws of England, Vol. 22 – Paras. 255, 256; *Guest*, Hire-Purchase, S. 150, 153f.

578 Borrie, Commercial Law, S. 155; *Guest*, Hire-Purchase, S. 344f.; *Halsbury's* Laws of England, Vol. 2 – Paras. 1585, 1586; Vol. 22 – Paras. 280, 283; The Winkfield [1900–1903] All E.R. Rep. 356; North Central Wagon and Finance Co., Ltd. v. Graham [1950] 1 All E.R. 780; Morgate Mercantile Credit Co., Ltd. v. Finch and Another [1962] 2 All E.R. 467.

die beigetriebene Summe sein Interesse übersteigt, sie an den wahren Berechtigten abführen[579]. Der *owner* kann ausnahmsweise den Schädiger selbst in Anspruch nehmen, wenn die gemietete Ware völlig zerstört oder dauerhaft beschädigt wurde, weil das eine Beeinträchtigung seines *reversionary interest in the chattel* darstellt[580]. Ansonsten bedarf es dazu einer Beendigung des bestehenden Mietverhältnisses, denn erst dadurch fällt die unmittelbare Besitzberechtigung, von deren Innehabung die Rechtsausübung jeweils abhängt, wieder an ihn zurück[581]. Nicht jede Verfügung des *hirer*, die unvereinbar mit dem *bailment* erscheint, bewirkt aber zwangsläufig nach *common law* eine Aufhebung der Gebrauchsüberlassung. Deshalb sehen die meisten Verträge in solchen Fällen ein Erlöschen des Mietverhältnisses vor, so daß Dritte ungeachtet ihrer tatsächlichen Kenntnis vom Zeitpunkt der Zuwiderhandlung ab dem *owner* wegen Besitzstörung oder Beschädigungen jedweder Art haften[582], sofern sie nicht infolge Redlichkeitserwerb vor einer Inanspruchnahme geschützt sind.

Auch wenn die Rechtsbeziehungen der Parteien deutlich die Charakteristika eines *bailment* aufweisen, unterscheidet sich die kautelare Rechtskonstruktion eines *hire-purchase agreement* dennoch wesentlich von einem bloßen, reinen Verwahrungsverhältnis. Der Mietkäufer verfügt nämlich neben Besitz und Nutzung von Anfang an zusätzlich über eine ihm unwiderruflich erteilte Kaufoption, die in ihrer konkreten Höhe durch die bereits erbrachten Mietzinsraten gemindert wird. Im Laufe der Zeit nimmt daher die mit Optionsausübung fällig werdende Abschlagssumme ständig ab. Die enge Verknüpfung von Mietzins und festgesetztem Kaufpreis, die in der erwähnten Anrechnung ihren Ausdruck findet, führt dazu, daß die gemietete Sache allmählich mit fortschreitender Zahlung wertmäßig immer mehr eine rechtliche Zuordnung zum Vermögen des *hirer* erfährt, obwohl sie nach wie vor bis zur Ausübung der Kaufoption noch formal dem *owner* gehört. Im Hinblick auf den intendierten künftigen Rechtserwerb verdichten sich die

---

[579] Borrie, Commercial Law, S. 155; *Guest*, Hire-Purchase, S. 346; The Winkfield [1900–1903] All E.R. Rep. 346.

[580] *Halsbury's* Laws of England, Vol. 22 – Para. 280; Borrie, Commercial Law, S. 156; *Guest*, Hire-Purchase, S. 344.

[581] Borrie, Commercial Law, S. 155f.; *Halsbury's* Laws of England, Vol. 22 – Para. 281; *Guest*, Hire-Purchase, S. 344f.; Union Transport Finance, Ltd. v. British Car Auctions, Ltd. [1978] 2 All E.R. 385.

[582] *Halsbury's* Laws of England, Vol. 22 – Para. 281; Borrie, Commercial Law, S. 155f.; *Atiyah*, Sale of Goods, S. 383; Union Transport Finance, Ltd. v. British Car Auctions, Ltd. [1978] 2 All E.R. 385.

Rechtsbefugnisse in der Person des Mietkäufers von vornherein zu einer unentziehbaren Rechtsposition, die nur noch ein vertragswidriges Verhalten seinerseits zerstören kann. Mag fraglich sein, inwieweit dies einer Verdinglichung i.S.e. Anwartschaft gleichkommt, jedenfalls ist die Rechtsstellung mit all ihren Befugnissen auf einen Dritten übertragbar[583]. Die Rechtsprechung hat in dieser Frage eine Wandlung vollzogen; nach zunächst ablehnender Haltung[584] votiert sie nunmehr für ein *proprietary interest* des *hirer*[585], das sogar mitunter über die Beendigung des *bailment* hinaus fortbestehen soll[586]. Das ihm zuerkannte *proprietary interest* vermag der Mietkäufer jederzeit während der Mietlaufzeit – zu einer Zeit also, in der eine wirksame Verfügung über das Vollrecht nicht möglich wäre – zusammen mit den Rechten aus dem Mietverhältnis oder isoliert an Dritte abzutreten, die dadurch aber keine bessere Rechtsposition als er erlangen[587].

Den Umstand machen sich Warenlieferanten vielfach zunutze, um solche, ihnen unliebsame Rechtsübertragungen zu verhindern, indem sie vertraglich jegliche Disposition über die Sache ausschließen und außerdem das Verbot mit der Sanktion eines Vertragsbruches belegen. Dadurch tritt mit Vornahme der untersagten Verfügung automatisch ein Verlust aller Rechtsbefugnisse ein, so daß der gewollte Rechtsübergang scheitert[588]. Zweifel bleiben allerdings, ob eine derartige Verbotsklausel immer in jeder Hinsicht die gewünschten Wirkungen zeitigt, nachdem die Rechtsprechung ihre

---

583 *Chitty*, On Contracts, Vol. II – Para. 3264; *Halsbury's* Laws of England, Vol. 22 – Para. 272; *Guest*, Hire-Purchase, S. 12f., 308f.; Belsize Motor Supply Co. v. Cox [1911–1913] All R.R. Rep. 1084.

584 Helby v. Matthews and Others [1895–1899] All E.R. Rep. 821, 827 (per *Lord Macnaghten*) – "... But it was the intention of the parties – an intention expressed on the face of the contract itself – that no one of those monthly payments until the very last in the series was reached, nor all of them put together without the last, should confer upon the customer any proprietary right in the piano or any interest in the nature of a lien or any interest of any sort or kind beyond the right to keep the instrument and use it for a month or more ...".

585 William Whiteley, Ltd. v. Hilt [1918–1919] All E.R. Rep. 1005, 1009 (per *Swinfen Eady*, M.R.) – "... The whole terms of the agreement show that the contract was not merely a bailment for reward, but that it conferred an interest in the chattel in the bailee ...".

586 William Whiteley, Ltd. v. Hilt [1918–1919] All E.R. Rep. 1005, 1011 (per *Warrington*, L.J.) – "... But in a complex contract of this nature it by no means follows that because that part of the contract which is a contract of bailment is at an end the other part of the contract, which confers a proprietary interest, is also at an end ...".

587 *Halsbury's* Laws of England, Vol. 22 – Para. 272; *Guest*, Hire-Purchase, S. 311.

588 Borrie, Commercial Law, S. 159; *Guest*, Hire-Purchase, S. 309, 311f.; *Halsbury's* Laws of England, Vol. 22 – Para. 272.

frühere kategorische Auffassung[589] mittlerweile etwas zugunsten einer differenzierteren Ansicht[590] revidiert hat.

Verfügungsbeschränkungen dieses Umfangs wirken der Leichtigkeit des Handelsverkehrs abträglich, zumal Umsatzgeschäfte überwiegen, bei denen Zwischenhändler die unbezahlte Ware mangels Eigenbedarf, schon aus Gründen der Refinanzierung, sofort an Kaufinteressenten weiterveräußern möchten. Das *hire-purchase agreement* in seiner üblichen Gestaltung entsprach solchen Vorstellungen mitnichten; es war hauptsächlich auf Warengeschäfte mit Endverbrauchern zugeschnitten, denn der Mietkäufer durfte zumeist die gesamte Mietzeit hindurch die Ware nicht aus den Händen geben, sollte sie regelmäßig selbst nutzen. Abweichend von der sonstigen Situation wollten die Parteien dagegen im Handelsverkehr schon bei Vertragsschluß übereinstimmend gerade vorzeitige Weiterveräußerungen ermöglicht wissen. Dies förderte, insbesondere im Automobilhandel, die Herausbildung einer mit *stocking agreement* bezeichneten Vereinbarung, eine spezielle Form des Mietkaufs, mittels deren eine Finanzierung von Vorratslagern gelingt[591]. Ein Einzelhändler wickelt hierbei typischerweise seinen Wareneinkauf über eine *finance company* ab, die jeweils nach seinen Angaben die von ihm benötigten Güter dem Produzenten abkauft und an ihn regelmäßig unter einem *hire-purchase agreement* vermietet. In dem Mietkaufvertrag verpflichtet er sich, den festgesetzten *hire-purchase price* innerhalb relativ kurzer Zeit zu bezahlen, sofern er nicht, wie ihm gestattet, bereits bis dahin die Ware an einen Interessenten verkauft hat – in diesem Fall muß er mit dem vorzeitig erzielten Erlös die Restschuld bei der Finanzierungsgesellschaft tilgen[592]. Trotz seiner Vorteile für den Geschäftsverkehr birgt aber ein *stocking agreement* die nicht unbeträchtliche Gefahr, letztlich als verdeckte *bill of sale*-Transaktion eingestuft zu werden, der mangels Registrierung die Wirksamkeit versagt bleiben muß[593].

---

[589] United Dominions Trust (Commercial), Ltd. v. Parkway Motors, Ltd. [1955] 2 All E.R. Rep. 557 (Dritter erwirbt kein Recht an der Sache).

[590] Spellman v. Spellman [1961] 2 All E.R. 498 (Klausel hindert nicht equitable assignment); Wickham Holdings, Ltd. v. Brooke House Motors, Ltd. [1967] 1 All E.R. 117 (Dritter haftet nur in Höhe der noch offenen Raten); Belvoir Finance Co., Ltd. v. Stapelton [1970] 3 All E.R. 664 (ist allerdings der wahre Wert der Ware geringer als die noch ausstehenden Raten, so bemißt sich der Schadensersatzanspruch des owner danach).

[591] *Guest*, Hire-Purchase, S. 41ff.; *Brink/Habel*, Recht der Kreditsicherheiten, Teil IV: England – S. 161.

[592] *Guest*, Hire-Purchase, S. 41.

[593] *Guest*, Hire-Purchase, S. 42, 54f.

f) Dritterwerberschutz im Rechtsverkehr

Die Konstruktion eines *hire-purchase agreement* bewahrt den *owner* grundsätzlich vor Rechtsverlusten im redlichen Rechtsvkerkehr. Dritte, die aufgrund der äußeren Besitzverhältnisse gutgläubig auf die Berechtigung des über die Sache verfügenden *hirer* vertrauen, erachtet die englische Rechtsordnung, die von der Maxime *"nemo dat quod non habet"* ausgeht, in ihrem Erwerbsstreben nicht für vorrangig schutzwürdig, weshalb im allgemeinen ihr Erwerbsinteresse dem Beharrungsinteresse des wahren Berechtigten weichen muß. Daher kann der *owner* sein Sicherungsrecht in Gestalt des zurückbehaltenen Eigentums, solange er in die Verfügung nicht eingewilligt hat, jedem Dritten, der ein Recht an der Sache reklamiert, erfolgreich entgegenhalten und die Sache vindizieren – allerdings darf er nicht gegen den Willen des anderen Eigenmacht ausüben[594]. In der Praxis erhebt er üblicherweise eine Schadensersatzklage wegen *wrongful interference with the goods,* wobei die Höhe der Forderung sich am Wert der angeeigneten Ware bemißt, es sei denn, der offene Mietzinssaldo, der den erlittenen Schaden umgrenzt, ist wesentlich geringer[595]. Eine solche Inanspruchnahme scheitert auch nicht an dem *estoppel*-Gedanken, denn für den Verwirkungseinwand genügt die bloße Tatsache der Sachüberlassung keineswegs[596].

Trotz allem gilt aber die *"nemo dat" rule* des *common law* angesichts zahlreicher gesetzlicher Durchbrechungen für das *hire-purchase agreement* nicht uneingeschränkt. Freilich scheidet eine Anwendung der Gutglaubensvorschrift in s. 25 *Sale of Goods Act* 1979, die den Verfügungen eines nichtberechtigten *buyer in possession* im redlichen Rechtsverkehr Wirksamkeit verschafft, aus, da es gerade an einer Kaufverpflichtung fehlt[597]. Veräußert der *hirer* aber die gemietete Ware öffentlich in einem *market overt*[598], was im wesentlichen auf alle Ladengeschäfte in der City of London zutrifft, zu den normalen Geschäftszeiten entsprechend den örtlichen Ge-

---

[594] *Guest,* Hire-Purchase, S. 340; *Chitty,* On Contracts, Vol. II – Para. 3280.

[595] *Guest,* Hire-Purchase, S. 342f.; *Chitty,* On Contracts, Vol. II – Para. 3280.

[596] *Guest,* Hire-Purchase, S. 319f.; *Chitty,* On Contracts, Vol. II – Para. 3278; Astley Industrial Trust v. Miller [1968] 2 All E.R. 36.

[597] *Guest,* Hire-Purchase, S. 329; *Chitty,* On Contracts, Vol. II – Para. 3266; Helby v. Matthews and Others [1895–1899] All E.R. Rep. 821.

[598] *Lowe,* Commercial Law, S. 151; *Benjamin's* Sale of Goods, Para. 475; *Chitty,* On Contracts, Vol. II – Para. 4222.

pflogenheiten[599] an einen gutgläubigen Dritten, der jedoch nicht der *shopkeeper* selbst sein darf[600], so erwirbt dieser zum Nachteil des *owner a good title to the goods*[601].

Neben jener wahrscheinlich ältesten Ausnahme zur *"nemo dat" rule*[602] verdient noch eine weitere Schutzvorschrift Beachtung, mit der der Gesetzgeber begrenzt auf den Automobilhandel einen umfänglichen Gutglaubenserwerb gewährleistet. Danach wird ein *private purchaser*[603], dem der Mietkäufer die Mietsache verkauft, Eigentümer des Fahrzeugs, wenn er im Zeitpunkt des Verfügungsgeschäfts keine positive Kenntnis von dem bestehenden *hire-purchase agreement* besitzt[604]. Ferner greift darüber hinaus bei einem *stocking agreement* noch s. 2 *Factors Act* 1889 ein, da dann der *hirer* nicht nur als *bailee*, sondern zugleich als *mercantile agent* der *finance company* in Erscheinung tritt[605].

g) Realisierung der Sicherheit

Obwohl in der Rechtspraxis die Vertragsabwicklung überwiegend problemlos im Einklang mit den beiderseitigen, für den Geschäftsabschluß maßgebenden Vorstellungen verläuft, so daß die eingegangene Rechtsbeziehung meistens durch ordnungsgemäße Erfüllung[606] (Entledigung der laufenden Mietzinsforderung sowie anschließende Ausübung der Kaufoption) seitens des *hirer* endet, konzentriert sich das Interesse des *owner*

---

[599] *Benjamin's* Sale of Goods, Para. 477; Bishopsgate Motor Finance Corpn. v. Transport Brakes Ltd. [1949] 1 All E.R. 37.

[600] *Benjamin's* Sale of Goods, Para. 475; *Lowe*, Commercial Law, S. 151.

[601] *Chitty*, On Contracts, Vol. II – Paras. 3277, 4223; *Guest*, Hire-Purchase, S. 324f.; *Halsbury's* Laws of England, Vol. 22 – Para. 267; *Macleod*, Sale and Hire Purchase, S. 236f.; *Benjamin's* Sale of Goods, Paras. 474ff.

[602] *Lowe*, Commercial Law, S. 151; *Benjamin's* Sale of Goods, Para. 475; *Peace*, Market overt in the City of London, L.Q.R. 31 (1915), 270ff.

[603] Keinen Schutz erfahren "trade or finance purchaser", die selbst im Automobilhandel tätig sind, vgl. *Chitty*, On Contracts, Vol. II – Para. 3270; *Lowe*, Commercial Law, S. 157ff.; *Guest*, Hire-Purchase, S. 334f.; *Halsbury's* Laws of England, Vol. 22 – Para. 268.

[604] *Chitty*, On Contracts, Vol. II – Paras. 3269ff.; *Lowe*, Commercial Law, S. 157ff.; *Guest*, Hire-Purchase, S. 333ff.; *Halsbury's* Laws of England, Vol. 22 – Para. 268; *Benjamin's* Sale of Goods, Para. 543ff.

[605] *Chitty*, On Contracts, Vol. II – Para. 3268; *Guest*, Hire-Purchase, S. 42, 322; Pacific Motor Anctions Pty., Ltd. v. Motor Credits (Hire Finance), Ltd. [1965] 2 All E.R. 105.

[606] *Guest*, Hire-Purchase, S. 197; *Chitty*, On Contracts, Vol. II – Para. 3204.

dennoch verständlicherweise unter kautelaren Gesichtspunkten auf die seltenere, pathologische Situation. Er möchte angesichts seiner Vorleistung gegen jegliche Eventualitäten ausreichend gesichert sein, um finanzielle Einbußen möglichst zu vermeiden. Daher kommt es ihm insbesondere auch auf eine effektive Durchsetzung seiner Rechte gerade im Falle der Leistungsunwilligkeit oder -unfähigkeit des anderen Teils an. Weil rein schuldrechtliche Ansprüche insoweit wenig nützen, begehrt er nach einem Zugriff auf die ihm noch gehörende Sache, damit der Mietkäufer einerseits durch die Sachentziehung zur Vertragserfüllung angehalten wird, andererseits er selbst aber vor allem dazu in der Lage ist, seinen erlittenen Schaden durch einen Wiederverkauf der zurückgenommenen Ware zu kompensieren.

Eine solche Realisierung der Sicherheit, die regelmäßig durch Geltendmachung des bestehen gebliebenen Eigentumsrechts geschieht, setzt allerdings ein Erlöschen der dem *hirer* vertraglich eingeräumten Besitzberechtigung voraus, denn sonst begeht der *owner* mit der Vindikation einen Vertragsbruch, der Schadensersatzansprüche gegen ihn auslöst[607]. Die Rechtsordnung billigt nur dann sein Vorgehen, wenn er im Zeitpunkt der Rücknahme über *a right to immediate possession of the goods* verfügt, was er gegebenenfalls durch Darlegung der Umstände, die zu einem Verlust des mietvertraglich begründeten Besitzrechts führten, beweisen muß[608]. Erst mit Aufhebung des vereinbarten *bailment* in Form eines Mietverhältnisses entsteht für den Mietkäufer die Verpflichtung, die Ware an den vindizierenden Eigentümer herauszugeben[609], wobei ihm jedoch keine aktive Leistungspflicht obliegt. Er braucht sie also nicht dem anderen hinzubringen, sondern lediglich bei sich zur Abholung bereitzuhalten[610].

Vor Beendigung des vertraglichen Primärleistungsverhältnisses fehlt dem Eigentümer jedwede Rücknahmeberechtigung. Damit ihm ein Zugriffsrecht auf die Mietsache erwächst, bedarf es stets einer Umwandlung der bisherigen Vertragsbeziehung. Abgesehen natürlich von dem Fall einer einvernehmlichen Vertragsauflösung durch Rücktritt, die jederzeit ungeachtet des konkreten Anlasses erfolgen kann, ist dafür allenthalben ein vertragswidriges Verhalten des Mietkäufers als Ursache erforderlich. Allerdings genügt

---

[607] vgl. *Guest*, Hire-Purchase, S. 114, 220.

[608] *Guest*, Hire-Purchase, S. 220; *Chitty*, On Contracts, Vol. II – Para. 3212.

[609] *Guest*, Hire-Purchase, S. 152, 220.

[610] Capital Finance Co., Ltd. v. Bray [1964] 1 All E.R. 603, 607 (per *Lord Denning*, M.R.) – "... No one is bound, save by contract, to take a chattel to the owner of it. His only obligation is not to prevent the owner from getting it when he comes for it ...".

nicht irgendeine vertragsverletzende Handlung seinerseits, mag auch im übrigen jeder Vertragsbruch schon eine Schadensersatzklage rechtfertigen[611]. Vielmehr muß der Pflichtenverstoß die Vertragsfundamente erschüttern und auf eine einseitige Aufkündigung des *hire-purchase agreement* (Erfüllungsverweigerung) hinauslaufen[612], um nach *common law* den Eigentümer zur Rücknahme der Ware zu berechtigen. Die Zuwiderhandlung selbst gestaltet aber das Vertragsverhältnis noch nicht um; es bleibt der Entscheidung des *owner* überlassen, ob er weiterhin an der Vereinbarung festhält oder mit der Wiederinbesitznahme der Sache in eine Vertragsaufhebung einwilligt[613]. Wann eine Pflichtwidrigkeit des Mietkäufers von beachtlicher Intensität vertragsbeendigend wirkt, läßt sich im einzelnen nur schwer beurteilen. Unzweifelhaft stellt sein Verhalten jedenfalls dann eine Erfüllungsverweigerung dar, wenn er entweder ausdrücklich oder stillschweigend eindeutig zu erkennen gibt, daß er keineswegs mehr länger seinen vertraglichen Verpflichtungen nachkommen will[614]. Andererseits reicht bloßer Zahlungsverzug selbst nach Mahnung ohne Hinzutreten weiterer Umstände noch nicht aus, es sei denn, der Verzug währt schon sechs Monate[615].

Diesen Unsicherheiten bei der Vertragsabwicklung entgeht die Kautelarpraxis üblicherweise durch mittlerweile standardisierte Formularbestimmungen, die dem Eigentümer in allen vorhersehbaren Fällen einer Vertragsgefährdung den Zugriff auf die Mietsache gestatten, unabhängig davon, ob der Vertragsbruch in einer *repudiation of the contract* gipfelt oder nicht[616]. Das erspart ihm regelmäßig den Nachweis einer Erfüllungsverweigerung; mit Eintritt eines der dort näher bezeichneten Ereignisse darf er ohne weiteres, aufgrund der ihm eingeräumten Ermächtigung, die Ware wieder an sich nehmen.

---

611 *Guest*, Hire-Purchase, S. 198.

612 *Guest*, Hire-Purchase, S. 199; *Chitty*, On Contracts, Vol. II – Para. 3205; Financings, Ltd. v. Baldock [1963] 1 All E.R. 443, 446 (per *Lord Denning*, M.R.) – "... goes to the root of the contract ...".

613 *Guest*, Hire-Purchase, S. 199; *Chitty*, On Contracts, Vol. II – Para. 3205.

614 *Guest*, Hire-Purchase, S. 199; *Chitty*, On Contracts, Vol. II – Para. 3205; Overstone Ltd. v. Shipway [1962] 1 All E.R. 52.

615 *Guest*, Hire-Purchase, S. 200; *Chitty*, On Contracts, Vol. II – Para. 3205; Yeoman Credit Ltd. v. Waragowski [1961] 3 All E.R. 145.

616 *Chitty*, On Contracts, Vol. II – Para. 3207; *Guest*, Hire-Purchase, S. 203; *Halsbury's* Laws of England, Vol. 22 – Para. 274.

Die verschiedenen Rücktrittsgründe knüpfen zwar hauptsächlich an ein schuldhaftes Verhalten des Mietkäufers (z.B. Zahlungsverzug, Sorgfaltspflichtverletzung), daneben werden aber auch neutrale Geschehnisse, wie Tod oder Konkurs des Mietkäufers und drohende Zwangsvollstreckung, miteinbezogen[617]. Je nach Art der gewählten Formulierung kann die Klausel dabei in der konkreten Situation unterschiedliche Wirkung zeitigen. So ordnet die Vereinbarung teilweise schon selbst eine automatische Aufhebung der Rechtsbeziehungen mit Verwirklichung eines der genannten Gründe an, teilweise räumt sie dem Eigentümer aber lediglich ein Beendigungsrecht ein[618].

Während also dort bei Erfüllung des objektiven Tatbestandsmerkmals das Vertragsverhältnis ipso facto erlischt und die Rückgabeverpflichtung für den *hirer* entsteht, bedarf es hier eines zusätzlichen Akts des *owner*, der unzweideutig die Intention der beabsichtigten Vertragslösung zum Ausdruck bringt. Vornehmlich der Klarkeit halber verlangt man dafür häufig eine schriftliche Kündigungserklärung. Stets muß der Eigentümer jedenfalls in der zweiten Alternative von seinem Recht Gebrauch machen, ansonsten bleibt das *hire-purchase agreement* unverändert in Kraft[619].

Gleichgültig welche dieser Konstruktionen die Parteien letztlich bevorzugen, die Rücknahmeklausel erreicht den vorbestimmten Zweck bereits, wenn bei Eintritt eines solchen vertragsgefährdenden Umstandes allein das *bailment* in Form der mietweisen Sachüberlassung, etweder per se oder nach Belieben des *owner*, entfallen soll, ohne das rechtsgeschäftlich begründete Rechtsverhältnis im übrigen zu berühren[620]. Es genügt nämlich die Beseitigung des *bailment*, um dem Eigentümer das erforderliche *right to immediate possession of the goods* zu verschaffen, das ihn zur Rücknahme der Mietsache berechtigt[621]. Eine darüber hinausgehende Aufhebung der

---

617 *Chitty*, On Contracts, Vol. II – Para. 3207.

618 *Chitty*, On Contracts, Vol. II – Paras. 3208, 3209; *Guest*, Hire-Purchase, S. 203ff.; North Central Wagon & Finance Co. v. Graham [1950] 1 All E.R. 780; Reliance Car Facilities Ltd. v. Roding Motors [1952] 1 All E.R. 1335.

619 North Central Wagon & Finance Co. v. Graham [1950] 1 All E.R. 780; Reliance Car Facilities Ltd. v. Roding Motors [1952] 1 All E.R. 1335; Belsize Motor Supply Co. v. Cox [1911–1913] All E.R. Rep. 1084.

620 *Guest*, Hire-Purchase, S. 203f.; *Chitty*, On Contracts, Vol. II – Para. 3207; William Whiteley, Ltd. v. Hilt [1918–1919] All E.R. Rep. 1005, 1011.

621 *Guest*, Hire-Purchase, S. 219.

gesamten Vereinbarung in jeder Hinsicht ist nicht notwendig, mitunter sogar unerwünscht, da dies unweigerlich den Untergang aller Primäransprüche, einschließlich der *option to purchase*, bedeutet. Solange das *agreement* mit seinen sonstigen Wirkungen fortbesteht, mündet das Vorgehen des *owner* nicht zwangsläufig in eine Rückabwicklung; es erscheint vielmehr als vorläufige Sicherungsmaßnahme, denn der *hirer* kann nach Rücknahme durchaus noch zu einem vertragstreuen Verhalten zurückfinden und die Ware durch Ausübung der *option to purchase* käuflich erwerben[622].

Die vielfach in einem *hire-purchase agreement* anzutreffende Formulierung *"the owner may forthwith and without notice terminate the hiring and repossess the goods"* schützt den Eigentümer zureichend vor vertragswidrigen Verfügungen wie Vollstreckungszugriffen, obwohl das Mietverhältnis hierdurch nicht von selbst aufgelöst wird. Er erlangt jedoch mit Vertragsbruch trotzdem ein unmittelbares Besitzrecht, weil der Mietkäufer aufgrund der nunmehr drohenden Mietvertragskündigung einer gesicherten Rechtsposition entbehrt, gleichsam nur noch als *bailee at will* fungiert[623].

Daneben hat natürlich, was aber keine Vertiefung verdient, der *hirer* infolge der fehlenden Kaufverpflichtung stets seinerseits die Möglichkeit, vor Ablauf der Mietzeit das *hire-purchase agreement* durch einseitige Erklärung zu beenden, indem er von einer Ausübung der Kaufoption absieht[624].

Die Rücknahme der Ware vollzieht sich gewöhnlich durch faktische Inbesitznahme, die allerdings nicht gewaltsam und gegen den Willen des Mietkäufers, z.B. durch eigenmächtiges Eindringen in dessen befriedetes Eigentum, erfolgen darf[625]. Wird die Herausgabe verweigert, ist der Eigentümer deshalb gut beraten, seinen Anspruch klagweise geltend zu machen[626]. Mit einer *action for wrongful interference with goods* erwirkt er ein Leistungsurteil, das den *hirer* zur Übergabe der Ware verpflichtet, oftmals auch wahlweise Zahlung von Wertersatz zuläßt sowie den Aus-

---

622 *Guest*, Hire-Purchase, S. 208f.; *Chitty*, On Contracts, Vol. II – Para. 3209.

623 *Guest*, Hire-Purchase, S. 205ff.

624 *Guest*, Hire-Purchase, S. 202; *Chitty*, On Contracts, Vol. II – Para. 3206.

625 *Guest*, Hire-Purchase, S. 221; *Chitty*, On Contracts, Vol. II – Para. 3215; *Halsbury's* Laws of England, Vol. 22 – Para. 275.

626 *Guest*, Hire-Purchase, S. 229; *Chitty*, On Contracts, Vol. II – Para. 3214; *Halsbury's* Laws of England, Vol. 22 – Para. 281.

gleich von Folgeschäden aufgibt[627]. Alternativ dazu kann er stattdessen ebenso allein eine Schadensersatzklage erheben[628].

Durch die in Reaktion auf einen *breach of contract* eintretende Vertragsauflösung wird aber die bestehende Rechtsbeziehung insgesamt nicht in ein Rückgewährschuldverhältnis umgewandelt, denn die beiderseits erbrachten Leistungen sind gerade nicht gegenseitig zurückzuerstatten. Der *owner* hat zwar einen Anspruch auf Rückgabe der Mietsache, braucht jedoch im Gegenzug keineswegs die bis dato vereinnahmten Mietzinsraten auszukehren. Er darf vielmehr alle während der Laufzeit des *hire-purchase agreement* erfolgten Zahlungen, also sämtliche Mietzinsraten wie auch eine vorausgegangene Anzahlung, einbehalten, da ihm diese Gelder mit Abbruch der Vertragsabwicklung normalerweise verfallen[629]. Selbst wenn die Anzahlung nach dem Wortlaut moderner Mietkaufverträge häufig in *consideration of the option to purchase hereby granted* geleistet gilt, scheitert sogar bei vollständiger Aufhebung des *agreement* eine Rückforderung des Betrages mangels fehlgeschlagener *consideration.* Bei der *option to purchase* handelt es sich nämlich um ein gegenwärtiges, unmittelbare Vorteile bietendes Recht, das mit Unerzeichnung der Vereinbarung entsteht, so daß, obgleich ihr Bestand vertragstreues Verhalten des Mietkäufers voraussetzt, eine wirksame Gegenleistung sehr wohl vorliegt[630].

Ungeachtet eingewandter Bedenken im Schrifttum[631] herrscht in der Rechtsprechung ungebrochen die Auffassung, es gäbe in dieser Situation keine rechtliche Möglichkeit zur Gewährung eines *equitable relief* als Schutz gegenüber dem Verfall gezahlter Mietzinsraten[632]. Zwar hat der

---

[627] *Chitty,* On Contracts, Vol. II – Para. 3214; *Guest,* Hire-Purchase, S. 229ff.; Strand Electric and Engineering Co. Ltd. v. Brisford Entertainments Ltd. [1952] 1 All E.R. 796.

[628] *Chitty,* On Contracts, Vol. II – Para. 3214.

[629] *Chitty,* On Contracts, Vol. II – Para. 3215; *Guest,* Hire-Purchase, S. 254ff.

[630] Kelly v. Lombard Banking Co. Ltd. [1958] 3 All E.R. 713, 715 (*Lord Denning*) – "... It seems to me that the option to purchase is an existing right which exists as from the date of this agreement. It is true that it is subject to conditions: it is subject to the hirer's fulfilling his obligations in order to be entitled to exercise it. Nevertheless the option to purchase is an existing right as from the moment of signing the contract and the payment of the money ...".

[631] vgl. zum Meinungsstand: *Diamond,* Equitable Relief for the Purchaser of Hire-Purchase Goods, M.L.R. 19 (1956), 498; *Diamond,* Equitable Relief in Hire-Purchase: A Rejoinder, M.L.R. 21 (1958), 199; Prince, Equitable Relief in the Law of Hire-Purchase, M.L.R. 20 (1957), 620; *Beatson,* Discharge for Breach: The Position of Instalments, Deposits and other Payments due before Completion, L.Q.R. 97 (1981), 389.

Court of Appeal in einem Fall[633], der ein *credit sale agreement* betraf, trotz Verneinung einer darin liegenden Vertragsstrafe ausnahmsweise dennoch aufgrund einer außerordentlichen Unverhältnismäßigkeit zwischen erlittenem Schaden und erbrachten Zahlungen einen derartigen Verfall für unbillig erachtet, doch hat dieser Gesichtspunkt, soweit ersichtlich, nie bei einem *hire-purchase agreement* Bedeutung gewinnen können[634]. Aber der Eigentümer darf nicht nur die in Tilgung des laufenden Mietzinses tatsächlich erhaltenen Gelder behalten, er ist zudem berechtigt, rückständige, noch offene Raten einschließlich Verzugszinsen, einzufordern[635], nachdem ihm mit Vertragsauflösung alle bis dahin fällig gewordenen Mietforderungen verfallen. Dieser Anspruch liefert einen selbständigen Klagegrund, dessen Verfolgung neben der Vindikationsklage sowie getrennt von einer darüber hinaus möglichen Schadensersatzklage *for breach of contract* betrieben werden kann[636], allerdings nicht ohne Einfluß auf die Höhe des begehrten Schadensersatzes bleibt.

In erster Linie hängt das Ausmaß des zu ersetzenden Schadens von den jeweiligen Umständen der Vertragsbeendigung ab, und zwar davon, ob der vom Mietkäufer begangene Vertragsbruch eine *repudiation of the agreement* darstellt. Sofern ein Auflösungsgrund dieses Gewichts eingreift, soll der Schadensersatzanspruch dem Eigentümer Entschädigung für entgangene Gewinnvorteile gewähren[637]. Der konkrete Umfang einer solchen Ausgleichsforderung bemißt sich nach der Höhe des vertraglich veranschlagten *hire-purchase price of the goods* abzüglich folgender Beträge[638]:

(I) Gesamtsumme aller bezahlten sowie noch zahlbaren Mietraten,

(II) Wert der zurückgenommenen Waren bzw. etwaiger Verkaufserlös,

---

632 *Chitty*, On Contracts, Vol. II – Para. 3216; *Guest*, Hire-Purchase, S. 257; *Halsbury's* Laws of England, Vol. 22 – Para. 274; *Crossley Vaines'* Personal Property, S. 391; Galbraith v. Mitchenall Estates Ltd. [1964] 2 All E.R. 653.

633 Stockloser v. Johnson [1954] 1 All E.R. 630.

634 *Chitty*, On Contracts, Vol. II – Para. 3216; *Guest*, Hire-Purchase, S. 257.

635 *Chitty*, On Contracts, Vol. II – Para. 3217; *Guest*, Hire-Purchase, S. 259; *Halsbury's* Laws of England, Vol. 22 – Para. 281; Financings Ltd. v. Baldock [1963] 1 All E.R. 443.

636 South Bedfordshire Electrical Finances Ltd. v. Bryant [1938] 3 All E.R. 580; Overstone Ltd. v. Shipway [1962] 1 All E.R. 52.

637 *Chitty*, On Contracts, Vol. II – Para. 3218; *Guest*, Hire-Purchase, S. 265ff.

638 *Chitty*, On Contracts, Vol. II – Para. 3218; *Guest*, Hire-Purchase, S. 265f.; *Ziegel*, Damages for Breach of a Hire-Purchase Contract, M.L.R. 24 (1961), 792; Yeoman Credit Ltd. v. Waragowski [1961] 3 All E.R. 145.

(III) Restrate bei Ausübung der Kaufoption,

(IV) ersparte Finanzierungskosten.

Das auf diese Weise errechnete Ergebnis erfährt schließlich mitunter noch eine Korrektur anhand der dem Eigentümer obliegenden Schadensminderungspflicht, wenn er nicht durch eigene zumutbare Maßnahmen, z.B. Erstreben eines angemessenen Verkaufserlöses bei Weiterveräußerung, auf eine Begrenzung seines Schadens trachtet[639].

Fehlt es dagegen an einer Erfüllungsverweigerung, erfolgt die Vertragsauflösung also lediglich kraft Kündigungsklausel, dann kann der Eigentümer weder Ersatz für entgangene Gewinnvorteile noch für eine eingetretene Wertminderung am Mietobjekt aufgrund sonstiger, nach Aufhebung verübter Vertragsverstöße verlangen[640]. Der Grund liegt darin, daß die Vertragsbeendigung nicht unmittelbar aus einem *breach of contract* resultiert, sondern letztlich auf einer selbständigen Entscheidung des *owner* beruht. Deshalb können insoweit nur rückständige Mietzinszahlungen, eventuell Schadensersatz für früher erlittene Vertragsverletzungen sowie gegebenenfalls die Kosten der Rückschaffung liquidiert werden[641].

h) Minimum Payment Clauses

Oftmals enthalten *hire-purchase agreements*, um die beschriebene Schadensberechnung zu vereinfachen, eine *minumum payment clause*, mit der sich der Eigentümer für den Fall der Vertragsaufkündigung zusätzlich zur Vindikation eine feste Geldsumme pauschal als Entschädigung ausbedingt. Dadurch will er sowohl einem raschen Wertverlust des Mietobjekts begegnen, als auch, mag dies auch weniger offenliegen, entgangene Gewinnvorteile abgelten[642]. Auf diese Weise werden die finanziellen Risiken bei Vertragsstörungen per Vereinbarung gänzlich dem Mietkäufer aufgebürdet, denn die Zahlung des pauschalierten Abgeltungsbetrages obliegt ihm stets

---

639 *Chitty*, On Contracts, Vol. II – Para. 3218; *Guest*, Hire-Purchase, S. 268f.; kritisch: *Samuels*, New Angles in the Eternal Hire-Purchase Triangle, M.L.R. 25 (1962), 25, 29ff.; British Westinghouse Electric and Manufacturing Co., Ltd. v. Underground Electric Railways Co. of London, Ltd. [1911–1913] All E.R. Rep. 63; Financing Ltd. v. Baldock (1963) 1 All E.R. 443; Bridge v. Campbell Discount Co. Ltd. [1962] 1 All E.R. 385.

640 *Chitty*, On Contracts, Vol. II – Para. 3219; *Guest*, Hire-Purchase, S. 271; Anglo Auto Finance Co. v. James [1963] 3 All E.R. 566.

641 *Chitty*, On Contracts, Vol. II – Para. 3219; *Guest*, Hire-Purchase, S. 271.

642 *Guest*, Hire-Purchase, S. 273.

mit Vertragsbeendigung unabhängig vom konkreten Auflösungsgrund, selbst wenn sein vertragswidriges Verhalten nach *common law* keine *repudiation of the agreement* darstellt oder es gar an einem *breach of contract* fehlt[643]. Demzufolge entfällt die sonst notwendige Differenzierung nach den jeweils vertragsbeendenden Umständen; allemal erhält der Eigentümer ohne konkreten Schadensnachweis in Gestalt der Ausgleichssumme umfänglich Ersatz für erwartete finanzielle Nachteile, also einschließlich geschätzter Gewinneinbußen, auch soweit er hierauf *at law* überhaupt keinen Anspruch hätte. Daneben bleibt ihm überdies die Möglichkeit, falls der vereinbarte Pauschalbetrag nicht zur Deckung eingetretener Verluste reicht, stattdessen eine Schadensersatzklage *for breach of contract* zu erheben[644].

Eine solche *minimum payment clause*, die regelmäßig einen bestimmten Anteil vom *hire-purchase price*, teilweise bis zu 75%[645], als Globalentschädigung vorsieht, beschränkt natürlich außerdem den Mietkäufer keineswegs unerheblich in seinem ihm vertraglich zustehenden Kündigungsrecht. Er wird deshalb, nur zurückhaltend davon Gebrauch machen, weil er mit Rückgabe der Mietsache stets zusätzlich die festgesetzte Geldsumme, die meist unwesentlich von dem eigentlichen Mietkauf abweicht, aufbringen muß, wenngleich abzüglich bereits entrichteter Mietzinszahlungen[646]. Das sichert die Interessen des Eigentümers, denn ganz gleich, wann der andere Teil sich vom Vertrag lossagt, auf jeden Fall gebührt ihm der im voraus festgelegte prozentuale Anteil des Gesamtpreises und läßt die Belange des Mietkäufers nahezu unberücksichtigt, da er insbesondere bei frühzeitiger Beendigung sämtliche finanzielle Nachteile trägt. Demnach erscheint es angesichts der praktischen Konsequenzen durchaus fragwürdig, ob eine derartige Klausel nicht als unerlaubte Vertragsstrafe zu qualifizieren ist, der die Rechtsordnung die Wirksamkeit aberkennt.

Lange Zeit verneinte man jedoch eine Relevanz unter diesem Gesichtspunkt mit der Begründung, daß die Vertragsauflösung wie die daraus resultierenden finanziellen Einbußen letztlich nicht unmittelbar durch einen *breach of contract* verursacht seien, vielmehr das Ergebnis einer eigen-

---

[643] *Guest*, Hire-Purchase, S. 273.

[644] *Ziegel*, Damages for Breach of a Hire-Purchase Contract, M.L.R. 24 (1961), 722, 797; Yeoman Credit Ltd. v. Waragowski [1961] 3 All E.R. 145.

[645] *Atiyah*, Sale of Goods, S. 404; *Guest*, Hire-Purchase, S. 276.

[646] *Guest*, Hire-Purchase, S. 275, 277; *Brink/Habel*, Recht der Kreditsicherheiten, Teil IV: England – S. 172; Landom Trust, Ltd. v. Hurrell and Another [1955] 1 All E.R. 839.

ständigen Entscheidung des Eigentümers wären[647]. Infolgedessen könne mangels Schadensliquidation das Problem einer *penalty* nicht aufkommen. Erst nachdem *finance companies* im Zuge zunehmender Beteiligung an *hire-purchase* Transaktionen die Vertragsbedingungen immer mehr zu ihren Gunsten auszugestalten begannen, verspürte man ein Bedürfnis, den Mietkäufer vor Mißbrauch zu schützen. Die Wende leitete die Rechtsprechung kurz nach Ende des Zweiten Weltkrieges ein.

1952 änderte der *Court of Appeal* den juristischen Ansatzpunkt, indem er die frühere, etwas kunstvolle Unterscheidung zwischen Auflösungsgrund und vertragsbeendigendem Akt aufgab und dem die Vertragsaufhebung bedingenden Ereignis die maßgeblich Bedeutung beimaß[648]. Das Gericht sah in dem Verhalten des *hirer* (Zahlungssäumnis), das zur Kündigung der Mietkaufvereinbarung führte, einen *breach of contract*, weshalb es die auf die *minimum payment clause* gestützte Ausgleichsforderung als pauschalierten Schadensersatzanspruch einstufte. Daraufhin unterzog es die Klausel einer Überprüfung anhand der *rule against penalties*, obschon sie nach ihrer Formulierung neben dem Vertragsbruch auch für andere Beendigungsgründe galt. In Anwendung der von *Lord Dunedin* im *Dunlop's case* herausgearbeiteten Kriterien[649] bejahte es sonach eine Vertragsstrafe, weil die festgesetzte Geldsumme nicht das Ergebnis einer Schätzung des voraussichtlichen Schadensumfanges war, und hob deshalb das erstinstanzliche Urteil auf[650].

Unbeantwortet, abgesehen einer Andeutung von *Somnervell*, L.J.[651] ließ das Gericht aber mangels Entscheidungserheblichkeit die Frage, ob der

---

[647] *Guest*, Hire-Purchase, S. 275.

[648] Cooden, Engineering Co., Ltd. v. Stanford [1952] 2 All E.R. 915, 932 (per *Hodson*, L.J.) – "... My difficulty is to see the validity of the disctinction between a claim to receive payment of a sum of money because of a right to determine arising from breach of contract, and a claim to receive payment of the same sum by reason of breach of contract giving a right to determine. The latter situation arises in cases of breach of condition amounting to a repudiation of the contract giving the opposite party the right to accept the repudiation and sue for damages ...".

[649] Dunlop Pneumatic Tyre Co., Ltd. v. New Garage and Motor Co., Ltd. [1914–1915] All E.R. Rep. 739, 741 – "... The essence of a penalty is a payment of money stipulated as in terrorem of the offending party; the essence of liquidated damages is a genuine covenanted pre-estimate of damage ...".

[650] Cooden Engineering Co., Ltd. v. Stanford [1952] 2 All E.R. 915.

[651] Cooden Engineering Co., Ltd. v. Stanford [1952] 2 All E.R. 915, 921 – "... Though it may well be that the conclusion would be the same, it might fall to be considered on equitable rather than on common law principles ...".

Abgeltungsklausel auch bei Vorliegen eines anderen Beendigungsgrundes als Vertragsbruch die Durchsetzbarkeit versagt werden müsse. Dem *Court of Appeal* folgte wenig später *Denning,* L.J. in einem Rechtstreit vor der Queens's Bench, der der vorgeäußerten Auffassung beipflichtend ebenfalls eine solche Klausel die eine Zahlung von 75 % des Gesamtpreises zum Ausgleich von Wertminderungen anordnete, wegen ihres Vertragsstrafencharakters für unwirksam erachtete[652].

Ende 1961 gelangte schließlich ein Verfahren bis vor das *House of Lords*[653], so daß man eine höchstrichterliche Klärung hinsichtlich der Gültigkeit von *minimum payment clauses* erwarten durfte. Der Kläger hatte mit der beklagten Finanzierungsgesellschaft einen Mietvertrag über einen Gebrauchtwagen geschlossen, der ihm einerseits ein jederzeitiges Kündigungsrecht einräumte, andererseits aber im Falle vorzeitiger Vertragsbeendigung pauschal einen Betrag in Höhe von 2/3 der Gesamtsumme für Wertminderungen abverlangte. Bereits sechs Wochen nach Vertragsschluß teilte der Kläger der *finance company* mit, er könne aufgrund unvorhergesehener Umstände keine Zahlung mehr leisten und bitte daher um Rücknahme der Mietsache. Nachdem er ein paar Tage darauf den Wagen tatsächlich bei dem Automobilhändler wieder abgeliefert hatte, forderte die Beklagte gerichtlich den vertraglich vereinbarten Abgeltungsbetrag ein.

Das *House of Lords* beschäftigte sich in dem Verfahren eingehend mit dem aufgeworfenen Problem der Vertragsstrafe, verabsäumte jedoch, die Rechtswirksamkeit von Mindestzahlungsklauseln abschließend, mithin allgemeingültig zu beurteilen, da es entgegen der Vorinstanz[654] mehrheitlich in dem erwähnten Schreiben des Klägers keine Ausübung des ihm vorbehaltenen Kündigungsrechts zu erblicken vermochte, sondern stattdessen sein Verhalten als *breach of contract* würdigte[655]. Bei dieser Interpretation vermied es eine Abweichung des vorgelegten Sachverhalts in den äußeren Strukturen von den tatsächlichen Gegebenheiten früherer untergerichtlichen Entscheidungen. Deshalb brauchte es lediglich, ohne die Frage der Wirksamkeit im übrigen umfassend erörtern zu müssen, seine Entschei-

---

[652] Landom Trust, Ltd. v. Hurrell and Another [1955] 1 All E.R. 839, 842 – "... Looking at this agreement and the conditions under which it was made, I am of opinion that the sum of £ 425 was not a genuine pre-estimate of damage but was an extravagant and extortionate sum held in terrorem over the head of the hirer ...".

[653] Bridge v. Campbell Discount Co., Ltd. [1962] 1 All E.R. 385.

[654] Campbell Discount Co., Ltd. v. Bridge [1961] 2 All E.R. 97.

[655] Bridge v. Campbell Discount Co., Ltd. [1962] 1 All E.R. 385, 391, 394, 401.

dung darauf zu beschränken, inwieweit eine Mindestzahlungsklausel unter diesen konkreten Umständen Bestand haben konnte. In Übereinstimmung mit der bisherigen Rechtsprechung, deren Richtigkeit es dadurch judikativ bindend bestätigte, befürwortete es angesichts der Schadensersatzfunktion einer solchen Geldleistung bei Vertragsbruch eine Anwendung des *law as to penalties* und untersuchte daher, ob die Höhe der vereinbarten Abgeltungssumme einer voraussichtlichen Schadensschätzung entsprach. Dies bedurfte der Verneinung, denn die auferlegte Abschlagszahlung, die anfänglich mit 2/3 des Gesamtpreises das größte Ausmaß erreicht, verringert sich bei fortschreitender Mietzeit ständig, während doch demgegenüber die Wertminderung gerade erst dann spürbar zunimmt[656]. Aufgrunddessen verwarf das *House of Lords* die *minimum payment clause* als *penalty.*

Der höchstrichterliche Urteilsspruch bedeutet natürlich kein generelles Verdikt gegen Mindestzahlungsklauseln, zumal das englische Recht es den Parteien prinzipiell nicht verwehrt, saldierte Schadensersatzbeträge von vornherein für den Fall der Vertragsbeendigung infolge *breach of contract* festzusetzen[657]. Allerdings hat die Kautelarjurisprudenz den durch die Rechtsprechung herausgearbeiteten Grundsätzen Rechnung zu tragen, wenn sie den Erfolg einer späteren Klage nicht gefährden will. Deshalb muß sie der Formulierung einer solchen Klausel besondere Sorgfalt widmen, damit jeder Anschein einer Vertragsstrafe vermieden wird. Das ist keine einfache Aufgabe, da die Gerichte bislang außer dem Umstand, daß die Höhe der veranschlagten Summe den voraussichtlich zu erwartenden Wertverlust nicht übersteigen darf, ansonsten bislang kaum eindeutige Kriterien für ihre Ausgestaltung im übrigen vorgegeben haben, vielmehr vorwiegend auf die konkreten Gegebenheiten im Einzelfall abstellten[658].

Jedenfalls läßt sich sagen: Zum einen sollte die individuelle Formulierung auf Art sowie Beschaffenheit des jeweiligen Mietobjekts Rücksicht

---

656 Bridge v. Campbell Discount Co., Ltd. [1962] 1 All E.R. 385, 395 (per *Lord Radcliffe*) – "... It produces the result, absurd in its own terms, that the estimated amount of depreciation becomes progressively less the longer the vehicle is used under the hire. This is because the sum agreed on diminishes as the total of the cash payments increases ..."; 399 (per *Lord Denning*) – "... The truth is that this minimum-payment is not so much compensation for depreciation but rather compensation for loss of the future instalments which the respondents expected to receive, but which they had no right to receive. It is a penal sum which they exact because the hiring is terminated before two-thirds has been paid ...".

657 *Guest*, Hire-Purchase, S. 274.

658 *Halsbury's* Laws of England, Vol. 22 – Para. 290 Fußn. 10; *Guest*, Hire-Purchase, S. 281ff.; Phonographic Equipment (1958) v. Muslu [1961] 3 All E.R. 626; Lombank Ltd. v. Excell [1963] 3 All E.R. 486; E.P. Finance Co. v. Dooley [1964] 1 All E.R. 527.

nehmen, zum anderen dürfte eine solche Klausel nur geringfügige Chancen auf gerichtliche Anerkennung haben, solange der ausbedungene Zahlungsbetrag einen prozentualen Anteil vom *hire-purchase price* bildet[659]. In Anbetracht jener Schwierigkeiten könnte man eventuell sodann eher dazu geneigt sein, anstatt eines Wertausgleichs von vornherein eine Entschädigung *for loss of profit* festzusetzen, aber auch das erfordert eine möglichst genaue Schätzung des zu erwartenden Ausfalls. Wollte man ihn insoweit einfach an den entgangenen Mietzinszahlungen bemessen, würde die Klausel der Durchsetzbarkeit entbehren, sofern nicht ausnahmsweise der Vertragsbruch des Mietkäufers eine *repudiation of the hire-purchase agreement* darstellt[660].

Unklar bleibt folglich, was bei einer Vertragsauflösung aufgrund anderer Umstände als *breach of contract* gelten soll, trotz der sicherlich vorhandenen Tendenz der Rechtsprechung, selbst bei Vorliegen eines zweifelsfreien Kündigungsschreibens weitgehend noch Vertragsbruch zu bejahen[661]. Das *House of Lords* hat zwar, obschon mit der Annahme eines *breach of contract* eigentlich eine konkrete Notwendigkeit hierfür entfiel, das Problem nachhaltig diskutiert, doch vertraten die *Lords* zum Teil konträre Ansichten und erzielten letztlich weder ein Mehrheitsvotum, geschweige denn Einmütigkeit[662].

Damit steht eine endgültige höchstrichterliche Klärung also noch aus, weshalb angesichts der Unterschiedlichkeit der geäußerten Standpunkte bis dahin vorerst eine Entscheidung aus dem Jahr 1938, in der der *Court of Appeal* eine *minimum payment clause* mangels eines *breach of contract* unbeanstandet ließ[663], weiterhin judikative Beachtung beanspruchen dürfte[664]. Sonach würde bei freiwilliger Aufkündigung seitens des Mietkäufers wie auch bei Beendigung aus sonstigen Gründen eine Überprüfung anhand

---

[659] *Guest*, Hire-Purchase, S. 281, 283; *Chitty*, On Contracts, Vol. II – Para. 3223.

[660] *Guest*, Hire-Purchase, S. 282f.; Anglo-Auto Finance Co., Ltd. v. James [1963] 3 All E.R. 556.

[661] vgl. United Dominions Trusts (Commercial), Ltd. v. Ennis [1967] 2 All E.R. 345, 348 (per *Lord Denning*, M.R.) – "... a hirer is not to be taken to exercise such an option unless he does so consciously, knowing of the consequences, and avowedly in exercise of the option ...".

[662] Bridge v. Campbell Discount Co., Ltd. [1962] 1 All E.R. 385.

[663] Associated Distributors, Ltd. v. Hall and Hall [1938] 1 All E.R. 511.

[664] so auch United Dominious Trust (Commercial), Ltd. v. Ennis [1967] 2 All E.R. 345, 348 *Lord Denning*, M.R., trotz seines anderslautenden Votums in Bridge v. Campbell Discount Co., Ltd. [1962] 1 All E.R. 385, 400.

des *law as to penalties* nicht nur ausscheiden, vielmehr überdies die Klausel volle Wirksamkeit entfalten. Das liefe auf die merkwürdige Konsequenz hinaus, daß der vertragstreue Mietkäufer schlechter stehen würde, als ein vertragsbrüchiger, weil er die Pauschalentschädigung entrichten müßte[665].

Dementsprechend bräuchte ein Mietkäufer sich stets nur eines Vertragsbruchs schuldig zu machen, um der ihn sonst treffenden Zahlungslast zu entgehen. Zur Erreichung eines der Billigkeit dienenden Ereignisses wäre es angebrachter, wenn die Rechtsprechung in Erkenntnis der funktionellen Wesensverwandtschaft mit der *mortgage* dem Kreditnehmer wie auch dort unabhängig vom jeweiligen Beendigungsgrund Rechtsschutz gegenüber Zahlungsabreden mit Strafcharakter gewähren würde[666].

i) Zwangsvollstreckung und Konkurs

Auch nach englischem Recht unterliegen nur solche Gegenstände der Zwangsvollstreckung, die dem Vollstreckungsschuldner gehören. Ein Gläubiger des *hirer* kann also die in dessen Besitz befindliche Mietsache, da weiterhin Eigentum des *owner*, nicht wirksam mittels Beschlagnahme pfänden lassen[667]. Kommt es gleichwohl zu einer Vollstreckung in die Sache, weil weder der die Beschlagnahme durchführende *sheriff* Kenntnis von dem *hire-purchase agreement* hatte noch irgendwelche Anhaltspunkte für Fremdeigentum vorlagen, erlangt der Vollstreckungsgläubiger allenfalls ein Pfandrecht an dem einen Mietkäufer bereits gebührenden *proprietary interest*[668]. Meistens erlischt dies aber nach den Vertragskautelen mit Vollstreckungszugriff, so daß die Pfändung insgesamt rechtswidrig wird und der

---

[665] vgl. Bridge v. Campbell Discount Co., Ltd. [1962] 1 All E.R. 385, 399 (per *Lord Denning*) – "... Let no one mistake the injustice of this. It means that equity commits itself to this absurd paradox: It will grant relief to a man who breaks his contract but will penalise the man who keeps it ...".

[666] vgl. Bridge v. Campbell Discount Co., Ltd. [1962] 1 All E.R. 885, 399f. (per *Lord Denning*) – "... From the very earliest times, equity has relieved not only against penalties for breach of contract, but also against penalties for non-performance of a condition. And the stipulation for a "minimum payment" was, it seems to me, a penalty which was payable on non-performance of a condition ... In my judgment, therefore, the courts have power to grant relief against the penal sum contained in this "minimum-payment" clause, no matter for what reason the hiring is terminated ...".

[667] *Chitty*, On Contracts, Voll. II – Para. 3289; *Halsbury's* Laws of England, Vol. 22 – Para. 190; *Guest*, Hire-Purchase, S. 352.

[668] *Chitty*, On Contracts, Vol. II – Para. 3289; *Halsbury's* Laws of England, Vol. 130; *Guest*, Hire-Purchase, S. 352

sheriff auf Verlangen des *owner* die weitere Vollstreckung einstellen muß, um sich nicht schadensersatzpflichtig zu machen[669]. Ist allerdings zu diesem Zeitpunkt eine Veräußerung der Sache schon ordnungsgemäß vollzogen, bleibt dem *owner* lediglich ein Anspruch auf Herausgabe des Erlöses[670].

Ebensowenig erfährt die Rechtsstellung des *owner* eine Beeinträchtigung bei Konkurseröffnung über das Vermögen des *hirer*, nachdem die Insolvenzrechtsform von 1986 für die Beseitigung der *reputed ownership clause* sorgte, die, falls den Umständen nach der Gemeinschuldner im Geschäftsleben als vermeintlicher Eigentümer erscheinen mußte, auch Fremdgüter in die Konkursmasse zog[671]. Nunmehr gilt uneingeschränkt, daß allein die Vermögenswerte des Gemeinschuldners, soweit sie ihm gehören, zur Befreiung der Konkursgläubiger dienen; somit kann der *owner*, da seine Rechte durch das Insolvenzverfahren nicht berührt werden, die Mietsache vom *trustee in bankruptcy* herausverlangen.

3. Conditional Sale – Reservation of Right of Disposal

a) *Zulässigkeit, Normative Verankerung*

Obwohl das englische Recht mangels Abstraktionsprinzip keine strikte Trennung von schuldrechtlicher causa und dinglichem Verfügungsgeschäft vornimmt, unterscheidet es gleichwohl zwischen dem Willensmoment einer rechtgeschäftlichen Einigung, wobei obligatorische sowie dingliche Abrede zusammenfallen, und der daraus resultierenden Änderung der rechtlichen Zuständigkeit an einem Gegenstand. Nur bedarf es bei Vollrechtsübertragungen angesichts des geltenden Konsensprinzips anders als im deutschen Recht nicht eines besonderen Vollzugsakts in Gestalt einer *traditio*, sondern der Eigentumsübergang erfolgt unabhängig von der tatsächlichen Besitzübergabe durch bloßen Willenskonsens[672]. Demzufolge bewirkt im allge-

---

[669] *Halsbury's* Laws of England, Vol. 22 – Para. 130; *Guest*, Hire-Purchase, S.352f.

[670] *Chitty*, On Contracts, Vol. II – Para. 3289; *Halsbury's* Laws of England, Vol. 22 – Para. 130; *Guest*, Hire-Purchase, S. 353

[671] *Chitty*, On Contracts, Vol. II – Para. 3298; *Halsbury's* Laws of England, Vol. 22 – Para. 124.

meinen bereits der Vertragsschluß den intendierten Eigentumswechsel auf den Käufer, während der dem Verkäufer weiterhin verbleibende Sachbesitz lediglich Zug-um-Zug gegen Leistung des Kaufpreises übertragen zu werden braucht. Somit erschöpft sich im Gegensatz zum deutschen Recht die synallagmatische Hauptleistungspflicht des *seller* in der Besitzverschaffung (vgl. s. 27 *Sale of Goods Act* 1979). Der mit kaufvertraglicher Einigung eintretende Eigentumsverlust führt selbst zu keiner Beeinträchtigung der Belange des Verkäufers, sofern er nicht außerdem den Besitz am Kaufgegenstand zugunsten des Käufers aufgibt. Einem besitzausübenden Veräußerer billigt die Rechtsordnung nämlich ein *common law* lien zu, ein dinglich wirkendes ex-lege Sicherungsrecht, das ihn zur Zurückbehaltung der Ware berechtigt, solange der andere Teil weder Zahlung leistet noch Zahlungsbereitschaft äußert. Ferner verfügt er unter bestimmten Voraussetzungen über ein Wiederverkaufsrecht.

Daneben knüpfen an den Eigentumsübergang für den Verkäufer bedeutsame Rechtsfolgen hinsichtlich der Verwirklichung seines Zahlungsanspruchs. Zum einen geht die Preisgefahr auf den Käufer über[673], zum anderen erlangt der *seller* das Recht auf klagweise Durchsetzung der Kaufpreisforderung[674] – während er ansonsten nur Schadensersatz *"for non-acceptance"* verlangen kann[675]. Schließlich erleidet er, obgleich der Käufer als Eigentümer die Sache bereits wirksam weiterveräußern kann, dennoch durch eine solche Verfügung keinen Nachteil, da seine Rechte aus dem *common law* lien Vorrang vor denen eines Zweitkäufers genießen[676]. Seine Rechtsposition verschlechtert sich allerdings, wenn er dem anderen Teil die Kaufpreissumme teilweise stundet. In diesem Fall büßt der Verkäufer, mag er auch noch den Sachbesitz beanspruchen, aufgrund der Kreditierung sein *lien* ein.

---

672 Allerdings folgt das englische Recht keineswegs ausnahmslos dem Konsensprinzip; vielmehr differenziert es bei sachenrechtlichen Übertragungsvorgängen jeweils nach dem zugrundeliegenden Rechtsgeschäft und wendet außerhalb des Kaufrechts durchaus das Traditionsprinzip an – vgl. z.B. (hinsichtlich der Schenkung) Cochrane v. Moore [1886 – 1890] All E.R. Rep. 731.

673 *Lowe*, Commercial Law, S. 127, 137ff.; Atiyah, Sale of Goods, S. 203ff.; *Benjamin's* Sale of Goods, Paras. 402ff.

674 *Fridman*, Sale of Goods, S. 64; *Lowe*, Commercial Law, S. 127, 180; *Benjamin's* Sale of Goods, Paras. 1286f.

675 *Benjamin's* Sale of Goods, Para. 296; *Lowe*, Commercial Law, S. 180; *Fridman*, Sale of Goods, S. 64.

676 Benjamin's Sale of Goods, Para. 1135; *Fridman*, Sale of Goods, S. 263 ff

Der Kaufvertragsabschluß löst keineswegs zwangsläufig eine Eigentumstradition aus, zumal dies bei Gattungskäufen angesichts des ebenfalls im englischen Recht geltenden Spezialitätsprinzips vor Konkretisierung sowieso undenkbar wäre. Dementsprechend dient s. 16 *Sale of Goods Act* 1979 vornehmlich der Klarstellung. Doch selbst mit der anschließenden Aussonderung von Waren *of that description and in a deliverable state* erfolgt eine Änderung der dinglichen Rechtslage nur, falls ein dahingehender Willenskonsens unter den Parteien herrscht[677].

Auch bei Spezieskäufen überläßt das *statute* den Zeitpunkt der dinglichen Rechtsänderung grundsätzlich der Entscheidung der Parteien; sofern es aber an einer ausdrücklichen oder stillschweigenden Vereinbarung fehlt, greifen die Vermutungsregeln in s. 18 *Sale of Goods Act* 1979 ein. Zentrale Bedeutung kommt *rule* 1 zu, nach der im Zweifel, bei Vorliegen eines *unconditional contract for the sale of specific goods in a deliverable state* ein sofortiger Eigentumsübergang auf den Käufer mit Kaufvertragsschluß stattfindet, selbst wenn die Fälligkeit der Kaufpreissumme oder die Lieferpflicht des Verkäufers auf einen späteren Zeitpunkt hinausgeschoben sein sollte[678].

Trotz ihrer scheinbaren Aussageklarheit schillert diese Grundsatzvermutung, die eine Kodifikation früheren Gewohnheitsrechts darstellt[679], von vagen Begrifflichkeiten wider, die mitunter die praktische Anwendung durch Auslegungsschwierigkeiten belasten. Nicht einfach ist schon eine genaue Ermittlung *of specific goods in a deliverable state*. Gemäß der Legaldefinition in s. 61 (1), (5) *Sale of Goods Act* 1979 muß die Ware jedenfalls bei Vertragsschluß sowohl genau identifizierbar sein, als sich auch in einem lieferbaren Zustand befinden, so daß der Käufer deren Annahme nicht verweigern kann[680].

Beträchtliche Probleme verursacht zudem eine Interpretation des Terminus *conditional contract*, was seine maßgebliche Gründe noch in der vormaligen, bis 1967 bestandenen Rechtslage hat[681]. Bei Geltung der ur-

---

677 *Halsbury's* Laws of England, Vol. 41 – Para. 709; *Benjamin's* Sale of Goods, Para. 349

678 *Lowe*, Commercial Law, S. 130; *Benjamin's* Sale of Goods, Paras. 302ff.; *Fridman*, Sale of Goods, S. 67ff.

679 *Benjamin's* Sale of Goods, Para. 302.

680 *Benjamin's* Sale of Goods, Paras. 307ff.; *Chitty*, On Contracts, Vol. II – Paras. 4192, 4193.

681 *Benjamin's* Sale of Goods, Para. 304 Fußn. 59.

sprünglichen Fassung von s. 11 (1) (c) *Sale of Goods Act* 1893 hätte nämlich eine restriktive Wortlautinterpretation einen Ausschluß des dem Käufer im Falle einer *breach of condition* zustehenden Annahmeverweigerungsrechts bedeutet, da er diese Befugnis stets mit Eigentumserwerb einbüßt. Deswegen stieß die Meinung auf Zustimmung, die den Ausdruck *unconditional contract* erweiternd faßte und dessen Bejahung zusätzlich von der Erfüllung aller wesentlichen Vertragsbedingungen abhängig machte[682]. Einleuchtender sowie richtig dürfte dagegen die Ansicht sein, die *unconditional* lediglich auf das dingliche Rechtsgeschäft im eigentlichen Sinn beziehen will und folglich darunter allein solche Verträge versteht, bei denen ein Eigentumsübergang stets gleichzeitig mit Vertragsschluß stattfindet[683].

Grundsätzlich gilt zwar für einen unbedingten Spezieskauf gem. s. 18, *rule* 1 *Sale of Goods Act* 1979 die Vermutung eines sofortigen Eigentumsübergangs bei Vertragsschluß, aber nur solange kein gegenteiliger Parteiwille erkennbar ist. Eine ausdrückliche wie auch konkludent erzielte Übereinkunft verdrängt diese Präsumption in ihrer Anwendung, wobei in der heutigen Zeit für deren Widerlegung verhältnismäßig geringe Anforderungen zu stellen sein dürften[684].

Danach kommt der vom Gesetz standardisierten Regelannahme eines sofortigen Eigentumsübergangs lediglich subsidiäre Bedeutung zu; vorrangige Beachtung beansprucht dagegen s. 17 (1) *Sale of Goods Act* 1979, denn diese Norm gibt den zentralen Regelungsgedanken wieder, gekleidet in die knappe Formulierung: *"Where there is a contract for the sale of specific or ascertained goods the property in them is transferred to the buyer at such time as the parties to the contract intend it to be transferred"*. Die gesonderte Erwähnung von *"ascertained goods"* dient vor allem der Klarstellung, da insoweit deutlich wird, daß die Vorschrift neben der Stückschuld auch auf die nachträglich konkretisierte Gattungsschuld Anwendung findet[685]. Der darin enthaltene Grundsatz verhilft der Privatauto-

---

[682] *Benjamin's* Sale of Goods, Para. 304.

[683] *Benjamin's* Sale of Goods, Para. 304; *Chitty*, On Contracts, Vol. II – Para. 4191; *Halsbury's* Laws of England, Vol. 41 – Para. 638 Fußn. 15.

[684] R. V. Ward, Ltd. v.Bignall [1967] 2 All E.R. 449, 453 (per *Diplock*, L. J.) – "... but the governing rule is in s. 17, and in modern times very little is needed to give rise to the inference that the property in specific goods is to pass only on delivery or payment ...".

[685] *Benjamin's* Sale of Goods, Paras. 115, 347; Re Wait [1926] All E.R.Rep. 433, 443 (per *Atkin*, L.J.) – "... " ascertained" probably means in accordance with the agreement after the time when a contract of sale is made ...".

mie zum Durchbruch, indem s. 17 (1) *Sale of Goods Act* 1979 es generell den Parteien überläßt, selbst den Zeitpunkt der dinglichen Rechtsänderung nach ihrem Willen festzulegen[686].

Sie haben die Möglichkeit, die Änderung der rechtlichen Zuständigkeit an der Sache entweder automatisch mit Ablauf einer bestimmten Frist geschehen zu lassen oder an Bedingungen zu knüpfen (vgl. s. 2 (6) *Sale of Goods Act* 1979) und so einen *conditional contract of sale* zu schließen. In einzelnen, enumerativ aufgezählten Fällen mutmaßt s. 18 *Sale of Goods Act* 1979 aufgrund der konkreten Gegebenheiten sogar die Vereinbarung eines *conditional sale*, nimmt deshalb unter anderem an, daß ein Eigentumsübergang nicht vor der für die genaue Kaufpreisermittlung notwendigen Untersuchung der Ware stattfindet oder bis die Kaufsache in einen lieferbaren Zustand versetzt wird oder bevor bei einem Kauf auf Probe der Käufer die gelieferte Sache gebilligt hat[687].

Diese Fälle vermuteten Eigentumsaufschub, wollen dem Verkäufer aber keine Sicherheit in Gestalt des ihm verbleibenden Vollrechts gewähren, sie resultieren vielmehr aus bestehenden Ungewißheiten hinsichtlich der kaufvertraglichen Essentialia (Kaufpreis bzw. Kaufgegenstand), die es vor Vollzug des Erfüllungsgeschäfts noch zu beseitigen gilt. Sobald Klarheit über die Höhe des Kaufpreises wie über die zu übereignenden, konkreten Sachgegenstände herrscht, fällt das Eigentum an Käufer unabhängig von dessen Zahlungsbereitschaft. Das offenbart die fehlende Sicherungsfunktion der von s. 18 *Sale of Goods Act* 1979 erfaßten Konstellationen einer bedingten Vollrechtsübertragung.

Eine andere Situation begegnet in s. 19 (1) *Sale of Goods Act* 1979. Während s. 18 *Sale of Goods Act* 1979 allein aus tatsächlichen Momenten auf eine bedingte Eigentumsübertragung folgert, verlangt s. 19 (1) *Sale of Goods Act* 1979 eine entsprechende, positive Willensäußerung, sei es ausdrücklich oder auch nur konkludent, nach der der Käufer vorerst noch nicht das absolute Verfügungsrecht an der Sache erhalten soll. Die Norm beinhaltet also keine Präsumption für einen *conditional sale* bei Schweigen der Vertragsschließenden, sondern es muß zumindest unzweifelhaft aus den Umständen des Kaufgeschäftes hervorgehen, daß sich der Verkäufer bis

---

[686] *Benjamin's* Sale of Goods, Paras. 301; *Lowe*, Commercial Law, S. 129; *Halsbury's* Laws of England, Vol. 41 – Para. 719

[687] *Benjamin's* Sale of Goods, Para. 314ff.; *Lowe*, Commercial Law, S. 130ff.; Atiyah, Sale of Goods, S. 188ff.; *Halsbury's* Laws of England, Vol. 41 – Paras. 722, 723, 727.

zum Eintritt einer bestimmten Bedingung – gewöhnlich Tilgung der Kaufpreisforderung das *right of disposal of the goods* vorbehalten will[688].

Durch die weiterhin in Anspruch genommene Dispositionsbefugnis wird ein Eigentumsübergang ungeachtet des dem Käufer eingeräumten Sachbesitzes verhindert, bis die gesetzte Bedingung wegfällt[689]. Auf diese Weise ermöglicht es das englische Recht dem Verkäufer, nach seinem Willen den sonst mit Kaufvertragsschluß bzw. Konkretisierung eintretenden Eigentumserwerb des Käufers hinauszuzögern, um dadurch einer Gefährdung seiner Rechtsposition entgegenzuwirken. Dazu besteht insbesondere dann ein Bedürfnis, wenn er unter Abbedingung der synallagmatischen Verknüpfung in s. 28 *Sale of Goods Act* 1979 zur Vorleistung verpflichtet ist, denn in dem Fall muß er sich schon vor Kaufpreiszahlung des Sachbesitzes begeben, was zugleich den Verlust seiner gesetzlichen Sicherungsrechte bedeutet. Ihm verbleibt allein der schuldrechtliche Zahlungsanspruch, während demgegenüber der Käufer, so wie bei vollständiger Abwicklung des Kaufgeschäfts, neben dem unumschränkten Eigentum auch über die tatsächliche Sachherrschaft verfügt.

In dieser Situation bietet ein *agreement to sell*, das den dinglichen Rechtserwerb auf einen späteren Zeitpunkt nach Vertragsschluß verschiebt, dem Verkäufer den notwendigen Schutz zur Wahrung seiner Interessen. Gewöhnlich wird das der Augenblick des Erlöschens der Kaufpreisforderung sein, allerdings steht den Parteien ebenso die Vereinbarung einer beliebig anderen Bedingung frei[690], unter der sich der intendierte Eigentumsübergang vollziehen soll. Indem der *seller* weiterhin die absolute Verfügungsgewalt über die veräußerte Sache beansprucht, gelingt es ihm aufgrund seiner ungebrochenen Vollrechtsinhaberschaft, den Kaufgegenstand als Sicherungsgut einzusetzen. Weil die noch ihm gehörende Sache trotz Übergabe nicht im Vermögen des Käufers aufgeht, kann er bei Nichtbegleichung der Kaufpreissumme Zugriff auf den Kaufgegenstand nehmen, um durch dessen Verwertung im Wege des Ersatzverkaufs seinen erlittenen Schaden zu kompensieren. Im Unterschied zu den von s. 18 *Sale of Goods Act* 1979 vermuteten Fälle eines bedingten Kaufgeschäfts besitzt der in s. 19 (1) *Sale of Goods Act* 1979 geregelte *conditional sale* Sicherungscharakter.

---

[688] *Chitty*, On Contracts, Vol. II – Para. 4204; *Benjamin's* Sale of Goods, Para. 383; *Halsbury's* Laws of England, Vol. 41 – Para. 731.

[689] *Benjamin's* Sale of Goods, Para. 385; *Halsbury's* Laws of England, Vol. 41 – Para. 731; *Chitty*, On Contracts, Vol. II – Para. 4204; Fridman, Sale of Goods, S. 90.

[690] *Benjamin's* Sale of Goods, Para. 383.

Der Regelungsinhalt von s. 19 (1) *Sale of Goods Act* 1979 steht im Einklang mit der allgemeinen Grundregel in s. 17 (1) *Sale of Goods Act* 1979, nach der die Parteien selbst den Zeitpunkt des Eigentumsübergangs bestimmen. Jene Norm präzisiert den genannten Grundsatz für eine besondere Konstellation und gestattet noch einmal ausdrücklich, was sowieso schon nach dieser Vorschrift zulässig wäre. Sie macht aber s. 17 (1) *Sale of Goods Act* 1979 keineswegs überflüssig, vielmehr behandelt sie lediglich eine praktisch wichtige Gestaltung eines *conditional sale*. Zudem wird klargestellt, daß mit der weiteren Inanspruchnahme der Verfügungsbefugnis über die Sache dem Verkäufer auch das Eigentum verbleibt.

Der in s. 19 (1) *Sale of Goods Act* 1979 verankerte Rechtsgedanke ist die Verallgemeinerung eines speziellen Prinzips, das seine positivrechtliche Ausprägung in s. 19 (2) *Sale of Goods Act* 1979 gefunden hat[691]. Die heutige normative Konzeption geht auf eine Rechtsprechung im 19. Jahrhundert zurück, die sich ursprünglich im Bereich des Seehandels aufgrund der dortigen Besonderheiten herausbildete.

b) Inhaltliche Gestaltung

Das englische Recht kennt mit s. 19 (1) *Sale of Goods Act* 1979 ein als Verfügungsvorbehalt ausgestaltetes Sicherungsrecht, das einem Verkäufer die Möglichkeit gibt, den Vollzug des dinglichen Rechtsgeschäfts erst mit Verwirklichung einer von ihm festgelegten Bedingung eintreten zu lassen. Es entfaltet die Wirkung eines Eigentumsvorbehalts, obschon das *statute* im Einklang mit der früheren Rechtsprechung zum *common law* eine andere Bezeichnung verwendet. Die Akzentuierung der Rechtsfolge einer *reservation of right of disposal* verdeutlicht jedoch zutreffend die funktionelle Ähnlichkeit zum Eigentumsvorbehalt des deutschen Rechts, in dem es seine institutionelle Entsprechung findet.

Ein konstruktiver Unterschied resultiert allerdings aus dem fehlenden Abstraktionsprinzip, denn während die deutsche Dogmatik zwischen einem unbedingten Kaufvertrag und einer bedingten Übereignung trennt, muß die englische Rechtspraxis aufgrund der Einheit von Verpflichtungs- und Verfügungsgeschäft den gesamten Vorgang unter eine Bedingung stellen. Dies klingt bereits in der Formulierung *conditional sale* an, die das *statute*

---

[691] *Fridman*, Sale of Goods, S. 90; Atiyah, Sale of Goods, S. 192.

für einen *contract of sale* gebraucht, den die Parteien aufschiebend bedingt abschließen[692].

Ein *conditional sale* entbehrt der absoluten Bedingungswirkung für die Parteien[693]. Sie erstreben zwar von vornherein eine endgültige Veräußerung, insoweit bedarf es daher später keiner erneuten Einigung mehr, doch wollen sie daran nur gebunden sein, falls sich die festgesetzte *conditional precedent* auch realisieren sollte. Das bedeutet aber nicht, daß eine Kaufvereinbarung in der Zwischenzeit gänzlich wirkungslos wäre[694]. Vielmehr erzeugt sie je nach Ausgestaltung, insbesondere wenn der Eigentumsübergang von der rechtzeitigen Tilgung der Kaufpreisschuld abhängt, durchaus bereits Wirkungen, die den Vertragsschließenden bestimmte Verhaltensweisen auferlegen. Einerseits hat der Käufer im wesentlichen seiner vertraglichen Zahlungspflicht zu genügen, andererseits muß der Verkäufer dem anderen Teil eine ungestörte Besitzausübung gewährleisten und alles unterlassen, was einen späteren Rechtserwerb vereiteln könnte. Daher wird also mit Vertragsschluß die Abwicklung des Kaufgeschäfts schon eingeleitet, obgleich sein endgültiger Vollzug aufgrund der *conditional precedent* noch in der Schwebe bleibt.

Gemäß der Vereinbarung tritt der Verkäufer regelmäßig in Vorleistung, indem er entgegen seiner synallagmatischen Verpflichtung nach s. 28 *Sale of Goods Act* 1979 dem Käufer vor Zahlung bzw. Zahlungsangebot den tatsächlichen Sachbesitz einräumt. Die Parteien haben damit auf geniale Weise die übliche synallagmatischen Verknüpfung zwischen Leistung und Gegenleistung aufgelöst, ohne sie völlig zu beseitigen. Zwar verzichten sie auf eine Besitzübergabe Zug-um-Zug gegen Tilgung der Kaufforderung, aber machen stattdessen den Eigentumsübergang von der Erfüllung der

---

692 Demgegenüber handelt es sich um keinen "conditional sale", wenn die Parteien unter einer auflösenden Bedingung kontrahieren, sondern um einen "absolute sale", denn der "contract of sale" entfaltet trotz der vereinbarten "conditional subsequent" mit Einigung volle Wirksamkeit, bewirkt insbesondere bei einer Stückschuld deshalb sogleich den Eigentumsübergang, andernfalls erst mit Konkretisierung. Ob das Kaufgeschäft ausgeführt wird, hängt nicht von dem Hinzutreten weiterer Umstände ab; die Parteien wollen seinen Vollzug von Anfang an und begründen auch die uneingeschränkte Verpflichtung zur Rechtsänderung. Offen bleibt lediglich der Bestand der erfolgten Rechtsübertragung, da sie unter dem Vorbehalt der Rückabwicklung erfolgt. Der Kauf ist infolgedessen insoweit bedingt, als seine Wirkung mit Eintritt der "condition subsequent" wieder entfallen soll – vgl. ***Fridman***, Sale of Goods, S. 19f.; ***Halsbury's*** Laws of England, Vol. 41 – Para. 638 Fußn. 15; ***Chalmers'*** Sale of Goods, S. 83, ***Benjamin's*** Sale of Goods, Para. 304.

693 ***Fridman***, Sale of Goods, S. 18f.

694 ***Fridman***, Sale of Goods, S. 19.

Zahlungspflicht abhängig. Dadurch wird die dingliche Rechtsänderung gleichsam in eine synallagmatische Beziehung gesetzt, wobei deren Realisierung allein in der Hand des Käufers liegt. Mit Erlöschen der Kaufpreisforderung erwirbt er automatisch das Eigentum am Kaufgegenstand, ohne daß es irgendeines zusätzlichen Vollzugsaktes bedarf. Der Verkäufer verfügt umgekehrt über ein Vollrecht, das latente Brüchigkeit zeigt, weil es in seiner Existenz untrennbar mit dem Bestand der gesicherten Forderung verbunden ist und deshalb mit ihr untergeht. Das englische Recht hat ebenso wie das deutsche Recht durch die Verknüpfung beider Schicksale eine quasi-akzessorische Ausgestaltung des Instituts erreicht.

Sobald der Bedingungseintritt den dinglichen Rechtserfolg herbeiführt, wandelt sich die bisherige Rechtsbeziehung, die das *statute* als *agreement to sell* bezeichnet, automatisch in einen *sale* um[695]. Trotz der begrifflichen Differenzierung in zwei verschiedene Erscheinungsformen eines *contract of sale* besteht zwischen ihnen kein aliud-Verhältnis, vielmehr geht ein *agreement to sell* in der weiterreichenden Kategorie eines *sale* auf, dessen Vorwirkung es lediglich bildet. Der Terminus *sale* dient der Kennzeichnung eines *executed contract of sale*, was ihm heterogene Charakterzüge verleiht, da er ein komplexes Rechtsgeschehen pauschal in seiner Gesamtheit erfaßt, ohne die dingliche Rechtsübertragung von ihrem rechtlichen Grund zu trennen[696]. Demzufolge hat der Ausdruck *sale* einen doppelten Bedeutungsinhalt, denn er meint die kaufvertragliche Einigung wie auch das dingliche Vollzugsgeschäft selbst, die er beide terminologisch zu einer Einheit vereint, und begründet mithin sowohl *"iura in personam"* als auch zugleich *"iura in rem"*[697]. Diese Heterogenität der Rechtswirkungen ist für ihn prägend, so daß ein *sale* ausscheidet, wenn eine der beiden Komponenten fehlt, insbesondere noch kein Eigentumserwerb stattfindet. Erzielen die Parteien eine Einigung über die kaufvertraglichen Essentialia, wollen sie aber den Eigentumsübergang erst zu einem späteren Zeitpunkt eintreten lassen, dann stellt die getroffene Vereinbarung angesichts ihrer Erfüllungsbedürftigkeit einen *executory contract of sale* dar, für den das *statute* die

[695] *Halsbury's* Laws of England, Vol. 41 – Para. 636; *Benjamin's* Sale of Goods, Para. 26.

[696] *Benjamin's* Sale of Goods, Para. 26; *Chalmers'* Sale of Goods, S. 86. (Die fehlende Begriffschärfe infolge ihrer Mehrdeutigkeit mag kritisiert werden, doch ist die englische Rechtssprache tief verwurzelt und langlebig).

[697] *Fridman*, Sale of Goods, S. 21; *Benjamin's* Sale of Goods, Para. 27; *Halsbury's* Laws of England, Vol. 41 – Para. 637; *Chalmers'* Sale of Goods, S. 86.

synonyme Bezeichnung *agreement to sell* gebraucht[698]. Insoweit verbindet die Parteien eines Kaufvertrages unter Eigentumsvorbehalt bis Bedingungseintritt zunächst ein *agreement to sell*, das als *pure contract* lediglich schuldrechtliche Ansprüche erzeugt[699]. Deshalb kann, falls eine Seite einen Vertragsbruch begeht, der andere Teil nur Schadensersatz wegen *breach of contract* fordern[700].

Trotz der andersartigen rechtlichen Systematik des englischen Rechts besticht doch die Ähnlichkeit der *reservation of right of disposal* mit dem deutschen Eigentumsvorbehalt. Hinzuweisen ist allerdings auf einen auffälligen institutionellen Unterschied, der aus der normativen Fassung von s. 19 (1) *Sale of Goods Act* 1979 resultiert. Denn während der deutschen Eigentumsvorbehalt stets Sicherungscharakter besitzt, da der Vollzug des dinglichen Rechtsgeschäfts gem. § 455 BGB institutionell an die vollständigen Zahlungen des Kaufpreises anknüpft, muß dies bei der *reservation of right of disposal* nicht notwendigerweise so sein, sondern der Eigentumsübergang kann unter jedwede, beliebige Bedingung gestellt werden[701].

c) Art der Bestellung, Form

Am unproblematischten erscheint eine ausdrückliche Vereinbarung anläßlich der Kaufvertragsverhandlungen, doch genügt genausogut irgendeine schlichte Verhaltensweise, die konkludent einen dahingehenden Willen zum Ausdruck bringt[702]. Tatsächlich werden die Parteien diesen Punkt auch selten gesondert erörtern, meistens, vor allem im kaufmännischen Handelsverkehr, dürfte ein solcher Vorbehalt lediglich implizit in ihren Äußerungen anklingen, die der kaufvertraglichen Einigung im übrigen zugrundeliegen. Somit ist es oftmals eine Tatsachenfrage, die eine Abwägung anhand der konkreten Einzelumstände erfordert, ob der Eigentums-

---

[698] *Fridman*, Sale of Goods, S. 21f.; *Benjamin's* Sale of Goods, Para. 25; *Halsbury's* Laws of England, Vol. 41 – Para. 637; *Chalmers'* Sale of Goods, S. 86.

[699] *Fridman*, Sale of Goods, S. 21, 23; *Benjamin's* Sale of Goods, Para. 25; *Halsbury's* Laws of England, Vol. 41 – Para. 637.

[700] *Fridman*, Sale of Goods, S. 23; *Benjamin's* Sale of Goods, Paras. 25, 27; *Halsbury's* Laws of England, Vol. 41 – Para. 637.

[701] vgl. *Benjamin's* Sale of Goods, Para. 883; *Halsbury's* Laws of England, Vol. 41 – Para. 731.

[702] *Benjamin's* Sale of Goods, Paras. 384, 1504; *Habel*, Der Eigentumsvorbehalt im englischen Handelsverkehr, S. 58, 62f.

übergang nach dem Willen der Vertragsschließenden von der vollständigen Erfüllung der Kaufpreisforderung abhängen soll. Dabei zeigen die Gerichte sichtlich die Tendenz, bereitwillig auf einen Eigentumsvorbehalt zu erkennen, soweit der jeweilige Sachverhalt ausreichend Anhaltspunkte für eine derartige Abrede liefert[703]. Dies gilt insbesondere dann, wenn die Vertragsbedingungen extra hervorheben, daß eine Auslieferung der Ware bzw. der sie verbriefenden Dokumente nur gegen Zahlung der Kaufpreissumme erfolgen soll[704].

Gerade bei häufig wiederkehrenden Geschäften des gleichen Vertragstyps handeln die Parteien kaum regelmäßig die einzelnen Vertragskautelen individuell aus, stattdessen verweisen sie vielfach auf vorgefertigte Formularwerke, in denen sie zu den für sie wichtigen, regelungsbedürftigen Materien standardisierte Bedingungen zusammengestellt haben. Damit eine darin enthaltene *retention of title clause* die gewünschte Wirkung entfaltet, also dem Veräußerer ungeachtet der Übergabe bis Kaufpreistilgung das Eigentum vorbehält, bedarf es einer Einbeziehung der Allgemeinen Geschäftsbedingungen in den Kaufvertrag, was sich nach allgemeinen Vertragsrecht beurteilt[705]. Eine *incorporation* verlangt stets eine angemessene Bekanntmachung der Formularbedingungen, die dem anderen Teil tatsächlich die Möglichkeit der Kenntnisnahme eröffnet, wobei das Maß der Hinweispflicht umso größer ist, je ungewöhnlicher und unerwarteter eine solche Klausel sein dürfte[706].

Derartige Außergewöhnlichkeit, die zu gesteigerten Anforderungen an die Kenntlichmachung über das übliche Maß hinaus führen würde, beansprucht eine *retention of title clause* nicht, zumal der Zeitpunkt des Eigentumserwerbs keine so entscheidende Bedeutung besitzt, daß davon der Vertragsschluß letztlich abhinge[707]. Zudem muß ein Käufer ohne weiteres mit einer Vorbehaltsklausel rechnen. Eine vom Verkäufer gestellte Eigentumsvorbehaltsklausel wird Vertragsbestandteil, sofern der Käufer bei den Vertragsverhandlungen zumutbar Gelegenheit hatte, sie wahrzunehmen,

---

[703] vgl. *Atiyah*, Sale of Goods, S. 192.

[704] *Atiyah*, Sale of Goods, S. 192; *Benjamin's* Sale of Goods, Paras. 1504; *Halsbury's* Laws of England, Vol. 41 – Para. 732.

[705] *Hicks*, Reservation of Title, Mal. L.R. 27 (1985) 63, 68; *Triebel*, Englisches Handels- und Wirtschaftsrecht, S. 42.

[706] *Hicks*, Reservation of Title, Mal. L.R. 27 (1985), 63, 68f.; *Triebel*, Englisches Handels- und Wirtschaftsrecht, S. 42; *Anson's* Law of Contract, S. 141ff.; Thornton v. Shoe Lane Parking, Ltd. [1971] 1 All E.R. 686.

[707] *Hicks*, Reservation of Title, Mal. L.R. 27 (1985), 63, 70.

gleichgültig, ob er deren rechtliche Relevanz erkannte, ihren Inhalt erfaßte und sie billigte; das gilt umso mehr, wenn er den Kaufvertrag unterzeichnet, da er mit seiner Unterschrift den Vertrag in seinem vollen Umfang - einschließlich beigefügter Formularbedingungen - akzeptiert[708]. Erscheinen die Allgemeinen Geschäftsbedingungen allerdings lediglich auf der Rückseite der Rechnung, ist das zu spät, um Vertragsinhalt zu werden, denn die Parteien haben bereits die kaufvertragliche Einigung erzielt[709]. Der ständige Gebrauch solcher Rechnungsvordrucke in einer laufenden Geschäftsbeziehung kann aber eine Einbeziehung der Kautelen in nachfolgende Kaufverträge rechtfertigen[710]. Im kaufmännischen Handelsverkehr nimmt ein gewerblicher Käufer während der Vertragsverhandlungen nicht selten auch auf seine eigenen Einkaufsbedingungen Bezug, die oftmals von den Verkaufsbedingungen des Verkäufers in wesentlichen Punkten maßgeblich abweichen, indem sie z.B. durch eine Abwehrklausel gerade einen Eigentumsvorbehalt ausschließen. Tritt nun, weil beide Parteien die ihnen vorteilhaften, eigenen Bedingungen durchsetzen wollen, eine Kollision auf, so wird nach der "Theorie des letzten Worts" das Formularwerk desjenigen Vertragsbestandteil, der zuletzt von seiner Seite auf sie verweist[711].

Grundsätzlich muß die Vereinbarung eines Eigentumsvorbehalts mit Vertragsschluß erfolgen, doch ist auch eine spätere Abrede möglich, solange kein Eigentumsübergang stattgefunden hat. Das erwähnt s. 19 (1) *Sale of Goods Act* 1979 ausdrücklich für eine Gattungsschuld; der gleiche Rechtsgedanke gilt aber unter den genannten Voraussetzungen genausogut bei einer Speziesschuld. Lautet der Kaufvertrag über eine Gattungsschuld, können die Parteien gem. s. 19 (1) *Sale of Goods Act* 1979 den Eigentumsvorbehalt ohne weiteres noch bei der Aussonderung vereinbaren[712], da bis zur Konkretisierung mangels Individualisierung die bestehenden Eigentumsverhältnisse unberührt bleiben. Ein solcher nachträglicher Vorbehalt bedeutet allerdings zugleich eine Abänderung des ursprünglichen Kaufvertrages,

---

[708] *Hicks*, Reservation of Title, Mal. L.R. 27 (1985), 63, 68; L'Estrange v. F. Graucob, Ltd. [1934] All E.R. Rep. 16.

[709] *Hicks*, Reservation of Title, Mal. L.R. 27 (1985), 63, 68; George Mitchell (Chesterhall) Ltd. v. Finney Lock Seeds Ltd. [1983] 1 All E.R. 108.

[710] *Hicks*, Reservation of Title, Mal. L.R. 27 (1985), 63, 68f.; *Habel*, Der Eigentumsvorbehalt im englischen Handelsverkehr, S. 63; vgl. auch Re Peachdart Ltd. [1983] 3 All E.R. 204.

[711] *Hicks*, Reservation of Title, Mal. L.R. 27 (1985), 63, 70f.; B.R.S. v. Arthur v. Crutchley Ltd. [1967] 2 All E.R. 285; zweifelnd am Ergebnis: *Lord Denning* in Butler Machine Tool Co. Ltd. v. Ex-Cell-O Corporation (England) Ltd. [1979] 1 All E.R. 965, 967f.

[712] *Benjamin's* Sale of Goods, Paras. 384.

der ja eine unbedingte Übereignung mit Spezifizierung vorsieht; deshalb erfordert es stets eine zweiseitige Willensübereinkunft, damit der Vertrag in entsprechender Weise modifiziert wird[713]. Trotzdem genügt bereits eine einseitige Erklärung des Verkäufers, um einen Eigentumswechsel im Zeitpunkt der Konkretisierung zu verhindern und den Eintritt des dinglichen Rechtserfolges von der Erfüllung der Kaufpreisschuld abhängig zu machen[714], denn dann fehlt es an der für den sofortigen Eigentumserwerb notwendigen Willensübereinstimmung bei Aussonderung der jeweiligen Kaufgegenstände. Obwohl ein solches eigenmächtiges Vorgehen also den gewünschten Erfolg zeitigt, begeht der Verkäufer dadurch jedoch einen *breach of contract*[715], weil er nach wie vor eine unbedingte Übereignung schuldet. Insoweit setzt er sich daher Schadensersatzansprüche des Käufers aus.

Die Vereinbarung eines *right of disposal* bedarf keiner bestimmten Form, wenngleich schon aus Beweisgründen die Abrede überwiegend eine schriftliche Fixierung erfährt[716]. Ebensowenig verlangt seine Wirksamkeit die Wahrung eines publizitären Aktes. Der Eigentumsvorbehalt ist vielmehr ein heimliches Sicherungsrecht, der in seiner Existenz für Dritte nicht aus irgendwelchen Äußerlichkeiten erkennbar wird, so unterliegt er insbesondere keinem Registrierungserfordernis, weder nach den *Bills of Sale Acts* noch dem *Companies Act*[717]. Beide *statutes* begründen eine Registrierungspflicht allein für solche Belastungen, durch die der Schuldner dem kreditierenden Gläubiger ein dingliches Recht an seinen Vermögenswerten einräumt, ohne daß es zu einer Änderung der bestehenden Besitzverhältnisse kommt. Demgegenüber begegnet hier die spiegelbildliche Situation: Eine Änderung der rechtlichen Zuständigkeit an der Kaufsache bewirkt der Eigentumsvorbehalt gerade nicht, stattdessen zögert er sie vieleher hinaus. Der Verkäufer behält sich das Eigentum an dem ihm bisher gehörenden Gegenstand bis zur Tilgung der Kaufpreisschuld zurück, überträgt aber sehr wohl den Besitz auf den Käufer.

---

[713] *Benjamin's* Sale of Goods, Para. 384; *Habel*, der Eigentumsvorbehalt im englischen Handelsverkehr, S. 65.

[714] *Benjamin's* Sale of Goods, Para. 384.

[715] *Benjamin's* Sale of Goods, Para. 384.

[716] *Habel*, Der Eigentumsvorbehalt im englischen Handelsverkehr, S. 65.

[717] *Sauveplanne-Diamond*, Security over Corporeal Movables, S. 39; *Hicks*, Reservation of Title, Mal. L.R. 27 (1985), 63, 72; *Gough*, Company Charges, S. 352ff. *Habel*, Der Eigentumsvorbehalt im englischen Handelsverkehr, S. 66ff.

Kaufgegenstand können alle *personal chattels* sein, abgesehen von *things in action and money*, ja selbst wesentliche Bestandteile, die erst mit Trennung vom Grundstück beweglich werden[718].

d) Rechtsbeziehungen der Beteiligten

Die Rechtsbeziehungen der Kaufvertragsparteien untereinander gleichen durchweg denen von *owner* und *hirer* beim *hire-purchase agreement*, zumal das Rechtsverhältnis auch vielfach durch die Verwendung ähnlicher Kautelarbedingungen mit im wesentlichen übereinstimmenden Detailregelungen eine nähere Ausgestaltung erfährt.

Ebenso wie den *owner* trifft den *seller* primär die Verpflichtung, dem anderen Teil den tatsächlichen Besitz an der ihm gehörenden Sache einzuräumen, während der *buyer* andererseits die Kaufpreisraten vereinbarungsgemäß zu entrichten hat. Im Unterschied zum *hire-purchase* erfolgen seine Zahlungen allerdings von vornherein in Tilgung des festgesetzten Kaufpreis und werden nicht vorerst vorbehaltlich einer späteren Optionsausübung als bloßes Nutzungsentgelt für die Sachüberlassung erbracht. Der Verkäufer muß angesichts der gewählten Vertragsgestaltung mit der Ware regelmäßig in Vorleistung treten, indem er sie dem Käufer übergibt. Soweit eine anderslautende Regelung fehlt, genügt es, wenn er die Kaufsache bei sich *within a reasonable time* zur Abholung bereithält[719]. Kommt er nun seiner Leistungspflicht überhaupt nicht oder nicht rechtzeitig nach, kann der Käufer normalerweise nur Schadensersatzansprüche wegen erlittener oder erwarteter Verluste erheben (vgl. s. 51 *Sale of Goods Act* 1979), es sei denn, das Gericht billigt ihm ausnahmsweise durch ein *decree of specific performance* einen Erfüllungsanspruch zu (vgl. s. 52 *Sale of Goods Act* 1979)[720]. Genauso ist umgekehrt der Käufer selbst aufgrund *breach of*

---

718 *Halsbury's* Laws of England, Vol. 41 – Para. 639; *Benjamin's* Sale of Goods, Para. 76.

719 *Halsbury's* Laws of England, Vol. 41 – Paras. 759, 762; *Benjamin's* Sale of Goods, Paras. 597, 612; *Atiyah*, Sale of Goods, S. 70, 78.

720 *Halsbury's* Laws of England, Vol. 41 – Paras. 868ff., 881; *Benjamin's* Sale of Goods, Paras. 1361ff., 1396ff., 1447ff.; *Atiyah*, Sale of Goods, S. 360, 377f.; *Chitty*, On Contracts, Vol. II – Paras. 4337ff., 4351ff., 4377f.

contract schadensersatzpflichtig, falls er die Annahme der Kaufsache grundlos verweigert[721].

Die Pflichten des Verkäufers erschöpfen sich aber nicht allein in der Übergabe, darüber hinaus treffen ihn noch einzelne Gewährleistungspflichten hinsichtlich der Kaufsache, die ihm jeweils qua lege als *implied conditions* bzw. *implied warranties* auferlegt werden. Es bedarf daher keiner ausdrücklicher Zusicherung im Range einer Vertragsbedingung *(term of contract)*, sondern das Gesetz knüpft an schlichte faktische Gegebenheiten wie bloße Äußerungen eine konkludente Gewährzusage. Das bewirkt eine Stärkung des Käuferschutzes und macht die ansonsten notwendige Abgrenzung zwischen haftungsbegründenden, vertraglich bindenden Angaben und reinen Anpreisungen, die keine verschuldensunabhängige Garantiehaftung auslösen, insoweit überflüssig. Seine Gewährleistung kann der Verkäufer selbst bei handelsgeschäftlichen Transaktionen kaum abbedingen, da ein Haftungsausschluß bzw. eine Haftungsbeschränkung, sofern die gesetzlichen Normen überhaupt zur Disposition stehen, stets einem *requirement of reasonableness* entsprechen muß, um Wirksamkeit zu entfalten (vgl. s. 6 (3) *Unfair Contract Terms Act* 1977)[722]. Gleich dem *owner* beim *hirer*-purchase ist der *seller* für die Lastenfreiheit der veräußerten Sache verantwortlich, außerdem hat er dem *buyer* ebenfalls eine ungestörte Besitzausübung zu ermöglichen (s. 12 (2) *Sale of Goods Act* 1979)[723]. Zusätzlich zu diesen *warranties* obliegen ihm im weiteren noch einzelne *implied conditions*. So muß er dafür einstehen, daß er im Zeitpunkt des Eigentumsübergangs auch tatsächlich verkaufsberechtigt ist, die gelieferten Waren mit der vertraglichen Beschreibung übereinstimmen, die handelsübliche Qualität aufweisen sowie uneingeschränkte Zwecktauglichkeit besitzen (vgl. ss. 12 (1), 13, 14 *Sale of Goods Act* 1979)[724].

Ein regelungsbedürftiger Punkt dürfte bei einem Eigentumsvorbehaltskauf für die Beteiligten vornehmlich die Frage des Gefahrübergangs dar-

---

[721] *Halsbury's* Laws of England, Vol. 41 – Paras. 863ff.; *Benjamin's* Sale of Goods, Paras. 1316 f; *Atiyah*, Sale of Goods, S. 322, 327; *Chitty*, On Contracts, Vol. II – Paras. 4326f.

[722] *Benjamin's* Sale of Goods, Paras. 1060, 1557; *Atiyah*, Sale of Goods, S. 159; *Chitty*, On Contracts, Vol. II – Paras. 4150, 4178ff.; *Halsbury's* Laws of England, Vol. 41 – Paras. 700ff.

[723] *Benjamin's* Sale of Goods, Paras. 278ff.; *Atiyah*, Sale of Goods, S. 66ff.; *Chitty*, On Contracts, Vol. II – Paras. 4144f.; *Halsbury's* Laws of England, Vol. 41 – Para. 687.

[724] *Benjamin's* Sale of Goods, Paras. 262ff., 771ff.; *Atiyah*, Sale of Goods, S. 60ff., 87ff.; *Chitty*, On Contracts, Vol. II – Paras. 4142ff., 4151ff., 4158ff.

stellen, weil nach s. 20 *Sale of Goods Act* 1979 der Verkäufer die Preisgefahr trägt, solange ihm das Eigentum verbleibt. Der nachträgliche, unverschuldete Untergang der Kaufsache entbindet ihn zwar von seiner Leistungspflicht (vgl. s. 7 *Sale of Goods Act* 1979) – er braucht also nicht erneut zu liefern, aber er verliert auch gleichzeitig seinen Zahlungsanspruch, muß insbesondere darüber hinaus bereits erhaltene Raten zurückerstatten[725]. Dieses für ihn wenig günstige Ergebnis kann der Verkäufer angesichts der Abdingbarkeit der normativen Präsumption[726] vermeiden, wenn er die Preisgefahr schon mit dem Besitz auf den Käufer übergehen läßt.

In Parallele zum *hire-purchase agreement* entsteht mit Übergabe der Kaufsache ein *bailment* zwischen den Beteiligten[727], das den *buyer* zur ordnungsgemäßen Verwahrung der Ware verpflichtet. Vor allem hat er die Sache unter Aufwendung notwendiger Sorgfalt pfleglich zu behandeln, darf sie für seiner Zwecke wie vereinbart nutzen, aber üblicherweise weder veräußern noch verarbeiten oder belasten. Allein über das ihm bereits gebührende *proprietary interest* an der Sache kann er ohne Einwilligung des seller wirksam zugunsten Dritter verfügen[728].

e) Dritterwerberschutz im Rechtsverkehr

Die vielfach beklagte Schwäche des Eigentumsvorbehalts beruht in seiner eingeschränkten Drittbeständigkeit. Der Verkäufer ist in seiner dinglichen Rechtsposition nicht gegen Rechtsverluste durch treuwidrige Verfügungen des besitzenden Käufers geschützt, da s. 25 *Sale of Goods Act* 1979 unter Durchbrechung der sonst geltenden *"nemo dat quod non habet"* Maxime für einen Schutz des redlichen Rechtsverkehrs sorgt. Veräußert dieser mithin die unter Eigentumsvorbehalt gelieferte Ware weiter, belastet er sie oder trifft er irgendeine andere Disposition, erwirbt ein Dritter, der gutgläubig auf dessen Berechtigung vertraut, mit dem Sachbesitz wirksam Rechte an

---

725 *Benjamin's* Sale of Goods, Paras. 428; *Fridman*, Sale of Goods, S. 247; *Habel*, Der Eigentumsvorbehalt im englischen Handelsverkehr, S. 71.

726 *Chalmers'* Sale of Goods, S. 157; *Chitty*, On Contracts, Vol. II – Para. 4209; *Benjamin's* Sale of Goods, Paras. 402, 403.

727 *Palmer*, Bailment, S. 4; *Benjamin's* Sale of Goods, Paras. 59; *Atiyah*, Sale of Goods, S. 7.

728 vgl. *Halsbury's* Laws of England, Vol. 22 – Para. 272; *Brink/Habel*, Recht der Kreditsicherheiten, Teil IV: England – S. 178.

ihr, so wie wenn das dingliche Rechtsgeschäft ein *mercantile agent* mit Einverständnis des Verkäufers vorgenommen hätte[729]. Daher büßt der Verkäufer insbesondere bei einem unauthorisierten Weiterverkauf angesichts des gutgläubigen Eigentumserwerbs seitens des Zweitkäufers seine dingliche Sicherheit ein. Unklar ist allerdings infolge der impliziten Verweisung in s. 25 (1) *Sale of Goods Act* auf s. 2 (1) *Factors Act* 1889, ob das voraussetzt, daß die Verfügung ebenfalls *in the ordinary course of business* erfolgt sein muß. Die neuere Rechtsprechung scheint dies jedenfalls zu verlangen[730].

f) Realisierung der Sicherheit

Während § 455 BGB, der die Rechtsfolgenseite des Eigentumsvorbehalts in erster Linie akzentuiert, ausdrücklich ein Rücktrittsrecht des Verkäufers bei bloßem Zahlungsverzug statuiert, soweit die Parteien nichts abweichendes vereinbaren, stellt s. 19 (1) *Sale of Goods Act* 1979, der lediglich die Wirkung einer *reservation of right of disposal* regelt, lapidar fest, daß eine solche Abrede den Eigentumsübergang verhindert ohne jedoch anzuordnen, unter welchen Gegebenheiten der Veräußerer auf welche Weise auf die weiterhin ihm gehörende Sache Zugriff nehmen kann. Das Gesetz bietet dem Gläubiger keine positivrechtliche Handhabe, um bei Zahlungsunwilligkeit oder -unfähigkeit des Schuldners in Wahrung seiner Interessen die Rücknahme des Kaufgegenstands zu betreiben.

Bloße Zahlungssäumnis des Käufers berechtigt den Verkäufer nicht zur Aufkündigung der kaufvertraglichen Rechtsbeziehungen; das schuldrechtliche Primärleistungsverhältnis wirkt unverändert fort und bindet die Parteien insoweit, als es eine einseitige Auflösung hindert, solange das vertragliche Verhalten des anderen Teils in keine *repudiation of contract* mündet[731]. Dabei handelt es sich durchweg um gravierende Verstöße, die die gemeinsame Vertragsgrundlage nachhaltig erschüttern; obwohl zumeist

---

[729] *Benjamin's* Sale of Goods, Paras. 528ff.; *Halsbury's* Laws of England, Vol. 41 – Para. 752; *Chitty*, On Contracts, Vol. II – Paras. 4234ff.

[730] *Benjamin's* Sale of Goods, Paras. 538; *Halsbury's* Laws of England, Vol. 41 – Para. 752 Fußn. 15; *Chitty*, On Contracts, Vol. II – Para. 4237; Newtons of Wembley Ltd. v. Williams [1964] 3 All E.R. 532.

[731] *Benjamin's* Sale of Goods, Paras. 651ff., 1237, 1239, 1345; *Chitty*, On Contracts, Vol. II – Paras. 1471ff.; Vol. II – Paras. 4263, 4310f.; *Halsbury's* Laws of England, Vol. 22 – Paras. 139, 274; Vol. 41 – Para. 781.

gegeben, ist ein Verschulden keineswegs essentiell, vielmehr reichen auch neutrale Ereignisse, wie z.B. Insolvenz oder Zwangsvollstreckung zu einer Erfüllungsverweigerung[732]. Die Außerachtlassung der Zahlungspflicht begründet keinen Pflichtenverstoß dieser Schwere, es sei denn, weitere Umstände kommen verstärkend hinzu, so wenn der Schuldner tatsächlich über längere Zeit hinweg trotz wiederholter Aufforderung durch den Gläubiger nicht die geringste Leistungsbereitschaft äußert[733]. Das Ergebnis resultiert aus der gesetzgeberischen Entscheidung in s. 10 (1) *Sale of Goods Act* 1979.

Ungeachtet der Einstufung von Kaufpreiszahlung einerseits und Sachübergabe andererseits als wesentliche synallagmatische Leistungspflichten *(current conditions)* stellt die Norm die widerlegliche Vermutung auf, daß sofern eine anderweitige Parteiabrede fehlt, Angaben zur Leistungszeit lediglich den Rang einer *warranty* beanspruchen[734]. Zahlt der Käufer bei Fälligkeit nicht rechtzeitig, verletzt er mithin nur eine *warranty*, was keine Vertragsauflösung seitens des Verkäufers rechtfertigt (vgl. s. 61 *Sale of Goods Act* 1979), da vorerst allein eine Leistungsverzögerung vorliegt. Eine solche Leistungsverzögerung kann jedoch durch Zeitablauf in eine Erfüllungsverweigerung übergehen. Versäumt der Käufer nämlich dauerhaft seine primäre Leistungspflicht, bringt er dadurch unverkennbar seine Absage an das gesamte Vertragsverhältnis zum Ausdruck, indem er seiner Zahlungsverpflichtung überhaupt nicht nachzukommen gedenkt. Das bedeutet einen *breach of condition*, die dem Verkäufer die Möglichkeit zur Vertragsaufkündigung gibt. Er hat bei einer *repudiation of contract* stets ein Wahlrecht, muß also keineswegs unbedingt vom Kaufvertrag zurücktreten, sondern kann genausogut an der Vertragsbeziehung festhalten[735].

Solange aber das vertragswidrige Verhalten des Käufers nicht den Grad einer Erfüllungsverweigerung erreicht, scheitert eine Aufhebung des kauf-

---

[732] *Benjamin's* Sale of Goods, Paras. 1238; *Chitty*, On Contracts, Vol. II – Para. 4310.

[733] *Benjamin's* Sale of Goods, Paras. 1239; *Atiyah*, Sale of Goods, S. 127f.; *Lowe*, Commercial Law, 103; Pearl Mill Co. Ltd. v. Ivy Tannery Co. Ltd. [1918 – 1919] All E.R. Rep. 702; Decro-Wall International SA v. Practitioners in Marketing Ltd. [1971] 2 All E.R. 216.

[734] *Benjamin's* Sale of Goods, Paras. 709, 1237; *Atiyah*, Sale of Goods, S. 172; *Halsbury's* Laws of England, Vol. 41 – Para. 686; *Fridman*, Sale of Goods, S. 231; *Chitty*, On Contracts, Vol. II – Para. 4184.

[735] *Benjamin's* Sale of Goods, Paras. 1240, 1241; *Halsbury's* Laws of England, Vol. 41 – Para. 857 Fußn. 1; Photo Production Ltd. v. Securicor Transport Ltd. [1980] 1 All E.R. 556, 562f. (per *Lord Wilberforce*).

vertraglichen Primärleistungsverhältnisses. Der Verkäufer bleibt weiterhin an seine vertragliche Verpflichtungen gebunden und kann sich mangels eines *immediate right to possession* nicht wieder in den Besitz der veräußerten Ware setzen. Falls im Vertrag vorgesehen, darf er unter diesen Umständen eine *action for price* erheben, selbst wenn die Voraussetzungen von s. 49 *Sale of Goods Act* 1979 nicht vorliegen sollten, weil nach verbreiteter Ansicht die Norm keine erschöpfende Regelung beinhaltet[736]. Zusätzlich kann er nach nunmehr gefestigter Rechtsprechung den Verzögerungsschaden als Schadensersatz liquidieren[737].

Meistens widmen aber die Parteien gerade der Frage des Zahlungsverzugs und den daraus für den Verkäufer erwachsenden Rechten entscheidende Aufmerksamkeit bei Vertragsschluß. Wie beim *hire-purchase* werden oftmals bereits vorgefertigte Formularbestimmungen in den Kaufvertrag einbezogen, die in allen bedeutsamen Fällen einer Vertragsgefährdung dem Verkäufer unabhängig von einer *repudiation of contract* den Zugriff auf den Kaufgegenstand gestatten. Sollte auch nicht ausdrücklich erwähnt sein, daß er unter den genannten Bedingungen zur Rücknahme der Sache und zu deren Wiederveräußerung berechtigt ist, ergibt sich die Berechtigung doch allenthalben aus einer analogen Anwendung der Grundsätze des *law on contracts for the sale of land*[738]. Mit Ausübung des Rücktrittsrechts verfügt er nunmehr über das *immediate right to possession*[739]; deshalb steht einer Vindikation der Kaufsache nichts im Wege. Der Verkäufer kann allerdings auch schon, bevor er den tatsächlichen Sachbesitz wiedererlangt, zur Verwertung schreiten und die Waren an einen Dritten veräußern[740].

Anders als beim *hire-purchase* gestaltet sein Rücktritt die kaufvertragliche Rechtsbeziehung in ein Rückgewährschuldverhältnis um, so daß der Verkäufer erhaltene Ratenzahlungen wegen *total failure of consideration* zurückerstatten muß[741]. Jedoch hat ihm andererseits der Käufer Ersatz für

---

[736] *Benjamin's* Sale of Goods, Paras. 1281, 1293, 1294; *Chitty*, On Contracts, Vol. II – Para. 4324.

[737] *Benjamin's* Sale of Goods, Paras. 1295; *Chitty*, On Contracts, Vol. II – Para. 1711; Vol. II Paras. 4184, 4325; Wadworth v. Lydall [1981] 2 All E.R. 401.

[738] *Benjamin's* Sale of Goods, Paras. 1245; *Chitty*, On Contracts, Vol. II – Para. 4311

[739] *Benjamin's* Sale of Goods, Paras. 1254.

[740] *Benjamin's* Sale of Goods, Paras. 1245.

[741] *Benjamin's* Sale of Goods, Paras. 1304; *Atiyah*, Sale of Goods, S. 320; *Halsbury's* Laws of England, Vol. 41 – Para. 811 Fußn. 1; *Fridman*, Sale of Goods, S. 232; Clough Mill Ltd. v. Martin [1984] 3 All E.R. 982, 988 (per *Goff, L.J.*).

erlittene Verluste, z.B. infolge eingetretener Wertminderung, zu leisten[742], während er offenbar einen erzielten Verkaufsmehrerlös nicht auszukehren braucht[743].

g) *Zwangsvollstreckung und Konkurs*

Der Verkäufer erleidet durch Zwangsvollstreckungsmaßnahmen Dritter in die Kaufsache keine Beeinträchtigung seiner Rechtsposition, da er jederzeit unter Berufung auf sein Eigentum die Durchführung der Vollstreckung verhindern oder, falls es wider Erwarten bereits zur Verwertung gekommen sein sollte, zumindest den erzielten Erlös als dessen Surrogat für sich beanspruchen kann.

Ebenso zeigt der einfache Eigentumsvorbehalt uneingeschränkte Konkursbeständigkeit, insbesondere seit mit der Insolvenzrechtsreform 1986 durch die Beseitigung der *reputed owner*ship clause die Gefahr entfallen ist, daß trotz allem unter bestimmten Gegebenheiten Fremdgüter in die Konkursmasse gezogen werden können.

h) *Verlängerungs- und Erweiterungsformen: Romalpa Case*

Führte schon der einfache Eigentumsvorbehalt trotz seiner normativen Absicherung im englischen Handelsverkehr ein eher bescheidenes Schattendasein, so waren Verlängerungs- und Erweiterungsformen bis in die jüngste Gegenwart gar völlig ungebräuchlich. Diese verhaltene Situation geriet allerdings in Bewegung, als 1976 der *Court of Appeal*[744] – durchaus unerwartet – einem verlängerten Eigentumsvorbehalt rechtliche Anerkennung zollte.

Die Klägerin, eine holländische Verkäuferin, hatte von August bis Oktober 1974 größere Mengen Aluminiumfolie an die in England ansässige Beklagte geliefert, jedoch keine Zahlung erhalten. Nachdem am 01. November

---

742 *Benjamin's* Sale of Goods, Paras. 1304; *Chitty*, On Contracts, Vol. II – Para. 4311; *Halsbury's* Laws of England, Vol. 41 – Para. 857.

743 *Chitty*, On Contracts, Vol. II – Para. 4311; *Sauveplanne-Diamond*, Security over Corporeal Movables, S. 39; *Benjamin's* Sale of Goods, Paras. 1242; Clough Mill Ltd. v. Martin [1984] 3 All E.R. 982, 988 (per *Goff, L.J.*).

744 Aluminium Industrie Vaassen B.V. v. Romalpa Aluminium Ltd. [1976] 2 All E.R. 552.

1974 deren Vermögen unter die Zwangsverwaltung eines *receiver* gestellt wurde, meldete sie ihre Forderungen an und machte unter Berufung auf ihre Allgemeinen Geschäftsbedingungen die vertraglich vorbehaltenen Eigentumsrechte gerichtlich geltend.

Aufmerksamkeit verdiente vornehmlich *clause* 13, die die relevanten Bestimmungen über die Eigentumsverhältnisse am Kaufgut beinhaltete. Zunächst einmal wurde dadurch ein Eigentumsvorbehalt an den gelieferten Waren begründet, der erst erlöschen sollte, wenn die beklagte Käuferin sämtliche Schulden aus der Geschäftsbeziehung getilgt hatte. Bis dahin oblag ihr die Verpflichtung, auf Verlangen der Verkäuferin die Aluminiumfolie getrennt von dem übrigen Vermögen und erkennbar als Fremdgut zu lagern. Im weiteren regelte die Klausel, daß, falls die Käuferin die Folie vor vollständiger Zahlung verarbeiten, mit anderen Sachen vermischen oder verbinden würde, die Verkäuferin Eigentümerin dieser neuen Sachen werden sollte. Obgleich das Herstellungsprodukt grundsätzlich bis zur späteren Tilgung aller Geschäftsforderungen im Interesse der Eigentümerin zu verwahren war, bestand dennoch eine Verkaufsermächtigung, solange die Käuferin zum Ausgleich dafür ihre Ansprüche aus der Weiterveräußerung abtrat.

Trotz aller Detailliertheit erfaßt die *clause* die den Rechtsstreit auslösende Fallkonstellation interessanterweise gerade nicht, denn hier ging es um den Verkaufserlös aus Veräußerungsgeschäften über unbearbeitet Folie. Gleichwohl gelangte das Gericht durch Vertragsauslegung zu einer stillschweigend vereinbarten Verkaufsberechtigung, da eine Beschränkung entsprechend dem Wortlaut auf Verarbeitungsprodukte unsinnig gewesen, insbesondere aber dem wahren intendierten Geschäftszweck der Beteiligten zuwidergelaufen wäre[745]. Deshalb sprach es der Klägerin die auf einem separaten Konto verbuchten Verkaufserlöse zu, weil sich daran ihre Rechte fortsetzten.

Die Ausführungen der *Lords Justices* zeigten eine eingehende Auseinandersetzung mit der Überlegung, ob die Klägerin eine Zugriffsbefugnis auf den Erlös gleichsam in Fortwirkung ihrer ursprünglichen dinglichen Berechtigung an der Kaufsache besitzen könne. Das wäre der Fall, wenn der Sachverhalt Raum für die Anwendung der Grundsätze des *tracing* bieten würde. Dieses Rechtsinstitut, das mit jeweils unterschiedlichen Voraus-

---

[745] Aluminium Industrie Vaassen B.V. v. Romalpa Aluminium Ltd. [1976] 2 All E.R. 552, 563.

setzungen sowohl im *common law* wie auch in *equity* existiert[746], verhilft dem dinglich Berechtigten dazu, entweder die Sache selbst, sofern ein wirksamer Rechtserwerb ausscheidet, in den Händen Dritter zu verfolgen oder das an ihrer Stelle getretene Surrogat in Anspruch zu nehmen. Der *Court of Appeal* verlor kein Wort über das *tracing at common law*, obschon dessen Heranziehung nicht schlechthin abwegig erscheinen mußte[747], sondern konzentrierte seine Erörterung von vornherein auf die Besonderheiten des *tracing in equity*. Zwar haftet diesem *equity*-Rechtsbehelf im Gegensatz zu seinem *common law* Pendant der Vorteil an, daß er auch bei einer Vermischung der Sache bzw. des Surrogats mit Gleichartigem durchgreift[748], doch hängt seine Geltendmachung von dem zusätzlichen Erfordernis einer *fiduciary relationship* ab[749].

Angesichts dieses Zusatzkriteriums, an dem die Rechtsprechung beständig festhielt[750], fiel es nicht leicht, die Klage antragsgemäß zu bescheiden. Dennoch suchte der *Court of Appeal* eine Treuhand zu bejahen, und beschäftigte sich zu diesem Zweck ausgiebig mit der konkreten Vertragsgestaltung. Er pflichtete insoweit der rechtlichen Argumentation von *Judge Mocatta* bei, der seine erstinstanzliche Entscheidung (zugunsten der Klägerin) im wesentlichen mit dem Dictum von *Sir George Jessel*, M.R. in *Re Hallet's Estate*[751] untermauert hatte[752].

Sir George Jessel, M.R., führte zunächst aus, daß es für die Ausübung des *tracing in equity* völlig unerheblich sei, ob die Veräußerung widerrechtlich oder rechtmäßig geschehe, solange nur eine *fiduciary relationship*

---

746 *Chitty*, On Contracts, Vol. I – Paras. 1996, 1997; *Snell's* Principles of Equity, S. 309ff.; *Prior*, Reservation of Title, M.L.R. 39 (1976), 585ff.; *Babafemi*, Tracing Assets, M.L.R. 34 (1971), 12ff.; *Khurshid/Matthews*, Tracing Confusion, L.Q.R. 25 (1979), 78ff.; *Goode*, The Right to Trace, L.Q.R. 22 (1976), 360ff.

747 *Prior*, Reservation of Title, M.L.R. 39 (1976), 585, 587; *Farror and Furey*, Reservation of Ownership and Tracing, Cam. L.J. 36 (1977), 27, 28.

748 Re Hallett's Estate [1874 – 1880] All E.R. Rep. 793, 800f. (per *Sir George Jessel*, M.R.); Borden (UK) Ltd. v. Scottish Timber Products Ltd. and another [1979] 3 All E.R. 961, 970 (per *Bridge, L.J.*).

749 *Chitty*, On Contracts, Vol. I – Para. 1997; *Prior*, Reservation of Title, M.L.R. 39 (1976), 585, 587; *Snell's* Principles of Equity, S. 314.

750 vgl. Sinclair v. Brougham and others [1914 – 1915] All E.R. Rep. 622; Re Diplock's Estate [1948] 2 All E.R. 318.

751 Re Hallet's Estate [1874 – 1880] All E.R. Rep. 793, 795ff.

752 Aluminium Industrie Vaassen B.V. v. Romalpa Aluminium Ltd. [1976] 2 All E.R. 552, 555ff.

bestehe[753]. Für eine notwendige treuhänderische Beziehung bedürfe es allerdings keines *express trust*, vielmehr befinde sich ein *agent or bailee* bereits in einer fiduziarischen Position. Dies erkenne die *established doctrine of equity* an, deshalb könne auch ein *bailor*, wenn die Veräußerung durch einen *pure bailee* erfolgt sei, in den Erlös vollstrecken; gleiches gelte auch im Falle eines *mere bailee*[754]. Die Verwendung von synonymen Begriffen impliziere dabei die Vermutung, daß der Zugriff auf den Erlös unabhängig von der Art des *bailment* gewährt werde[755].

Ein bloßes *bailment* infolge der Eigentumsvorbehaltsabrede genügte dem *Court of Appeal* allein noch nicht. Er überprüfte den Kaufvertrag ausgiebig auf konkrete Anhaltspunkte für ein den Parteien vereinbartes Treuhandverhältnis. Einen derartigen Hinweis enthielt *clause* 13 allerdings ausdrücklich nur hinsichtlich der Vermischung, Verarbeitung und Verbindung von Vorbehaltsware, indem sie die Käuferin verpflichtete, das Herstellungsprodukt zugunsten der Verkäuferin zu verwahren und einen etwaigen Verkaufserlös an sie abzuführen. Danach durfte die Käuferin zwar im Außenverhältnis über die gelieferte Ware frei verfügen, war aber im Innenverhältnis gegenüber der Verkäuferin in ihren Befugnissen treuhänderisch gebunden. Trotz der formalen Beschränkung auf Umgestaltungsfälle gelangte das Gericht im Wege der Vertragsauslegung dazu, die Klausel insgesamt als Einheit zu betrachten und nach dem Willen der Parteien eine Erstreckung der Verpflichtung auf unbearbeitete Kaufgegenstände zu befürworten[756].

Der *Romalpa case*, eines der wichtigsten Urteile der Nachkriegsjahre[757] markiert einen bedeutenden Wendepunkt, denn aufgrund des Obsiegens der Klägerin erschien die Verkäufersicherung unter neuen Vorzeichen. In Reaktion hierauf verzeichnete man innerhalb kurzer Zeit einen merklichen Anstieg von Eigentumsvorbehaltskautelen im Bereich Warendistribution, der für manche besorgniserregend wirkte, was in dem Schlagwort einer "un-

---

[753] Re Hallett's Estate [1874 – 1880] All E.R. Rep. 793, 796.

[754] Re Hallett's Estate [1874 – 1880] All E.R. Rep. 793, 797.

[755] *Hicks*, Reservation of Title, Mal. L.R. 27 (1985), 63, 83.

[756] Aluminium Industrie Vaassen B.V. v. Romalpa Aluminium Ltd. [1976] 2 All E.R. 552, 564 (per *Roskill*, L.J.) – " ... It seems to me clear ... that to give effect to what I regard as the obvious purpose of cl 13 one must imply into the first part of the clause not only the power to sell but also the obligation to account in accordance with the normal fiduciary relationship of principal and agent, bailor and bailee. Accordingly, like the learned judge, I find no difficulty in holding that the principles in Re Hallett's Estates ... are of immediate application ...".

[757] *Prior*, Reservation of Title, M.L.R. 39 (1976), 585, 589.

krautartigen Wucherung"[758] zum Ausdruck kam. Es wurde allgemein üblich, den Verkaufsbedingungen zumindest einen einfachen Eigentumsvorbehalt beizufügen, vielfach aber auch Erweiterungs- und Verlängerungsformen zu vereinbaren. Diese Entwicklung alarmierte Geldkreditgeber, die eine Aushöhlung ihrer Sicherheiten durch publizitätslose Verkäufersicherheiten befürchteten[759]. So nimmt die gleichzeitige Zunahme an Rechtsstreitigkeiten nicht wunder, durch die Rechtsprechung Gelegenheit erhielt, immer ausgefeiltere Klauseln, die sich mehr oder minder an die Formulierungen im *Romalpa case* anlehnten, auf ihre Wirksamkeit zu überprüfen. Auf diese Weise erfuhren die im *Romalpa case* angedeuteten Grundsätze eine nähere Konkretisierung, indem die einzelnen Urteile nach und nach die rechtlichen Anforderungen an die verschiedenen Gestaltungsmöglichkeiten des des Eigentumsvorbehalts herausarbeiteten und dadurch etwas Licht in eine Rechtsmaterie brachten, die *"a maze if not a minefield"*[760] darstellt.

i) Verlängerungs- und Erweiterungsformen: jüngste Entwicklung in der Rechtsprechung

1979 folgte der im Jahre 1976 ausgelösten Euphorie eine jähe Ernüchterung, als in zwei Urteilen Verlängerungsklauseln vor der Rechtsprechung, die mittlerweile die Grundsätze der *Romalpa*-Entscheidung restriktiv anzuwenden begann, keinen Bestand fanden.

Das eine Urteil[761] stammt von der *Chancery Division*. Die spätere Beklagte, Bond Worth Ltd., bezog von der Klägerin auf Kredit Kunstfasern für die Fabrikation von Teppichen. Diese hatte sich laut ihren Vertragsbedingungen *the equitable and beneficial owner*ship an der gelieferten Ware bis zur Zahlung des Kaufpreises vorbehalten sowie ausbedungen, daß ihr, falls schon zuvor die Kaufsache weiterverarbeitet werden sollte, *the equitable and beneficial owner*ship am Verarbeitungsprodukt zustehe. Ferner sollte sich diese *beneficial* Berechtigung bei Weiterveräußerung am Erlös bzw. an dem dadurch begründeten Zahlungsanspruch fortsetzen. Nach Eintritt der Käuferfirma ins Liquidationsstadium forderte die Klägerin auf-

---

[758] *Hicks*, Reservation of Title, Mal. L.R. 27 (1985), 63.

[759] *Ryder*, Banking: Assets available to a Liquidator or Receiver, J.B.L. 1976, 254.

[760] Hendy Lennox Industrial Enginers Ltd. v. Grahame Puttick Ltd. [1984] 2 All E.R. 152, 159.

[761] Re Bond Worth Ltd. [1979] 3 All E.R. 919.

grund der Vorbehaltsklausel klagweise die Herausgabe vorhandener Fertigprodukte und des vereinnahmten Erlöses.

Judge Slade wies ihr Klagebegehren aber ab, indem er der maßgebenden Vertragsklausel die erhoffte Wirkung versagte. Seines Erachtens konnte die Inanspruchnahme des wirtschaftlichen Eigentums *(equitable and beneficial ownership)* nicht den Übergang des formellen *(legal)* Eigentum auf die Käuferin verhindern. Diese erwarb deshalb trotz der Vertragskautelen mit Lieferung das *legal* Eigentum an der Ware und räumte der klagenden Monsanto Ltd. anschließend erst wirtschaftliches Eigentum ein[762]. Demnach verfügte die Monsanto Ltd. nicht über das originäre Eigentumsrecht, sondern über eine derivativ abgeleitete Sicherheit, denn sie machte in Wahrheit lediglich ein beschränkt dingliches Recht geltend, das auf schuldnereigenem Vermögen lastete. Entsprechend dem Zweck der Vereinbarung, eine Sicherung des Kaufpreises zu erreichen, bestellte mithin die Beklagte zugunsten der Klägerin eine *charge*, genauer: eine *floating charge*, die zu ihrer Wirksamkeit der Registrierung nach s. 95 (1) *Companies Act* 1948 bedurfte hätte[763].

Um sein Urteil gegen Rechtsmittel abzusichern, mußte *Judge Slade* den Sachverhalt sorgfältig von der *Romalpa*-Entscheidung abgrenzen, die für ihn bindend war[764]. Schon rein äußerlich sah er eine wesentliche Abweichung in den tatsächlichen Gegebenheiten, denn während hier der Monsanto Ltd. laut Lieferbedingungen lediglich *the equitable and beneficial ownership* verblieb, hatte sich dort die Aluminium Industrie Vaassen B. V. *the full legal ownership* vorbehalten[765]. Ferner boten dort die konkreten Umstände gewichtige Anhaltspunkte für die Annahme einer *normal fiduciary relationship of principal and agent, bailor and bailee*[766] zwischen den Beteiligten, zumal die Vertragskautelen noch gesondert die Verpflichtung der Klägerin hervorhoben, Waren bzw. Erlös bis zur Tilgung sämtlicher Schulden aus der Geschäftsverbindung als *fiduciary owner* zugunsten der

---

[762] Re Bond Worth Ltd. [1979] 3 All E.R. 919, 945.

[763] Re Bond Worth Ltd. [1979] 3 All E.R. 919, 939, 953, 955, 958; *Hicks*, Reservation of Title, Mal. L.R. 27 (1985) 63, 65; *Thornely*, Reservation of Title and Tracing, Cam. L.J. 39 (1980), 48, 50; *Guest*, Romalpa Clause, L.Q.R. 95 (1979) 477, 478; *Goodhart/Jones*, The Infiltration of Equitable Doctrine into English Commercial Law, M.L.R. 43 (1980), 489, 503f.

[764] *Goodhart/Jones*, The Infiltration of Equitable Doctrine into English Commercial Law, M.L.R. 43 (1980), 489, 504.

[765] Re Bond Worth Ltd. [1979] 3 All E.R. 919, 951.

[766] Aluminium Industrie Vaassen B. V. v. Romalpa Aluminium Ltd. [1976] 2 All E.R. 552, 564, 566.

Verkäuferin zu verwahren. Darüber hinaus gab es keine Probleme der Identifizierbarkeit bei der Rechtsverfolgung, da die Vorbehaltsgüter stets getrennt und unterscheidbar gelagert wurden – wie die Einzahlung des Erlöses auf ein separates Konto zeigte[767]. In den Ausführungen von *Judge Slade* klingen aber im übrigen auch Zweifel an der materiellen Richtigkeit des *Romalpa case* an, denn seines Erachtens sprechen ältere *authorities*[768], die in jener Entscheidung überhaupt nicht gewürdigt wurden, dafür, daß eine uneingeschränkte Verfügungsfreiheit des vermeintlichen Treuhänders unvereinbar mit der Existenz eines Treuhandverhältnisses ist[769].

Das andere Urteil[770] aus dem Jahre 1979 erließ der *Court of Appeal*. In diesem Fall hatte die spätere Klägerin, Borden Ltd., längere Zeit hindurch der beklagten Scottish Timber Products Ltd. Kunstharz unter Eigentumsvorbehalt zwecks Weiterverarbeitung und Herstellung von Holzspanplatten geliefert, ohne ausdrücklich die dingliche Berechtigung auch auf das Fertigprodukt sowie einen etwaigen Veräußerungserlös zu erstrecken. Nach der Vereinbarung sollte allerdings, obwohl die Beklagte von Anfang an frei über die Ware disponieren durfte, das Eigentum nicht vor Tilgung der Kaufpreisschuld übergehen. Als 1977 die Käuferfirma zwangsliquidiert wurde, begehrte die Klägerin den Zugriff auf vorhandene Holzspanplatten bzw. vereinnahmte Verkaufserlöse, indem sie eine Verlängerung des Eigentumsvorbehalts auf Verarbeitungsprodukte und Surrogat reklamierte. Entgegen der Vorinstanz verneinte der *Court of Appeal* einen derartigen Herausgabeanspruch mangels dinglicher Berechtigung.

Das Richterkollegium vermochte die Voraussetzungen des *tracing* nicht zu erkennen. *Lord Justice Bridge* überzeugte mit der Auffassung, es fehle bereits an der notwendigen *fiduciary relationship* zwischen den Kaufparteien, denn während ein *bailment* typischerweise durch das jederzeitige Rückforderungsrecht des *bailor* charakterisiert werde, bestand hier gerade kein Rückforderungsrecht hinsichtlich der gelieferten Ware, solange die

---

767 *Guest*, Romalpa Clauses, L.Q.R. 95 [1979], 477, 479; *Thornely*, Reservation of Title an Tracing, Cam. L.J. 39 (1980), 48, 50; *Benjamin's* Sale of Goods, Para. 393.

768 z.B. Foley v. Hill [1843 – 1869] All E.R. Rep. 16.

769 Re Bond Worth Ltd. [1979] 3 All E.R. 919, 951, 953; *Benjamin's* Sale of Goods, Para. 393; *Guest*, Romalpa Clauses, L.Q.R. 95 [1979], 477, 479; *Thornely*, Reservation of Title and Tracing, Cam. L.J. 39 (1980), 48, 49; *Goodhart/Jones*, The Infiltration of Equitable Doctrine into English Commercial Law, M.L.R. 43 (1980), 489, 504.

770 Borden (UK) Ltd. v. Scottish Timber Products Ltd. and another [1979] 3 All E.R. 961.

Vertragsabwicklung ordnungsgemäß vonstatten ging[771]. Der vorliegende Vertrag repräsentiere daher ein Umsatzgeschäft, einen normalen, lediglich um eine Eigentumsvorbehaltsabrede ergänzten Kauf, mit dem die Parteien einen endgültigen Warenaustausch gegen Zahlung eines bestimmten Entgelts erstreben. Trotz des verzögerten Übereignungsvorgangs stehe aber die Durchführung des Rechtsgeschäfts nicht von vornherein im Belieben der Beteiligten, vielmehr erwachse dem Verkäufer nur ein Rücknahmerecht, wenn ihm der Käufer einen triftigen Rücktrittsgrund liefere, z.B. durch Erfüllungsverweigerung oder Konkurs. Ebenso wie *Lord Justice Bridge* ein Treuhandverhältnis auf der Grundlage eines *bailment* ablehnte[772], hielt er die Bejahung einer *principal-agent* Beziehung für ausgeschlossen, weil die Scottish Timber Products Ltd. das gekaufte Vorbehaltsgut allein im Eigeninteresse verarbeitete und anschließend weiterveräußerte[773]. Hinzukam, daß seines Erachtens selbst bei Annahme einer Treuhand die Ausübung eines *right to trace* infolge der Verbindung mit anderen heterogenen Sachgegenständen gescheitert wäre, da dies ähnlich dem Verbrauch einen vollständigen Identitätsverlust der ursprünglichen Einzelelemente bedeutet hätte, was das Erlöschen der dinglichen Zugriffsberechtigung nach sich gezogen hätte[774].

Der *Court of Appeal* billigte der Klägerin angesichts der gewählten Vertragsformulierung zwar einen wirksamen (einfachen) Eigentumsvorbehalt zu, doch nützte ihr das in der konkreten Situation nichts, denn durch die Verarbeitung war dieser ersatzlos untergegangen[775]. Die *reservation of title clause* erfüllte demnach den Zweck einer umfassenden Sicherung höchst unzureichend, indem sie ihre Wirkung auf den gelieferten Rohstoff substantiell beschränkte und keine Fortsetzung der Rechte in Folgeprodukte statuierte. Sobald das Kunstharz in den Fertigungsprozeß eingegliedert wurde, büßte der Veräußerer seine Sicherheit ein. Eine Verlängerung dinglicher Rechtsbefugnisse in Surrogate hätte eine gesonderte, ausdrückliche

---

[771] Borden (UK) Ltd. v. Scottish Timber Products Ltd. and another [1979] 3 All E.R. 961, 965.

[772] Borden (UK) Ltd. v. Scottish Timber Products Ltd. and another [1979] 3 All E.R. 961, 965.

[773] Borden (UK) Ltd. v. Scottish Timber Products Ltd. and another [1979] 3 All E.R. 961, 968.

[774] Borden (UK) Ltd. v. Scottish Timber Products Ltd. and another [1979] 3 All E.R. 961, 970, 971.

[775] Borden (UK) Ltd. v. Scottish Timber Products Ltd. and another [1979] 3 All E.R. 961, 966, 968, 971, 973, 974.

Vereinbarung erfordert, die außerdem ob der Entstehung einer *charge* gem. s. 95 *Companies Act* 1948 registrierungsbedürftig gewesen wäre[776].

An diese restriktive Rechtsprechung knüpfte 4 Jahre später *Sir John E. Vinelott* in einem Fall vor der *Chancery Division*[777] an, als er einer Verlängerungsklausel ebenfalls die Wirksamkeit versagte, obwohl die der Kaufvertragsbeziehung zugrundeliegenden Lieferbedingungen äußerst detaillierte Regelungen hinsichtlich der Eigentumslage enthielten.

Die Klägerin begehrte den Zugriff auf erzielte Verkaufserlöse, indem sie ein *right to trace* geltend machte. Trotz der ausdrücklichen Erwähnung in den Lieferbedingungen lehnte *Judge Vinelott* eine Anwendung des *tracing* ab, weil er eine *fiduciary relationship* zwischen den Kaufparteien nicht festzustellen vermochte. Es erschien ihm unvorstellbar, daß die Käuferin während des gesamten Fabrikationsablaufs lediglich als *bailee* der Verkäuferin fungierte bzw. anschließend als deren *agent* die neuhergestellten Sachen veräußerte. Seiner Ansicht nach konnten die Parteien entgegen dem Wortlaut der Klausel vernünftigerweise nur ein Erlöschen des alleinigen Eigentums der Klägerin am Leder zumindest mit Fertigungsbeginn und die Einräumung einer *charge* an den Handtaschen, die sich auch auf einen späteren Erlös erstreckt, gewollt haben[778]. Demnach hatte man es bei richtiger Wertung der Sachlage nicht mit einem *bailment*, das von einem Kaufvertragsverhältnis überlagert wurde, zu tun, sondern mit der Rechtsbeziehung von *chargor and chargee*[779]. Die Klägerin konnte allerdings mangels Registrierung keine Rechte aus der *charge* herleiten.

Ein knappes Jahr danach folgte ein Urteil der *Queen' Bench Division*[780], das auf einer ähnlichen Sachverhaltskonstellation beruhte. Die Klägerin hatte der mittlerweile in Zahlungsschwierigkeiten geratenen Beklagten Dieselmotoren zum Einbau in Generatoren und anschließendem Weiterverkauf geliefert, wobei sie sich an ihnen das Eigentum bis zur vollständigen Zahlung des Kaufpreises vorbehalten sowie ein Rücktrittsrecht für den Fall des fruchtlosen Verstreichens eines festgesetzten Zah-

---

[776] Borden (UK) Ltd. v. Scottish Timber Products Ltd. and another [1979] 3 All E.R. 961, 973, 974, 975.

[777] Re Peachdart Ltd. [1983] 3 All E.R. 204.

[778] Re Peachdart Ltd. [1983] 3 All E.R. 204, 210.

[779] Re Peachdart Ltd. [1983] 3 All E.R. 204, 211.

[780] Hendy Lennox (Industrial Engines) Ltd. v. Grahame Puttick Ltd. [1984] 2 All E.R. 152.

lungstermins vereinbart hatte. Mit ihrer Klage erstrebte sie die Zuweisung erzielter Erlöse aus der Weiterveräußerung eingebauter Dieselmotoren, da ihr das Eigentum an der Kaufsache zustehe, gleichgültig ob es zu einem Einbau gekommen sei oder nicht, solange die Kaufforderung ungetilgt bleibe bzw. kein Eigentumserwerb durch Dritte eingetreten sei. Des weiteren behauptete sie eine stillschweigende Übereinkunft über den Weiterkauf des Vorbehaltsguts, solange die Beklagte den Erlös in erster Linie zur Deckung ihrer Schulden verwendete.

Zunächst stellte das Gericht fest, daß trotz einfachem Eigentumsvorbehalts das Eigentumsrecht der Klägerin infolge Einbau nicht untergegangen war, denn anders als in den bisherigen Entscheidungen habe die Ware keinen Identitätsverlust erlitten, sondern sei vielmehr weiterhin ein selbständiger Bestandteil geblieben, was die Möglichkeit einer jederzeitigen Abtrennbarkeit beweise[781]. Dennoch gab es der Klage nur in einem unwesentlichen Punkt statt. Ein Motor war nämlich erst nach Entstehung eines Rücknahmerechts der Klägerin an den Zweitkäufer übereignet worden; deshalb lag ein aktueller, dinglicher Herausgabeanspruch vor, der sich am Verkaufserlös fortsetzen konnte[782]. Bemerkenswert ist dabei, daß *Judge Staughton* die Annahme einer registerpflichtigen *charge* strikt von der Hand wies[783]. Im übrigen scheiterte die Klägerin aber zum überwiegenden Teil mit ihrem Klagbegehren, und zwar, weil *Sir Christopher Staugthon* eine *fiduciary relationship* zwischen den Beteiligten verneinte[784]. Unter Beru-

[781] Hendy Lennox (Industrial Engines) Ltd. v. Grahame Puttick Ltd. [1984] 2 All E.R. 15, 159 (*Staughton*, J.) – " ... Those reflections and the facts of this case persuade me that the proprietary rights of the seller's in the engines were not affected when the engines were wholly or partially incorporated into generator sets. They were not like the Acrilan which became yarn and the carpet (the Bond Worth case), or the resin which became chipboard (Borden's case), or the leather which became handbags (the Peachdart case) ... They just remained engines, albeit connected to other things ...".

[782] Hendy Lennox (Industrial Engines) Ltd. v. Grahame Puttick Ltd. (1984) 2 All E.R. 152, 161.

[783] Hendy Lennox (Industrial Engines) Ltd. Grahame Puttick Ltd. [1984] 2 All E.R. 152, 162 – " ... It was argued that, if I found any such claim to exist, it was a charge which should have been registered and was therefore void against the creditors of the buyers. I do not consider that it was a charge at all. A chose in action was created when that sum was paid ... I have to decide who is the beneficial owner of that chose in action. I hold that the sellers are the beneficial owners, absolutely and not by way of charge ...".

[784] Hendy Lennox (Industrial Engines) Ltd. v. Grahame Puttick Ltd. [1984] 2 All E.R. 152, 162, 163.

fung auf *Lord Upjohn*[785] erklärte er, es erfordere dafür stets eine sorgfältige Untersuchung der konkreten Einzelumstände, die hier beträchtlich von den Gegebenheiten im *Romalpa case* abwichen. Damit entfiel für ihn jede Notwendigkeit, das Problem zu erörtern, ob ein solcher Anspruch auf den Erlös als registrierungsbedürftige *charge* behandelt werden müsse.

Wenig später wies die *Chancery Division*[786] erneut eine Klage ab, mit der eine Verkäuferin wiederum den vorrangigen Zugriff auf Veräußerungserlöse aus Geschäften über Vorbehaltsgut erstreiten wollte. Die nunmehr insolvente Andrabell Ltd., eine Zwischenhändlerin, hatte die von der Klägerin über längere Zeit hinweg bezogenen Reisetaschen sämtlich an verschiedene Abnehmer weiterverkauft und deren Zahlungen jeweils auf dem allgemeinen Geschäftskonto verbucht, ohne ihre Schulden bei der Klägerin zu begleichen. Die zwischen den Kaufparteien vereinbarten Lieferbedingungen sahen dabei für jede Warensendung sowohl einen einfachen Eigentumsvorbehalt als auch eine Zahlungsfrist von regelmäßig 45 Tagen vor.

Mit der erhobenen Klage suchte die Verkäuferin eine gerichtliche Feststellung darüber, daß ihr die Andrabell Ltd. zur Rechnungslegung hinsichtlich der Verkaufserlöse verpflichtet sei, die sie ja angesichts einer bestehenden treuhänderischen Beziehung gemäß den in *Re Hallett's Estate* verankerten Prinzipien des *tracing* in Anspruch nehmen dürfte. Sie behauptete, daß die Andrabell Ltd., weil ein Eigentumserwerb ihrerseits infolge fehlender Kaufpreistilgung nie stattgefunden habe, über die Reisetaschen nur als *bailee* verfügen konnte[787]. Dieser Umstand machte nach Ansicht der Klägerin eine Vertragsergänzung im Wege der *implied terms* notwendig, um die Vertragsabwicklung gerade im Weiterveräußerungsfall sinnvoll zu gestalten. Dabei ergebe sich aufgrund des *bailment* eine *fiduciary relationship* unter den Parteien, die einerseits eine Rechnungslegungspflicht statuiere, andererseits ein *right to trace* hinsichtlich der Verkaufserlöse begründe[788].

Jener klägerischen Argumentation folgte jedoch *Sir Peter Gibson* nicht. In Würdigung des konkreten Sachverhalts verneinte er die behauptete

---

[785] Boardman v. Phippes [1966] 3 All E.R. 721, 758 – "... The facts and circumstances must be carefully examined to see whether in fact a purported agent and even a confidential agent is in a fiduciary relationship to his principal. It does not necessarily follow that he is in such a position ...".

[786] Re Andrabell Ltd. [1984] 3 E.R. 407.

[787] Re Andrabell Ltd. [1984] 3 All E.R. 407, 410.

[788] Re Andrabell Ltd. [1984] 3 All E.R. 407, 410.

treuhänderische Beziehung zwischen den Beteiligten, was er anhand der sichtlichen Unterschiede gegenüber dem *Romalpa case* rechtfertigte. Weder war eine separate Aufbewahrung von Ware oder Verkaufserlös vorgeschrieben, noch bezeichnete der Vertrag den Käufer ausdrücklich als Treuhändler. Zudem durfte die Käuferfirma während der 45-Tagefrist frei verfügen und stand deshalb nicht in der Position eines *agent*; ferner sicherte der Eigentumsvorbehalt allein die Kaufpreisforderung aus der jeweiligen Lieferung und nicht sämtliche Ansprüche aus der Geschäftsverbindung[789]. Ebenso lehnte er eine Vertragsergänzung ab, da es für ihn unklar blieb, was die Parteien tatsächlich vereinbart hätten, wenn die Regelungsbedürftigkeit des Punktes bei Vertragsschluß erkannt worden wäre[790].

Eine weitere Entscheidung[791] in diesem Zusammenhang, die einen Kaufvertrag betraf, der neben einem Eigentumsvorbehalt in der Form eines Kontokorrentvorbehalts auch eine Verarbeitungsklausel enthielt, fällte der *Court of Appeal* Ende 1984. Die Verkäuferin hatte von dem verklagten *receiver*, dem angesichts aufgetretener Liquidationsschwierigkeiten die Verwaltung des schuldnerischen Vermögens übertragen worden war, unter Berufung auf ihr vorbehaltenes Eigentum die Herausgabe der noch vorhandenen, unbearbeiteten Garne verlangt, denn *clause* 12 der Allgemeinen Geschäftsbedingungen räumte ihr bei allen wegen Zahlungsunfähigkeit eingeleiteten Maßnahmen ausdrücklich ein Rücknahmerecht ein. Der *receiver* aber, der die Wirksamkeit des Eigentumsvorbehalts bestritt, hatte die Herausgabe verweigert und die Garne durch die Schuldnerin zu Stoffen verarbeiten lassen.

Daraufhin strengte die Verkäuferin eine Schadensersatzklage *for conversion* gegen ihn an, mit der sie allerdings zunächst in erster Instanz scheiterte[792]. *Judge O'Donoghue* bestätigte die Rechtsmeinung des Beklagten, indem er die Auffassung vertrat, daß die Eigentumsvorbehaltsabrede nicht isoliert, ohne Berücksichtigung der zusätzlich vereinbarten Verarbeitungsklausel rechtlich gewürdigt werden könne, wobei es insoweit maßgeblich auf den damit verfolgten Zweck ankomme. Das Streben der Verkäuferin nach einer umfassenden Sicherheit für ihre Kaufforderung kollidierte seines Erachtens mit der der Käuferin zugebilligten absoluten Verfügungsfreiheit;

---

789 Re Andrabell Ltd. [1984] 3 all E.R. 407, 415.

790 Re Andrabell Ltd. [1984] 3 All E.R, 407, 416.

791 Clough Mill Ltd. v. Martin [1984] 3 All E.R. 982.

792 Clough Mill Ltd. v. Martin [1984] 1 All E.R. 721.

deshalb mußten die Parteien in Wahrheit einen Eigentumsübergang bei Lieferung und lediglich die Bestellung einer *charge* gewollt haben, die allerdings mangels Registrierung der Wirksamkeit entbehrte[793].

Dieser Ansicht widersprach der *Court of Appeal*. Die *Lords Justices* gelangten einmütig zu der Überzeugung, daß die Verkäuferin tatsächlich nichts anders getan habe als das, was ihr s. 19 *Sale of Goods Act* 1979 gestattet, nämlich den Eigentumsübergang bis zur Zahlung des Kaufpreises aufzuschieben[794]. An der Beurteilung ändere sich auch nichts durch die Einbeziehung einer Verarbeitungsklausel. Eine *retention of title clause* stelle niemals als solche eine *charge* dar, selbst wenn ihr unbestrittener Zweck die Sicherung des Kaufpreises sei, denn die Sicherheit werde einfach durch eine Zurückbehaltung des Vollrechtstitels erreicht, keineswegs etwa dadurch, daß der Käufer seine Vermögenswerte mit einem dinglichen Recht zugunsten des Verkäufers belaste[795].

Obgleich für die Entscheidungsfindung ohne eigentliche Relevanz, nahm *Sir Robert Goff* noch zu der im Vertrag enthaltenen Kontokorrentabrede, die er für wirksam, aber hinsichtlich ihrer Abwicklung für problematisch erachtete, ausführlich Stellung. Seiner Meinung nach berechtigt eine solche Klausel den Verkäufer, sofern der Kaufvertrag infolge einer *repudiation of contract* aufgehoben wird, das gesamte Vorbehaltsgut zu verwerten, doch müsse er andererseits geleistete Kaufpreisraten, eventuell verrechnet mit einer ihm zustehenden Schadensersatzforderung, zurückzahlen; während er bei Weiterbestehen des Kaufvertrages nur soviel an Ware verkaufen dürfte, wie notwendig ist, um sein Forderungssaldo zu decken[796].

Genausowenig bildete die Verarbeitungsklausel den Streitgegenstand, gleichwohl äußerten sich die *Lords Justices* wegen des inhaltlichen Zusammenhangs auch zu deren rechtlicher Behandlung. Allerdings erfolgte keine verbindliche Klärung, zumal die Ausführungen mangels Entscheidungserheblichkeit lediglich als *obiter dicta* wirken. Dennoch verdienen die Erörterungen Beachtung, insbesondere weil *Sir Robert Goff* und *Sir Peter Oliver* andeuteten, es sei durchaus möglich, eine solche Klausel, die dem

---

[793] Clough Mill Ltd. v. Martin [1984] 1 All E.R. 721, 729, 731, 732, 733.

[794] Clough Mill Ltd. v. Martin [1984] 3 All E.R. 982, 986, 991, 994.

[795] Clough Mill Ltd. v. Martin [1984] 3 All E.R. 982, 986, 991.

[796] Clough Mill Ltd. v. Martin [1984] 3 All E.R. 982, 987, 988, 994 – einschränkend eher *Sir John Donaldson, M.R.*, der eine Befriedigung des Verkäufers stets nur in Höhe der ausstehenden Forderung zulassen will.

Verkäufer eine dingliche Berechtigung am Herstellungsprodukt verschafft, so zu konstruieren, daß sie keine eintragungspflichtige *charge* darstelle[797]. Es sei schließlich kaum einzusehen, wieso ein Verkäufer entsprechend dem Wortlaut der Vereinbarung nicht automatisch mit Verarbeitung das Eigentum an der neuen Sache im Wege der Verlängerung erwerben soll, wenn die konkreten Umstände des Einzelfalles eine derartige Willensauslegung tragen. Dessen ungeachtet begründete die vorliegend zu überprüfende Klausel aufgrund tatsächlicher Säumnisse bei der Ausgestaltung aber eine *charge*. Offen blieb die Frage der Registrierungspflicht, vor allem *Sir John Donaldson, M.R.*, wich einer eindeutigen Beantwortung sichtlich bewußt aus[798].

Unlängst erhielt schließlich das *House of Lords*[799] Gelegenheit, sich zur Wirksamkeit einer (erweiterten) Eigentumsvorbehaltsabrede zu äußern, die den Vollzug des dinglichen Rechtserwerbs davon abhängig machte, daß sowohl einerseits sämtliche Schulden aus der laufenden Geschäftsbeziehung getilgt als auch andererseits zudem alle Forderungen von konzernverbundenen Unternehmen beglichen worden waren. Der Sachverhalt ist vor allem dadurch interessant, als es um die rechtliche Überprüfung einer Formularbestimmung aus dem Klauselwerk einer deutschen Verkäuferin ging, das diese in erster Linie mit Blick auf ihre heimische Rechtsordnung konzipiert hatte. Allerdings haftete dem Fall die Besonderheit an, daß er in Schottland spielte, weshalb die sachenrechtlichen Fragen aufgrund der "*lex rei sitae*" einer Beurteilung anhand des schottischen Rechts unterlagen, das grundsätzlich vom englischen Recht abweicht. Der Qualifikation widmete das Gericht jedoch nur beiläufig Erwähnung, nachdem ohnehin infolge materieller Rechtsangleichung keine Rechtsunterschiede in der konkrten Situation herrschten, da der einschlägige *Sale of Goods Act* 1979 seinen Anwendungsbereich auch auf Schottland erstreckt. Daher besitzt die höchstrichterliche Entscheidung durchaus auch für die bis dato erfolgten Rechtsentwicklungen Bedeutung, denn was das Gericht in diesem Punkt zum schottischen Recht judiziert, muß insofern angesichts identischer Rechtsnormen ebenso im englischen Recht gelten.

Das *House of Lords* gab der auf den erweiterten Eigentumsvorbehalt gestützten Klage der Thyssen Edelstahlwerke AG statt, mit der von den

---

797 Clough Mill Ltd. v. Martin [1984] 3 All E.R. 982, 989, 993.

798 Clough Mill Ltd. v. Martin [1984] 3 All E.R. 982, 994.

799 Armour and another v. Thyssen Edelstahlwerke AG [1990] 3 All E.R. 481.

über das Vermögen der Käuferfirma eingesetzten *receivers* die Herausgabe der gelieferten und noch unbearbeiteten Stahlbänder geltend gemacht wurde. Entgegen der Vorinstanz, dem *Court of Session*, erblickte es in der Vorbehaltsabrede keine *charge*, die zu ihrer Wirksamkeit der Registrierung bedurft hätte[800]. Von der Käuferfirma sei mitnichten eine Sicherheit an ihr gehörenden Vermögensgegenständen begründet worden, vielmehr habe die Verkäuferin lediglich ihr Eigentum zurückbehalten, was ihr das geltende, kodifizierte Recht gerade gestatte[801]. Der Gültigkeit der Vereinbarung stehe es auch nicht entgegen, wenn der Eigentumsübergang zusätzlich an die Erfüllung weiterer Verbindlichkeiten als die konkrete Kaufpreisforderung geknüpft werde[802]. Dahingestellt sein ließ es mangels Entscheidungsrelevanz aber ausdrücklich, wie sich die Rückabwicklung gestalten müsse, falls der Käufer bereits teilweise Zahlungen geleistet habe. Es nahm insofern nur auf die Ausführungen von *Sir Robert Goff* in *Clough Mill Case* Bezug, die es als bemerkenswert herausstrich.

Das *House of Lords* hat somit die bisherige Rechtsprechung des *Court of Appeal* grundsätzlich bestätigt, jedenfalls was die Erweiterungskautelen des *conditional sale* anbetrifft, und insoweit einen gewichtigen, vorläufigen Schlußakkord gesetzt. Gleichwohl bleibt weiterhin manches klärungsbedürftig, so ist die Zulässigkeit von Verlängerungsformen noch nach wie vor nicht höchstrichterlich verbindlich entschieden.

---

800 Armour and another v. Thyssen Edelstahlwerke AG [1990] 3 All E.R. 481, 484f. (per *Lord Keith of Kinkel*) "... We are here very far removed from the situation where a party in possession of corporeal moveables is seeking to create a subordinate right in favour of a creditor while retaining the ultimate right to himself. It is true that by entering into the contract to sale Carron agreed that they should receive possession of the goods on delivery but should not acquire the property until all debts due to the appellants had been paid ... Carron were never in a position to confer on the appellants any subordinate right over the steel strip, nor did they seek to do so ..."

801 Armour and another v. Thyssen Edelstahlwerke AG [1990] 3 All E.R. 481, 485 (per *Lord Keith of Kinkel*) "... I am however, unable to regard a provision reserving title to the seller until payment of all debts due to him by the buyer as amounting to the creation by the buyer of a right of security in favour of the seller. Such a provision does in a sense give the seller security for the unpaid debts of the buyer. But it does so by way of a legitimate retention of title, not by virtue of any right over his own property conferred by the buyer ..."

802 Armour and another v. Thyssen Edelstahlwerke AG [1990] 3 All E.R. 481, 485 (per *Lord Keith of Kinkel*) "... The same is true, in my opinion, where the provision covers not only the price of the very goods which are the subject of the particular contract, but also debts due to the seller under other contracts ..."

j) Verlängerungs- und Erweiterungsformen: Status quo

Die erdbebenartige Erschütterung[803], die der *Romalpa case* in der Geschäftswelt auslöste, verebbt offensichtlich allmählich[804], nachdem die englische Justiz den Eigentumsvorbehalt in verschiedenen Gestaltungsformen wiederholt rechtlich gewürdigt hat. Trotzdem bewegt man sich nach wie vor auf unsicherem Terrain, denn verläßliche Prognosen hinsichtlich der Rechtsbeständigkeit einer von der Kautelarjurisprudenz vorgeschlagenen Klausel fallen schwer, vieles hängt letztendlich von der individuellen Fallkonstellation ab, obwohl die geschilderten Entscheidungen durchaus wertvolle wie hilfreiche Leitlinien vorgeben. Eine Analyse dieser Rechtsprechung läßt folgende Anforderungen an eine *"retention of title clause"* erkennen:

(I) Außer Zweifel dürfte nunmehr stehen, daß ein einfacher Eigentumsvorbehalt selbst in Kombination mit Verlängerungs und Erweiterungsklauseln keiner Registrierungspflicht als *charge* unterliegt[805]. Seine Zulässigkeit folgt bereits aus s. 19 (1) *Sale of Goods Act* 1979, der auf einen publizitären Akt gerade verzichtet; die Annahme einer *charge* scheidet richtigerweise aus, weil der Verkäufer nicht erst einen Rechtstitel an der Sache vom Käufer durch Übertragung erwirbt, vielmehr lediglich einen ihm gehörigen zurückbehält. Zwar mag ein Gefahrübergang bei Lieferung sowie die Einräumung der uneingeschränkten Verfügungsfreiheit scheinbar der Wirksamkeit eines solchen Vorbehalts widersprechen, doch bilden diese Umstände im Lichte der bisherigen Rechtsprechung keine ausreichende Grundlage, um entgegen dem eindeutigen Wortlaut der Vereinbarung einen Eigentumsübergang irgendwann vor Kaufpreistilgung zu bejahen[806]. Der Verkäufer sollte allerdings bei Ausarbeitung der Klausel stets darauf achten, daß er neben dem bloßen wirtschaftlichen auch das formelle Eigentum *(legal ownership)* beansprucht[807], da ihm sonst wie im *Re Bond Worth case* eine Anerkennung seiner Sicherheit versagt werden könnte.

---

803 *Goode*, The Modernisation of Personal Property Security, L.Q.R. 100 [1984], 234, 247.

804 *Hicks*, Reservation of Title, Mal. L.R. 27 (1985), 63.

805 *Hicks*, Reservation of Title, Mal. L.R. 27 (1985), 63, 72, 88ff.

806 *Hicks*, Reservation of Title, Mal. L.R. 27 (1985), 63, 75f.

807 *Hicks*, Reservation of Title, Mal. L.R. 27 (1985), 63, 77.

(II) Der Kontokorrentvorbehalt, der schon mehrfach unbeanstandet blieb[808], ist den Ausführung im *Clough Mill case* zufolge gleich dem einfachen Eigentumsvorbehalt ohne Registrierung wirksam[809], obwohl das Schrifttum teilweise eher zu einer *charge* tendiert[810]. Die bisherige Rechtsprechung hat das *House of Lords*[811] nunmehr ausdrücklich bestätigt und außerdem die Zulässigkeit eines Konzernvorbehalts ausdrücklich anerkannt, wobei es sogar der an das deutsche Recht angelehnten Formularpraxis Billigkeit zollte.

(III) Hinsichtlich der Verarbeitung gelieferter Waren kommt es darauf an, ob die Sache durch die Umgestaltungsmaßnahme ihre Identität verliert oder nicht. Bewahrt sie trotz der Zusammenfügung mit anderen Materialien ihren ursprünglichen Charakter und läßt sie sich zudem problemlos vom Herstellungsprodukt wieder abtrennen, bedarf es keiner besonderen Klausel, denn das vorbehaltene Eigentum wird durch den Fertigungsvorgang überhaupt nicht beeinträchtigt[812]. Der Verkäufer behält vielmehr ohne weiteres sein Eigentum an der verarbeiteten Sache.

Geht dagegen das Vorbehaltsgut unter Aufgabe seiner Identität völlig in dem Verarbeitungsprodukt als dessen wesentlicher Bestandteil auf, muß der Verkäufer kautelare Vorkehrungen für eine dingliche Sicherung treffen, da er regelmäßig mit dem Herstellungsprozeß sein Eigentum an der gelieferten Ware einbüßt. Am naheliegensten wäre natürlich die Verwendung einer Verarbeitungsklausel, die das Eigentum am Fertigungsprodukt automatisch auf den Verkäufer überleitet, doch hat die Rechtsprechung bisher solchen Verlängerungsversuchen die Wirksamkeit versagt[813]. Ihrer Meinung nach fällt das Eigentum an der neuen Sache unvermeidlich dem Käufer zu, der dem Vorbehaltslieferanten erst rechtsgeschäftlich eine dingliche Befugnis einräumen muß; an Fremdgüter könne nämlich niemand vernünftigerweise

---

[808] Aluminium Industrie Vaassen B.V. v. Romalpa Ltd. (1976) 2 All E.R. 552; Borden (UK) Ltd. v. Scottish Timber Products Ltd. and another [1979] 3 All E.R. 961; Clough Mill Ltd. v. Martin [1984] 3 All E.R. 982.

[809] *Hicks*, Reservation of Title, Mal. L.R. 27 (1985), 63, 77, 91.

[810] *Goodhart/Jones*, The Infiltration of Equitable Doctrine into English Commercial Law, M.L.R. 4 (1980), 489, 508.

[811] Armour and another v. Thyssen Edelstahlwerke AG [1990] 3 All E.R. 481.

[812] vgl. Hendy Lennox (Industrial Engines) Ltd. v. Grahame Puttick Ltd. [1984] 2 All E.R. 152.

[813] vgl. Re Bond Worth Ltd. [1979] 3 All. E.R. 919; Borden (UK) Ltd. v. Scottish Timber Products Ltd. and another [1979] 3 All E.R. 961; Re Peachdart Ltd. [1983] 3 All E.R. 204.

Eigentum reklamieren[814]. Deshalb verberge sich hinter einer Verarbeitungklausel in Wahrheit die Vereinbarung einer *charge*, die ohne Registereintrag keinerlei Wirkung zu entfalten vermag[815]. Allerdings erwecken die Ausführung der *Lords Justices Goff* und *Oliver* im *Clough Mill case* die vage Hoffnung, daß eine publizitätslose Verarbeitsungsklausel, die einen automatischen Eigentumserwerb des Verkäufers am Herstellungsprodukt anordnet, entsprechend den parteiinternen Vorstellungen dennoch bei bestimmter formaler Ausgestaltung als reiner Verlängerungsvorbehalt, der einer Registrierungspflicht entbehrt, rechtliche Anerkennung erfahren könnte.

(IV) Beträchtliche Rechtsunsicherheit umgibt die Erlösklausel, weshalb ein Lieferant gut beraten sein dürfte, nicht allzu sehr auf ihre Wirksamkeit zu vertrauen, falls er nicht gar auf ihre Verwendung verzichtet, da selbst eine noch so sorgfältige Formulierung keine ausreichende Gewähr für eine gerichtliche Billigung bietet. Die durch den *Romalpa case* ausgelösten Erwartungen haben sich als "pious hope"[816] erwiesen, denn trotz des seitdem weitverbreiteten Gebrauchs solcher Klauseln – wird von keiner weiteren englischen Entscheidung – abgesehen höchstens von dem Teilerfolg im *Hendy Lennox case* berichtet, die einem Verkäufer den Zugriff auf Verkaufserlöse gestattet hätte[817]. Regelmäßig scheiterte das Klagebegehren an den notwendigen Voraussetzungen des *tracing in equity*, zumeist fehlte es nach Ansicht des Gerichts schon an der treuhänderischen Beziehung. Zwar übten die Richter in vornehmer Zurückhaltung keine Urteilsschelte, doch zeigt das stetige Bemühen, die Entscheidung allein anhand der besonderen Tatumstände des Einzelfalles zu rechtfertigen, daß im Grunde genommen nicht noch einmal so judiziert würde[818]. Und in der Tat tauchen Bedenken auf, ob der *Court of Appeal* nicht *Sir George Jessel, M.R.* in seinen Ausführungen mißverstanden hat und er eigentlich die Anwendung des *tracing in equity* auf reine *bailments* beschränkt wissen wollte, weil wirklich nur ein *pure bailee* aufgrund der jederzeitigen Rückgabeverpflichtung sowie der ihn treffenden Verfügungsbeschränkungen treuhänderisch gebunden sein

---

[814] Borden (UK) Ltd. v. Scottish Timber Products Ltd. and another [1979] 3 All E.R. 961, 974 (per *Buckley, L.J.*) – "... It was impossible for the sellers to reserve any property in the manufactured chipboard, because they never had any property in it; the property in that product orginates in the buyers when the chipboard is manufactured ..".

[815] *Hicks*, Reservation of Title, Mal. L.R. 27 (1985), 63, 80.

[816] Borden (UK) Ltd. v. Scottish Timber Products Ltd. and another [1979] 3 All E.R. 961, 968 (per Bridge, J.J.).

[817] *Hicks*, Reservation of Title, Mal. L.R. 27 (1985), 63, 82.

[818] *Hicks*, Reservation of Title, Mal. L.R. 27 (1985), 63, 105.

könne[819]. Davon müßte man sonach die Rechtsbeziehung unterscheiden, die aus einem *bailment* resultiert, das lediglich gelegens eines anderen Vertragsverhältnisses, z.B. eines Vorbehaltskaufs, entsteht.

Wer dennoch trotz der zweifelhaften Rechtslage eine Erlösklausel in seine Lieferbedingungen aufnehmen möchte, sollte sie zumindest so weit wie möglich den Besonderheiten im *Romalpa case* annähern. So ist es ratsam, den treuhänderischen Charakter der Rechtsbeziehung ausdrücklich, am besten durch Verwendung des Begriffs *fiduciary relationship*, hervorzuheben und durch eine entsprechende Vertragsgestaltung zu belegen, indem der Verkäufer Verfügungen über das Vorbehaltsgut von seiner Zustimmung abhängig macht und klarstellt, daß der Käufer stets als sein *agent* handelt.

Allerdings setzt er sich dadurch unter Umständen Gewährleistungsansprüchen Dritter aus. Außerdem sollte er einerseits eine getrennte Lagerung des Vorbehaltsguts vorschreiben, andererseits die Errichtung eines separaten Kontos für Verkaufserlöse verlangen. Ferner muß er anscheinend, selbst wenn er nur anteilig berechtigt ist, immer den gesamten Erlös in voller Höhe für sich beanspruchen, da ansonsten die Gerichte zur Annahme einer *charge* neigen[820]. Während dies bei einer Veräußerung des ursprünglichen Vorbehaltsguts keine Probleme aufwirft, dürfte es fraglich sein, ob ein Zugriff auf einen Verkaufserlös, der aus einem Geschäft mit dem Verarbeitungsprodukt stammt, nicht deshalb scheitert.

IV. Konkurrenzprobleme durch kollidierende Sicherheiten

Eine Untersuchung über die englischen Mobiliarsicherheiten wäre unvollständig, ohne wenigstens beiläufig die Frage nach möglichen Konkurrenzverhältnissen zu erörtern, denn vielfach reklamieren mehrere Gläubiger gleichzeitig, sei es aufgrund rechtsgeschäftlichen Erwerbs oder einer ex lege Sicherheit, ein Recht an der Sache. Die sachgerechte Lösung einer solchen Konfliktsituation verlangt, da sich jedes konkrete Recht regelmäßig in einem begrenzten Interessenvorrat erschöpft[821], von jedem Rechtssystem

819 *Hicks*, Reservation of Title, Mal. L.R. 27 (1985), 63, 83.

820 *Benjamin's* Sale of Goods, Para. 396.

821 *Heck*, Sachenrecht, S. 91.

die Entwicklung bestimmter Grundprinzipien, die letztlich Wertungen des "besseren Rechts" verkörpern.

Zu den gesetzlichen Sicherungsrechten, die nicht im Mittelpunkt der Arbeit stehen und daher nur am Rande Erwähnung finden, sei noch angefügt, daß das englische Recht getreu seinem Systemdualismus von *common law* und *equity* zwischen *legal liens* und *equitable liens* unterscheidet. *Legal liens*, die dem *common law*-Bereich angehören, setzen eine Besitzinnehabung des Gläubigers voraus, dem sie ein Zurückbehaltsrecht, aber grundsätzlich kein Verwertungsrecht gewähren, entweder wegen einer bestimmten, gerade auf das einzelne Sachgut bezogenen Forderung *(particular lien)* oder allgemein wegen irgendeiner beliebigen Verbindlichkeit *(general lien)*[822]. So verfügen typischerweise z.B. *innkeepers* sowie *common carriers* über ein *particular lien* an den eingebrachten Sachen, gleichfalls Handwerker, die eine Sache repariert oder sonstige wertsteigernde Maßnahme durchgeführt haben[823]. Ein *general lien* wird demgegenüber nur manchen Gewerbebetreibenden, wie insbesondere *solicitors*, *bankers* und factors zuerkannt[824]. *Equitable liens* andererseits, die unabhängig vom Besitz allein aufgrund spezieller, enger Vetragsbeziehungen entstehen, begründen eine Belastung an Fremdgüter *(vgl. partnership lien, vendor's lien, purchaser's lien)*[825]. Sie geben dem Gläubiger ein Befriedigungsrecht, deshalb darf er die Sache nach gerichtlicher Bestätigung seiner Befugnis im Wege des Verkaufs verwerten[826].

Auch im englischen Recht lautet die *basic rule*, die den entscheidenden Ansatz zur Lösung eines solchen Interessenkonflikts liefert, *"prior tempore potior iure"*[827]. So einfach wie danach die Konkurrenzproblematik zu klären erscheinen mag, ist es allerdings angesichts des Zusammenspiels von *common law* und *equity* letztendlich nicht, denn beide Rechtszweige haben

---

[822] *Snell's* Principles of Equity, S. 482; *Halsbury's* Laws of England, Vol. 28 – Paras. 516, 517, 519; *Crossley Vaines'* Personal Property, S. 138f.

[823] *Snell's* Principles of Equity, S. 482f.; *Halsbury's* Laws of England, Vol. 28 – Paras. 536, 537; *Crossley Vaines'* Personal Property, S. 140f.

[824] *Snell's* Principles of Equity, S. 483; *Halsbury's* Laws of England, Vol. 28 – Paras. 525, 526; *Crossely Vaines'* Personal Property, S. 139.

[825] *Snell's* Principles of Equity, S. 482, 490ff.; *Halsbury's* Laws of England, Vol. 28 – Paras. 553, 555, 560.

[826] *Snell's* Principles of Equity, S. 482; *Halsbury's* Laws of England, Vol. 28 – Paras. 551, 576

[827] *Snell's* Principles of Equity, S. 50; *Megarry/Wade*, The Law of Real Property, S. 987; *Gough*, Company Charges, S. 5.

zwar die genannte Maxime in ihrem Bereich jeweils konsequent verwirklicht, doch bei einer Kollision untereinander wird das Prioritätsprinzip einseitig zugunsten von *legal rights* durch den Verkehrsschutz überlagert. Daher kommt es wesentlich darauf an, welchem der beiden Rechtszweige die jeweils konkurrierenden Rechte angehören.

Ein älteres *legal right* genießt generell Vorrang gegenüber einem zweiten, später bestellten *legal right*, da im *common law* die Maxime *"nemo dat quod non habet"* herrscht, die den Bestandsschutz stets über das Erwerbsinteresse triumphieren läßt. Gleichgültig, ob der zweite Sicherungsnehmer von der ersten Belastung weiß oder nicht, in jedem Fall bewahrt das frühere *legal right* einen besseren Rang[828], weil der Sicherungsgeber Rechte immer nur so weiterübertragen kann wie sie tatsächlich bestehen. Somit bleibt dic durch das Prioritätsprinzip festgelegte Rangfolge unter den dinglichen Berechtigten grundsätzlich unverändert. In Anbetracht dessen findet eine Interessenabwägung im allgemeinen überhaupt nicht statt, außer wenn einer gesetzlich normierten Gutglaubenstatbestände eingreift, denn dann muß das *at law*-Konzept ausnahmsweise der gesetzlichen Wertung weichen. Ebenso geht ein späterer Rechtserwerb vor, falls dem früher begründeten Recht mangels Registrierung, die Drittwirksamkeit versagt wird, das liegt aber zumeist schon daran, daß sich die Priorität insoweit nach dem Zeitpunkt der Eintragung und nicht dem der Bestellung bestimmt[829].

Stoßen zwei *equitable rights* konkurrierend aufeinander, gilt nichts anderes. Den maßgeblichen Rechtsgedanken, der die Lösung des Interessenkonflikts aufzeigt, hat die *equity* in die Worte *"where the equities are equal, the first in time shall prevail"*[830] gekleidet. Demzufolge kann auch nach *equity* ein Sicherungsnehmer generell nicht mehr an dinglicher Rechtsmacht erlangen als der Sicherungsgeber augenblicklich selbst gerade innehat. Daher rangiert ein älteres *equitable right* stets vor einem zeitlich jüngeren, es sei denn, der Altberechtigte hat durch sein Verhalten zu einer Täuschung des anderen über die wahre Rechtslage beigetragen[831].

---

828 *Snell's* Principles of Equity, S. 52; *Gough*, Company Charges, S. 5f.

829 *Gough*, Company Charges, S. 5ff.; *Fisher and Lightwood's* Law of Mortgage, S. 486.

830 *Snell's* Principles of Equity, S. 33.

831 *Snell's* Principles of Equity, S. 53; *Fisher and Lightwood's* Law of Mortgage, S. 446f.; *Megarry/Wade*, The Law of Real Property, S. 992.

Eine Kollision zwischen *legal rights* und *equitable rights* entscheidet die *equity* nach dem Grundsatz *"where the equities are equal, the law shall prevail"*[832]. Danach gebührt grundsätzlich dem Inhaber eines *legal rights* der Vorrang, weil er im allgemeinen über das stärkere Recht an der Sache verfügt. Ist sein Recht zeitlich früher entstanden, greift zu seinen Gunsten das Prioritätsprinzip durch und verdrängt den nachfolgenden *equity*-Berechtigten; allerdings muß er diesem ausnahmsweise trotz zeitlicher Nachrangigkeit den Vortritt lassen, wenn er durch *fraud, misrepresentation or gross negligence* für eine Verschleierung seiner Rechtsposition sorgte[833]. Ebenso beansprucht der Inhaber eines späteren *legal rights* den Vorrang, sofern er glaubhaft macht, daß er ein *bona fide purchaser* ist, der sein Recht entgeltlich und in Unkenntnis eines bereits bestehenden *equitable right* erworben hat[834].

In Übereinstimmung mit dem deutschen Recht verliert aber ein Fahrnisgegenstand seine Sonderrechtsfähigkeit, sobald er wesentlicher Bestandteil eines Grundstückes wird. Dadurch erlöschen zwar alle Rechte an der Sache, doch als Ausgleich dafür enthält der bisherige Sacheigentümer per se eine *equitable mortgage* am Grundstück[835].

---

[832] *Snell's* Principles of Equity, S. 33.

[833] *Snell's* Principles of Equity, S. 62ff.; *Megarry/Wade*, The Law of Real Property, S. 988ff.; *Fisher and Lightwood's* Law of Mortgage, S. 449ff.

[834] *Snell's* Principles of Equity, S. 51ff.; *Megarry/Wade*, The Law of Real Property, S. 991; *Gough*, Company Charges, S. 6

[835] *Snell's* Principles of Equity, S. 51; *Megarry/Wade*, The Law of Real Property, S. 738; *Gough*, Company Charges, S. 171.

E. Resümee

I. Bestätigung der Hypothese von der "funktionalen Äquivalenz" der nationalen Lösungen

Nach Darstellung der verschiedenen Mobilarsicherungsinstitute mit ihren jeweils etatistischen Sonderheiten in Deutschland und England heißt es, wieder an den Ausgangspunkt der methodischen Überlegungen zurückzukehren[1]. Diese waren von der Vermutung geleitet, daß jedes Rechtssystem bei Gleichartigkeit der zu bewältigenden Ordnungsprobleme selbst unter "abweichenden juristischen Denkformen" ähnliche, mithin gleichwertige "materiale Prinzipien"[2] entwickeln müßte, auch wenn ihre nationalen Institutionen unterschiedliche "historisch-dogmatische Strukturen" und Formen aufweisen mögen[3].

Eine Verifikation dieser "*praesumtio similitudinis*" erhoffte man sich durch eine "systemneutrale Betrachtungsweise"[4], indem man die nationalen Ordnungsaufgaben auf die "Natur der Sache" zu reduzieren suchte, um so universalistische Strukturgrößen als "*tertia comparationis*" herauszuschälen. Der angestrengte Reduktionsprozeß erhellte die wesensimmanenten Grundzüge einer Mobiliarsicherheit in ihren typischen Funktionsschemata[5]. Nachdem die zentrale Funktionsschiene bloßgelegt war, galt es, die konkrete, rechtliche Ausgestaltung eines Mobiliarsicherungsinstituts näher herauszuarbeiten. Das erforderte zunächst ein Aufspüren der beteiligten, schutzwürdigen Interessen, die durch eine Sicherungsbegebung jeweils berührt werden[6], um anschließend in einer heuristischen Wertung nach *topoi* zu ent-

---

[1] vgl. oben S. 33ff.

[2] *Rothoeft*, System der Irrtumslehre, S. 3, 306.

[3] *Esser*, Grundsatz und Norm, S. 348.

[4] *Rothoeft*, System der Irrtumslehre, S. 306.

[5] vgl. oben S. 38ff.

[6] *Rothoeft*, System der Irrtumslehre, S. 2.

scheiden, welche von ihnen als vorrangig schutzbedürftig einzustufen sind[7]. Weil sachenrechtliche Vorgänge stets mit Absolutheit gegenüber jedermann die rechtliche Zuständigkeit an einem Gegenstand verändern, treten neben die nicht zwangsläufig widerstreitenden Belange von Gläubiger und Schuldner noch die Interessen Dritter, die sich die Wirkungen des dinglichen Rechtsgeschäfts als Unbeteiligte zurechnen lassen müssen[8]. Deren Interessen erscheinen demzufolge vorrangig schutzbedürftig, soweit nicht zu ihren Gunsten ein effektiver Verkehrsschutz eingreift.

Bewahrt ein umfassender Redlichkeitschutz Dritte bei Unkenntnis der wahren Rechtslage vor rechtlichen Nachteilen, verlieren ihre Belange an Relevanz. Nunmehr rücken die Interessen des Gläubigers als vorrangig schutzbedürftig in den Vordergrund, da der Bestand seines Sicherungsrechts durch einen wirksamen Dritterwerberschutz in Form des Gutglaubenserwerbs einer latenten Gefährdung unterliegt. Sofern Dritten ein ausreichender Redlichkeitsschutz von der Rechtsordnung versagt bleibt, begehren sie eine Offenlegung dinglicher Rechtsbewegungen, damit sie sich in ihren konkreten Erwerbserwartungen nicht getäuscht sehen müssen. Andernfalls, bei Vorhandensein eines effektiven Verkehrsschutzes, nützt ihnen jedoch eine solche Transparenz wenig, im Gegenteil sie schadet sogar, weil die vermittelte Kenntnis nunmehr einen sonst möglichen Gutglaubenserwerb zu vereiteln vermag. Das ist allerdings dem Gläubiger zur Wahrung seiner Belange willkommen, deshalb wird er seinerseits nach Offenkundigkeit drängen, wenn nicht die Geschäftsrisiken überschaubar und unbedeutend erscheinen oder er auf andere Art und Weise hinreichend Sicherheit gewinnt (z.B. im Wege der Surrogation). Mithin verlangt das Zusammenspiel der beteiligten Interessen grundsätzlich neben dem Willenskonsens eine publizitäre Maßnahme, die den sachenrechtlichen Vorgang der Sicherungsbegebung sichtbar nach außen hin dokumentiert. Damit war als entscheidendes Kriterium für die rechtliche Ausgestaltung einer Mobiliarsicherheit das "Prinzip der Publizität" gefunden, das der nachfolgenden, rechtsvergleichenden Untersuchung als "*tertium comparationis*" vorangestellt wurde[9].

Am Ende der rechtsvergleichenden Betrachtung läßt sich festhalten, daß die Hypothese von der "funktionalen Äquivalenz" der nationalen Lösungen[10] durch die sektorale Gegenüberstellung von deutschem und engli-

---

[7] *Rothoeft*, System der Irrtumslehre, S. 2.

[8] vgl. oben S. 40ff., 42ff.

[9] vgl. oben S. 45ff.

[10] *Esser*, Grundsatz und Norm, S. 349.

schem Recht für den Bereich der Mobiliarkreditsicherung ihre Bestätigung erfahren hat. Obwohl die Lösungsansätze aufgrund der verschiedenen historisch-dogmatischen Systemstrukturen der beiden Rechtsordnungen im Detail Unterschiede aufweisen, gleichen doch die Ergebnisse einander. Mag auch, volkswirtschaftlich gesehen, Deutschland bedingt durch die rapid fortschreitende Industrialisierung ausgangs des 19. Jahrhunderts sowie angesichts zweier verlorener Weltkriege im 20. Jahrhundert einen höheren Kapitalbedarf als andere europäischen Länder gehabt haben, so erklärt das bestimmte Rechtsentwicklungen, es verändert aber nicht die Realien der Ordnungsprobleme, denn die Rechtsanwendung kann wirtschaftlichen Bedürfnissen immer nur soweit nachkommen, wie ihr das nationale Recht dafür Raum gibt.

Beide Rechtssysteme differenzieren zwischen Geld- und Warenkreditsicherheiten, je nachdem aus welcher Vermögenssphäre der Belastungsgegenstand stammt, wobei die englische Rechtspraxis aus historischen Gründen dem Geldkredit den Vorzug einräumt, während in Deutschland ausgeglichenere Verhältnisse herrschen. Ebenso kennen das deutsche wie das englische Recht sowohl besitzabhängige als auch besitzlose Mobiliarsicherheiten, die teils auf einer Übertragung bzw. Zurückbehaltung des Vollrechts, teils auf der Begründung eines beschränkt dinglichen Rechts beruhen. Mit Ausnahme der *floating charge*, die vor der *crystallisation* einzelne Vermögensbestandteile noch nicht gegenständlich erfaßt[11], beanspruchen diese Sicherungsrechte allsamt uneingeschränkte Drittwirksamkeit in Zwangsvollstreckung und Konkurs[12], seit im Zuge der Insolvenzrechtsreform 1986 in England durch die Beseitigung der *reputed ownership clause*[13] eine wesentliche Einschränkung der Konkursfestigkeit weggefallen ist. Übereinstimmung zeigen beide Rechtsordnungen in der Konstruktion der Warenkreditsicherheiten, indem sie ungeachtet des Besitzwechsels die bestehenden Eigentumsverhältnisse allein bei Vorliegen eines entsprechenden Parteikonsenses unberührt lassen, ohne zusätzlich einen publizitären Akt vorzuschreiben. Demgegenüber verlangen sie für die Wirksamkeit einer Geldkreditsicherheit grundsätzlich eine Offenlegung der dinglichen Rechtsbewegung, sei es durch eine Änderung der tatsächlichen Herrschaftsbefugnisse am Belastungsobjekt oder mittels einer Eintragung in einem öffentlichen Register. Allerdings hat das deutsche Recht mit der Einführung

---

[11] vgl. oben S. 210f.

[12] vgl. oben S. 64f., 92f., 119ff., 150ff., 160, 176f., 210f., 259f., 279.

[13] vgl. oben S. 151 Fußn. 132.

der Sicherungsübereignung weitgehend in der Praxis auf eine Beachtung eines publizitären Erfordernisses verzichtet. Zwar stellt das englische Recht mit der *hypothecation* dem Kreditverkehr ebenfalls eine besitz- und publizitätslose Sicherheit zur Verfügung, doch handelt es sich dabei eher um eine unbedeutende Ausnahme, denn im übrigen wurde das "Prinzip der Publizität" streng gewahrt.

Man könnte sogar sagen, daß es zu rigoros einen Rechtsgrundsatz zu verwirklichen trachtete, was Inkonsequenzen nicht ausschließt. Das englische Recht hat nämlich im Grunde genommen im Fahrnisrecht nur den Gedanken der "negativen Publizität" ausgeformt, indem es die Begründung eines beschränkt dinglichen Rechtes von einem zusätzlichen Kundgabeakt abhängig macht, eine Vollrechtsübertragung aber allein durch Parteienkonsens geschehen läßt. Trotzdem unterwirft es alle dinglichen Rechtsgeschäfte mit Sicherungscharakter, auch solche, die auf einer Eigentumsübertragung beruhen, pauschal dem Offenkundigkeitspostulat, soweit nicht der Sicherungsnehmer lediglich das Eigentum an der ihm gehörenden Sache zurückbehält. Auf diese Weise hat es das Publizitätserfordernis auch auf zu Sicherungszwecken bewirkte Übereignungen erstreckt, obwohl es konsequent gewesen wäre, die *mortgage* hiervon auszunehmen oder gleichfalls *hire-purchase* bzw. *conditional sale* einzubeziehen. Aber hier siegte das überkommene Mißtrauen gegen unsolide Geldkreditgeschäfte.

Das "Prinzip der Publizität" erfüllt in den beiden Rechtsordnungen jeweils eine andere Schutzfunktion. Im deutschen Recht hat es der Verkehrsschutz in Gestalt des Redlichkeitserwerbs übernommen, Dritte umfassend vor Beeinträchtigungen ihrer Erwerbserwartungen zu schützen.

Dagegen schützt das englisches Recht gerade den Rechtsinhaber in seinem Rechtsbestand, was die Maxime *"nemo dat quod non habet"* zum Ausdruck bringt. Dies bedeutet eine Vernachlässigung der Belange Dritter, die selbst bei Redlichkeit Rechte immer nur so erwerben, wie sie tatsächlich bestehen, und nie sicher sein können, ob der Verfügende ihnen wirklich die versprochene Rechtsposition verschafft. Stets müssen sie mit einer Inanspruchnahme seitens der wahren Berechtigten rechnen, dessen Recht an der Sache auch nicht durch Zeitablauf erlischt, weil das englische Recht keine Ersitzung kennt, höchstens die Durchsetzbarkeit des Ansrpuchs kann infolge Verjährung entfallen. Die schutzbedürftigen Interessen Dritter verlangen deshalb einen publizitären Akt, der sie verläßlich vor solchen, ihren Rechtserwerb beeinträchtigenden, Rechten an der Sache warnt. Dem begehrten Schutz suchte das englische Recht, vor allem seit im Zuge des modernen Handelsverkehrs der Verkehrsschutz ins Rechtsbewußtsein trat, durch eine Offenlegung dinglicher Rechtsbewegungen zu erreichen, ideenmäßig begrenzt allerdings auf beschränkt dingliche Rechte. Daher führte es für besitzlose Sicherungsrechte nach und nach die Registrierungspflicht ein. Gleichzeitig schuf es ergänzend hierzu noch spezielle Gutglaubenstatbestände für bestimmte Sachverhaltskonstellationen, die teilweise auf einen redlichen Eigentumserweb mittels Veräußerungsgeschäft[14] zugeschnitten sind, teilweise auch andere Verfügungen miteinbeziehen[15]. Dabei bleibt aber der gebotene Redlichkeitsschutz hinter dem deutschen Recht zurück, denn dem Erwerber obliegt regelmäßig der Nachweis seiner Gutgläubigkeit[16].

Die punktuellen Durchbrechungen der *"nemo dat-rule"* waren eine sinnvolle Notwendigkeit, um unter Vermeidung einer Paralysierung des Handelsverkehrs wenigstens eingeschränkt einen redlichen Eigentumserwerb zu ermöglichen, weil ansonsten ob des geltenden Konsensprinzips der Besitz nicht die Vermutung der Vollrechtsinhaberschaft in sich trägt. Der hierdurch bewirkte Schutz Dritter entbehrt jedoch der Vollständigkeit, da die Erwerbstatbestände entweder die Vornahme des Rechtsgeschäfts an einen bestimmten Ort binden[17] oder von dem früheren Abschluß eines bestimmten, zweiten Rechtsgeschäfts abhängig machen[18] oder anfechtbares Eigentum des Verfügenden voraussetzen[19] oder auf eine spezifische Tätigkeit des Verfügenden abheben[20].

1. Besitzabhängige Geldkreditsicherheiten

Fahrnispfand und *pledge* gleichen sich in den Entstehungsvoraussetzungen. Ihre wirksame Bestellung erfordert jeweils die Beachtung eines dualistischen Tatbestandes, der auf zwei heterogenen Elementen basiert – nämlich Willensübereinkunft einerseits sowie Besitzübergabe andererseits[21]. Dabei liegt der Akzent nicht so sehr auf der Besitzerlangung durch den Gläubiger, vielmehr kommt es darauf an, daß der Belastungsgegenstand

---

[14] vgl. ss. 22, 23 Sale of Goods Act 1979.

[15] vgl. ss. 24, 25 Sale of Goods Act 1979, s. 2 (1) Factors Act 1889.

[16] *Benjamin's* Sale of Goods, Paras. 505, 527, 542; eine Beweislastumkehr wurde aber im Rahmen eines Rechtserwerbs nach s. 23 Sale of Goods Act 1979 vorgenommen – vgl. *Benjamin's* Sale of Goods, Para. 489.

[17] s. 22 Sale of Goods Act 1979 – "market overt".

[18] ss. 24, 25 Sale of Goods Act 1979 – "sale".

[19] s. 23 Sale of Goods Act 1979 "voidable title".

[20] s. 2 Factors Act 1889 – "mercantile agent".

[21] vgl. oben S. 55ff., 131ff.

erkennbar aus der Gewahrsamssphäre des Schuldners ausscheidet. Beide Rechtsordnungen lassen auch einen symbolischen Übergabeakt genügen, was insbesondere die Verpfändung von Warenlagern erleichtert. Anders als im deutschen Recht ist nach englischem Recht, falls die Ware ein Dritter in Verwahrung hat, allerdings die bloße Abtretung des Herausgabeanspruchs nicht ausreichend, zusätzlich muß außerdem ein *attornment* des Dritten hinzutreten[22]. Die mit der Besitzeinräumung verbundene Publizität gewährleistet dem Gläubiger jeweils einen umfassenden Bestandsschutz. Eine gewisse Auflockerung dieser Publizität begegnet im englischen Recht, das eine kurzfristige Rückgabe der Pfandsache zu einem vorübergehenden Zweck gestattet[23], während das deutsche Recht das Prinzip insoweit strikt handhabt, als es in einem solchen Fall den Untergang des Pfandrechts anordnet[24]. Der zeitweilige Publizitätsverzicht beeinträchtigt nicht die Interessen Dritter, denn das nunmehr über einen *letter of trust* aufrechterhaltene Pfandrecht vermittelt dem Gläubiger nur die abgeschwächte Rechtsposition eines *equity*-Berechtigten, der dem redlichen Erwerber eines *legal right* weichen muß. Mit Rückgabe der Pfandsache nimmt also der *pledgee* das Risiko des Rechtsverlusts auf sich. Die gleiche Gestaltung mit derselben Konsequenz wäre aber durchaus auch bei den historisch-dogmatischen Strukturen des deutschen Rechts möglich gewesen, hätte man nicht aus Unbehangen gegenüber der römisch-rechtlichen Mobiliarhypothek die Reinheit des Faustpfandprinzips so kategorisch verfochten. Ebenso wie das Fahrnispfand hängt das *pledge* in seiner Existenz von dem Bestand der gesicherten Forderung ab[25].

2. Besitzlose Geldkreditsicherheiten

Das deutsche Recht hat, abgesehen von wenigen Registerpfandrechten, die ob ihres speziellen, eingeschränkten Anwendungsbereichs außer Betracht gelassen werden sollen, einzig die Sicherungsübereignung herausgebildet, während das englische Recht drei besitzlose Mobiliarsicherheiten kennt – nämlich *hypothecation*, *mortgage* sowie *floating charge*. Trotz ihrer quantitativen Vielfalt erfüllen diese Insitute in der Praxis jedoch keine wesentlich anderen Aufgaben als Sicherungsübereignung.

---

[22] vgl. oben S. 133 Fußn. 41.

[23] vgl. oben S. 145ff.

[24] vgl. oben S. 57 Fußn. 10.

[25] vgl. oben S. 138ff.

Die *hypothecation* verkörpert eine publizitätslose Mobiliarsicherheit, die allerdings der Einhaltung einer bestimmten Form (Errichtung eines *letter of hpothecation*) bedarf[26]. Charakteristisch für sie ist, daß sie die Belastung von Waren erlaubt, an denen der Sicherungsgeber bislang überhaupt noch keine besitzrechtliche Stellung ausübt, die er vielfach sogar erst mit Hilfe des Kredits erwerben will. Sie zeigt die Funktion eines besitzlosen Pfandrechts, denn sie räumt dem Sicherungsnehmer ein beschränkt dingliches Recht an der Sache ein. Wie die Sicherungsübereignung bietet die *hypothecation* ihm aber nur einen schwachen Bestandsschutz, da sie lediglich eine *equitable charge* begründet, die dem gutgläubigen Erwerber eines *legal right* nicht entgegengehalten werden kann[27]. Aufgrund dieser Einordnung unter die *equity*-Rechte, die einen weitgehenden Dritterwerberschutz eröffnet, schadet der Verzicht auf eine publizitäre Maßnahme nicht der Leichtigkeit des Rechtsverkehrs. Den Nachteil trägt insoweit der Sicherungsnehmer, dessen Rechtsposition einer latenten Gefährdung unterliegt. Diese Gefährungstendenz weist zwar auch die Sicherungsübereignung auf, doch kann sich der Gläubiger im deutschen Recht ungleich besser dagegen schützen, indem er zur Minimierung seiner Risiken durch Verlängerungsformen in Ersatzsicherheiten flüchtet.

Die *mortgage* ähnelt in ihrer rechtlichen Gestaltung augenfällig der Sicherungsübereignung, denn sie stellt eine Eigentumsübertragung zu Sicherungszwecken auf den Gläubiger dar[28]. Der vorgeschriebene Registereintrag, von deren Beachtung die Wirksamkeit der Sicherungsbegebung abhängt, sorgt für eine Offenlegung der dinglichen Rechtsbewegung, warnt mithin Dritte vor der an der Sache bestehenden Belastung. Auf diese Weise wurde ihren Interessen ausreichend Rechnung getragen, nachdem im übrigen ein Redlichkeitsschutz versagt blieb, es sei denn, der Gläubiger verfügt über eine *equitable mortgage*. Der Inhaber einer *common law mortgage* genießt dagegen einen umfassenden Bestandsschutz.

Die *floating charge* findet keine direkte Entsprechung in der Sicherungsübereignung, weil das deutsche Recht die Übertragung oder Verpfändung einer derart heterogenen Vermögensmasse, wie es gerade ein werbendes Unternehmen repräsentiert, in ihrer Gesamtheit nicht gestattet, vielmehr muß jeder Einzelgegenstand unter Beachtung des Spezialitätsprinzips

---

[26] vgl. oben S. 154ff.

[27] vgl. oben S. 157ff.

[28] vgl. oben S. 162ff.

jeweils nach den für ihn geltenden Vorschriften übertragen werden. Trotzdem erfüllt die Sicherungsübereignung, vor allem in Kombination mit einer Sicherungszession weitgehend die gleiche wirtschaftliche Funktion, obwohl dadurch keine Belastung immaterieller Werte (z.B. Patente, goodwill) erfolgt. Immatrialgüter erscheinen sowieso als wenig taugliches Sicherungsobjekt, denn gerade in Krisenzeiten kommt ihnen kaum ein realisierbarer Wert zu. Eine Sicherungsübertragung erfaßt aber mit dem Umlaufvermögen zumeist den bedeutsamsten Teil des Gesellschaftsvermögens, falls das Unternehmen nicht ansonsten über ausreichend Anlagegüter, insbesondere Grundvermögen, verfügt – dann könnte man daneben noch an die Bestellung von Grundpfandrechten denken.

Die Bedeutung der *floating charge* in der Praxis beruht nun vornehmlich darin, daß sie eine Belastung von Vermögensgegenständen in ihrem wechselnden Bestand ermöglicht. Beide Rechtsinstitute versehen im wesentlichen dieselbe Aufgabe und zeitigen ähnliche Ergebnisse, wenn sie auch infolge abweichender Gestaltungsformen unterschiedliche Lösungsansätze aufweisen. Während die *floating charge* ein beschränkt dingliches Recht an allen Unternehmenswerten begründet, bewirkt die Sicherungsübertragung eine Änderung der Vollrechtszuständigkeit allein an körperlichen und unkörperlichen Gegenständen.

Obschon beide Rechtsinstitute die bestehenden Besitzverhältnisse unberührt lassen, schreibt nur das englische Recht eine publizitäre Maßnahme in Form des Registrierungszwangs vor, von deren Beachtung die Drittwirksamkeit der *floating charge* abhängt[29]. Allerdings mutet die dadurch erreichte Publizität angesichts ihres geringen Nutzeffekts beinahe überflüssig an, da eine Offenlegung der Rechtsbegebung weder zur Wahrung der Belange Dritter notwendig wäre noch dem Sicherungsnehmer spürbare Vorteile bietet.

Nachdem die *floating charge* zu den *equitable rights* rechnet, hätte der Gläubiger sein Recht auch ohne publizitäre Akt nicht dem redlichen Erwerber eines *legal right* entgegensetzen können. Der Registereintrag vermag ebensowenig den guten Glauben zu zerstören, weil Dritte trotz Kenntnis der Unternehmenbelastung darauf vertrauen dürfen, daß die schuldnerische Gesellschaft im Rahmen des üblichen Geschäftsverkehrs die uneingeschränkte Dispositionsbefugnis über die einzelne Vermögenswerte beansprucht[30]. Vor

---

[29] vgl. oben S. 191ff.

[30] vgl. oben S. 203ff.

der *crystallisation* lagert die *floating charge* lediglich hypothekengleich auf dem Unternehmen als solchem, das die eigentliche Haftungsmasse umgrenzt, sie vermittelt bis dahin aber keine dingliche Berechtigung an den konkreten Einzelgegenstände, die deshalb weiterhin verfügbar bleiben und dem Zugriff Dritter, selbst im Wege der Zwangsvollstreckung, offenstehen[31].

Versuche seitens des Gläubigers, seinen Bestandsschutz mit Einschränkung der schuldnerischen Verfügungsbefugnis zu stärken, können nur in einem gewissen Grade rechtliche Billigung erfahren, denn keinesfalls darf dadurch der Geschäftsbetrieb zum Erliegen kommen; außerdem erreichen sie allein dann ihren Zweck, wenn der Dritte von den Restriktionen tatsächlich Kenntnis erlangt[32]. Im übrigen muß sich der Gläubiger selbst durch ständige Kontrollen der schuldnerischen Geschäftstätigkeit vor einer Aushöhlung seiner Sicherheit schützen und im Falle einer akuten Gefährdung seiner Rechtsposition rechtzeitig die *crystallisation* herbeiführen. Bestandsschutz gewährt die *floating charge* dem Gläubiger einzig gegenüber den späteren Erwerbern von *equity*-Rechten, da insoweit das Prioritätsprinzip durchgreift – gleiches würde aber auch ohne den publizitären Akt eines Registereintrags gelten. Eine Publizierung der *floating charge* war also keine zwangsläufige Notwendigkeit. Mit der Sicherungsübereignung, die sofort eine Änderung der rechtlichen Zuständigkeit an den konkreten Einzelgegenständen bewirkt, erfährt der Gläubiger im deutschen Recht trotz der fehlenden Offenkundigkeit keineswegs eine Schlechterstellung, zumal er gegen Zwangsvollstreckungsmaßnahmen gefeit ist. Auch er verliert seine dingliche Berechtigung an der Sache regelmäßig durch Gutglaubenserwerb, doch kann er auf andere Weise, nämlich im Wege der Verlängerung durch Vorausabtretung der Ansprüche gegen den Dritten, den Bestandsschutz sichern.

Die genannten Sicherheiten des englischen Rechts hängen schließlich in ihrer Existenz vom Bestand der gesicherten Forderung ab, während der Sicherungsübereignung jedliche Akzessorietät fehlt.

---

[31] vgl. oben S. 203ff., 210ff.

[32] vgl. oben S. 204.

3. Besitzlose Warenkreditsicherheiten

Beide Rechtsordnungen sichern einen Warenkreditgläubiger in ähnlicher Weise, indem sie ihm erlauben, den Eigentumsübergang ungeachtet der Besitzübergabe bis zum späteren Zeitpunkt der Schuldtilgung hinauszuschieben. Wie der Eigentumsvorbehalt des deutschen Rechts ist der *conditional sale* der Gefahr eines Redlichkeitserwerbs ausgesetzt; wegen dieser Schwäche hat im englischen Recht das *hirer-purchase agreement*, das dem Gläubiger einen größeren Bestandsschutz bietet, wesentlich mehr Verbreitung gefunden, obwohl es für den Handelsverkehr nur bedingt Tauglichkeit zeigt. Einer solchen Erscheinung bedurfte es im deutschen Recht nicht, da der Vorbehaltskäufer seine gefährdete Rechtsposition durch Verlängerungsformen ausreichend festigen kann. Es schadet ihm mithin nichts, wenn er dem Vorbehaltskäufer die Verfügungsbefugnis über die Ware einräumt. Eine entsprechende Entwicklung in England wurde von der Rechtsprechung gestoppt. Charakteristisch für die behandelten Warenkreditsicherheiten ist, daß beide Rechtsordnungen von einer publizitären Maßnahme absehen.

II. Zur Reform der deutschen Mobiliarsicherheiten

Die geplante Reform der Mobiliarsicherheiten im Zusammenhang mit der beabsichtigten Neugestaltung des übereinkommen Konkurs- und Vergleichsrechts nimmt allmählich plastische Züge an, nachdem die Kommission für Insolvenzrecht Mitte Mai 1985 ihren "Ersten Bericht" veröffentlicht hatte und bereits im Dezember des gleichen Jahres einen "Zweiten" folgen ließ[33]. Wesentliche Neuerung im äußeren Verfahrensablauf ist die Schaffung eines einheitlichen Insolvenzverfahren, bestehend aus einem Vorverfahren und einem anschließenden Reorganisations- bzw. Liquidationsverfahren, das die vorhandene Zweispurigkeit der Abwicklungsmethoden nach der Konkurs- und Vergleichsordnung beseitigen soll[34]. Das erfährt inso-

---

[33] Erster Bericht der Kommission für Insolvenzrecht, 1985; Zweiter Bericht der Kommission für Insolvenzrecht, 1986; vgl. auch *Serick*, Eigentumsvorbehalt und Sicherungsübertragung, Bd. VI – S. 815ff.; *Dorndorf/Frank*, Reform des Rechts der Mobiliarsicherheiten, ZIP 1985, 65ff.; *Paulus*, die Insolvenzrechtsform und der Schutz gesicherter Gläubiger, ZIP 1985, 1449ff.; *Seuffert*, Verfassungsrechtliche Fragen zu den Reformvorschlägen der Kommission für Insolvenzrecht, ZIP 1986, 1157ff.; *Drobnig*, Die Kreditsicherheiten im Vorschlag der Insolvenzrechtskommission, ZRG 1986, 252ff.; *Serick*, Die Insolvenzrechtsreform aus der Sicht der Wissenschaft, BB 1985, 2202ff.

[34] Erster Bericht, S. 14ff., 90ff.; *Serick*, Eigentumsvorbehalt und Sicherungsübertragung, BD. VI – S. 817, 825ff.

weit keine Beanstandung, weil damit nicht durch eine allzu frühe Weichenstellung die Chance einer möglichen Unternehmenssanierung vertan wird[35], wenngleich fraglich bleibt, ob dies den Reformaufwand rechtfertigt, denn nach Schätzung erfahrener Praktiker dürfte höchstens bei 3–5 % der insolventen Unternehmen eine Reorganisation erfolgversprechend sein[36].

Kritik verdient allerdings die vorgeschlagene Behandlung von besitzlosen Mobiliarsicherheiten, die sich hauptsächlich am "Henckel-Modell"[37] orientiert, aber auch die Anregung einer Kostenbeteiligung von Heinsius[38] rezipiert[39]. Betroffen sind ausschließlich "Sicherungseigentum, Eigentumsvorbehalt und Sicherungsabtretung"[40], während die Immobliarsicherheiten sowie das Fahrnispfand und Registerpfandrechte grundsätzlich keine Einschränkung ihrer bisherigen insolvenzrechtlichen Stellung hinzunehmen brauchen[41]. Zunächst hängt die Wirksamkeit besitzloser Mobiliarsicherheiten im künftigen Insolvenzverfahren mit Ausnahme des einfachen Eigentumsvorbehalts[42] von der Beachtung der Schriftform ab[43]. Verlängerungs- und Erweiterungsformen des Eigentumsvorbehalts müssen der einseitigen Schriftform genügen[44], Sicherungsübereignung und -abtretung unterliegen dagegen gar der vollen Schriftform des § 126 BGB, soweit sie nicht als Verlängerungsform des Eigentumsvorbehalts vereinbart werden[45]. Der Konzernvorbehalt soll von vornherein keine Wirksamkeit beanspruchen[46].

Eine drastische Beschneidung der Rechte des Sicherungsgläubigers bedeutet, daß nach dem Entwurf das Sicherungsgut mit Eröffnungsbeschluß

---

35 vgl. oben S.

36 *Serick*, Eigentumsvorbehalt und Sicherungsübertragung, Bd. VI – S. 821.

37 vgl. oben S.

38 vgl. oben S.

39 vgl. *Serick*, Eigentumsvorbehalt und Sicherungsübertragung, Bd. VI – S. 897f.

40 Erster Bericht, LS 1.1.5 Abs. 2, S.28, 95ff.; vgl. auch *Serick*, Eigentumsvorbehalt und Sicherungsübertragung, Bd. VI – S. 817f.; Drobnig, Die Kreditsicherheiten im Vorschlag der Insolvenzrechtskommission, ZGR 1096, 252, 254f.

41 Erster Bericht, LS 3.4., 3.5., S. 65f.; 326ff., 333ff.

42 Erster Bericht, LS 3.1. s. Abs. 1, S.61.

43 *Serick*, Eigentumsvorbehalt und Sicherungsübertragung, Bd. IV – S. 834.

44 Erster Bericht, LS 3.2.1. Abs. 2, S. 61 – d.h. entweder "schriftlich vereinbart oder ... schriftlich bestätigt werden."

45 Erster Bericht, LS 3.2.2., S. 61.

46 Erster Bericht, LS 3.2.4., S. 61, 310.

dem schuldnerischen Vermögen einverleibt werden soll[47]. Die Sicherungsgläubiger können also die besicherten Gegenstände weder aus- noch absondern[48], denn diese gehören nunmehr zur Insolvenzmasse[49]. Sie zählen vielmehr zu den (einfachen) Insolvenzgläubigern, die mit ihrer persönlichen Forderung am Verfahren teilnehmen[50]. Deshalb scheidet vom Zeitpunkt des Eröffnungsbeschlusses ab die Geltendmachung laufender Zinsen aus[51]; ebensowenig muß der Insolvenzverwalter, der das zur Insolvenzmasse gehörende Vermögen sofort in Besitz und Verwaltung zu nehmen hat[52], irgendeine Nutzungsentschädigung für die Vorenthaltung des Sicherungsguts leisten[53]. Lediglich Wertminderungen infolge Abnutzung oder schuldnerhafter Beschädigung bzw. Zerstörung begründen eine Ausgleichspflicht[54].

Im übrigen darf der Insolvenzverwalter die Sachen uneingeschränkt benutzen; insbesondere ist er innerhalb der Grenzen einer ordnungsgemäßen Wirtschaft berechtigt, die belasteten Sachen zu verbinden, zu vermischen, zu verarbeiten oder zu veräußern – dabei setzt sich die Belastung am Surrogat fort[55]. Er darf die Sachen sogar verbrauchen, wenn er eine gleich-wertige Ersatzsicherheit stellt[56]. Ferner gebührt ihm allein das Verwertungsrecht[57]. Übt er dieses Recht aus, muß er den im Wege der Veräußerung erzielten Erlös, soweit er dem Sicherungsgläubiger zusteht, gesondert verwahren[58]. Dem gesicherten Gläubiger entzieht mithin der Eröffnungsbeschluß keineswegs das Sicherungsrecht – es bleibt in seinem Bestand unangetastet, allerdings verliert er seine wesentlichen Rechtsbefugnisse, indem man ihm jegliche Einwirkungsmöglichkeit auf das Sicherungsgut versagt.

---

[47] Erster Bericht, LS 1.1.10., S. 31,118ff.; *Serick*, Eigentumsvorbehalt und Sicherungsübertragung, Bd. VI – S. 817f., 835.

[48] Erster Bericht, LS 1.2.10., Abs. 3, S. 31, 119ff.; *Serick*, Eigentumsvorbehalt und Sicherungsübertragung, Bd. VI – S. 833ff.; *Drobnig*, Die Kreditsicherheiten im Vorschlag der Insolvenzrechtskommission; ZGR 1986, 252, 260ff.

[49] Erster Bericht, LS 1.1.4. Abs. 1 b, e, S. 27, 93f.

[50] Erster Bericht, LS 1.1.5. Abs. 1, 2, S. 28, 96.

[51] Erster Bericht, LS 1.1.5. Abs. 3 a, S. 28, 27, 229, 305, 319.

[52] Erster Bericht, LS 1.3.1.2. Abs. 1, S. 33.

[53] Erster Bericht, S. 299, 319.

[54] Erster Bericht, LS 2.4.4.5., S. 18, 54, 256.

[55] Erster Bericht, LS 2.4.4.2., S. 53, 253.

[56] Erster Bericht, LS 2.4.4.3., S. 54, 254.

[57] Erster Bericht, LS 2.4.4.1., S. 53.

[58] Erster Bericht, LS 2.4.4.2. Abs. 2, S. 54, 253.

Obwohl er gleich einem einfachen Insolvenzgläubiger mit der gesicherten Forderung auch dem Verfahren beitritt, genießt er dennoch eine bevorzugte Rechtsposition[59]. Zwar überträgt der Eröffnungsbeschluß die ausschließliche Verfügungsbefugnis über das Sicherungsgut dem Insolvenzverwalter, doch behält der Sicherungsnehmer einen, wenngleich keinesfalls uneingeschränkten, Anspruch auf den Verwertungserlös. Dieser wird ihm nämlich nicht vollständig in Höhe der gesicherten Forderung ausgekehrt, sondern nur anteilig, da er einen Verfahrensbeitrag in Höhe von 10–25 % an die Masse erbringen muß[60]. Mit einem solchen Pauschalbetrag verfolgt man einen doppelten Zweck: Zum einen soll er helfen, die nicht unbeträchtlichen Kosten abzudecken, die der Masse durch die Feststellung und Abwicklung besitzloser Sicherheiten entstehen, zum anderen soll er ungesicherten Insolvenzgläubigern einen Ausgleich dafür gewähren, daß ihre Befriedigungsaussichten angesichts der Anerkennung besitzloser Mobiliarsicherheiten erheblich gemindert sind[61].

Soweit der Sicherungsnehmer dadurch einen Ausfall erleidet, nimmt er mit der unbefriedigten Restforderung als einfacher Insolvenzgläubiger am weiteren Verfahren teil und kann lediglich auf eine verbesserte Quote hoffen[62]. Dabei muß es keineswegs bei einem 25 %igen Ausfall, der den Verfahrensbeitrag ausmacht, bleiben. Der den Sicherungsnehmer treffende Abschlag erhöht sich beträchtlich, wenn seine Forderung in einem zuvor durchgeführten, aber letztlich gescheiterten Reorganisationsverfahren bereits spürbar gekürzt worden ist[63]. Ein spezieller Anfechtungsbestand verhindert außerdem, daß Sicherungsgläubiger rechtzeitig kurz vor Eröffnung des Insolvenzverfahrens die Verwertung ihres ansonsten unanfechtbar begründeten Sicherungsrechts einleiten, um auf diese Weise eine abgesonderte Befriedigung der Insolvenzregeln zu erreichen[64]. Geschieht die Ausübung des Sicherungsrechts in den letzten drei Monaten vor dem Antrag auf Eröffnung des Insolvenzverfahrens, so soll diese Handlung nach dem

---

[59] Erster Bericht, S. 311f.

[60] Erster Bericht, LS 3.3.2., S. 62, 312ff.; *Serick*, Eigentumsvorbehalt und Sicherungsübertragung, Bd. VI – S. 840; *Drobnig*, Die Kreditsicherheiten im Vorschlag der Insolvenzrechtskommission, ZRG 1986, S. 252, 264ff.

[61] Erster Bericht, S. 312.

[62] Erster Bericht, S. 19.

[63] *Serick*, Eigentumsvorbehalt und Sicherungsübertragung, Bd. VI – S. 848f.

[64] Erster Bericht, LS 5.5., S. 76, 421; *Serick*, Eigentumsvorbehalt und Sicherungsübertragung, Bd. VI – S. 842.

Entwurf anfechtbar sein, falls der Gläubiger zu dieser Zeit die Zahlungsunfähigkeit kannte oder infolge grober Fahrlässigkeit nicht kannte[65].

1. Kritik und eigener Lösungsansatz

Mag auch im Ersten Bericht das Bemühen anklingen, eine Entwertung des überkommenen Mobiliarsicherungssystems keineswegs zu wollen, sondern einen gerechten Ausgleich zwischen den Interessen einfacher Insolvenzgläubiger, die bei einer Abwicklung nach dem geltenden Konkursrecht zumeist leer ausgehen, und den Belangen der fraglos begünstigten Inhaber besitzloser Mobiliarsicherheiten zu erstreben, so bedeutet doch die vorgeschlagene Reform hinsichtlich der insolvenzrechtlichen Behandlung besitzloser Mobiliarsicherheiten in Wahrheit einen massiven Eingriff in diese Rechte, da sie deren Konkursfestigkeit entscheidend aushöhlt. Dementsprechend kritisch äußerten sich die einzelnen Wirtschaftsverbände in ihren Stellungnahmen. Es sei illusorisch, wenn man meine, eine Änderung der rechtlichen Strukturen könne einen wesentlichen Rückgang der Firmenzusammenbrüche bewirken, denn dies erfordere eine generelle Verbesserung der wirtschaftlichen Rahmenbedingungen[66].

Der propagierte Ausschluß von Aus- und Absonderungsrechten sowie die pauschalierte Forderungskürzung stelle einen gravierenden Rechtsabbau dar, zumal eine Einbeziehung des Sicherungsguts in die Konkursmasse dem geltenden Recht widerspreche[67]. Dem Sicherungsnehmer werde die Verfügungsbefugnis völlig entzogen, was einer funktionalen Entwertung seiner Rechtsposition gleichkomme; daran ändere auch die anteilige Befriedigung aus dem Verwertungserlös nichts[68].

Die dem Besicherten auferlegten Beschränkungen sind in der Tat schwerwiegend. Ihre Auswirkungen auf den Kreditverkehr lassen sich kaum vorhersehen; eines dürfte aber sicher sein, daß Kreditgeber nach Auswegen suchen werden, um zu erwartende Ausfallrisiken zu kompensieren. Infolge der geschmälerten Befriedigungsaussicht in wirtschaftlichen Krisensituationen verliert ein kreditbedürftiges Unternehmen selbst unter wirtschaftlich gesunden Gegebenheiten maßgeblich an Bonität, wenn es hauptsächlich nur

---

[65] Erster Bericht, LS 5.2.1. Abs. 1 iVm LS 5.5, S. 74, 76, 405, 421.

[66] vgl. *Serick*, Eigentumsvorbehalt und Sicherungsübertragung, Bd. VI – S. 820.

[67] vgl. *Serick*, Eigentumsvorbehalt und Sicherungsübertragung, Bd. VI – S. 821.

[68] vgl. *Serick*, Eigentumsvorbehalt und Sicherungsübertragung, Bd. VI – S. 847.

besitzlose Mobiliarsicherheiten zur Kreditbesicherung anbieten kann[69]. Das führt zwangsläufig zu einer Verteuerung des Kapitalsflusses, was seinen Niederschlag in einem erhöhten Zinssatz bzw. Kaufpreis findet[70]. Bei geringsten Zweifel an der schuldnerischen Solvenz wird man gar eine Kreditierung ablehnen. Deshalb dürfte ein wirtschaftlich angeschlagenes Unternehmen unter diesen Umständen wenig Chancen haben, den für seine Konsolidierung doch so erforderlichen Kredit zu erhalten. Das mag mittelbar dem erstrebten Ziel einer möglichst frühzeitigen Einleitung des Insolvenzverfahrens dienen, andererseits vereitelt man dadurch natürlich auch ein aussichtsreiches Sanierungsvorhaben des Gemeinschuldners, mit dem dieser selbst die wirtschaftliche Gesundung des Unternehmens erreichen könnte. Die Auswirkungen auf den Kapitalverkehr, der auf Änderungen der rechtlichen Grundbedingungen empfindlich reagiert, sind mithin beträchtlich, während die damit gewonnene Verbesserung für einfache Insolvenzgläubiger unbedeutend erscheint[71].

Das wirft die berechtigte Frage auf, ob eine derartig minimale Quotensteigerung einen solchen Aufwand überhaupt lohnt. Inwieweit verdient denn jemand, der ungesichert einem anderen Kredit gewährt, überhaupt einen besonderen Schutz im Vermögensverfall? Schließlich ist jeder selbst Hüter seiner eigenen Belange. Im Handelsverkehr dominieren wirtschaftliche Interessen; sie bestimmen dessen Ablauf und begehren ihre Durchsetzung gerade in der Insolvenz. Eine Insovlenzrechtsreform sollte darauf Rücksicht nehmen und nicht zugunsten einer übertriebenen Sozialgerechtigkeit Konkursvorrechte abbauen. Zudem macht man es sich zu einfach, wenn man die gebräuchlichen besitzlosen Mobiliarsicherheiten rigoros an ihrer verwundbarsten Stelle, der Konkursfestigkeit, beschneidet und sie damit für ihre eigentliche Zweckbestimmung wesentlich entwertet, ohne gleichzeitig dem Kreditverkehr brauchbare Ersatzlösungen anzubieten, auf die er zur Wahrung seiner Interessen ausweichen könnte. Natürlich läßt der konkursrechtliche Eingriff die Sicherheit in ihrem Bestand insoweit unberührt; das darf aber nicht darüber hinwegtäuschen, daß dadurch ein Sicherungsrecht praktisch für Kreditgeschäfte wertlos wird. Statt auf halben Weg stehenzubleiben, indem man lediglich die insolvenzrechtlichen Aspekte regelt, hätte man dann schon so konsequent sein müssen, entweder den bestehenden

---

[69] vgl. *Serick*, Eigentumsvorbehalt und Sicherungsübertragung, Bd. VI – S. 851.

[70] vgl. *Serick*, Eigentumsvorbehalt und Sicherungsübertragung, Bd. VI – S. 852.

[71] vgl. *Serick*, Eigentumsvorbehalt und Sicherungsübertragung, Bd. VI – S. 823 – statt einer Quote von 2 oder 3 % könne man künftig mit einer Quote von 5–15 % bestenfalls rechnen.

Mobiliarsicherheiten unter Veränderung ihrer jetzigen Gestaltung Konkursbeständigkeit zu verleihen oder zumindest andere besitzlose Sicherungsrechte, die zu Aus- oder Absonderungen berechtigten, zu schaffen.

Diesen Weg beschritt die Insolvenzrechtskommission jedoch nicht. Sie begnügte sich vielmehr damit, den Sicherungsnehmer in seinen Rechten spürbar einzuschränken und im übrigen auf das längst überholte Faustpfanddogma zu verweisen, wenn er eine konkursfeste Sicherheit haben wolle, denn sowohl das Fahrnispfand als auch die Grundpfandrechte sollen nach wie vor Absonderungskraft in der Liquidation entfalten[72]. Ein solcher Reformvorschlag erweckt außerdem nicht unbeachtliche verfassungsrechtliche Bedenken im Hinblick auf Art. 14 und Art. 3 GG[73]. Wer einem dinglichen Rechtsinhaber – an der Wirksamkeit des Rechtserwerbs wird ja keineswegs gerüttelt – jegliche Verfügungsbefugnis abspricht, indem er das Sicherungsrecht aller wesentlichen Herrschaftsfunktionen entkleidet, muß sich zum einen den Vorwurf gefallen lassen, daß ein solches Vorgehen praktisch einer Enteignung gleichkommt[74]. Zum anderen leuchtet die propagierte Ungleichbehandlung gegenüber dem Fahrnispfand und den Grundpfandrechten nicht ein, da das lapidare Argument mangelnder Publizität[75] als Differenzierungskriterium wenig zu überzeugen vermag[76].

Die Insolvenzrechtskommission wiederholt lediglich die Fehler ihrer Vorväter bei Schaffung der Reichskonkursordnung, die einer unreflektierten Durchsetzung des Faustpfandprinzips das Wort redeten und deshalb allein den Faustpfandgläubiger im Konkurs des Schuldners in seinen Rechten schützen wollten. Geregelt wurde ebenfalls ausschließlich ein Teilsaspekt des Pfandrechts, nämlich seine Konkursfestigkeit. Die Gesetzgebung untersagte keineswegs die Bestellung besitzloser Pfandrechte, doch sorgte sie de facto für deren Beseitigung, nachdem sie dem Faustpfandrecht als einziger Verpfändungsform Absonderungskraft zubilligte[77]. Mit dieser Entscheidung allein zugunsten des Faustpfandgläubigers trug die Reichskonkursord-

[72] vgl. Erster Bericht, S. 326, 333; vgl. auch *Serick*, Eigentumsvorbehalt und Sicherungsübertragung, Bd. VI – S. 856, 858.

[73] vgl. *Serick*, Eigentumsvorbehalt und Sicherungsübertragung, Bd. VI – 854ff.

[74] *Serick*, Eigentumsvorbehalt und sicherungsübertragung, Bd. VI – S. 855.

[75] Erster Bericht, S. 298.

[76] *Serick*, Eigentumsvorbehalt und Sicherungsübertragung, Bd. VI – S. 856ff.

[77] *Hromadka*, Die Entwicklung des Faustpfandprinzips im 18. und 19. Jahrhundert, S. 128.

nung die gemeinrechtliche Mobiliarhypothek zu Grabe[78]. Sie nahm ihr die Lebenskraft, denn ein Sicherungsrecht muß gerade im Vermögensverfall des Schuldners seine Bewährung zeigen, entfaltet mithin dort seine Hauptwirkung[79]. Die Rechtsentwicklung hat insoweit im Laufe der Zeit die Perspektive verschoben. Während ein Sicherungsrecht früher in erster Linie Schutz gegen die Zahlungswilligkeit des Schuldners bieten sollte, dient es heutzutage vornehmlich dazu, den Sicherungsnehmer bei schuldnerischer Zahlungsunfähigkeit vor dem Zugriff anderer Gläubiger zu bewahren[80].

Begründet wurde die Entscheidung, die den besitzlosen Pfandrechten die Konkursfestigkeit verwehrte, schlicht mit dem Argument fehlender Publizität, weil eine dingliche Rechtsbewegung Dritten erkennbar sein müsse[81]. Den erforderlichen Drittgläubigerschutz könne aber nur das Faustpfandprinzip gewährleisten[82]. Außerdem stoße eine solche faktische Verdrängung besitzloser Pfandrechte angesichts ihres zunehmend schwindenden Verbreitungsgrades sowieso auf keine Schwierigkeit, vielmehr stelle dies gar einen wirtschaftlichen Fortschritt dar[83]. Mit der gleichen Selbstverständlichkeit findet das Faustpfandprinzip wenig später seinen Eingang ins BGB. Man widmet der institutionellen Ausgestaltung des Faustpfandrechts, durch die man dieses Prinzip seiner theoretischen Vollendung zuführt, vollste Aufmerksamkeit und bemerkt in seinem Eifer überhaupt nicht, daß ein Besitzpfand die gemeinrechtliche Mobiliarhypothek gar nicht in ihrer Funktion ersetzen kann. Das offenbart ein Verkennen der realen wirtschaftlichen Gegebenheiten, denn ansonsten hätte man durchaus gesetzliche Regelungen für ein besitzloses (konkursfestes) Pfandrecht schaffen müssen. Demselben Fehler scheint die Insolvenzrechtskommission gegenwärtig zu

---

78 *Hromadka*, Die Entwicklung des Faustpfandprinzips im 18. und 19. Jahrhundert, S. 127.

79 *Hromadka*, Die Entwicklung des Faustpfandprinzips im 18. und 19. Jahrhundert, S. 48.

80 *Hromadka*, Die Entwicklung des Faustpfandprinzips im 18. und 19. Jahrhundert, S. 47.

81 *Hahn*, Die gesamten Materialien zur Konkursordnung, S. 186 – ... Und sollen die späteren Gläubiger in ihrer Beurteilung der Vermögenslage ihres Schuldners nicht ungebührlich getäuscht und der Kredit überhaupt nicht empfindlich verletzt werden, so muß jedermann in der Lage gewesen sein, diese rechtliche Absonderung des Gegenstandes tatsächlich zu erkennen ..."

82 *Hahn*, Die gesamten Materialien zur Konkursordnung, S. 192 – "... Erkennt sonach der Entwurf nur dem Faustpfandrecht die volle Wirkung zu ...".

83 *Hahn*, Die gesamten Materialien zur Konkursordnung, S. 39 – "... Ihre Beseitigung für den Konkurs bietet aber keine Schwierigkeit. Sie haben nur noch einen äußerst kleinen Geltungsbereich in Deutschland; ihre Beseitigung wird als ein wirtschaftlicher Fortschritt empfunden werden ..."

verfallen. Wer eine Mobiliarsicherheit in ihrer Konkursfestigkeit aushöhlt, macht sie in ihrer eigentlichen Zweckbestimmung untauglich und programmiert ihre Bedeutungslosigkeit vorweg. Das ruft die Kautelarjurispudenz auf den Plan, der es schließlich überlassen bleibt, neue rechtliche Konstruktionen einer brauchbaren Sicherheit herauszuarbeiten.

Der immer wieder in den gesetzgeberischen Motiven betonte Drittgläubigerschutz, der regelmäßig als Begründung einer strikten Verwirklichung des verfochtenen Faustpfandprinzips gereicht, vermag keineswegs ein Verbot oder irgendwelche Beschränkungen publizitätsloser Sicherheiten zu rechtfertigen. So fehlt es bereits oftmals an einer Differenzierung zwischen Drittgläubiger- und Dritterwerberschutz. Zum Teil wird der Drittgläubigerschutz angesprochen und seine Erforderlichkeit anhand pauschaler Behauptungen sowie unklarer Rechtsbegriffe belegt, in den anschließenden Erläuterungen selbst jedoch wird die postulierte Erkennbarkeit beschränkt dinglicher Rechte ausschließlich mit dem Schutz des Pfandgläubigers und gutgläubiger Dritterwerber begründet[84]. Unter Drittgläubigern sind aber richtigerweise nur solche Personen zu verstehen, die dem Schuldner nach Bestellung einer Realsicherheit zugunsten des Gläubigers Kredit ohne irgendeine dingliche Sicherheit einräumen[85]. Das vermeidet begriffliche Überschneidungen und Unklarheiten, denn sobald jemand für seine kreditierte Forderung eine dingliche Berechtigung an schuldnerischen Vermögensgütern erwirbt, gleichgültig ob das Eigentum oder ein beschränkt dingliches Recht an der Sache, gehört er zu der Gruppe der Dritterwerber. Solche Dritterwerber gewähren nun gerade im Hinblick auf die ihnen dargebotene Sicherheit Kredit, während Drittgläubiger dies in erster Linie im Vertrauen auf die ihnen ersichtliche, äußere Gesamtvermögenslage und Reputation des Schuldners tun[86].

Derartiges Vertrauen verdient allerdings keinen besonderen Schutz, da primär jeder selbst dafür Sorge tragen muß, daß seine finanziellen Risiken ausreichend abgesichert sind. Etwas anderes kann lediglich dort gelten, wo

---

[84] vgl. *Hromadka*, Die Entwicklung des Faustpfandprinzips im 18. und 19. Jahrhundert, S. 178f.; *Mugdan*, Die gesamten Materialien zum Bürgerlichen Gesetzbuch, Bd. III – Sachenrecht, (Prot.) S. 913 – "... Einen Zweck habe das Erfordernis der Erkennbarkeit der Verpfändung nur im Interesse solcher Personen, die ein Recht an der verpfändeten Sache erwerben wollten ...".

[85] *Hromadka*, Die Entwicklung des Faustpfandprinzips im 18. und 19. Jahrhundert, S. 24, Fußn. 97.

[86] *Hromadka*, Die Entwicklung des Faustpfandprinzips im 18. und 19. Jahrhundert, S. 24, Fußn. 97.

das Vorstellungsbild hinsichtlich der wahren Sachlage maßgeblich durch unlautere Methoden beeinflußt wird. Das Vertrauen des Drittgläubigers an die Richtigkeit bestimmter Annahmen wiegt außerdem rechtlich wenig. Er darf sich nicht einfach darauf verlassen, daß der Schuldner schon seinen Verpflichtungen ordnungsgemäß nachkommen wird und er in dessen Konkurs zumindest eine anteilige Befriedigung zu erwarten hat; will er letzteres, muß er selbst geeignete Vorkehrungen treffen. Nichts schützt ihn gegen vertragsuntreues Verhalten des Schuldners nach Kreditvergabe. So ist er insbesondere nicht davor gefeit, daß dieser bereits tags darauf sein gesamtes Vermögen aufbraucht oder verschleudert und sich damit vermögenslos stellt[87]. Darüber hinaus muß die erkennbare, äußere Vermögenslage bei Kreditvergabe nicht unbedingt den tatsächlichen objektiven Gegebenheiten entsprechen, denn die sichtbaren Besitzverhältnisse spiegeln keineswegs die wahren dinglichen Rechtsbeziehungen wider – sie wirken mehr als Schein denn als Sein. Der Schuldner mag Sacheigentümer oder sonstwie dinglich berechtigt sein, genausogut kann er aber alle Sachgüter geliehene oder gemietet haben. Ein Drittgläubiger, der einer solchen Gefahr begegnen möchte, darf sich mithin nicht mit dem äußeren Anschein und dem Wort des Schuldners begnügen. Er muß nähere Nachforschungen über die Solvenz des Schuldners anstellen, indem er dessen Vermögensverhältnisse genauer überprüft. Damit verliert jedoch das Kriterium der Publizität an Relevanz, zumal heutzutage die fortschreitende Computertechnik die Privat- und Geschäftssphäre des Einzelnen immer transparenter macht[88]. Beseitigen die Kreditauskünfte keineswegs alle Skepsis, sollte ein besonnener Kreditgeber entweder von dem Kreditgeschäft gänzlich absehen oder die Bestellung von Personal- bzw. Realsicherheit verlangen, um seine Risiken hinreichend zu minimieren. Kann in dieser Situation der Schuldner keine brauchbare Sicherheiten anbieten, sollte das Warnung genug sein.

Es geht zu weit, wenn man die Risiken eines leichtfertigen Drittgläubigers auf die Schultern bestimmter Realgläubiger mitverteilen will, nur weil sie Inhaber publizitätsloser Mobiliarsicherheiten sind. Das ließe nämlich

---

[87] *Hromadka*, Die Entwicklung des Faustpfandprinzips im 18. und 19. Jahrhundert, S. 189.

[88] vgl. Wirtschaftswoche – Special Supplement Nr. 6, Freitag 21. Oktober 1988 (Das Büro der Zukunft), S. 64 – "... Denn die traditionellen Sicherheiten für Bankkredite haben mit der Computerwelle deutlich an Wert verloren. Galten früher Roh-, Zwischen – oder Endproduktlager als Garanten für die Kreditwürdigkeit eines Unternehmens, so schwinden heute – im Zeitalter der *Just-in-time* Produktion – dem Kreditgewerbe diese Zugriffsmöglichkeiten. *Electronic Banking* hingegen verschafft den Bankmanagern die Möglichkeit, die Solvenz ihrer Klientel sekundenschnell zu durchleuchten ..."

diejenigen, die in besonnener Abwägung eigene Risiken zu begrenzen suchen, zugunsten der Allgemeinheit der Gläubiger im Konkurs zu bestrafen. In voller Konsequenz dessen würde die Insolvenzrechtskommission auf diese Weise letztlich den ungesicherten Personalkredit vor dem gesicherten Realkredit begünstigen[89]. Es dürfte fraglich sein, ob sie wirklich bewußt eine solche Förderung des notwendig unsoliden Personalkredits beabsichtigt, obwohl dieser tatsächlich gar keinen Schutz verdient. Wie beim historischen Gesetzgeber kann man sich dabei des Eindrucks nicht erwehren, daß das Argument des Drittgläubigerschutzes weniger einem wirtschaftlichen Bedürfnis entspringt als vielmehr dem stillen Wunsch, die Notwendigkeit des für gut erachteten Faustpfandprinzips in einleuchtender und überzeugender Manier zu untermauern[90]. Daß es mit dem so favorisierten Drittgläubigerschutz in Wahrheit nicht weit her ist, zeigt sich darin, daß dem Eigentümer und den Inhaber besitzloser ex-lege Pfandrechte ungeachtet der Erkennbarkeit dieser Rechte sehr wohl im Konkurs ein Aus- bzw. Absonderungsrecht zugebilligt wird.

Mit Einführung eines umfänglichen Verkehrsschutz hat das Faustpfandprinzip seine eigentliche Funktion und Daseinsberechtigung verloren. Wenn demgegenüber immer wieder nachhaltig betont wird, dingliche Rechtsbewegungen müßten notwendigerweise zum Schutze unbeteiligter Dritter offenkundig sein, so besticht diese Argumentation doch keineswegs, denn Dritte erfahren ja durch die Gutglaubenstatbestände der §§ 932ff. BGB bereits einen ausreichenden Schutz. Eines zusätzlichen Schutzes bedürfen sie insoweit gar nicht; im Gegenteil, dies würde sogar ihren Interessen widersprechen, da mit Offenlegung ein sonst möglicher Gutglaubenserwerb zu scheitern droht. Anders als im englischen Recht hat es im deutschen Recht der Redlichkeitsschutz vollständig übernommen, Dritte im Rechtsverkehr in ihren berechtigten Belangen zu schützen, und das Faustpfandprinzip in seiner Funktion ersetzt[91].

Die geforderte Publizität, unabhängig ob in Form der Besitzübergabe oder eines Registereintrags, dient mithin ausschließlich dem Individual-

---

[89] vgl. *Hromadka*, Die Entwicklung des Faustpfandrechts im 18. und 19. Jahrhundert, S. 188.

[90] vgl. *Hromadka*, Die Entwicklung des Faustpfandprinzips im 18. und 19. Jahrhundert, S. 188f.

[91] so schon *Leonhard*, Konventionalpfand an Mobilien, Gruchot 25 (1881), 177, 219; ebenso *Rothoeft*, Bedeutung und Tragweite des Prinzips der Publizität, S. 47; *Hromadka*, Die Entwicklung des Faustpfandprinzips im 18. und 19. Jahrhundert, S. 168ff.; 177ff.

schutz des kreditierenden Gläubigers, der einen solchen ihm aufgedrängten Schutz überhaupt nicht in dieser Stringenz benötigt, ja am liebsten seiner ledig wäre, insbesondere wenn damit die für ihn lästige Besitzinnehabung entfiele. Da die Rechtsordnung ihm ein besitzloses Pfandrecht vorenthält, mußte er zwangsläufig auf eine Vollrechtsübertragung mittels "*constitutum possessorium*" ausweichen, die seinen Bedürfnissen besser gerecht wird als das vom Gesetzgeber zur Verfügung gestellte Faustpfand. Die mangelnde Publizität der dinglichen Rechtsbegebung beeinträchtigt seine Belange keineswegs. Zwar setzt er sich dadurch der Gefahr eines Gutglaubenserwerbs seitens Dritter aus, jedoch kann er seine Risiken durch die Vereinbarung von Verlängerungsformen entscheidend minimieren.

Besser als der Weg über eine derartige juristische Konstruktionsakrobatik wäre es allerdings gewesen, wenn man die Sicherungsübereignung ihrer wahren Natur entsprechend in die bestehende Legalordnung eingeordnet hätte, indem man das Mitbesitzerfordernis in § 1206 BGB für abdingbar erachtet hätte. Einer solcher Vorgehensweise stehen auch keine ernsthaften dogmatischen Bedenken entgegen.

Die rechtsvergleichende Betrachtung hat die anfängliche Hypothese einer "Relativität des Publizitätsprinzips" erhärtet, die in ihrem Ausgangspunkt eine Absage an irgendwelche illusionäre Rechtsvorstellungen enthält, die die tragenden, zivilisatorischen Schutzgebote als *principia* im aristotelischen Sinne begreifen möchten. Das Prinzip der Publizität wurzelt nicht auf einem "scholastischen Grundgedanken", von dem in streng-axiomatischer Art zu deduzieren wäre, sondern es verkörpert ein "*heuristisches topos*"[92], denn der Gesetzgeber wußte jenes Prinzip je nach Ordnungszusammenhang unterschiedlich auszugestalten. Während er auf dem Gebiete der Vollrechtsübertragung die Vereinbarung eines Besitzmittelungsverhältnisses genügen ließ (§ 930 BGB), verlangt er für die Begründung eines Pfandrechts die Einräumung des Mitbesitzes (§ 1206 BGB), der den Pfandnehmer vor der Gefahr eines gutgläubigen lastenfreien Erwerbs schützen soll. Jedwede Beeinträchtigung der Besitzinnehabung ohne sein Einverständnis führt nämlich zu einem Abhandenkommen der Pfandsache – ein Umstand, bei dem die Rechtsordnung kategorisch einen Redlichkeitsschutz ablehnt und dem Beharrungsinteresse des Rechtsinhabers uneingeschränkt Vorrang gibt (§ 935, 936 BGB). Das Bürgerliche Gesetzbuch kennzeichnet mithin eine "heuristische Bewertung" der Publizität, indem es die publizitären Anforderungen an eine Pfandrechtsbestellung im Vergleich zu denen bei der Voll-

---

[92] *Rothoeft*, Bedeutung und Tragweite des Prinzips der Publizität, S. 10, 40.

rechtsübertragung wesentlich verschärft[93]. Die Konsequenz dessen erstaunt, da die Rechtsordnung auf diese Weise dem Inhaber eines beschränkt dinglichen Rechts einen größeren Bestandsschutz gewährt als dem Sacheigentümer selbst. Möglicherweise hat hier der historische Gesetzgeber mit der Kodifikation des Zivilrechts unbewußt gemeinrechtliches Denken fortgeschrieben. Obzwar im römischen Recht die Maxime "*nemo dat quod non habet*"[94] herrschte, gab es dennoch einen angemessenen Schutz des redlichen Rechtsverkehrs, was auch angesichts der weitverzweigten Handelsbeziehungen nicht wundert. Wer ein Jahr lang ungestört den Besitz an der gutgläubig erlangten Sache ausübte, erwarb Eigentum infolge Ersitzung[95]; dies führte allerdings nicht zum Erlöschen bestehender Pfandrechte. Lastenfreiheit trat erst nach einer Ersitzungsdauer von mehr als 10 Jahren ein[96]. Somit genoß auch dort der Pfandgläubiger einen erhöhten Bestandsschutz.

Für eine solche Differenzierung im Bestandsschutz je nach der Art der dinglichen Berechtigung plädiert aber keine zwingende Notwendigkeit, vieleher scheint eine Angleichung angeraten, zumal die gesteigerten publizitären Anforderungen an den Pfandbestellungsakt der Leichtigkeit des Kreditverkehrs Abbruch tun. Das Interesse des kreditierenden Pfandgläubigers tendiert nicht von ungefähr nach einer unter erleichterten Bedingungen zu bestellenden Kreditsicherheit, die ihm die Last der Besitzinnehabung erspart[97]. Sein Individualinteresse kollidiert daher unwillkürlich mit dem ihm von Gesetzes wegen zugdachten Individualschutz in Gestalt der Publizität. Da die verschärften publizitären Faktoren ausschließlich seinem Interesse dienen, ließe sich diese Konkfliktslage frappierend einfach dadurch lösen, daß man dem Kreditgeber erlaubt, um den Vorteil einer erleichterten Besicherung willen auf seinen gesetzlichen Individualschutz zu verzichten. Dies würde dem Aspekt der Individualgerechtigkeit im konkreten Einzelfall gebührend Raum ebnen, denn der Pfandgläubiger könnte selbst entscheiden, ob er zur Vermeidung potentieller Risiken die Einräumung des Mitbesitzes (§ 1206 BGB) begehren oder stattdessen unter Inkaufnahme einer stärkeren Gefährdung seiner Rechtsposition von der Begründung eines faktischen Herrschaftsverhältnisses absehen will. Mit Zubilligung eines Wahlrechts würden schützenswerte Belange Dritter nicht

---

[93] *Rotheoft*, Bedeutung und Tragweite des Prinzips der Publizität, S. 16.

[94] D 50.17.54 (*Ulpian*).

[95] *Honsell/Mayer-Maly/Selb*, Römisches Recht, S. 171ff., 176.

[96] *Honsell/Mayer-Maly/Selb*, Römisches Recht, S. 179, 209.

[97] Rothoeft, Bedeutung und Tragweite des Prinzips der Publizität, S. 41.

aufs Spiel gesetzt, weil sie von einer Offenlegung der dinglichen Rechtsbewegung sowieso nicht profitieren. Ebensowenig hätte die konzedierte Abdingbarkeit des individuellen Schutzgebots eine Preisgabe der gleichsam einer Institutsgarantie unterliegenden notwendigen Grundstrukturen eines allgemeinen Rechtsprinzips, die aus Gründen der Systemwahrung in einer Rechtsordnung nicht disponibel sein dürfen, zur Folge.

Obzwar die Idee einer fakultativen Entbehrlichkeit verschärfter publizitärer Anforderungen ketzerisch klingen mag, steht sie keineswegs im Dienste einer übersteigerten Individualgerechtigkeit, deren Realisierung unter dem Gesichtspunkt eines sinnvollen Insitutionenschutzes versagt bleiben müßte. Denn der Pfandgläubiger stellt sich nicht außerhalb der Rechtsordnung, indem er ein ihr fremdes Übergabesurrogat wählt, vielmehr greift er auf eine Traditionsform zurück, die der Gesetzgeber selbst im Bereich der Vollrechtsübertragung normativ verankerte, und wahrt damit die in den §§ 926ff. BGB in aufgelockerter Manier zum Ausdruck gebrachten gesetzlichen Mindestanforderungen an die Publizität[98]. Gibt man auf diese Weise dem "*heuristischen topos*" einer erleichterten Kreditsicherung im Interesse des Kreditgebers Vorrang vor dem individuellen Schutzgebot gesteigerter Publizitätsmerkmale, erreicht man eine harmonische Einbindung der Sicherungsübereignung in das bestehende Rechtssystem. Sie könnte nunmehr ihrer wahren Funktion entsprechend als besitzloses Pfandrecht den Vorschriften der §§ 1204ff. BGB unterstellt werden, was vor allem die Kollisionslagen bei Mehrfachbelastung entschärfen würde. Man müßte das Sicherungsgeschäft nicht mehr unter dogmatischen Schwierigkeiten in ein Übertragungsschema hineinpressen, das dem eigentlich gewollten Ergebnis im äußeren Erscheinungsbild wenig entspricht.

De lege ferenda wäre ein solcher Weg gangbar und sehr wohl zu erwägen. Ein kategorisches Verfechten des so betonten Faustpfandprinzips ist jedenfalls nach Abwägung der beteiligten Individualinteressen nicht erforderlich, insbesondere rechtfertigt es nicht ein ominöser Drittgläubigerschutz. Die favorisierte Abdingbarkeit verschärfter publizitärer Anforderungen könnte höchstens daran scheitern, daß überragende öffentliche Interessen deren unveränderte Beibehaltung notwendig machen. Solche zwingende öffentliche Interessen, die dem der Individualgerechtigkeit dienenden Ergebnis entgegenstünden, vermag ich jedoch nicht zu erkennen.

---

[98] *Rothoeft*, Bedeutung und Tragweite des Prinzips der Publizität, S. 42f.

Entscheidungsregister

Alicia Hosiery Ltd. v. Brown Shipley & Ltd. [1969] 2 All E.R. 504.

Allester (David) Ltd., Re [1922] All E.R. Rep. 589.

Aluminium Industrie Vaassen B.V. v. Romalpa Aluminium Ltd. [1976] 2 All E.R. 552.

Andrabell Ltd., Re [1984] 3 All E.R. 407.

Anglo-Auto Finance Co. v. James [1963] 3 All E.R. 566.

Armour and another v. Thyssen Edelstahlwerke AG [1990] 3 All E.R. 481.

Associated Distributors, Ltd. v. Hall and Hall [1938] 1 All E.R. 511.

Astley Industrial Trust v. Miller [1968] 2 All E.R. 36.

Automatic Bottle Makers, Ltd., Re [1926] All E.R. Rep. 618.

Barker (George) (Transport), Ltd. v. Eynon [1974] 1 All E.R. 900.

Belsize Motor Supply Co. v. Cox [1911–1913] All E.R. Rep. 1084.

Belvoir Finance Co., Ltd. v. Stapelton [1970] 3 All E.R. 664.

Bisgood v. Henderson's Transvall Estates, Ltd. [1908–1910] All E.R. 744.

Bishopsgate Motor Finance Corporation v. Transport Brakes, Ltd. [1949] 1 All E.R. 37.

Boardman v. Phipps [1966] 3 All E.R. 721.

Bond Worth Ltd., Re [1979] 3 All E.R. 919.

Booth Steamship Co., Ltd. v. Cargo Fleet Iron Co. Ltd. [1916–1917] All E.R. Rep. 938.

Borden (UK) Ltd. v. Scottish Timber Products Ltd. and another [1979] 3 All E.R. 961.

Boxco, Re [1970] 2 All E.R. 183.

Branwhite v. Worcester Works Finance, Ltd. [1968] 3 All E.R. 104.

Bridge v. Campbell Discount Co, Ltd. [1962] 1 All E.R. 385.

Brightlife Ltd., Re [1986] 3 All E.R. 673.

British Westinghouse Electric and Manufacturing Co., Ltd. v. Underground Electric Railways Co. of London, Ltd. [1911–1913] All E.R. Rep. 63.

B.R.S. v. Arthur v. Crutchley, Ltd. [1967] 2 All E.R. 285.

Business Computers Ltd. v. Anglo-African Leasing, Ltd. [1977] 2 All E.R. 741.

Butler Machine Tool Co., Ltd. v. Ex-Cell-O Corporation (England), Ltd. [1979] 1 All E.R. 965.

Campbell Discount Co., Ltd. v. Bridge [1961] 2 All E.R. 97.

Campbell Discount Co., Ltd. v. Gall [1961] 2 All E.R. 104.

Capital Finance Co., Ltd. v. Bray [1964] 1 All E.R. 603.

City Fur Manufacturing Co. Ltd. v. Fureenbond (Brokers) London, Ltd. [1937] 1 All E.R. 799.

Clough Mill, Ltd. v. Martin [1984] 1 All E.R. 721.

Clough Mill Ltd. v. Martin [1984] 3 All E.R. 982.

Cochrane v. Moore [1886–1890] All E.R. Rep. 731.

Coggs v. Bernhard (1703) 2 Ld. Raym. 909.

Cooden Engineering Col, Ltd. v. Stanfort [1952] 2 All E.R. 915.

De Beers Consolidated Mines, Ltd. v. British South Africa Co. [1911–1913] All E.R. Rep. 882.

Decro-Wall International SA v. Practitioner in Marketing Ltd. [1971] 2 All E.R. 216.

Deverges v. Sandeman, Clark & Co. [1900–1903] All E.R. Rep. 648.

Diplock's Estate, Re. [1948] 2 All E.R. 318.

Dublin City Distillery Ltd. v. Doherty [1914] A.C. 823.

Dunlop Pneumatic Tyre Co., Ltd. v. New Garage and Motor Co., Ltd. [1914–1915] All E.R. Rep. 739.

Eastern Distributors Ltd. v. Goldring [1957] 2 All E.R. 525.

Edmonds v. Blaina Furnaces Co. [1886–1890] All E.R. Rep. 581.

Finance (E.P.) Co. v. Dooley [1964] 1 All E.R. 527.

Financings, Ltd. v. Baldock [1963] 1 All E.R. 443.

Financings, Ltd. v. Stimson [1962] 3 All E.R. 386.

Foley v. Hill [1843–1860] All E.R. Rep. 16.

Gailbraith v. Mitchenall Estates Ltd. [1964] 2 All E.R. 653.

Gallagher v. Shilcock [1949] 1 All E.R. 921.

Gardner v. London, Chatham and Dover Rly Co. (1867) 2 Ch. App. 201.

Hallett's Estate, Re. [1874–1880] All E.R. Rep. 793.

Hamilton Young & Co., Re., ex parte Carter [1905] 2 K.B. 772.

Helby v. Matthews and Others [1895–1899] All E.R. Rep. 821.

Hilton v. Tucker [1886–1890] All E.R. Rep. 440.

Holroyd v. Marshall [1861–1873] All E.R. Rep. 414.

Inglefield (George) Ltd., Re [1932] All E.R. Rep. 244.

International Sales and Agencies, Ltd. v. Marcus (1984] 3 All E.R. 551.

Interoffice Telephones v. Freeman (Robert) Co. [1957] 3 All E.R. 479.

Karsales (Harrow), Ltd. v. Wallis [1956] 2 All E.R. 866.

Kelly v. Lombard Banking Co., Ltd. [1958] 3 All E.R. 713.

King v. Marshall (1864) 33 Beav 565.

Knightsbridge Estates Trust, Ltd. v. Byrne and Others [1940] 2 All E.R. 401.

Kreglinger and Another v. New Patagonia Meat and Cold Storage Co., Ltd. [1911–1913] All E.R. Rep. 970.

Landom Trust, Ltd. v. Hurrell and Another [1955] 1 All E.R. 839.

Lemon v. Austin Friars Investment Trust, Ltd. [1925] All E.R. Rep. 255.

Lennox (Hendy) (Industrial Engines) Ltd. v. Grahame Puttick, Ltd. [1984] 2 All E.R. 152.

L'Estrange v. F. Graucob, Ltd. [1934] All E.R. Rep. 16.

Lloyds Bank Ltd. v. Bank of America National Trust and Savings Association [1938] 2 All E.R. 63.

Lombank Ltd. v. Excell [1963] 3 All E.R. 486.

Luke v. South Kensington Hotel Co. [1874–1880] All E.R. Rep. 1293.

Marine Mansions Co., Re (1867) LR 4 Eq 601.

Mercantile Bank of India, Ltd. v. Chartered Bank of India, Australia and China, and Strauss & Co., Ltd. (in Liquidation) No. 2) [1937] 4 All E.R. 651.

Mercantile Credit Co., Ltd. v. Hamblin [1964] 3 All E.R. 592.

Mechanisations (Eaglescliffe) Ltd., Re [1964] 3 All E.R. 840.

Mitchell (George) (Chesterhall) Ltd. v. Finney Lock Seeds Ltd. [1938] 1 All E.R. 108.

Monolithic Building Co., Re, Tacon v. Monolithic Building Co. [1914–1915] All E.R. Rep. 249.

Moorgate Mercantile Credit Co., Ltd. v. Finch and Another [1962] 2 All E.R. 467.

Newport Construction Co., Ltd., Re, Barclays Bank Ltd. v. The Company [1948] 1 All E.R. 365.

Newtons of Wembley, Ltd. v. Williams [1964] 3 All E.R. 532.

Nippon Yusen Kaisha v. Ramjiban Serowgee [1938] 2 All E.R. 285.

North Central Wagon and Finance Co., Ltd. v. Graham [1950] 1 All E.R. 780.

North Western Bank Ltd. v. John Poynter, Son and MacDonalds [1891–1894] All E.R. Rep. 754.

Nyberg v. Handelaar [1891–1894] All E.R. Rep. 1109.

Odessa, The [1916] 1 A.C. 145.

Official Assignee of Madras v. Mercantile Bank of India, Ltd. [1934] All E.R. Rep. 237.

Old Discount Co., Ltd. v. Cohen [1938] 3 All E.R. 281.

Old Discount Co., Ltd. v. John Playfair, Ltd. [1938] 3 All E.R. 275.

Overstone Ltd. v. Shipway [1962] 1 All E.R. 52.

Pacific Motor Auctions Pty., Ltd. v. Motor Credit (Hire Finance), Ltd. [1965] 2 All E.R. 105.

Panama, New Zealand and Australia Royal Mail Co., Re (1870) 5 Ch. App. 318.

Patrick and Lyon, Ltd. Re [1933] All E.R. Rep. 590.

Peachdart. Ltd. Re [1983] 3 All E.R. 204.

Pearl Mill Co., Ltd. v. Ivy Tannery Co., Ltd. [1918–1919] All E.R. Rep. 702.

Phonographic Equiment (1958) v. Muslu [1961] 3 All E.R. 626.

Photo Production Ltd. v. Securicor Transport Ltd. [1980] 1 All E.R. 556.

Premor Ltd. v. Shaw Brothers [1964] 2 All E.R. 583.

Richardson, Re, Shillito v. Hobson (1885) 30 Ch. D. 396.

Reeves v. Capper and another [18351842] All E.R. Rep. 164.

Reliance Car Facilities Ltd. v. Roding Motors [1952] 1 All E.R. 1335.

Robbie (N.W.) & Co., Ltd. Witney Warehouse Co., Ltd. [1963] 3 All E.R. 613.

Robophone Facilities v. Blank [1966] 3 All E.R. 128.

Rother Iron Works, Ltd. v. Canterbury Precision Engineers, Ltd. [1973] 1 All E.R. 394.

Sadler v. Worley [1891–1894] All E.R. Rep. 1209.

Security Trust Co. v. The Royal Bank of Canada [1976] 1 All E.R. 381.

Sewell v. Burdick [1881–1885] All E.R. Rep. 223.

Sinclair v. Brougham and others [1914–1915] All E.R. Rep. 622.

South Bedfordshire Electrical Finance Ltd. v. Bryant [1938] 3 All E.R. 580.

Spellman v. Spellman [1961] 2 All E.R. 498.

Standard Manufactoring Co., Re [1891–1894] All E.R. Rep. 1242.

Stockloser v. Johnson [1954] 1 All E.R. 630.

Strand Electric and Engineering Co., Ltd. v. Brisford Entertainments, Ltd. [1952] 1 All E.R. 796.

Syrett v. Egerton [1957] 3 All E.R. 331.

Tailby v. Official Receiver [1886–1890] All E.R. Rep. 486.

Thornton v. Shoe Lane Parking, Ltd. [1971] 1 All E.R. 686.

Torkington v. Magee [1902] 2 K.B. 427.

Transport and General Credit Corporation, Ltd. v. Morgan [1939] 2 All E.R. 17.

Union Transport Finance, Ltd. v. British Car Auctions, Ltd. [1978] 2 All E.R. 385.

United Dominions Trust (Commercial), Ltd. v. Ennis [1967] 2 All E.R. 345.

United Dominions Trust Ltd. v. Kirkwood [1966] 1 All E.R. 968.

United Dominions Trust (Commercial), Ltd. v. Parkway Motors, Ltd. [1955] 2 All E.R. 557.

Wadsworth v. Lydall [1981] 2 All E.R. 401.

Wait, Re [1926] All E.R. Rep. 433.

Wallace v. Universal Automatic Machines Co. [1891–1894] All E.R. Rep. 1156.

Ward (R.V.) Ltd. v. Bignall [1967] 2 All E.R. 449.

Warman v. Southern Counties Car Finance Corporation, Ltd. [1949] 1 All E.R. 711.

Wells, Re. Swinburne-Hanham v. Howard [1932] All E.R. Rep. 277.

Westminster Bank, Ltd. v. Residential Properties Improvement Co., Ltd. [1938] 2 All E.R. 374.

Whiteley (William), Ltd. v. Hilt [1918–1919] All E.R. Rep. 1005.

Wickham Holdings, Ltd. v. Brooke House Motors, Ltd. [1967] 1 All E.R. 117.

Winkfield, The [1900–1903] All E.R. Rep. 346.

Wrightson v. McArthur and Hutchinsons Ltd. [1921] All E.R. Rep. 261.

Yeoman Credit Ltd. v. Waragowski [1961] 3 All E.R. 145.

Yeovil Glove Co. Ltd., Re [1964] 2 All E.R. 849.

Yorkshire Woolcombers Association Ltd., Re (1903) 2 Ch. 284.

Literaturverzeichnis

Ackermann, Karl: Die Sicherungsübereignung an Warenlagern. Marburg 1919.

Adams, Michael: Ökonomische Analyse der Sicherungsrechte. Ein Beitrag zur Reform der Mobiliarsicherheiten. Königstein/Taunus 1980.

Altorfer, Peter: Die Mobiliarhypothek. Ein Beitrag zur Reform des Fahrnispfandrechts. Dissertation. Zürich 1981.

Anson, William Reynell Sir: Law of Contract. By Anthony Gordon Guest. 26. Edition. Oxford 1984.

Asch, Arthur: Die Vertragspflichten beim Kauf unter Eigentumsvorbehalt. AcP 140 (1935), 183.

Atiyah, P.S.: The Sale of Goods. 6. Edition. London 1980.

Babafemi, F.O.B.: Tracing Assets: A Case for the Fusion of Common Law and Equity in English Law. M.L.R. 34 (1971), 12.

Bähr, Gerhard: Akzessorietätsersatz bei der Sicherungszession. NJW 1983, 1473.

Bauer, Jobst-Hubertus / *Moench,* Christoph: Sozialplanabfindungen im Konkurs. NJW 1984, 468.

Bauknecht: Eigentumsvorbehalt und Anwartschaftsrecht. NJW 1955, 1251.

Baumbach, Adolf / *Duden,* Konrad / *Hopt,* Klaus J.: Handelsgesetzbuch. Kommentar, 27. Auflage. München 1987.

Baumbach, Adolf / *Lauterbach,* Wolfgang / *Albers,* Jan / *Hartmann,* Peter: Zivilprozeßordnung mit Gerichtsverfassungsgesetz und anderen Nebengesetzen. Kommentar, 43. Auflage. München 1985.

Baur, Fritz: Lehrbuch des Sachenrechts. 14. neubearbeitete Auflage. München 1987.

Beatson, J.: Discharge for Breach: The Position of Instalments, Deposits and other Payments due before Completion. L.Q.R. 97 (1981), 389.

Benjamin, Judah Philip: Sale of Goods (The Common Law Library No. 11) General Editor: A.G. Guest. 2. Edition. London 1981.

Berges, August Maria: Sanierung des Konkurses. BB 1976, 387.

Bessau, Bernd-R.: Zur Anerkennung heimlicher Sicherheiten an beweglichen Sachen und Forderungen im Konkurs. Eine rechtsvergleichende Untersuchung unter besonderer Berücksichtigung der reputed ownership clause des englischen Rechts. Dissertation. Göttingen 1983.

Blomeyer, Arwed: Die Rechtsstellung des Vorbehaltskäufers. AcP 162 (1963), 193.

Blomeyer, Jürgen: Anm. z. BGH, Urt. v. 01.07.1970 – VIII ZR 24/69. JZ 1971, 186.

– Das Besitzrecht des Vorbehaltskäufers auf Grund des Kaufvertrages. JZ 1968, 691.

– Nochmals: Zum Herausgabeanspruch des Vorbehaltskäufers. DB 1969, 2117.

Borrie, Gordon J.: Commercial Law. 5. Edition. London 1980.

Brink, Ulrich / *Petereit*, Wolfgang / *Reinecker*, Heinrich / *Scheerer*, Hans-Peter: Recht der Kreditsicherheiten in europäischen Ländern – Teil 1: Bundesrepublik Deutschland. Hrsg. von Johannes Bärmann, Band 11, 1. Auflage. Berlin 1976.

Brink, Ulrich / *Habel*, Wolfgang: Recht der Kreditsicherheiten in europäischen Ländern, – Teil IV: England (Untersuchung über das Spar-, Giro- und Kreditwesen; Abteilung B: Rechtswissenschaft), Band 24. Hrsg. von Walter Hadding und Uwe H. Schneider. Bearbeitet von: Ulrich Brink, Wolfgang Habel in Zusammenarbeit mit Hans J. Hartwig. Berlin 1980.

Brox, Hans: Das Anwartschaftsrecht des Vorbehaltskäufers. JuS 1984, 657.

Brox, Hans / *Walker*, Wolf-D.: Zwangsvollstreckungsrecht. Köln, Berlin, Bonn, München 1986.

Brunner: Zweite Sitzung der ersten Abtheilung am 10. September. Verhandlungen des 15. Deutschen Juristentages 1880. Zweiter Band. Berlin 1881, S. 108ff.

Buckley, Henry Burton: On the Companies Acts. By Lord Wrenbury, formerly Lord Justice Buckley. 14. Edition, Volume 1 by G. Brian Parker and Martin Buckley. Consultant Editor: Sir Raymond Walton. London 1981.

Bülow, Peter: Recht der Kreditsicherheiten. Bewegliche Sachen und Rechte, Personen. Heidelberg 1984.

Bunte, Hermann-Josef: Anm. z. BGH, Urt. v. 03.02.1982 – VIII ZR 316/80 (Stuttgart) ZiP 1982, 449.

Cabrillac, Michel: Les créanciers munis de sûretés dans les procédures de faillite en droit français. RabelsZ 44 (1980), 737.

Canaris, Claus-Wilhelm: Bankvertragsrecht. 2. Bearbeitung im Handelsgesetzbuch, Großkommentar begründet von Hermann Staub, weitergeführt von Mitgliedern des Reichsgerichts, 3. neubearbeitete Auflage, Dritter Band, 3. Teil. Berlin, New York 1981.

— Die Verdinglichung obligatorischer Rechte. In: Festschrift für Werner Flume zum 70. Geburtstag, 12. September 1978. In Gemeinschaft mit Kurt Ballerstedt und F.A. Mann. Hrsg. von Horst Heinrich Jakobs, Brigitte Knobbe-Keuk, Eduard Picker, Jan Wilhelm, Band I, Köln 1978, S. 371ff.

Chalmers, Mackenzie D. Sir: Sale of Goods Act 1979. Including The Factors Acts 1889 & 1890. 18. Edition by Michael Mark with assistance from Jonathan Mance. London 1981.

Charlesworth, J.: Company Law. By Geoffrey Morse. Scottish Editor: Enid A. Marshall, Accounting Editor: Richard Morris. 13. Edition. London 1987.

Cheshire, Geoffrey Chevalier: Modern Law of Real Property. By E.H. Burn. 11. Edition. London 1972.

Chitty, Josef: On Contracts. Volume I: General Principles. General Editor: A.G. Guest. 25. Edition. London 1983.

— On Contracts. 1. Contracts-England, Volume II: Specific Contracts (The Common Law Library, No. 2). General Editor: A.G. Guest. 25. Edition. London 1983.

Chorley, Robert Samuel Theodore Lord: Law of Banking. By Lord Robert Samuel Theodore Chorley, assited by J. Milnes Holden. 6. Edition. London 1974.

Coing, Helmut: Die Treuhand kraft privaten Rechtsgeschäfts. (Schriften des Instituts für Arbeits- und Wirtschaftsrecht an der Universität Köln, Bd. 31). München 1973.

Coogan, Peter F. / *Bok*, John: The Impact of Article I of the Uniform Commercial Code on the Corporate Intendure. Y.L.J. 69 (1959), 203.

Derleder, Peter: Sicherungsübereignung und Wertausschöpfung. BB 1969, 725.

— Zu den Sanktionen des Eigentumsvorbehalts bei Leistungsstörungen auf der Käuferseite. ZHR 139, 20.

Dernburg, Heinrich: Pandekten – Erster Band: Allgemeiner Theil und Sachenrecht. 5. verbesserte Auflage. Berlin 1896.

Diamond, Aubrey L.: Equitable Relief for the Purchaser of Hire-Purchase Goods. M.L.R. 19 (1956), 498.

— Equitable Relief in Hire-Purchase: A Rejoinder. M.L.R. 21 (1958), 199.

— Hire-Purchase Agreements as Bills of Sale. M.L.R. (1960) 23, 399–409, 516–536.

Dilcher, Hermann: Der Eigentumsvorbehalt bei verjährter Kaufpreisforderung – BGHZ 70, 96. JuS 1979, 331.

Doehring, Carl: Die Insolvenzsituation im Blickfeld der Statistik, Daten – Analyse – Entwicklungstendenzen. KTS 1980, 229.

Dorndorf, Eberhard / *Frank,* Jürgen: Reform des Rechts der Mobiliarsicherheiten. ZiP 1985, 65.

Drobnig, Ulrich: Das Trust Receipt als Sicherungsmittel im amerikanischen und englischen Recht. RabelsZ 26 (1961), 401.

— Die Kreditsicherheiten im Vorschlag der Insolvenzrechtskommission. ZGR 1986, 252.

— Empfehlen sich gesetzliche Maßnahmen zur Reform der Mobiliarsicherheiten? (Gutachten F zum 51. Deutschen Juristentag in Stuttgart 1976) S.F 11ff. München 1976.

— Sicherungsrechte im Deutschen Konkursverfahren. RabelsZ 44 (1980), 784.

Drukarcyzk, Jochen / *Duttle,* Josef: Zur geplanten Behandlung von Mobiliarsicherheiten im Konkurs. ZiP 1984, 280.

Ebeling: Das Früchtepfandrecht beim Bankgeschäft. WM 1955, 1686.

Eichler, Hermann: Institutionen des Sachenrechts – Zweiter Band/Zweiter Teil. Besonderer Teil: Die dinglichen Rechte. Berlin 1960.

Erkel, Günther: Insolvenzrechtliche Ergebnisse der aktuellen Rechtstatsachenforschung. In: Einhundert Jahre Konkursordnung 1877–1977. Festschrift. Hrsg. von Wilhelm Uhlenbruck, Bernd Klasmeyer, Bruno Kübler. Köln, Berlin, Bonn, München 1977, S. 295ff.

Erman, Walter: Handkommentar zum Bürgerlichen Gesetzbuch. Hrsg. von Harm Peter Westermann unter redaktioneller Mitwirkung von Klaus Küchenhoff, 7. neubearbeitete Auflage: 1. Band (§§ 1–853 BGB), 2. Band (§§ 854–2385 BGB) (zitiert: Erman-Bearbeiter). Münster 1981.

Esser, Josef: Dogmatik zwischen Theorie und Praxis. In: Festschrift für Ludwig Raiser zum 70. Geburtstag – Funktionswandel der Privatrechtsinstitutionen. Hrsg. von Fritz Baur, Josef Esser, Friedrich Kübler, Ernst Steindorff. Tübingen 1974, S. 517ff.

— Grundsatz und Norm in der Fortbildung des Privatrechts. Rechtsvergleichende Beiträge zur Rechtsquellen- und Interpretationslehre. Tübingen 1956.

Fairest, Paul B.: Mortgages (Modern Legal Studies). London 1980.

Farrer / Furey: Reservation of Ownership and Tracing in a commercial context. Cam. L.J. 36 (1977), 27.

Fisher, W.R. / *Lightwood,* J.M.: Law of Mortgage. By E.L.G. Tyler. 9. Edition. London 1977.

Fitzpatrick, P.G.: Why not a Partnership Floating Charge?. J.B.L. 1971, 18.

Flume, Werner: Besitzloses Fahrnispfand im geltenden Deutschen Recht. Deutsche Landesreferate zum IV. Internationalen Kongreß für Rechtsvergleichung in Paris 1954.

— Der verlängerte und erweiterte Eigentumsvorbehalt. NJW 1950, 841.

— Die Rechtsstellung des Vorbehaltskäufers. AcP 161 (1962), 385.

Fridman, G.H.L.: Sale of Goods. London 1966.

Frotz, Gerhard: Aktuelle Probleme des Kreditsicherungsrechts. Gutachten zum 4. österreichischen Juristentag in Wien 1970. Bd. I, 3. Teil. Wien 1970.

Gaul, Hans Friedhelm: Lex commissoria und Sicherungsübereignung. AcP 168 (1968), 351ff.

Geiler, Karl: Empfiehlt sich die Einführung der Mobiliarhypothek? (Bericht zum 32. Deutschen Juristentag in Bamberg 1921). Berlin und Leipzig 1922. S. 185ff.

Gerhardt, Walter: Sicherungsübertragung und Pfändungsschutz – OLG Stuttgart, NJW 1971, 50. JuS 1972, 696.

Gessner, Volkmar / *Rhode*, Barbara / *Strate*, Gerhard / *Ziegert*, Klaus A.: Die Praxis der Konkursabwicklung in der Bundesrepublik Deutschland – Eine rechtssoziologische Untersuchung des Max Planck Instituts für ausländisches und internationales Privatrecht, Hamburg. Hrsg. vom Bundesminister der Justiz. Köln 1978.

Gierke, Julius von: Das Schenrecht des bürgerlichen Rechts. 4. neubearbeitete Auflage. Berlin und Frankfurt a.M. 1959.

Goode, Roy M.: A Credit Law for Europe? I.C.L.Q. 23 (1974), 227ff.

— Legal Problems of Credit and Security. London 1982. Second Impression 1983.

— The Consumer Credit Act. A Students' Guide. London 1979.

— The Modernisation of Personal Property Security. L.Q.R. 100 (1984), 234.

— The Right to Trace and its Impact in Commercial Transactions. L.Q.R. 92 (1976), 380.

Goodhart, William / *Jones*, Gareth: The Infiltration of Equitable Doctrine into English Commercial Law. M.L.R. 43 (1980), 489.

Gough, William James: Company Charges. London 1978.

Gower, L.C.B.: Principles of Modern Company Law. By L.C.B. Gower, J.B. Cronin, A.J. Easson, Lord Welderburn of Charlton. 4. Edition. London 1979.

Gravenhorst, Wulf: Eigentumsvorbehalt gleich Sicherungsübereignung? JZ 1971, 494.

— Mobiliarsicherheiten für Darlehens- und Warenkredite in den sechs Ländern der Europhäischen Gemeinschaften. Arbeiten zur Rechtsvergleichung. Frankfurt a.M. 1972.

Grill, Wolf: Die Sicherung von Bankkrediten durch Rechte und Forderungen in England. Dissertation. Mainz 1971.

Gudian, Gunter: Das Besitzrecht des Vorbehaltskäufers. NJW 1967, 1786.

Guest, Anthony Gordon: Hire-Purchase and the Dealer. L.Q.R. (1963) 79, 33.

— Romalpa Clauses. L.Q.R. 95 (1979), 477.

— The Law of Hire-Purchase. By A.G. Guest with Practice, Prededents and Pleadings by J.C. Tylor. London 1966.

Guest, Anthony Gordon / *Lomnicka*, Eva Z.: An Introduction to the Law of Credit and Security. London 1978.

Gutteridge, H.C. / *Megrah*, Maurice: The Law of Bankers' Commercial Credits. London 1962.

Habel, Wolfgang: Der Eigentumsvorbehalt im englischen Handelsverkehr – Eine rechtsvergleichende Untersuchung (Untersuchungen über das Spar-, Giro- und Kreditwesen. Abteilung B: Rechtswissenschaft). Bd. 32. Hrsg. von Walter Hedding und Uwe H. Schneider. Berlin 1981.

Hachenburg, Max: Das Französisch-Badische Recht und der Entwurf des Deutschen Bürgerlichen Gesetzbuchs. Mannheim 1889.

Haegele, Karl: Eigentumsvorbehalt, Sicherungsübereignung. Eine Darstellung für die Praxis mit zahlreichen Mustern. 2. neubearbeitete Auflage (Kesslers Schriften für die Praxis des Rechts und der Wirtschaft, Heft 1). Mannheim 1957.

Hahn, Karl: Die gesammten Materialien zur Konkursordnung. Die gesammten Materialien zu den Reichs-Justizgesetzen, Vierter Band. Berlin 1881.

Halsbury's: Law of England. Editor in Chief: Lord Hailsham of St. Marylebone, Publishing Editor: Paul H. Niekirk. Volume 2 (Allotements – Bailment), 4. Edition. London 1973.

— Law of England. Editor in Chief: Lord Hailsham of St. Marylebone, Publishing Editor: Paul H. Niekirk. Volume 3 (Banking – Barristers), 4. Edition. London 1973.

— Law of England. Editor in Chief: Lord Hailsham of St. Marylebone, Publishing Editor: Paul H. Niekirk. Volume 4 (Betting – Building Societies), 4. Edition. London 1973.

— Law of England. Editor in Chief: Lord Hailsham of St. Marylebone, Publishing Editor: Paul H. Niekirk. Volume 7 (Companies), 4. Edition. London 1974.

— Law of England. Editor in Chief: Lord Hailsham of St. Marylebone, Publisher: D.L. Summers. Volume 17 (Evidence – Executors), 4. Edition. London 1976.

— Law of England. Editor in Chief: Lord Hailsham of St. Marylebone, Publisher: R.N.G. Harrison, Volume 22 (Hire Purchase and Consumer Credit – Husband and Wife), 4. Edition. London 1979.

— Law of England. Editor in Chief: Lord Hailsham of St. Marylebone, Publisher: R.N.G. Harrison, Volume 24 (Industrial and Provident Societies – Inns and Innkeepers), 4. Edition. London 1979.

— Law of England. Editor in Chief: Lord Hailsham of St. Marylebone, Publisher: R.N.G. Harrison, Volume 28 (Libel – Local Government), 4. Edition. London 1979.

— Law of England. Editor in Chief: Lord Hailsham of St. Marylebone, Publisher: R.N.G. Harrison, Volume 32 (Mistake – Mortgage), 4. Edition. London 1980.

— Law of England. Editor in Chief: Lord Hailsham of St. Marylebone, Publisher: G.R.N. Cusworth, Volume 36 (Pleading – Powers), 4. Edition. London 1981.

— Law of England. Editor in Chief: Lord Hailsham of St. Marylebone, Publisher: G.R.N. Cusworth, Volume 41 (Royal Forces – Sale of Goods), 4. Edition. London 1983.

— Law of England. Annual Abridgement 1986. Editor: Kenneth Mugford, Assistant Editor: Elizabeth Heathfield. London 1987.

— Law of England. Cumulative Supplement 1984, Part 1 (Volume 1–16). Editor: Kenneth Mugford, Assitant Editor: Elizabeth Heathfield, London 1987.

— Statutes of England and Wales. Managing Editor: Paul Brown, Volume 5 (Betting – Charities), 4. Edition. London 1985.

— Statutes of England and Wales. Managing Editor: James Bowman, Volume 8 (Companies), 4. Edition. London 1985.

— Statutes of England and Wales. Managing Editor: James Browman, Volume 11 (Consumer Credit – Courts), 4. Edition. London 1985.

Hammelbeck, Bernhard: Zur Krise des Insolvenzrechts. NJW 1975, 1497.

Hanau, Peter: Möglichkeiten der Sanierung von Unternehmen durch Maßnahmen im Unternehmens-, Arbeits-, Sozial- und Insolvenzrecht. Gutachten E zum 54. DJT in Nürnberg 1982, Bd. I. München 1982.

Hanbury, Harold Greville: Modern Equity. By Harold Greville Hanbury and Ronald Harling Maudsley, 12. Edition by Jill E. Martin. London 1985.

Hanisch, Walter: Zur Reformbedürftigkeit des Konkurs- und Vergleichsrechts. ZZP 90 (1977), 1ff.

Heck, Philipp: Grundriß des Sachenrechts. Tübingen 1930.

— Begriffsbildung und Interessenjurisprudenz. Tübingen 1932.

Heilmann, Hans: Anm. z. BAG, Beschl. v. 13.12.1978 – GS 1/77. NJW 1979, 782.

Hein, Manfred: Struktur des Bankwesens in Großbritannien – Struktur ausländischer Banksysteme – (Schriftenreihe des Instituts für Banken und Industrie, Geld und Kredit der Freien Universität Berling, Heft 1), 3. Auflage. Frankfurt a.M. 1977.

Hellwig: Ueber die Zulässigkeit der Eigentumsübertragung zur Sicherung einer Forderung. AcP 64 (1881), 369ff.

Henckel, Wolfram: Vom Wert und Unwert juristischer Konstruktionen im Konkursrecht. In: Festschrift für Friedrich Weber zum 70. Geburtstag. Hrsg. von Erhard Bökelmann, Wolfram Henckel, Günther Jahr. Berlin, Jew York 1975, S. 237ff.

— Empfehlen sich gesetzliche Maßnahmen zur Reform der Mobiliarsicherheiten? (Referat zum 51. Deutschen Juristentag in Stuttgart 1976). München 1976, S. 0 8ff.

Hicks, Andrew: Reservation of Title: A Pious Hope. Mal. L.R. 27 (1985), 63.

Holden, Milnes J.: The Law and Practice of Banking. Volume 2: Securities for Bankers' Advances, 7. Edition. London 1986.

Honsell, Heinrich: Aktuelle Probleme des Eigentumsvorbehalts. JuS 1981, 705.

Hromadka, Wolfgang: Die Entwicklung des Faustpfandprinzips im 18. und 19. Jahrhundert (Forschungen zur neueren Privatrechtsgeschichte), Band 17. Köln, Wien 1971.

— Sicherungsübereignung und Publizität. JuS 1980, 89.

Huber, Ulrich: Right of Stoppage in Transitu und deutsches Konkursrecht. In: Festschrift für Friedrich Weber zum 70. Geburtstag am 19. Mai 1975. Hrsg. von Erhard Bökelmann, Wolfram Henkel, Günther Jahr. Berlin, New York 1975, S. 253ff.

Hübner, Ulrich: Zur dogmatischen Einordnung der Rechtsposition des Vorbehaltskäufers. NJW 1980, 729.

Jauernig, Othmar: Zur Akzessorietät bei der Sicherungsübertragung. NJW 1982, 268.

— Zwangsvollstreckungs- und Konkursrecht – Ein Studienbuch, 17. völlig neubearbeitete Auflage des von Friedrich Lent begründeten Werks. München 1985.

Jowitt, Earl: The Dictionary of English Law. Editor: Clifford Walsh, Volume 1 (A–H). London 1959.

— The Dictionary of English Law. Editor: Clifford Walsh, Volume 2 (I–Z). London 1959.

Kaser, Max: Römisches Privatrecht – Ein Studienbuch. 14. verbesserte Auflage. München 1986.

Keaton, George W. / *Sheridan*, L.A.: Equity. 2. Edition. Milton, Oxon 1976.

Kemper, Bernd: Die neue Rechtsprechung des Bundesgerichtshofs zu Übereignungstatbestand und Eigentumsvorbehalt. BB 1983, 94.

Khurshid, Salman / Matthews, Paul: Tracing Confusion. L.Q.R. 95 (1979), 78.

Kilger, Joachim: Der Konkurs des Konkurses. KTS 1975, 142ff.

— Empfehlen sich gesetzliche Maßnahmen zur Reform der Mobiliarsicherheiten? (Referat zum 51. Deutschen Juristentag in Stuttgart 1976). München 1976, S. 0 33ff.

— Konkursordnung – Kommentar. 15. neubearbeitete Auflage des von A. Böhle-Stamschräder begründeten Werkes. München 1987.

Knobbe-Keuk, Brigitte: Umsatzsteuer und Konkurs. In: Einhundert Jahre Konkursordnung 1877–1977. Festschrift. Hrsg. von Wilhelm Uhlenbruck, Bernd Klasmeyer, Bruno Kübler. Köln, Berlin, Bonn, München 1977, S. 219ff.

Kohler, Josef: Studien über die Mentalreservation und Stimulation. Jher. Jb. 16 (1878), 91ff.

— Zwölf Studien zum Bürgerlichen Gesetzbuch – Vertrag und Uebergabe. ArchBürgR 18 (1900), 1ff.

Komo, Emil: Kein Umdenken nötig bei den Mobiliarsicherheiten! NJW 1980, 817.

Künne, Karl: Die Verfolgung des Eigentumsvorbehalts im Konkurse und Vergleichsverfahren des Käufers DB 1971, 1509.

Kunzler, Gertrud: Das Natissement du Fonds de Commerce. (Arbeiten zur Rechtsvergleichung, Heft 3). Frankfurt a.M., Berlin 1960.

Kupisch, Berthold: Durchgangserwerb oder Direkterwerb? JZ 1976, 417.

Lambsdorff, Hans Georg Graf: Eigentumsvorbehalt und AGB-Gesetz. Köln 1982.

Lambsdorff, Hans Georg Graf / *Hübner,* Ulrich: Handbuch des Eigentumsvorbehalts im deutschen und ausländischen Recht. Frankfurt 1974.

Landferman, Hans Georg: Auf den Spuren des Verfolgungsrechts. § 44 Konkursordnung in historischer und rechtsvergleichender Sicht. RabelsZ 34 (1970), 523.

Lange, Heinrich: Lage und Zukunft der Sicherungsübertragung. NJW 1950, 565.

Lange, Hermann: Eigentumsvorbehalt und Herausgabeanspruch des Vorbehaltskäufers. Jus 1971, 511.

Larenz, Karl: Lehrbuch des Schuldrechts. Zweiter Band: Besonderer Teil 1. Halbband, 13. völlig neubearbeitete Auflage. München 1986.

— Methodenlehre der Rechtswissenschaft. 5. neubearbeitete Auflage. Berlin, Heidelberg, New York, Tokyo 1983.

Lawson, F.H. / Rudden, Bernhard: The Law of Property. 2. Edition. Oxford 1982.

Leist, Gerhard Alexander: Die Sicherung von Forderungen durch Übereignung von Mobilien. Jena 1889.

Leonhard: Ueber die Gefahren einer Beseitigung der Verpfändung beweglicher Sachen durch bloßen Vertrag nebst einem Anhange über die beabsichtigte Beseitigung des constitutum possessorium. Gruchot 25 (1881), 177ff.

Letzgus, Ernst: Die Anwartschaft des Käufers unter Eigentumsvorbehalt. Tübingen 1938.

Liebs, Detlef: Römisches Recht – Ein Studienbuch. 2. verbesserte Auflage. Göttingen 1982.

List, Heinrich: Umsatzsteuer und Konkurs. NWB 1984, S. 3475ff. (bzw. 1439ff.) Fach 7.

Lousanoff, Oleg de: Die Wirksamkeit des Eigentumsvorbehalts bei kollidierenden Allgemeinen Geschäftsbedingungen. NJW 1982, 1727.

Macleod, J.K.: Sale and Hire Purchase. London 1971.

Marotzke, Wolfgang: Das Anwartschaftsrecht ein Beispiel sinnvoller Rechtsfortbildung? Zugleich ein Beitrag zum Recht der Verfügungen. Dissertation Bielefeld. (Schriften zum Bürgerlichen Recht, Bd. 41). Berlin 1977.

Maselewski, Waldemar: Sale of Goods Act, 1893. Entstehung, Bedeutung und Anwendung in den Commonwealth-Ländern. Dissertation. Hamburg 1971.

Mathiak, Walter: Anm. z. BFH, Urt. v. 31.05.1972 – VR 121/71. NJW 1972, 1967.

Matthews, J.B.: Ought Bills of Sale to be abolished? L.Q.R. 7 (1891), 74.

Medicus, Dieter: Bürgerliches Recht. Eine nach Anspruchsgrundlagen geordnete Darstellung zur Examensvorbereitung. 12. neubearbeitete Auflage. Köln, Berlin, Bonn, München 1984.

Megarry, Robert / *Wade*, H.W.R.: The Law of Real Property. 5. Edition. London 1984.

Melsheimer, Klaus: Sicherungsübereignung oder Registerprandrecht? (Staat und Politik, Bd. 11). Köln/Opladen 1967.

Meulen, Edzard ter: Die Floating Charge – ein Sicherungsrecht am Vermögen einer englischen Company – ein rechtsvergleichender Beitrag zu den Problemen der Sicherungsübereignung (Arbeiten zur Rechtsvergleichung – Schriftenlehre der Gesellschaft für Rechtsvergleichung begründet von Hans Dölle, hrsg. von Ernst von Caemmerer), Bd. 43. Frankfurt a.M./Berlin 1969.

Meyer-Cording, Ulrich: Umdenken nötig bei den Mobiliarsicherheiten? NJW 1979, 2126.

Milger, Karin: Mobiliarsicherheiten im Deutschen und im US-Amerikanischen Recht – eine rechtsvergleichende Untersuchung (Göttinger rechtswissenschaftliche Studien, Bd. 117). Dissertation. Göttingen 1982.

Mittmann, Volker: Zulässigkeit und Rechtswirkungen der Konzernklausel. NJW 1973, 1108.

Müller, Klaus: Zum Herausgabeanspruch des Vorbehaltskäufers. DB 1969, 1493.

Münzel, Karl: Eigentumsvorbehalt und Sicherungsübereignung. MDR 1951, 129.

Mugdan, Benno: Die gesammten Materialien zum Bürgerlichen Gesetzbuch für das Deutsche Reich. III. Band: Sachenrecht. Berlin 1899.

Paget, John Sir: Law of Banking. Editors: Maurice Megrah, F.R. Ryder with the assistance of Antonio Bueno, 9. Edition. London 1982.

Palandt, Otto: Bürgerliches Gesetzbuch mit Einführungsgesetz, Beurkundungsgesetz ... – Kommentar 46. neubearbeitete Auflage. München 1987 (zitiert: Palandt-Bearbeiter).

Palmer, Francis Beaufort Sir: Company Law. By Clive M. Schmitthoff in collaboration with Paul L. Davies, John H. Farrar, Maurice Kay and Geoffrey K. Morse. Volume I: The Treatise, 23. Edition. London 1982.

— Company Precedents. Editors: A.F. Topham and R. Buchanan-Dunlop, Part III: Debentures, 16. Edition. London 1952.

Palmer, Norman E.: Bailment. Sydney 1979.

Paulus, Christoph: Die Insolvenzrechtsreform und der Schutz gesicherter Gläubiger. ZiP 1985, 1449.

Paulus, Gotthard: Die Behelfe des Sicherungseigentümers gegen den Vollstreckungszugriff. ZZP 64 (1951), 169.

Peace, J.G.: Market overt in the City of London. L.Q.R. 31 (1915), 270.

Pennington, Robert R.: The Genesis of the Floating Charge. M.L.R. 23 (1960), 630.

— Company Law. 4. Edition. Ondon 1979.

Pennington, Rober R. / *Hudson*, A.H.: Commercial Banking Law. By R.R. Pennington, A.H. Hudson, J.E. Mann, Estover. Plymouth 1978.

Picot, Gerhard: Die Anschlußsicherung nach vorangegangener Sicherungsübereignung als eigenständige Kreditunterlage BB 1979, 1264.

Pikart, H.: Die neue Rechtsprechung des Bundesgerichtshofs zum Eigentumsvorbehalt WM 1959, 1234.

Prince, Edwin J.: Equitable Relief in the Law of Hire-Purchase. M.L.R. 20 (1957), 620.

Prior, Richard: Reservation of Title. M.L.R. 39 (1976), 585.

Raiser, Ludwig: Anmerkung zu BGH, Urt. v. 02.10.1952 – IV ZR 2/52 (Hamburg). NJW 1953, 217.

— Dingliche Anwartschaften. Tübinger Rechtswissenschaftliche Abhandlungen Band 1. Tübingen 1961.

— Rechtsschutz und Institutionenschutz im Privatrecht. In: Summum ius, Summa iniuria. Individualgerechtigkeit und der Schutz allgemeiner Werte im Rechtsleben. Ringvorlesung gehalten von Mitgliedern der Tübinger Juristenfakultät im Rahmen des Dies academicus WS 1962/63. Tübingen 1963, S. 145ff.

Regelsberger: Zwei Beiträge zur Lehre von der Cession. AcP 63 (1880), 157ff.

Reich, Norbert: Anm. z. OLG Hamm, Beschl. v. 31.08.1970 – 5 W 48/70 u. OLG Stuttgart, Urt. v. 21.10.1970 – 1 U 59/70. NJW 1971, 757.

— Funktionsanalyse und Dogmatik bei der Sicherungsübereignung. AcP 169 (1969), 247ff.

— Reform der Kreditsicherung. JZ 1976, 463.

Reinhard, Dieter / *Kühnel*, Wolfgang / *Wittig*, Reinhard / *Grebner*, Reiner: Eigentumsvorbehalt und Sicherungsübertragung im Ausland. 3. Auflage. Heidelberg 1973.

Reuling: Zweite Sitzung der ersten Abtheilung am 10. September. Verhandlungen des 15. Deutschen Juristentages 1880. Zweiter Band. Berlin 1881, S. 111ff.

Rothoeft, Dietrich: System der Irrtumslehre als Methodenfrage der Rechtsvergleichung – Dargestellt am deutschen und englischen Vertragsrecht. Tübinger Rechtswissenschaftliche Abhandlungen Bd. 18. Tübingen 1968.

— Von der Ortsform zur Geschäftsform?. In: Festschrift für Josef Esser. Josef Esser zum 65. Geburtstag Dogmatik und Methode. Kronberg/Ts. 1975, S. 133ff.

— Zur Bedeutung und Tragweite des Prinzips der Publizität im Vollstreckungsrecht. Habilitationsvortrag vom 04. November 1964 vor der Rechts- und Wirtschaftswissenschaftlichen Fakultät der Eberhard-Karls-Universität Tübingen. Tübingen 1966.

Rühl, Helmut: Eigentumsvorbehalt und Abzahlungsgeschäft einschließlich des Rechts der Teilzahlungsfinanzierung. Berlin 1930.

Ryder, F.R.: Banking: Assets available to a Liqwuidator or Receiver. J.B.L. 1976, 254.

Sadtler, Michael: Grundzüge der Kreditsicherung durch vereinbarte Securities an beweglichen Sachen (Personal Chattels) im englischen Recht. (Institut für Internationales Recht des Spar- und Kreditwesens, Nr. 24 der Gelben Reihe). Mainz 1977.

Sainsbury, G.O.K.: The true Ownership Clause in the Bills of Sale Act, 1882. L.Q.R. 40 (1924), 465.

Sales, Charles A.: The Law Relating to Bankruptcy, Liquidations and Receiverships by J.H. Thompson. 6. Edition. London 1977.

Salinger: Empfehlen sich gesetzliche Maßnahmen in bezug auf die Sicherungsübereignung? (Gutachten zum 31. Deutschen Juristentag). Bd. I. Berlin 1912, S. 409ff.

Salomon, Max: Grundlegung zur Rechtsphilosophie. 2. Aufl. Berlin 1925.

Samuels, Alec: New Angels in the Eternal Hire-Purchase Triangle. M.L.R. 25 (1962), 25.

Sandmann, Egbert: Zur Geschichte des Eigentumsvorbehalts in Deutschland. Ein Beitrag zur Rechtsgeschichte moderner Warenkreditsicherungsmittel. Dissertation. Marburg 1972.

Sandrock, Otto: Über Sinn und Methode zivilistischer Rechtsvergleichung. Arbeiten zur Rechtsvergleichung Bd. 31. Frankfurt/Main, Berlin 1966.

Sauveplanne, Yean Georges: Securitiy over corporeal movables. (Studies in comparative law. No. 1) Leiden 1974. (zitiert: Sauveplanne-Bearbeiter).

Schaarschmidt, Wilhelm: Die Sparkassenkredite. 6. überarbeitete Auflage. Stuttgart 1979.

Schilling, Theodor: Besitzlose Mobiliarsicherheiten im nationalen und internationalen Privatrecht. Versuch einer vergleichenden Darstellung unter Berücksichtigung der Rechte des deutschen und französischen Rechtskreises sowie des common law (Rechtswissenschaftliche Forschung und Entwicklung, Bd. 54). München, Florenz 1985.

Schlegelberger, Franz: Handelsgesetzbuch – Kommentar, Band IV (§§ 343–372) von Ernst Geßler, Wolfgang Hefermehl, Wolfgang Hildebrandt, Georg Schröder. 5. Auflage. München 1976.

Schmidt, Karsten: Möglichkeiten der Sanierung von Unternehmen durch Maßnahmen im Unternehmens-, Arbeits-, Sozial- und Insolvenzrecht. Gutachten D zum 54. DJT in Nürnberg 1982. Band I. München 1982.

Schmidt, Rudolf: Bürgerliches Recht. Ein kurzgefaßtes Lehrbuch. Stuttgart 1927.

— Der Pfandbesitz. AcP 134 (1931), 1ff., 129ff.

Scholz, Hellmut / *Lwowski*, Hans-Jürgen: Das Recht der Kreditsicherung. 5. neu bearbeitete Auflage. Berlin 1980.

Schubert, Werner: Die Entstehung der Vorschriften des BGB über Besitz und Eigentumsübertragung. Ein Beitrag zur Entstehungsgeschichte des BGB (Münsterische Beiträge zur Rechts- und Staatswissenschaft Bd. 10). Berlin 1966.

Schütz, Wilhelm: Auflösende Bedingungen in Sicherungsverträgen. NJW 1957, 1541.

Schulte, Hans: Zur Möglichkeit stillschweigenden Eigentumsvorbehalts. BB 1977, 269.

Schultze, Alfred: Treuhänder im geltenden bürgerlichen Recht. Jher. Jb: 43 (1901), 1.

Schwab, Karl Heinz: Sachenrecht – ein Studienbuch. 21. neubearbeitete Auflage des von Friedrich Lent begründeten Werkes. München 1987.

Schwister: Anm. z. RG, Urt. v. 04.04.1933 – VII 21/33. JW 1933, 1762.

Serick, Rolf: Bemerkungen zum Konzernvorbehalt. In: Privatautonomie, Eigentum und Verantwortung. Festgabe für Hermann Weitnauer zum 70. Geburtstag. Hrsg. von Horst Ehmann, Wolfgang Hefermehl, Adolf Laufs. Berlin 1980, S. 145ff.

— Die Insolvenzrechtsreform aus der Sicht der Wissenschaft. BB 1985, 2202.

— Die Profilierung der Mobiliarsicherheiten von heute im Insolvenzrecht von gestern. In: Einhundert Jahre Konkursordnung 1877–1977. Festschrift hrsg. von Wilhelm Uhlenbruck, Bernd Klasmeyer, Bruno Kübler. Köln, Berlin, Bonn, München 1977, S. 271ff.

— Die Verwertung von Sicherungseigentum. BB 1970, 541.

— Eigentumsvorbehalt und Sicherungsübertragung. Band I: Der einfache Eigentumsvorbehalt. Heidelberg 1963.

— Eigentumsvorbehalt und Sicherungsübertragung. Band II. Die einfache Sicherungsübertragung – Erster Teil. Heidelberg 1965.

— Eigentumsvorbehalt und Sicherungsübertragung. Band III: Die einfache Sicherungsübertragung – Zweiter Teil. Heidelberg 1970.

— Eigentumsvorbehalt und Sicherungsübertragung. Band IV: Verlängerungs- und Erweiterungsformen des Eigentumsvorbehalts – Erster Teil – Verlängerungsformen und Kollisionen. heidelberg 1976.

— Eigentumsvorbehalt und Sicherungsübertragung. Band V: Verlängerungs- und Erweiterungsformen des Eigentumsvorbehalt, Zweiter Teil: Erweiterungsformen; Dritter Teil: Sonstiges. Heidelberg 1982.

— Eigentumsvorbehalt und Sicherungsübertragung. Band VI: Verlängerungs- und Erweiterungsformen des Eigentumsvorbehalts und der Sicherungsübertragung Dritter Teil: Sonstiges; Insolvenzrecht (Vergleich): Insolvenzrechtsreform. Heidelberg 1986.

— Verbindungsklauseln als Kreditsicherungsmittel. BB 1973, 1405.

Seuffert, Walter: Verfassungsrechtliche Fragen zu den Reformvorschlägen der Kommission für Insolvenzrecht. ZiP 1986, 1157.

Simitis, Konstantin: Das besitzlose Pfandrecht. AcP 171 (1971), 94.

Smith, Kenneth / *Keenan*, Denis J.: Company Law. By Dennis Keenan. 6. Edition. London 1986.

— English Law. 8. Edition. London 1986.

Smith, T.B.: Property Problems in Sale. London, Calcutta 1978.

Snell, Edmund Henry Turner: Principles of Equity. By R.E. Megarry and P.V. Baker. 26. Edition. London 1966.

Soergel, Hans Theodor: Bürgerliches Gesetzbuch mit Einführungsgesetz und Nebengesetzen – Kommentar, Band 5 – Sachenrecht (§§ 854–1296). Begründet von Hans Theodor Soergel. Hrsg. von Wolfgang Siebert. 11. Auflage. Stuttgart – Berlin – Köln – Mainz 1978, zit. (Sorgel-Bearbeiter).

Sohm, Rudolph: Institutionen, Geschichte und System des Römischen Privatrechts. Bearbeitet von Ludwig Mittels, hrsg. von Leopold Wenger, 17. Auflage. München, Leipzig 1924.

Staudinger, Julius von: Kommentar zum Bürgerlichen Gesetzbuch mit Einführungsgesetz und Nebengesetzen. Zweites Buch: Recht der Schuldverhältnisse §§ 433–580a, Redaktor: Heinrich Honsell. 12. neubearbeitete Auflage. Berlin 1978.

— Kommentar zum Bürgerlichen Gesetzbuch mit Einführungsgesetz und Nebengesetzen. Drittes Buch: Sachenrecht §§ 1018–1296. Redaktor: Wolfgang Wiegand. 12. neubearbeitete Auflage. Berlin 1981.

Stehle, Anton: Bespr. des Habilitationsvertrages von Dietrich Rothoeft Zur Bedeutung und Tragweite des Prinzips der Publizität im Vollstreckungsrecht. JZ 1967, 135.

Stevens, T.M. / *Borrie*, Gordon J.: Elements of Mercantilöe Law. By J.K. Macleod and A.H. Hudson. 17. Edition. London 1978.

Stürner, Rolf: Aktuelle Probleme des Konkursrechts. ZZP 94 (1981), 263ff.

Stumpf, Herbert: Eigentumsvorbehalt und Sicherungsübertragung im Ausland – Recht der Mobiliarsicherheiten im Ausland. Hrsg. von Herbert Stumpf. Bearbeitet von Gudrun Fichna und Rudolf Zimmermann (Schriftenreihe Recht der internationalen Wirtschaft Band 8). 4. neubearbeitete und erweiterte Auflage. Heidelberg 1980.

Süss, Theodor: Das Traditionsprinzip – Ein Atavismus des Sachenrechts. Festschrift für Martin Wolf. Beiträge zum Zivilrecht und Internationalen Privatrecht. Hrsg. von Ernst v. Caemmerer, F.A. Walter Mann, Ludwig Raiser. Tübingen 1952, S. 141ff.

Thoma, Achim: Die Akzessorietät bei der Sicherungsübereignung. NJW 1984, 1162.

Thomas, Heinz / *Putzo*, Hans: Zivilprozeßordnung – Kommentar. 14. Aufl. München 1986.

Thornely, J.W.A.: Reservation of Title and Tracing – Romalpa Case. Cam. L.J. 39 (1980), 48.

Tiedtke, Klaus: Erwerb und Verlust des Sicherungseigentums an eingelagerter Ware. WM 1978, 446.

— Sicherungsabtretung beim Fehlen des zu sichernden Anspruchs. DB 1982, 1709.

Tilch, Horst: Münchener Rechts-Lexikon. Band 3: R–Z. München 1987.

Triebel, Volker: Englisches Handels- und Wirtschaftsrecht. (Schriftenreihe Recht der internationalen Wirtschaft, band 15). Heidelberg 1978.

Trinkner, Reinhold: Anm. z. BGH, Urt. v. 11.11.1970 – VIII ZR 242/68. BB 1971, 14.

Tuhr, Andreas von: Der allgemeine Teil des Deutschen Bürgerlichen Rechts. Band II, 2. Teil. Berlin 1918.

Uhlenbruck, Wilhelm: Besprechung zu R. Schmidt, Ökonomische Krise des Insolvenzrechts, ZiP 1981, 334.

— Einhundert Jahre Konkursordnung. In: Einhundert Jahre Konkursordnung 1877–1977. Festschrift herausgegeben von Wilhelm Uhlenbruck, Bernd Klasmeyer, Bruno Kübler. Köln, Berlin, Bonn, München 1977, S. 169ff.

— Zur Krise des Insolvenzrechts. NJW 1975, 897.

Vaines, Crossley: Personal Property. By E.L.G. Tyler and N.E. Palmer. 5. Edition. London 1973.

Viehweg, Theodor: Topik und Jurisprudenz. Ein Beitrag zur rechtswissenschaftlichen Grundlagenforschung. 3. Auflage. München 1965.

Weber, Friedrich: Ziele und Wege der Insolvenzreform. In: Einhundert Jahre Konkursordnung 1877–1977. Festschrift herausgegeben von Wilhelm Uhlenbruck, Bernd Klasmeyer, Bruno Kübler. Köln, Berlin, Bonn, München 1977, S. 321ff.

Weber, Hansjörg: Reform der Mobiliarsicherheiten. NJW 1976, 1601.

— Sicherungsgeschäfte. 3. neubearbeitete Auflage. München 1986.

Westermann, Harry: Thema: Gesetzliche Regelung der Sicherungsübereignugn und des Eigentumsvorbehalts (Referat F zum 41. Deutschen Juristentag in berlin 1955), S. F 3ff. Tübingen 1955.

— Interessenkollisionen und ihre richterliche Wertung bei den Sicherungsrechten an Fahrnis und Forderungen. Vortrag vom 23. April 1954, gehalten vor der juristischen Studiengesellschaft in Karlsruhe. Karlsruhe 1954.

— Sachenrecht – Studienausgabe. Unveränderter Nachdruck der 5. neubearbeiteten Auflage 1966 mit einer Einführung in die Fortentwicklung des Sachenrechts zum Stand vom 30.06.1972. Karlsruhe 1973.

Westphalen, Friedrich Graf von: Kollision von Einkaufs- und Verkaufsbedingungen beim Vertragsabschluß. DB 1976, 1317.

Williams, Glanville L.: The Doctrine of Repugnancy – III: Clogging the Equity and Miscellaneons Applications. L.Q.R. 60 (1944), 190.

Williams, Sir R.V.: The Law and Practice in Bankruptcy. By Muir Hunter and David Graham. Assited by Michael Crystal. 19. Edition. London 1979.

Windscheid, Bernhard / *Kipp,* Theodor: Lehrbuch des Pandektenrechts. Erster Band. 9. Auflage. Frankfurt am Main 1906.

Wolf, Manfred: Prinzipien und Anwendungsbereich der dinglichen Surrogation. JuS 1975, 643.

Wolff, Martin / *Raiser,* Ludwig: Sachenrecht – ein Lehrbuch. 10. Bearbeitung. Tübingen 1957.

Yamada, Akira: Japanische Gesetzgebung auf dem Gebiete des Privatrechts 1945–1958. RabelsZ 26 (1961), 713.

Zahn, Joachim: Grenzen der Kreditsicherung durch Sicherungsübereignung (Kölner rechtswissenschaftliche Abhandlungen, Neue Folge, Heft 27). Berlin 1937.

Ziegel, Jacob S.: Damages for Breach of a Hire-Purchase Contract. M.L.R. 24 (1961), 792.

Zöller, Richard: Zivilprozeßordnung mit Gerichtsverfassungsgesetz und den Einführungsgesetzen mit Internationalem Zivilprozeßrecht, Kostenanmerkungen. Bearbeitet von Reinhold Geimer, Peter Gummer, Josef Mühlbauer, Peter Philippi, Egon Schneider, Dieter Stephan, Kurt Stöber, Max Vollkommer. 15. neubearbeitete Auflage. Köln 1987.

Zweigert, Konrad / *Kötz,* Hein: Einführung ind ie Rechtsvergleichung auf dem Gebiet des Privatrechts. Band I: Grundlagen. 2. neubearbeitete Auflage. Tübingen 1984.

Zweigert, Konrad: Rechtsvergleichend – Kritisches zum gutgläubigen Mobiliarerwerb. RabelsZ 23 (1958), 1.

Sonstige

Erster Bericht: Erster Bericht der Kommission für Insolvenzrecht. Hrsg. von Bundesministerium der Justiz. Köln 1985.

Münchener Kommentar: Münchener Kommentar zum Bürgerlichen Gesetzbuch.
Band 1: Allgemeiner Teil (§§ 1–240). Hrsg. von Kurt Rebmann und Franz-Jürgen Säcker, Redakteur: Franz-Jürgen Säcker, 2. Auflage. München 1984 (zitiert: Münchener Kommentar-Bearbeiter).
Band 3: Schuldrecht – Besondere Teil, 1. Halbband (§§ 433–656), Abzahlungsgeschäft. Hrsg. von Kurt Rebmann und Franz-Jürgen Säcker, Redakteur: Harm Peter Westermann. München 1980. (zitiert: Münchener Kommentar-Bearbeiter).
Band 4: Sachenrecht (§§ 854–1296). Hrsg. von Kurtz Rebmann und Franz-Jürgen Säcker, Redaktuer: Friedrich Quack, 2. Aufl. München 1986. (zitiert: Münchener Kommentar-Bearbeiter).

Reichsgerichtsrätekommentar: Das Bürgerliche Gesetzbuch mit besonderer Berücksichtigung der Rechtsprechung des Reichsgerichts und des Bundesgerichtshofes. Großkommentar. Hrsg. von den Mietgliedern des Bundesgerichtshofes. 12. neubearbeitete Auflage, erschienen in Teillieferungen seit 1974. (zitiert: RGRK-Bearbeiter).

Statistisches Jahrbuch 1981: Statistisches Jahrbuch 1981 für die Bundesrepublik Deutschland. Herausgeber: Statistisches Bundesamt/Wiesbaden

Statistisches Jahrbuch 1987: Statistisches Jahrbuch für die Bundesrepublik Deutschland. Herausgeber: Statistisches Bundesamt/Wiesbaden.

Zweiter Bericht: Zweiter Bericht der Kommission für Insolvenzrecht. Hrsg. vom Bundesministerium der Justiz. Köln 1986.

Kolibri 360 GmbH
Ferdinand-Jühlke-Straße 7
99095 Erfurt, Deutschland
produktsicherheit@kolibri360.de

Druck:
CPI Druckdienstleistungen GmbH
im Auftrag der
Kolibri 360 GmbH
Ferdinand-Jühlke-Str. 7
99095 Erfurt